Caro aluno, seja bem-vindo à plataforma educamos.sm

A partir de agora, você tem à sua disposição uma plataforma que reúne, em um só lugar, recursos educacionais digitais que complementam seus livros impressos e são desenvolvidos especialmente para auxiliar seus estudos. Veja como é fácil e rápido acessar os recursos deste projeto.

1. Faça a ativação dos códigos dos seus livros.

Quero fazer a ativação e ainda NÃO tenho cadastro:

- Para acessar os recursos digitais, você precisa estar cadastrado na **plataforma educamos.sm**. Em seu computador, acesse o endereço <br.educamos.sm>.
- No canto superior direito, clique em "**Não é usuário? Registre-se!**". Para iniciar o cadastro, insira o código indicado abaixo.

SPPTE-AUYQF-WXYJ4-4PDHP

- Depois de incluir todos os códigos, clique em "**Fazer meu cadastro**" e, em seguida, preencha o formulário para concluir esta etapa.

Quero fazer a ativação e JÁ tenho cadastro:

- Em seu computador, acesse a plataforma e faça o *login* no canto superior direito.
- Em seguida, você visualizará os livros que já estão ativados em seu perfil. Clique no botão "**Incluir livro**" e insira o código acima.

2. Acesse os recursos.

Usando um computador

Acesse o endereço <br.educamos.sm> e faça o *login* no canto superior direito. Nesta página, você visualizará todos os seus livros cadastrados. Para acessar o livro desejado, basta clicar na sua capa.

Usando um dispositivo móvel

Instale o **aplicativo educamos.sm**, que está disponível gratuitamente na loja de aplicativos do dispositivo. Utilize o mesmo *login* e a mesma senha da plataforma para acessar o aplicativo.

Importante! Não se esqueça de sempre cadastrar seus livros da SM em seu perfil. Assim, você garante a visualização dos seus conteúdos, seja no computador, seja no dispositivo móvel. Em caso de dúvida, entre em contato com nosso **Atendimento** pelo telefone **0800 72 54876** ou pelo *e-mail* **atendimento@grupo-sm.com**.

PRODUÇÃO DE TEXTO

VOLUME ÚNICO

ENSINO MÉDIO

ORGANIZADORA EDIÇÕES SM
Obra coletiva concebida, desenvolvida e produzida por Edições SM.

EDITORA RESPONSÁVEL
Andressa Munique Paiva

São Paulo,
1ª edição 2015

Cecília Bergamin
Bacharela em Letras pela Faculdade de Filosofia, Letras e Ciências Humanas da Universidade de São Paulo (USP).
Mestra em Literatura Brasileira pela Faculdade de Filosofia, Letras e Ciências Humanas da USP.

Ser Protagonista **Produção de Texto – Volume Único**
© Edições SM Ltda.
Todos os direitos reservados

Direção editorial	Juliane Matsubara Barroso
Gerência editorial	Roberta Lombardi Martins
Gerência de processos editoriais	Marisa Iniesta Martin
Coordenação de área	Andressa Munique Paiva
Edição	Tarsílio Soares Moreira
Colaboração técnico-pedagógica	Kelaine Azevedo, Rafaela Malerba
Assistência de produção editorial	Alzira Aparecida Bertholim Meana, Camila Cunha, Flavia Casellato, Silvana Siqueira
Preparação e revisão	Cláudia Rodrigues do Espírito Santo (Coord.), Ana Paula Ribeiro Migiyama, Angélica Lau P. Soares, Eliane Santoro, Fernanda Oliveira Souza, Izilda de Oliveira Pereira, Nancy Helena Dias, Rosinei Aparecida Rodrigues Araujo, Sandra Regina Fernandes, Valéria Cristina Borsanelli, Marco Aurélio Feltran (apoio de equipe)
Coordenação de *design*	Erika Tiemi Yamauchi Asato
Coordenação de arte	Ulisses Pires
Projeto gráfico	Erika Tiemi Yamauchi Asato, Catherine Ishihara
Capa	Adilson Casarotti. Ilustração: Natasha Molotkova
Edição de arte	Andressa Fiorio
Editoração eletrônica	Equipe SM
Iconografia	Josiane Laurentino (Coord.), Bianca Fanelli, Susan Eiko Diaz
Tratamento de imagem	Marcelo Casaro
Fabricação	Alexander Maeda
Impressão	Corprint

Dados Internacionais de Catalogação na Publicação (CIP)
(Câmara Brasileira do Livro, SP, Brasil)

Ser protagonista : produção de texto : volume único :
  ensino médio / organizadora Edições SM ; obra coletiva
  concebida, desenvolvida e produzida por Edições SM ;
  editora responsável Andressa Munique Paiva. — 1. ed. —
  São Paulo : Edições SM, 2015. — (Coleção ser protagonista)

Vários autores.
Bibliografia.
ISBN 978-85-418-0987-0 (aluno)
ISBN 978-85-418-0988-7 (professor)

  1. Português (Ensino médio) 2. Textos (Ensino médio)
I. Paiva, Andressa Munique. II. Série.

15-03600   CDD-469.07

Índices para catálogo sistemático:
1. Português : Ensino médio 469.07

1ª edição, 2015
3ª impressão

 Edições SM Ltda.
Rua Tenente Lycurgo Lopes da Cruz, 55
Água Branca 05036-120 São Paulo SP Brasil
Tel. 11 2111-7400
edicoessm@grupo-sm.com
www.edicoessm.com.br

Apresentação

Caro estudante,

As novas tecnologias dão acesso a um enorme acervo de informações, mas também trazem desafios: Como lidar com esses conteúdos de forma crítica, indo além da superficialidade? Como transformar tanta informação em conhecimentos que contribuam para a formação de cidadãos éticos e autônomos, em vez de simples consumidores das novidades do momento?

Essas questões relacionam-se profundamente com o estudo de Língua Portuguesa, pois a linguagem está em tudo o que diz respeito à vida em sociedade. Para que você possa exercer uma participação social construtiva, de modo a exercer plenamente sua cidadania, esta obra tem o objetivo de ajudá-lo a se tornar um produtor de textos competente e um leitor atento ao mundo.

Esse propósito permeia as três partes deste volume, em que você não apenas aprenderá um conjunto de técnicas de produção de texto, mas – mais importante do que isso – entenderá para que se fala ou se escreve, levando em conta quem é seu interlocutor.

Produzir um texto significa ocupar um lugar social, relacionar-se com outros usuários da língua, participar de uma prática que envolve saberes diversos. Alguns dos gêneros textuais que você vai produzir o desafiarão a propor soluções bem fundamentadas para problemas da sociedade atual. Nesse processo de aprendizagem, você encontrará diversas manifestações da nossa língua, compreendida como patrimônio de todos.

Com isso, esperamos que esta obra aponte um caminho para você aprofundar seus saberes, ampliar seu repertório e estimular sua participação ativa na sociedade do século XXI.

Equipe editorial

A organização do livro

» Partes

O livro é dividido em três partes, subdivididas em unidades e capítulos.

As unidades propõem o estudo de grupos de gêneros textuais orais e escritos. Cada capítulo aborda a leitura e a produção de um gênero específico.

» Atividades em seções e boxes

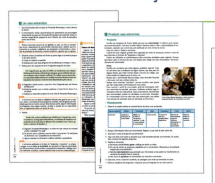

Todos os capítulos contam com uma seção de leitura e outra de produção textual. Na seção **Produzir um(a) [nome do gênero textual]**, o planejamento, a elaboração, a avaliação e a reescrita do texto são orientados passo a passo. Em alguns capítulos, a seção **Entre o texto e o discurso** aprofunda um aspecto discursivo relacionado ao gênero estudado. No boxe **Observatório da língua**, o gênero também dá margem à observação sobre questões linguísticas.

O boxe **Repertório** aprofunda ou estabelece relações com os temas estudados. Já o boxe **Ação e cidadania** aborda questões de interesse coletivo que merecem sua atenção.

Interdisciplinaridade
Esse ícone indica a relação dos temas estudados com outras disciplinas do Ensino Médio.

O boxe **Anote** resume conceitos e informações abordados no capítulo, para facilitar uma consulta rápida.

» Seção de fim de unidade

Todas as unidades se encerram com propostas de redação de **Vestibular**, ou de **Enem**.

4

Sumário geral

Parte I – Produção de texto: tecendo sentidos

Unidade 1 – Narrar 8
- **Capítulo 1** Conto de humor 10
- Vestibular 16

Unidade 2 – Relatar 17
- **Capítulo 2** Notícia 18
- **Capítulo 3** Reportagem 26
- **Capítulo 4** Relato de experiência vivida 32
- Vestibular 40

Unidade 3 – Expor 41
- **Capítulo 5** Resumo 42
- **Capítulo 6** Comunicação oral 48
- Vestibular 56

Unidade 4 – Argumentar 57
- **Capítulo 7** Dissertação escolar 58
- **Capítulo 8** Carta de reclamação 66
- **Capítulo 9** Mesa-redonda 74
- Vestibular e Enem 82

Parte II – Produção de texto: construindo os gêneros

Unidade 5 – Narrar 88
- **Capítulo 10** Crônica 90
- Vestibular 98

Unidade 6 – Relatar 99
- **Capítulo 11** Perfil biográfico 100
- Vestibular 106

Unidade 7 – Expor 107
- **Capítulo 12** Artigo enciclopédico 108

- **Capítulo 13** Artigo expositivo de livro ou de *site* didático 114
- Vestibular 122

Unidade 8 – Argumentar 123
- **Capítulo 14** Editorial 124
- **Capítulo 15** Resenha crítica 132
- **Capítulo 16** Debate regrado 140
- **Capítulo 17** Fala em audiência pública 148
- Vestibular 154

Parte III – Produção de texto: a pluralidade em destaque

Unidade 9 – Narrar 158
- **Capítulo 18** Conto psicológico 160
- Vestibular 168

Unidade 10 – Relatar 169
- **Capítulo 19** Entrevista 170
- **Capítulo 20** Discurso de orador de formatura 178
- Vestibular e Enem 184

Unidade 11 – Expor 185
- **Capítulo 21** Seminário 186
- **Capítulo 22** Artigo de divulgação científica 192
- Vestibular 198

Unidade 12 – Argumentar 199
- **Capítulo 23** Anúncio publicitário 200
- **Capítulo 24** Artigo de opinião 206
- **Capítulo 25** Dissertação para o Enem e para o vestibular 214
- Vestibular 222
- Referências bibliográficas 224
- Siglas dos exames e das universidades 224
- Créditos complementares de textos 224

Parte I — Produção de texto: tecendo sentidos

UNIDADES

1 Narrar

2 Relatar

3 Expor

4 Argumentar

COELHO, Helena. *Saindo de férias* (detalhe), 2002. Óleo sobre tela, 38 cm × 55 cm. Galeria Jacques Ardiès, São Paulo.

Nas sociedades letradas, a capacidade de escrever é fundamental para o acesso ao conhecimento, às oportunidades de trabalho e à participação política e social.

Escrever é mais que conhecer o alfabeto ou assinar o nome. É saber, antes de tudo, para que serve a escrita e o que se quer com ela. Mas não se produzem textos apenas escrevendo. Também por meio da fala interagimos e produzimos sentidos. Além disso, para produzir um bom texto, é importante entender em que contexto ele vai circular, quem vai lê-lo ou ouvi-lo, que sentidos se quer produzir. É preciso compreender o que está em jogo, por exemplo, em uma conversa com os amigos ou no ambiente profissional, na escola, na vida pública.

Ao longo do tempo, os textos produzidos em determinado contexto e esfera social adquiriram características mais ou menos regulares. Ao planejar um texto para ser falado ou escrito, recorremos a essas regularidades, percebendo como as "famílias" de texto se estruturam, sobre o que tratam, de que maneira a linguagem se articula. É o que faremos aqui.

UNIDADE

Narrar

Nesta unidade

1 Conto de humor

Crianças da etnia xavante brincam e aprendem sobre o ritual de passagem, contado pelos mais velhos. Fotografia de 2010.

Contar uma história é algo tão antigo e essencial para o ser humano quanto a vida em sociedade. A figura do narrador (palavra que vem do latim *gnarus* – "aquele que sabe", em português) aparece frequentemente associada a uma comunidade reunida em volta de um membro mais velho, pronta para ouvir histórias. Os sentidos das histórias se completam naqueles que as ouvem ou leem, e que são levados a refletir sobre a condição humana e sobre a ordem social em que vivem.

Nesta unidade, você vai aprofundar seus conhecimentos sobre o conto, um dos gêneros narrativos mais antigos e universais, que atravessou o tempo sendo contado, ouvido, escrito e lido e permanece ainda bastante atual.

Ao estudar o conto e preparar-se para produzir o seu, você também entrará em contato com um recurso muito utilizado pelos escritores para alterar a percepção do leitor sobre a realidade ou propor uma reflexão sobre ela: o humor.

CAPÍTULO 1

Conto de humor

Os contistas dispõem de diversas estratégias para chamar a atenção de seus leitores. Neste capítulo, você conhecerá melhor o funcionamento do conto caracterizado pelo uso do **humor**. Depois, será a sua vez de produzir um texto desse gênero.

O que você vai estudar
- Como identificar e produzir um conto de humor.
- Como e para que se cria o humor.
- O que é e como se constrói a verossimilhança.

Leitura

- O texto a seguir foi escrito por Artur Azevedo (1855-1908), contista e dramaturgo brasileiro do século XIX. Leia-o atentamente e, depois, responda às questões.

De cima para baixo

Naquele dia o ministro chegou de mau humor ao seu gabinete, e imediatamente mandou chamar o diretor-geral da Secretaria.

Este, como se movido fosse por uma pilha elétrica, estava, poucos instantes depois, em presença de Sua Excelência, que o recebeu com duas pedras na mão.

— Estou furioso! — exclamou o conselheiro; — por sua causa passei por uma vergonha diante de Sua Majestade o Imperador!

— Por minha causa? — perguntou o diretor-geral, abrindo muito os olhos e batendo nos peitos.

— O senhor mandou-me na pasta um decreto de nomeação sem o nome do funcionário nomeado!

— Que me está dizendo, Excelentíssimo?...

E o diretor-geral, que era tão passivo e humilde com os superiores, quão arrogante e autoritário com os subalternos, apanhou rapidamente no ar o decreto que o ministro lhe atirou, em risco de lhe bater na cara, e, depois de escanchar a luneta no nariz, confessou em voz sumida:

— É verdade! Passou-me! Não sei como isto foi...

— É imperdoável esta falta de cuidado! Deveriam merecer-lhe um pouco mais de atenção os atos que têm de ser submetidos à assinatura de Sua Majestade, principalmente agora que, como sabe, está doente o seu oficial de gabinete!

E, dando um murro sobre a mesa, o ministro prosseguiu:

— Por sua causa esteve iminente uma crise ministerial: ouvi palavras tão desagradáveis proferidas pelos augustos lábios de Sua Majestade, que dei a minha demissão!...

— Oh!...

— Sua Majestade não o aceitou...

— Naturalmente; fez Sua Majestade muito bem.

— Não a aceitou porque me considera muito, e sabe que a um ministro ocupado como eu é fácil escapar um decreto mal copiado.

— Peço mil perdões a Vossa Excelência — protestou o diretor-geral, terrivelmente impressionado pela palavra *demissão*. — O acúmulo de serviço fez com que me escapasse tão grave lacuna; mas afirmo a Vossa Excelência que de agora em diante hei de ter o maior cuidado em que se não reproduzam fatos desta natureza.

O ministro deu-lhe as costas e encolheu os ombros, dizendo:

— Bom! Mande reformar essa porcaria!

O diretor-geral saiu, fazendo muitas mesuras, e chegando no seu gabinete, mandou chamar o chefe da 3ª seção, que o encontrou fulo de cólera.

— Estou furioso! Por sua causa passei por uma vergonha diante do sr. Ministro!

— Por minha causa?

— O senhor mandou-me na pasta um decreto sem o nome do funcionário nomeado!

E atirou-lhe o papel, que caiu no chão.

O chefe da 3ª seção apanhou-o, atônito, e, depois de se certificar do erro, balbuciou:

— Queira Vossa Senhoria desculpar-me, sr. Diretor... são coisas que acontecem... havia tanto serviço... e todo tão urgente!...

— O sr. Ministro ficou, e com razão, exasperado! Tratou-me com toda a consideração, com toda a afabilidade, mas notei que estava fora de si!

— Não era caso para tanto.

— Não era caso para tanto? Pois olhe, Sua Excelência disse-me que eu devia suspender o chefe de seção que me mandou isto na pasta!

— Eu... Vossa Senhoria...

— Não o suspendo; limito-me a fazer-lhe uma simples advertência, de acordo com o regulamento.

— Eu... Vossa Senhoria.

— Não me responda! Não faça a menor observação! Retire-se, e mande reformar essa porcaria!

***

O chefe da 3ª seção retirou-se confundido, e foi ter à mesa do amanuense que tão mal copiara o decreto:

— Estou furioso, sr. Godinho! Por sua causa passei por uma vergonha diante do sr. diretor-geral!

— Por minha causa?

— O senhor é um empregado inepto, desidioso, desmazelado, incorrigível! Este decreto não tem o nome do funcionário nomeado!

E atirou o papel, que bateu no peito do amanuense.

— Eu devia propor a sua suspensão por 15 dias ou um mês: limito-me a repreendê-lo, na forma do regulamento! O que eu teria ouvido, se o sr. diretor-geral me não tratasse com tanto respeito e consideração!

— O expediente foi tanto, que não tive tempo de reler o que escrevi...

— Ainda o confessa!

— Fiei-me em que o sr. chefe passasse os olhos...

— Cale-se!... Quem sabe se o senhor pretende ensinar-me quais sejam as minhas atribuições?!...

— Não, senhor, e peço-lhe que me perdoe esta falta...

— Cale-se, já lhe disse, e trate de reformar essa porcaria!...

***

O amanuense obedeceu.

Acabado o serviço, tocou a campainha. Apareceu um contínuo.

— Por sua causa passei por uma vergonha diante do chefe da seção!

— Por minha causa?

— Sim, por sua causa! Se você ontem não tivesse levado tanto tempo a trazer-me o caderno de papel imperial que lhe pedi, não teria eu passado a limpo este decreto com tanta pressa que comi o nome do nomeado!

— Foi porque...

— Não se desculpe: você é um contínuo muito relaxado! Se o chefe não me considerasse tanto, eu estava suspenso, e a culpa seria sua! Retire-se!

— Mas...

— Retire-se, já lhe disse! E deve dar-se por muito feliz: eu poderia queixar-me de você!...

***

O contínuo saiu dali, e foi vingar-se num servente preto, que cochilava num corredor da Secretaria.

— Estou furioso! Por sua causa passei pela vergonha de ser repreendido por um bigorrilhas!

— Por minha causa?

— Sim. Quando te mandei ontem buscar na portaria aquele caderno de papel imperial, por que te demoraste tanto?

— Porque...

— Cala a boca! Isto aqui é andar muito direitinho, entendes? Porque, no dia em que eu me queixar de ti ao porteiro estás no olho da rua. Serventes não faltam!...

O preto não redarguiu.

***

O pobre diabo não tinha ninguém abaixo de si, em quem pudesse desforrar-se da agressão do contínuo; entretanto, quando depois do jantar, sem vontade, no frege-moscas, entrou no pardieiro em que morava, deu um tremendo pontapé no seu cão.

O mísero animal, que vinha, alegre, dar-lhe as boas-vindas, grunhiu, grunhiu, grunhiu, e voltou a lamber-lhe humildemente os pés.

O cão pagou pelo servente, pelo contínuo, pelo amanuense, pelo chefe da seção, pelo diretor-geral e pelo ministro!...

AZEVEDO, Artur. De cima para baixo. In: COSTA, Flávio Moreira da (Org.). *Os 100 melhores contos de humor da literatura universal.* Rio de Janeiro: Ediouro, 2001. p. 293-296.

Vocabulário de apoio

afabilidade: amabilidade, delicadeza
amanuense: escrevente, copista
atônito: confuso, atrapalhado
bigorrilhas: joão-ninguém
contínuo: entregador (o que é hoje o *office boy*)
desforrar-se: vingar-se
desidioso: preguiçoso
desmazelado: desleixado, negligente
escanchar: abrir (no caso, para colocar a luneta no nariz)
exasperado: furioso, irritado
frege-moscas: restaurante precário
fulo: furioso
iminente: prestes a acontecer
inepto: incompetente
luneta: pincenê, tipo antigo de óculos
mesura: cumprimento cerimonioso
pardieiro: prédio velho, arruinado
redarguir: responder, argumentar

Situação de produção

Opção pela simplicidade

Leia a seguir um depoimento de Artur Azevedo, em que ele revela o público que tinha em mente quando escrevia.

"Desde que pela primeira vez me aventurei a rabiscar nos jornais, observei que a massa geral dos leitores se dividia em dois grupos distintos: um muito pequenino, muito reduzido, de pessoas instruídas ou ilustradas, que procuravam em tudo quanto liam gostoso pasto para os seus sentimentos estéticos, e o outro numeroso, formidável, compacto, de homens do trabalho, que iam buscar na leitura dos jornais um derivativo para o cansaço do corpo, e exigiam que não lhes falassem senão em linguagem simples, que eles compreendessem. Tendo que escolher os meus leitores entre esses dois grupos, naturalmente escolhi os do segundo."

Disponível em: <http://www.klickeducacao.com.br/conteudo/pagina/0,6313,POR-4314-33906-,00.html>. Acesso em: 26 nov. 2012.

❯ Ler um conto de humor

1. O boxe *Situação de produção* traz o depoimento do escritor Artur Azevedo sobre sua escolha de escrever em linguagem simples, para atingir seu público. Você acha que essa escolha contribui para que um texto de humor cumpra o objetivo de fazer rir? Por quê?

2. Textos narrativos desenvolvem-se em torno de um **conflito**, isto é, de uma oposição ou tensão entre forças ou personagens. Qual é o conflito a partir do qual se desenvolve o conto "De cima para baixo"?

3. Localize no conto e copie no caderno as expressões que indicam:
   a) o **tempo** da ação;
   b) o **espaço** em que se passa a ação.

> **ANOTE**
>
> O **conto** concentra-se em geral em torno de um único **conflito**. Costuma entrar direto no assunto de que vai tratar e desenvolve-o continuamente até o desfecho. As descrições de **personagens** e as referências ao **tempo** e ao **espaço** são reduzidas ao essencial. No entanto, a narrativa é trabalhada de forma a criar um máximo de **tensão** e **intensidade**.

4. Copie e complete o quadro abaixo no caderno. Acrescente as personagens que faltam e as formas de tratamento que são usadas para se dirigir a elas.

Personagem/posição	Forma de tratamento
imperador	Majestade
ministro	Excelência

5. Não são apenas as formas de tratamento que mudam conforme as personagens vão descendo na escala social. Releia os diálogos do texto e explique a mudança que há também em relação:
   a) à linguagem utilizada nas "broncas";
   b) à oportunidade que cada personagem tem de se explicar ao seu superior.

6. Releia.

> — Peço mil perdões a Vossa Excelência — protestou o diretor-geral, terrivelmente impressionado pela palavra *demissão*.

   a) A quem a palavra *demissão* se referia no diálogo?
   b) Por que essa palavra deixa o diretor-geral "terrivelmente impressionado"? Esse significado está explícito no texto ou fica subentendido?

7. Observe, no texto, os relatos que os chefes fazem, a seus funcionários, de suas conversas com os superiores.
   a) Esses relatos estão de acordo com o que realmente aconteceu? Justifique.
   b) Que mentira o diretor-geral usa para ameaçar o chefe da 3ª seção? Por que o leitor sabe que ele está mentindo?
   c) Depois de observar o comportamento das personagens do conto, o que é possível supor a respeito do relato feito pelo ministro sobre sua conversa com o imperador, a única que o leitor não "testemunha"?

8. Releia.

> O mísero animal, que vinha, alegre, dar-lhe as boas-vindas, grunhiu, grunhiu, grunhiu, e voltou a lamber-lhe humildemente os pés.

Compare a atitude do cão com a das personagens humanas da história.

> **ANOTE**
>
> O **humor** quase sempre trata de **temas polêmicos**. São objeto de piadas e humorismo a sexualidade, os costumes e as instituições, os preconceitos e estereótipos, os sentimentos e comportamentos socialmente reprováveis (agressividade, mentira, inveja...), a loucura, a desumanização, as diferenças físicas, a morte...

9. Releia a descrição que o narrador faz do diretor-geral.

   > [...] era tão passivo e humilde com os superiores, quão arrogante e autoritário com os subalternos [...]

   a) Defina, com base no conto, a palavra *subalterno*.
   b) Explique as semelhanças e diferenças (de forma e de significado) entre as palavras *subalterno* e *submisso*. Se necessário, consulte um dicionário.
   c) Há outras personagens no texto para quem essa descrição do diretor-geral também seria adequada? Em caso afirmativo, quais seriam essas personagens e por que a descrição é adequada a elas?
   d) Com base na sua resposta à pergunta anterior, o que se pode concluir sobre o comportamento das personagens do conto "De cima para baixo"?

10. A **estrutura** do conto revela um padrão repetitivo de comportamento das personagens.
    a) Copie no caderno expressões das falas das personagens que demonstram essa repetição.
    b) O texto apresenta certa teatralidade na descrição de algumas ações ao ressaltar expressões e gestos de personagens. Que gesto é repetido por personagens diferentes nas três primeiras cenas do conto?
    c) Ao narrar os acontecimentos dessa forma, o conto critica um aspecto negativo da sociedade. Que aspecto é esse?

> **ANOTE**
>
> Um dos efeitos do humor é realçar o que há de automatizado e rígido no comportamento humano como forma, muitas vezes, de criticá-lo. Para isso, as **repetições** são um recurso importante.
>
> Nos contos de humor, gestos, frases ou situações podem se repetir, de forma idêntica ou invertida, com trocas de papéis, como em "De cima para baixo".

11. Agora, responda: O que faz do texto "De cima para baixo" um conto de humor? Explique e justifique, levando em consideração tanto a sua forma quanto o seu conteúdo.

Observatório da língua

A verossimilhança na ficção

A **ficção** constrói um mundo à parte, independente da realidade. Seres humanos transformam-se em insetos, como em *A metamorfose*, de Franz Kafka, ou viajam pelo espaço sideral, como a turma do Sítio do Picapau Amarelo em *Viagem ao céu*. Os mundos criados pelos contos, romances, fábulas, quadrinhos, filmes, etc. são regidos por **leis internas** que estabelecem seus próprios **critérios de coerência**. Ao fazer isso, a ficção cria sua própria verdade, sua **verossimilhança**.

Embora a palavra *verossimilhança* signifique, literalmente, "semelhança com a verdade", no caso da ficção essa semelhança não é com a realidade, mas com a verdade estabelecida internamente no **mundo inventado pela própria ficção**. Em uma história do Super-Homem, por exemplo, é verossímil que ele consiga deter um avião em pleno voo, mas é inverossímil que consiga derrubar uma pessoa se estiver perto de uma pedra de criptonita, seu ponto fraco, a menos que isso seja justificado por algum outro elemento do texto.

- Identifique que elementos propiciam a construção da verossimilhança no conto de Artur Azevedo. Para isso, observe:
  a) Que aspectos da narrativa poderiam parecer inverídicos ou improváveis se esse fosse o relato de um acontecimento da vida real?
  b) De que maneira o narrador garante que esses aspectos se tornem verossímeis no conto?

❯ Produzir um conto de humor

❯ Proposta

Você vai produzir um conto de humor, supondo que ele será inscrito em um concurso literário. Na categoria "conto" do concurso, exige-se que o texto tenha no máximo duas páginas digitadas em fonte 12 e espaço simples. O regulamento prevê que a narrativa se desenvolva a partir de uma das situações descritas a seguir. Escolha uma delas e coloque em prática os aspectos do conto de humor trabalhados neste capítulo.

Dê especial atenção à forma do texto. A narrativa concentra-se no conflito apresentado, mas deve construir certa tensão e intensidade para "fisgar" o leitor. Portanto, use recursos que possam tornar o texto engraçado e crítico.

Situação A – Uma personagem consegue se livrar de um presente indesejável, mas, depois de algumas "peripécias", o objeto acaba voltando para suas mãos. (Situação inspirada em "A obra de arte", de Anton Tchecov.)

Situação B – Uma personagem inocente se envolve sem querer em uma situação muito comprometedora. Como tem certeza de que a verdade será entendida como "desculpa esfarrapada", assume a culpa por algo que, na verdade, não cometeu. (Situação inspirada em "A aliança", de Luis Fernando Verissimo.)

Situação C – Uma família (ou grupo de amigos) "invade" um velório e toma conta da situação, terminando por expulsar a verdadeira família. (Situação inspirada em "Comportamento nos velórios", de Julio Cortázar.)

Situação D – Uma situação de escritório como a apresentada no cartum ao lado.

— QUER VIR AQUI UM MOMENTO, SENHORITA DOLLY? TENHO UM ASSUNTO PARA TRATAR COM A SENHORA.

QUINO. *Que gente má!* Trad. Monica Stahel. São Paulo: Martins Fontes, 2003. p. 85.

❯ Planejamento

1. Observe no quadro abaixo as características do texto que você vai produzir.

Gênero textual	Público	Finalidade	Meio	Linguagem	Evitar	Incluir
conto de humor	juízes de concurso literário; leitores que apreciam contos	narrar uma história, evidenciando um aspecto da realidade sob a perspectiva do humor	livro	informal; precisão e economia nas descrições de personagens, tempo e espaço	passagens desnecessárias; frouxidão narrativa; elementos inverossímeis	detalhes cômicos; repetições significativas

2. Defina o tema e qual aspecto da realidade você quer evidenciar em seu conto.
3. Defina e caracterize, de maneira breve:
   a) as **personagens** principais de seu conto;
   b) o **tempo** em que se passa a ação;
   c) o **espaço** no qual acontecem os fatos.
4. Faça uma lista de todos os fatos da história que você vai contar, do início ao fim. Lembre-se de que o conto se caracteriza por apresentar um único conflito.

> Elaboração

5. Use um estilo de linguagem que seja engraçado e apropriado ao assunto tratado. Para isso, certo grau de informalidade é desejável.
6. Você pode usar diálogos sempre que contribuírem para o andamento da narrativa ou para produzir humor. Eles revelam, sobretudo, aspectos que aparecem apenas nas **relações** entre personagens, como mentiras, ameaças, intimidações, seduções, etc.
7. À medida que for escrevendo, releia seu texto para ver como ele "soa" (imaginar uma leitura em voz alta é interessante para verificar se o texto tem ritmo, fluência, ou se o detalhamento excessivo de determinadas partes poderia aborrecer o leitor e tirar o foco do conflito).
8. Ao concluir seu conto, não se esqueça de criar um título que instigue a curiosidade do leitor sem "entregar o ouro" sobre a resolução do conflito.

ATENÇÃO

» Observe a **verossimilhança** na produção de seu texto. Lembre-se de que deve haver coerência entre as partes, as ideias e os fatos, para que o leitor fique convencido da possibilidade ficcional de seu texto.
» Como o conto tem forma concisa, a **precisão** na linguagem é um instrumento essencial. Pequenos detalhes cômicos podem produzir grande efeito humorístico.

> Avaliação

9. Agora, você se reunirá com um colega para ler e avaliar os contos que ambos produziram. Copie e preencha o quadro abaixo no caderno.

	Sim	Não
A estrutura do conto foi respeitada (há um único conflito, personagens, tempo e espaço)?		
Há concisão narrativa, ou seja, a presença apenas de passagens necessárias?		
O conto revela algum aspecto negativo e/ou inusitado do ser humano?		
O conto é verossímil? Há continuidade e coerência entre partes, fatos e/ou ideias?		
Há precisão e comicidade no uso da linguagem?		
O conto é engraçado?		

10. Caso você e o colega tenham respondido "não" a alguma das perguntas do quadro, faça uma anotação a lápis no texto apontando os trechos que podem ser melhorados em função de cada um dos problemas identificados.
11. Anote, também a lápis, outros aspectos do texto que podem ser melhorados (ortografia, acentuação, pontuação, escolha de palavras, etc.).

> Reescrita

12. Observe os tópicos para os quais você e o colega responderam "não" na avaliação de seu texto. Retome seu planejamento e veja o que precisa ser mudado. Caso tenha alguma dúvida, peça ajuda ao professor.
13. Reescreva seu conto de humor.
14. Se você obteve um resultado interessante na elaboração de seu conto, informe-se sobre os concursos literários em andamento e inscreva-se!

Foco da reescrita

O **efeito de humor** pode ser produzido pelo uso de **repetições** intencionais e significativas, na estrutura da narrativa, na descrição dos gestos das personagens ou em suas falas. Inserir efeitos de sentido inesperados, assim como detalhes cômicos e brincadeiras com as palavras, também amplia o efeito humorístico do texto. Veja se esses recursos foram explorados em seu conto e se há possibilidade de ampliar o efeito expressivo por eles causado.

LAERTE. *Classificados*. São Paulo: Devir, 2001. v. 1. p. 44.

A repetição como recurso humorístico: o quadrinista repete, com pequenas variações, a mesma situação e a mesma construção sintática.

Vestibular

Em geral, os exames vestibulares costumam pedir, em suas provas de redação, que o candidato produza um texto do tipo **dissertativo**. No entanto, por vezes também é oferecida a possibilidade de desenvolver um tema em um texto **narrativo**, como é o caso das duas propostas apresentadas abaixo. Elas permitem que você utilize seus conhecimentos sobre o **conto de humor** para produzir as narrativas.

1. (PUC-SP)

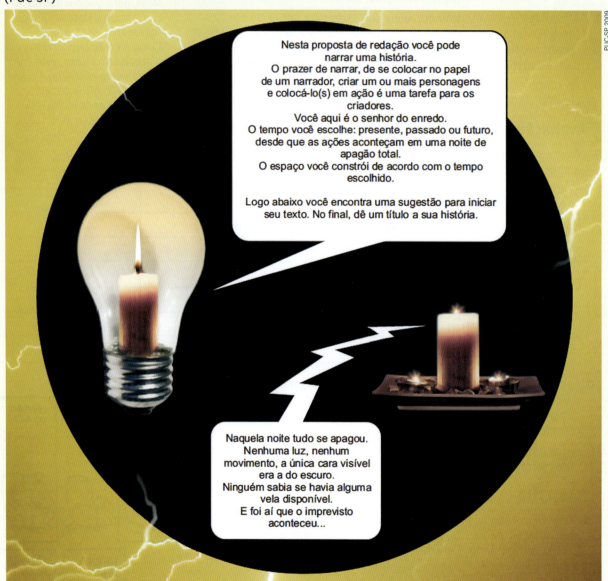

2. (PUC-Campinas-SP)

Uma propaganda na TV alerta a população sobre equívocos provocados pelo fato de pessoas terem o mesmo nome, explorando de modo bem-humorado o caso dos homônimos.

No saguão de um aeroporto, um homem carrega uma pequena tabuleta com o nome da pessoa que espera, a quem, evidentemente, nunca vira antes. Quando chega, o homem cujo nome está escrito na tabuleta é levado para casa onde sua suposta família o espera com uma festa de boas-vindas. Na hora do encontro, evidencia-se o engano: o recém-chegado, que nada tem de oriental, é recepcionado por uma família de japoneses. No aeroporto, o japonês esperado pela família permanece aguardando.

Redija uma narração em que se relate um caso de engano vivido por duas personagens homônimas. O narrador que você escolher deve contar como o equívoco se gerou e explorar a reação tanto dessas personagens quanto de outras presentes na situação imaginada. Procure ser bem criativo no desfecho.

Relatar

UNIDADE 2

Os meios de comunicação são responsáveis por informar às pessoas e fazê-las conhecer e reconhecer parte da realidade.

Com base na informação a que têm acesso, elas emitem opiniões a respeito dos fatos, tomam decisões, agem sobre essa realidade. Isso dá uma dimensão da importância de interagir de forma crítica com os textos que circulam nesses meios, refletindo sobre eles.

Nesta unidade, você vai exercitar a produção de gêneros textuais que circulam, em geral, na esfera jornalística e exigem o domínio da capacidade de relatar acontecimentos vividos pelo produtor do texto ou por outra pessoa.

Para isso, você vai estudar certos recursos e estratégias utilizados para informar e, de forma implícita ou explícita, transmitir um ponto de vista sobre os fatos relatados.

Nesta unidade

- **2** Notícia
- **3** Reportagem
- **4** Relato de experiência vivida

Editores na redação do *Wall Street Journal*, em Nova York. Fotografia de 2010.

CAPÍTULO 2
Notícia

O que você vai estudar

- Como identificar e produzir uma notícia.
- De que formas a notícia pode influenciar a opinião do leitor.
- Como se constrói a coesão no texto.

A **notícia** é um gênero textual jornalístico que circula em diferentes meios de comunicação. Produzida para ser consumida rapidamente, tem um "prazo de validade" bastante curto. A notícia apresenta informações sobre o que se passa à nossa volta – seja em nossa cidade, seja em nosso país ou no mundo – e elementos para refletir a respeito da realidade e agir sobre ela. Neste capítulo, você vai conhecer melhor esse gênero e se apropriar de alguns conhecimentos necessários para se tornar um bom leitor e produtor de notícias.

> Leitura

- Leia atentamente o texto abaixo, reproduzido do *site* do jornal *O Estado de S. Paulo*.

ESTADÃO > Educação

Senado aprova cota de 50% em universidades e escolas técnicas federais

Proposta ainda tem de passar pela sanção de Dilma Rousseff, entusiasta do projeto

7 de agosto de 2012 | 23h 44
Débora Bergamasco, de O Estado de S. Paulo

BRASÍLIA – O Senado aprovou nesta terça-feira, 7, um projeto de lei que prevê que 50% das vagas em universidades e escolas técnicas federais sejam reservadas a quem cursou o ensino médio integralmente em escolas públicas.

De autoria da deputada federal Nice Lobão (PSD-MA), a proposta, já aprovada na Câmara, ainda tem de passar pela sanção da presidente Dilma Rousseff, que é entusiasta do projeto. Dessa porcentagem, metade será destinada a estudantes cuja renda familiar é igual ou inferior a 1,5 salário mínimo por pessoa.

Protesto de membros do movimento negro Educafro em frente ao Palácio do Planalto, em junho de 2012.

Dentro desse universo de vagas destinadas a alunos oriundos da rede pública serão aplicados também critérios raciais. Estudantes autodeclarados negros, pardos e indígenas terão cotas proporcionais ao número desse grupo de pessoas que vivem no Estado onde está localizada a universidade, com base em dados do mais recente censo do Instituto Brasileiro de Geografia e Estatística (IBGE), não importando a renda *per capita* do aluno – mas a exigência de terem cursado integralmente em escolas públicas permanece.

Em São Paulo, por exemplo, aproximadamente 30% da população se declara negra, parda ou indígena. Na Bahia, esse número chega a cerca de 70%. No caso de não preenchimento dessa cota racial, as vagas remanescentes serão ocupadas por estudantes que fizeram todo o ensino médio na rede pública.

Um ponto polêmico – mas já resolvido – do projeto de lei foi o artigo que previa adotar como critério de seleção do cotista o "coeficiente de rendimento", obtido por meio de média aritmética das notas do aluno.

Senadores fecharam um acordo com o governo para que a presidente Dilma vete esse artigo e mantenha a seleção utilizando o vestibular, orientação do Ministério da Educação (MEC).

Vocabulário de apoio

apreciação: julgamento, avaliação
entusiasta: que se entusiasma por algo, admirador
oriundo (de): vindo (de), originário (de)
sanção: aprovação de uma lei

Foi uma estratégia para que o projeto fosse aprovado exatamente como votado pelos deputados. Caso sofresse alteração, teria de voltar à Câmara para nova apreciação, o que atrasaria ainda mais a aprovação do projeto.

O senador Aloysio Nunes Ferreira (PSDB-SP), único a se posicionar contra o assunto, considera que essa lei trará "um abalo muito grande na qualidade de ensino das universidades federais, que já não andam bem".

Para ele, a reserva de vagas nesses moldes é inconstitucional. "Os colegas votaram a favor por medo da pressão dos chamados movimentos ligados ao governo. Sou contra essa diferenciação por raça e não tenho medo desses movimentos. O branco pobre não é filho de senhor de escravos", disse ao **Estado**.

O senador Paulo Paim (PT-RS) comemorou a aprovação. "É uma reparação de anos e anos de exclusão racial e social. Não é justo que o preto e pobre trabalhe de dia para pagar a universidade e estudar à noite enquanto o branco descansa o dia todo." O petista concluiu dizendo que "a minoria que é contra o projeto infelizmente tem o poder e é bem articulada".

Assim que sancionada pela presidente Dilma, a lei modificará todo o sistema de divisão de vagas das universidades federais. Atualmente, quase todas utilizam algum sistema de cota social, racial ou de gênero, que deixarão de lado para adotar o modelo único. A lei não modifica o sistema de adesão nas universidades estaduais nem nas particulares, que poderão continuar a escolher se adotam ou não algum sistema de cotas.

Segundo o texto aprovado pelo Senado, a aplicabilidade desse sistema será revisada em dez anos.

A Associação Nacional dos Dirigentes das Instituições Federais de Ensino Superior (Andifes) não se posicionou oficialmente sobre o tema. Nos bastidores, a informação é de que a maioria dos reitores é contra.

BERGAMASCO, Débora. Disponível em: <http://www.estadao.com.br/noticias/vidae,senado-aprova-cota-de-50-em-universidades-e-escolas-tecnicas-federais,912890,0.htm>. Acesso em: 5 fev. 2015.

Ação e cidadania

A adoção do sistema de cotas em universidades brasileiras visa a diminuir as diferenças raciais e sociais no acesso à educação pública superior e, por consequência, contribuir para a diminuição das desigualdades sociais no país. A educação de qualidade é um dever do Estado e um direito garantido pela Constituição a todo cidadão. Na prática, pessoas de classes mais baixas que estudam em escolas públicas de pouca qualidade costumam ter dificuldade para ingressar nas universidades públicas. O principal argumento dos que criticam o sistema de cotas é que ele não ataca o problema em sua origem: se a educação pública básica garantisse boa formação aos estudantes, não seria preciso facilitar seu acesso ao Ensino Superior. Os que defendem a política de cotas acreditam que ela é uma forma de reparação histórica, já que as diferenças sociais e raciais ainda refletem, em grande medida, nosso passado de colonialismo e de escravidão.

Situação de produção

Notícia tem prazo de validade

A notícia pode circular em diversos **meios de comunicação**: jornais, revistas, rádio, televisão e internet. Em cada um, o gênero ganha características próprias.

Na impossibilidade de relatar o presente, a notícia busca tornar acessível o passado mais recente possível. A notícia declara sua data e, assim, logo se torna descartável. "O jornal de hoje embrulha o peixe de amanhã", como se dizia antigamente.

Na internet, no rádio e na TV, as notícias podem ser atualizadas a qualquer tempo. Se esses meios de comunicação têm a vantagem da rapidez, também correm o risco de apresentar dados menos confiáveis e fazer análises menos profundas.

Como têm mais tempo para checar as informações e agregar dados e análises novas, os jornais e as revistas semanais de atualidades podem construir uma imagem de confiabilidade, como sendo o espaço em que se busca o real alcance dos fatos noticiados.

> Ler uma notícia

1. A notícia "Senado aprova cota de 50% em universidades e escolas técnicas federais" foi publicada na seção "Educação" de um *site* de notícias. Em que outros cadernos ou seções de um jornal ela poderia ter sido veiculada? Por quê?

2. Explique a importância do fato relatado na notícia.

> **ANOTE**
>
> A notícia é um gênero textual que relata **fatos da atualidade**. Com informações supostamente **relevantes**, tem como finalidade contribuir para a melhor compreensão do público sobre o mundo que o cerca.

3. Observe como, usualmente, se estrutura uma notícia de jornal.

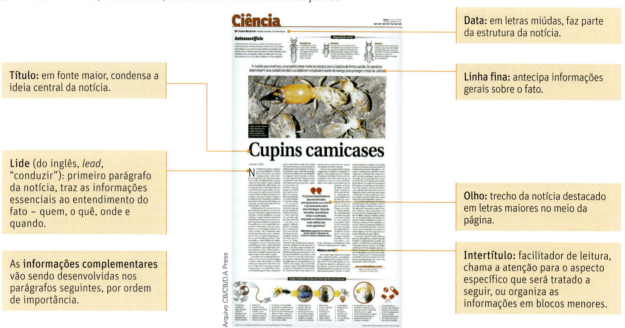

Título: em fonte maior, condensa a ideia central da notícia.

Lide (do inglês, *lead*, "conduzir"): primeiro parágrafo da notícia, traz as informações essenciais ao entendimento do fato – quem, o quê, onde e quando.

As **informações complementares** vão sendo desenvolvidas nos parágrafos seguintes, por ordem de importância.

Data: em letras miúdas, faz parte da estrutura da notícia.

Linha fina: antecipa informações gerais sobre o fato.

Olho: trecho da notícia destacado em letras maiores no meio da página.

Intertítulo: facilitador de leitura, chama a atenção para o aspecto específico que será tratado a seguir, ou organiza as informações em blocos menores.

Agora, identifique cada uma das partes descritas acima na notícia "Senado aprova cota de 50% em universidades e escolas técnicas federais".

4. Observe que a notícia publicada no *site* do jornal *O Estado de S. Paulo* não apresenta somente data, mas também hora de publicação. Qual é a importância dessa informação?

5. A notícia lida traz uma imagem não diretamente relacionada aos fatos relatados.
   a) O que a imagem retrata?
   b) Qual é a associação sugerida entre a imagem e os fatos relatados na notícia?

6. Observe os tempos verbais usados em cada parte da notícia.
   a) Que tempo verbal foi utilizado no título e na linha fina da notícia? Qual é o efeito obtido pelo uso desse tempo verbal?
   b) Que tempo verbal predomina no corpo do texto?
   c) Conclua: Quais são os tempos verbais típicos do título de uma notícia? E do corpo da notícia?

7. Copie o quadro ao lado no caderno e complete-o com as informações do primeiro parágrafo da notícia apresentada nas páginas 18 e 19.

Quem?	
O quê?	
Onde?	
Quando?	

> **ANOTE**
>
> Na notícia, o que determina a ordem de apresentação das informações é sua **importância**, e não a ordem cronológica dos fatos. As informações principais aparecem resumidas no primeiro parágrafo, chamado **lide**. Nos parágrafos seguintes aparecem as informações complementares e os depoimentos de pessoas entrevistadas.

8. A notícia lida foi publicada em agosto de 2012.
   a) Naquele momento, o que ainda faltava acontecer para que a lei de cotas entrasse em vigor?
   b) A autora da notícia acreditava que a lei entraria em vigor? Cite um trecho que comprove a sua resposta.
   c) Que informações você tem sobre o atual andamento da regulamentação dessa lei?

9. Releia o trecho abaixo.

> Um ponto polêmico – mas já resolvido – do projeto de lei foi o artigo que previa adotar como critério de seleção do cotista o "coeficiente de rendimento", obtido por meio de média aritmética das notas do aluno.

   a) Copie no caderno os adjetivos e as locuções adjetivas utilizadas nesse trecho.
   b) Que função essas palavras e expressões exercem no trecho?

> **ANOTE**
>
> Para obter o efeito de **objetividade** necessário à credibilidade da informação, o autor da notícia procura apagar ou atenuar os vestígios de sua subjetividade na linguagem do texto. Para isso, utiliza **verbos impessoais** e a **terceira pessoa** do discurso. Na construção das frases, a **ordem direta** tem preferência. A linguagem da notícia evita adjetivos e juízos de valor que sugiram uma opinião sobre o fato relatado.

10. Copie no caderno os trechos da notícia que apresentam dados numéricos e informações relacionadas a quantidades e medidas. Em seguida, explique a importância desses elementos para a compreensão dos fatos relatados.

> **ANOTE**
>
> A precisão das informações divulgadas na notícia confere credibilidade ao relato dos acontecimentos. Por isso a linguagem da notícia busca oferecer **medidas** (distância, altura, peso, etc.) e **quantidades** (unidades, percentuais, etc.) com exatidão numérica.

11. Há dois depoimentos de senadores na notícia.
   a) Que critério parece ter sido utilizado pela autora para a inclusão dos dois depoimentos?
   b) Localize no texto os verbos utilizados pela jornalista para indicar a fala dos dois senadores entrevistados. Explique a diferença de sentido entre eles.

> **ANOTE**
>
> A notícia dá voz às testemunhas envolvidas no fato e a especialistas e instituições relacionadas ao assunto tratado. Para isso, pode utilizar o **discurso direto** (citação entre aspas) ou **indireto** (descrição da fala). Em ambos os casos, são utilizados os **verbos** *dicendi*, isto é, que indicam fala, como *informar*, *garantir*, *expor*, *declarar*, *confessar*, *considerar* e *comemorar*. Esses verbos podem transmitir informações importantes sobre o comportamento daquele que fala ou sobre o ponto de vista do autor da notícia a respeito dessa fala.

12. Releia a última frase da notícia na página 19.
   a) Qual é a fonte citada para essa última informação? Essa fonte pode ser checada pelo leitor? Explique.
   b) Qual é o efeito de sentido criado por essa afirmação final?

> **ANOTE**
>
> O produtor de uma notícia não expõe explicitamente em seu texto sua opinião ou ponto de vista. No entanto, conta com alguns recursos para conduzir a **opinião do leitor** em uma determinada direção, como o uso dos depoimentos de testemunhas e de especialistas, a seleção e ordenação de informações e a escolha de vocabulário.

21

⟩ Entre o texto e o discurso – A questão da imparcialidade

Ao longo deste capítulo, você aprendeu que a **notícia** é um gênero textual que busca **relatar fatos relevantes da atualidade** de forma **objetiva**. O autor da notícia **evita** emitir sua **opinião pessoal**. Mas será que é possível ser inteiramente imparcial em um relato?

Leia a notícia a seguir e dê atenção aos trechos destacados.

C CIÊNCIA São Paulo, terça-feira, 13 de maio de 2008

Novo projeto tenta proibir cobaia no Rio

Pela terceira vez, vereador lança proposta de lei para impedir o uso de animais em experimentos científicos na cidade. [...]
Rafael Garcia, da reportagem local

A Câmara Municipal do Rio de Janeiro terá de apreciar, pela terceira vez, um projeto de lei que pretende proibir o uso de animais em pesquisa científica. A proposta foi reapresentada no último dia 5 pelo vereador Claudio Cavalcanti. [...]

[...] Segundo o vereador, a insistência se justifica porque a proibição das cobaias tem apoio popular ("3 milhões de *e-mails*") e porque os vereadores se mostraram receptivos. [...]

Segundo o próprio vereador autor do projeto, sua proposta está baseada na crença de que testar medicamentos em animais não tem valor científico. [...] "Animal é uma coisa, ser humano é outra coisa."

O consenso entre os cientistas, porém, é diferente. Para os pesquisadores ouvidos pela *Folha*, a proposta de Cavalcanti é nociva à saúde pública.

"Se experiências com animais fossem proibidas na nossa cidade, todos os esforços para descobrir vacinas para dengue, Aids, malária, leishmaniose, etc. seriam jogados literalmente no lixo", diz Renato Balão Cordeiro, farmacólogo da Fiocruz (Fundação Oswaldo Cruz). [...]

"Literatura imensa"

Cavalcanti, porém, afirma que o único interesse dos cientistas na experimentação com animais é "o lucro". Ator de profissão, ele diz que seu projeto está baseado em informações técnicas. "No meu gabinete nós temos uma imensa literatura", diz. O autor mais citado pelo vereador em sua argumentação é Hans Ruesch, um piloto de corridas suíço que, depois de se aposentar, publicou vários livros contra o uso de animais em experimentos. [...]

Na Academia Brasileira de Ciências, Cordeiro articula agora uma reação ao projeto de lei de Cavalcanti. "O que causa perplexidade nele são equívocos, radicalismo irracional e total desconhecimento da importância do uso de animais", diz.

GARCIA, Rafael. Disponível em: <http://www1.folha.uol.com.br/fsp/ciencia/fe1305200801.htm>. Acesso em: 5 fev. 2015.

Anotações nas laterais:

- A informação privilegiada na linha fina da notícia é o fato de o projeto de lei contra cobaias já ter sido apresentado **outras duas vezes**.

- As justificativas do vereador destacadas pelo jornalista são o **apoio popular** e a receptividade dos **vereadores**.

- A contraposição das palavras **crença** e **valor científico** tem valor argumentativo: a ciência não se baseia em **crenças**, mas em **fatos** observáveis e reproduzíveis.

- A fala do vereador a respeito da extensa literatura que embasa seu projeto é reproduzida entre aspas, indicando **ironia**.

- Apresentar o autor mais citado pelo vereador em sua argumentação como **piloto de corridas suíço** também põe em xeque a **credibilidade** dessa voz de autoridade.

- A informação sobre o número de vezes que o projeto foi apresentado é reiterada no corpo da notícia...

- ... e reforçada com o uso da palavra **insistência**.

- A voz de oposição à **opinião popular** e dos vereadores é a dos **cientistas**. Quem tem mais **autoridade** para falar sobre ciência?

- Ao apontar o autor do projeto como **ator de profissão**, o jornalista diminui a **credibilidade** em relação às **informações técnicas** que o vereador afirma possuir.

- O último parágrafo da notícia retoma a **voz de autoridade** de um cientista que aponta **equívocos**, **radicalismo irracional** e **total desconhecimento** na argumentação do vereador.

22

> Relatar também é construir um ponto de vista

Um **relato** é uma representação, por meio da linguagem verbal, de experiências vividas e situadas no tempo. A rigor, uma notícia não deveria veicular **opiniões**, e sim oferecer **fatos** para que o leitor formasse sua própria opinião.

No entanto, ao colher dados e consultar fontes, o produtor do texto naturalmente constrói um **ponto de vista** sobre o fato. Esse ponto de vista é influenciado por muitos fatores: valores e crenças pessoais; caderno, seção ou editoria em que a notícia será inserida (determinante para o enfoque dado ao assunto); posicionamento ideológico do veículo; quem é o seu público-alvo; entre outros.

Assim, ao relatar os fatos, o autor da notícia o faz a partir de seu ponto de vista sobre eles. Ele procura criar um **efeito de objetividade**; para isso, atenua marcas mais explícitas de seu posicionamento subjetivo. No entanto, não existe linguagem imparcial ou neutra. Vários fatores textuais podem influenciar a opinião do leitor. Veja os elementos que indicam um ponto de vista favorável aos experimentos com animais na notícia da *Folha de S.Paulo*:

- a ordem de apresentação dos fatos ou das informações → "**Pela terceira vez**, vereador lança proposta de lei para impedir o uso de animais em experimentos científicos na cidade. [...]";
- a escolha de palavras → "[...] sua proposta está baseada na **crença** de que testar medicamentos em animais não tem valor científico.";
- a seleção das informações → "**Ator de profissão**, ele diz que seu projeto está baseado em informações técnicas.";
- as vozes de autoridade sobre o assunto → "O que causa perplexidade nele são equívocos, radicalismo irracional e total desconhecimento da importância do uso de animais, diz".

1. Volte à notícia "Senado aprova cota de 50% em universidades e escolas técnicas federais". É possível identificar um ponto de vista da autora a respeito do fato relatado? Explique sua resposta.

2. Escreva o título, a linha fina e o lide de uma notícia sobre o projeto de lei do vereador Cavalcanti para uma revista que defenda os direitos dos animais. Escolha palavras e selecione informações que favoreçam o ponto de vista defendido pelo vereador.

Observatório da língua

As conjunções e a construção de sentidos no texto
Releia trechos da notícia da *Folha de S.Paulo*.

> Segundo o próprio vereador autor do projeto, sua proposta está baseada na crença de que testar medicamentos em animais não tem valor científico. [...]
> O consenso entre os cientistas, **porém**, é diferente.

> "Se experiências com animais fossem proibidas na nossa cidade, todos os esforços para descobrir vacinas para dengue, Aids, malária, leishmaniose, etc. seriam jogados literalmente no lixo", diz Renato Balão Cordeiro [...].
> Cavalcanti, **porém**, afirma que o único interesse dos cientistas na experimentação com animais é "o lucro".

Ao abordar o projeto de lei, o autor da notícia contrapõe opiniões opostas a respeito da questão, enfatizando seu caráter polêmico. Observe que o contraste das opiniões contrárias é indicado pelo uso da conjunção adversativa **porém**.

As conjunções têm uma função importante na ligação entre as partes de um texto, esclarecendo ou enfatizando a natureza da **relação entre as ideias**. Quando utilizadas adequadamente, as conjunções auxiliam o leitor a interpretar o que lê. No entanto, uma conjunção que não explicita corretamente a relação entre orações compromete a leitura e pode até mesmo induzir a equívocos. Portanto, ao utilizá-las, certifique-se de que as conjunções contribuem para a construção de sentidos no texto, indicando de forma adequada a conexão entre orações.

- Observe os pares de orações a seguir.

> Os consumidores estão otimistas quanto ao cenário financeiro de 2009./A crise financeira internacional está causando pressão em bancos e empresas.

> A baixa umidade do ar pode provocar complicações alérgicas e respiratórias./Recomenda-se que à tarde sejam evitados esportes e atividades físicas ao ar livre.

> Ex-aluno será indenizado./Curso não era reconhecido pelo MEC.

a) Copie as orações no caderno, conectando-as por meio de uma conjunção que aponte adequadamente a relação existente entre cada par. Faça as modificações necessárias, mas sem alterar a ordem das orações.

b) Agora, inverta a ordem das orações e observe se as conjunções escolhidas continuam adequadas. A partir dessa observação, faça as substituições necessárias.

▶ Produzir uma notícia

▸ Proposta

Escreva uma **notícia** supondo que ela será publicada no suplemento juvenil de um jornal de grande circulação. Escolha uma das fotografias abaixo e imagine a que acontecimento ela poderia estar relacionada. Podem ser usados dados, nomes e acontecimentos fictícios. Você deve pôr em prática os aspectos da notícia que trabalhamos neste capítulo. Uma boa notícia deve conferir credibilidade aos assuntos abordados; portanto, use todos os recursos necessários para que o texto se aproxime o máximo possível de uma notícia real.

▸ Planejamento

1. Observe no quadro abaixo as características do texto a ser produzido.

Gênero textual	notícia	Linguagem	objetiva; terceira pessoa do discurso; conjunções adequadas; ordem direta; verbos *dicendi*; advérbios de tempo e modo
Público	jovens com hábito de leitura de jornais impressos		
Finalidade	relatar um fato atual e de interesse do público-alvo	Evitar	opinião pessoal; primeira pessoa do discurso; juízo de valor; excesso de adjetivos
Meio	jornal impresso de grande circulação	Incluir	depoimentos e citação de fontes

2. Defina em que seção do suplemento a notícia será publicada.

3. Após definir o fato central da notícia, copie o quadro ao lado no caderno e preencha-o com as informações sobre o fato.

   a) Crie um título que resuma, em poucas palavras (entre cinco e oito), o fato central e que chame a atenção do leitor. Lembre-se de que os verbos devem estar no tempo presente.

   b) Defina qual será a linha fina da notícia. Que informações serão destacadas?

Quem?	
O quê?	
Onde?	
Quando?	
Como?	
Por quê?	

> Elaboração

4. Agora que os aspectos principais da notícia já estão definidos, escreva o lide (primeiro parágrafo), registrando os dados fundamentais do acontecimento (Quem? O quê? Onde? Quando?).
5. Redija a seguir mais quatro ou cinco parágrafos, com informações complementares sobre o fato relatado (Como? Por quê?).
6. Acrescente um depoimento de uma testemunha, um especialista no tema tratado ou um representante de instituição. Não se esqueça de citar todas as fontes consultadas.

> Avaliação

7. Faça uma dupla com um colega de sua turma para que cada um avalie a notícia produzida pelo outro. Após a leitura da notícia do colega, copie e preencha o quadro abaixo no caderno.

	Sim	Não
A estrutura composicional da notícia (título, linha fina, lide, intertítulo) foi respeitada?		
O lide apresenta todas as informações essenciais à compreensão do fato?		
Os verbos do título estão no tempo presente? E os do corpo da notícia estão predominantemente no passado?		
As conjunções foram utilizadas adequadamente para dar coesão ao texto?		
As informações do texto foram apresentadas em ordem de importância?		
O autor evitou emitir explicitamente sua opinião pessoal?		

8. Caso você tenha respondido "não" a alguma das perguntas do quadro, faça uma anotação a lápis no texto do colega apontando o aspecto identificado.
9. Aponte, também a lápis, outros aspectos do texto que podem ser melhorados (ortografia, acentuação, pontuação, regência, concordância, escolha de palavras, etc.).

> Reescrita

10. Observe os tópicos para os quais o colega respondeu "não" na avaliação de seu texto. Retome seu planejamento e veja o que precisa ser mudado. Veja também as outras anotações feitas pelo colega no texto original. Caso tenha alguma dúvida ou discordância com relação a esses apontamentos, peça ajuda ao professor.
11. Reescreva sua notícia.

Foco da reescrita

O corpo de uma notícia deve contar bem a história que está por trás do acontecimento. Nesse gênero textual, porém, o critério para definir a ordem de apresentação dos dados, sobretudo no lide, deve levar em conta a importância de cada informação, e não a ordem cronológica dos acontecimentos. Ao reescrever sua notícia, observe se você atendeu a essa condição.

ATENÇÃO

» Dê especial atenção às **conjunções** na produção de seu texto. Lembre-se de que elas devem expressar adequadamente a relação das orações nos períodos compostos.
» Escolha com cuidado os **verbos dicendi**. Eles podem transmitir ao leitor informações importantes a respeito do comportamento dos entrevistados.

Repertório

A edição jornalística

Reescrever não é tarefa apenas de sala de aula. Em grande parte dos veículos jornalísticos (jornais, revistas, etc.), a notícia é retrabalhada antes de ser publicada.

A primeira versão do texto é geralmente feita pelo repórter que realizou a **apuração** dos fatos que serão **noticiados**. Depois disso, a notícia costuma ser **editada**, em geral dentro da redação do veículo, por outra pessoa: um jornalista que exerce a função de **editor**, **redator** ou **copidesque**.

A edição é um trabalho de mediação entre a origem do texto (o repórter) e seu destino (o leitor). Pensando nisso, esse profissional reelabora o texto original buscando um resultado mais interessante que, idealmente, deve ter o máximo de clareza e fluência sem comprometer a precisão dos fatos apurados pelo repórter.

CAPÍTULO 3

Reportagem

O que você vai estudar

- Como identificar e produzir uma reportagem.
- Diferenças e semelhanças entre a notícia e a reportagem.
- Como adequar um texto oral à modalidade escrita.

O gênero **reportagem** apresenta muitas semelhanças com o gênero notícia. Sob certo ponto de vista, a reportagem pode ser considerada uma "versão ampliada" da notícia. No entanto, tem características próprias que vão muito além do tamanho. Neste capítulo, você vai saber quais são essas características e conhecer um pouco sobre o trabalho do repórter. Em seguida, produzirá uma reportagem.

▶ Leitura

- O texto a seguir foi publicado na revista *Veja*. Leia-o, observando os aspectos destacados quanto a sua forma. Em seguida, responda às questões propostas.

Retranca ou chapéu: identifica a seção

TURISMO

De sofá em sofá

Um site conecta gente que quer viajar a gente que quer hospedar – ainda que as acomodações não sejam lá essas coisas

Kalleo Coura

Título

Linha fina: resume o conteúdo da reportagem

Assinatura

Como a maioria das boas ideias, essa surgiu de uma combinação do acaso com a necessidade. O acaso se deu quando o programador de computadores americano Casey Fenton, navegando pela internet, deparou com uma passagem para a Islândia que era uma pechincha – e decidiu aproveitar o fim de semana para visitar o país. Como não conhecia ninguém lá, resolveu enviar 1500 e-mails para estudantes de uma universidade da capital, Reykjavik, contando quem era e perguntando se não poderiam hospedá-lo. Em menos de 24 horas, recebeu mais de cinquenta ofertas e embarcou naquela que diz ter sido uma das melhores viagens de sua vida (ainda que nem de longe a mais confortável, já que seu quarto era a garagem da anfitriã). Assim nasceu o CouchSurfing, uma rede baseada na internet e destinada a conectar gente que quer viajar a pessoas dispostas a recebê-las (o endereço é www.couchsurfing.com). A expressão, que em tradução literal significa "surfe no sofá", é uma gíria usada por estudantes americanos para se referir ao costume de hospedar-se, de forma improvisada, na casa de alguém. Criada por Casey e amigos em 2004, ela já atinge 231 países e tem perto de 800 000 usuários, mais de 17 000 deles brasileiros.

O assistente de direção Alberto Azevedo, de 25 anos, já dormiu em 18 sofás de cinco países e hospedou mais de oitenta pessoas em seu apartamento em São Paulo. É do tipo que gosta de guiar o visitante pela mão. "Faço questão de levar os estrangeiros a restaurantes típicos e apresentar a eles feijoada, caipirinha e guaraná." Azevedo diz manter contato com pelo menos metade de seus ex-hóspedes – e é justamente essa uma das ideias da rede. "Ela não existe só para ajudar viajantes a encontrar um lugar de graça para dormir", afirma um de seus cofundadores, o também americano Daniel Hoffer. "A proposta é dar condições para que pessoas de culturas diferentes se conheçam e façam novas amizades." A estudante de economia Luciana van Tol, de 23 anos, viajou por meio do CouchSurfing por 17 países da Europa em quatro meses. "O único lugar em que fiquei em albergue foi Istambul", conta.

26

"Visitei os principais pontos turísticos, mas não me sentei à mesa nem conversei com uma família turca. Por causa disso, sinto que só passei por lá – não conheci a Turquia tão profundamente como os países em que me hospedei na casa de alguém", diz.

O CouchSurfing não se responsabiliza pela segurança dos usuários, mas oferece alguns instrumentos para ajudar a aumentá-la, além dos comentários que os próprios viajantes deixam no *site* a respeito de suas experiências com outros usuários. Por 13 dólares, por exemplo, o candidato a hóspede ou anfitrião pode ganhar um atestado emitido pelo *site* garantindo que seu nome e endereço são verdadeiros. Essa espécie de "selo de autenticidade" aumenta sua credibilidade e, consequentemente, sua chance de receber ou de ser recebido. De 2004 para cá, mais de 700 000 hospedagens ocorreram por meio da rede. Em alguns casos, o entendimento entre hóspede e anfitrião supera tanto as expectativas que um acaba se mudando em caráter permanente para a casa do outro. No ano passado, a agente de turismo Cláudia Pedroso, 36 anos, foi recebida pelo italiano Gianluca Iorio, de 35, em Florença, para uma estada de quatro dias. A visita virou casamento. "Nas conversas pela internet, já havia percebido que tínhamos muito em comum", afirma Iorio. Neste mês, o casamento completa um ano e as fotos do casal só não ilustram esta reportagem porque Iorio, que se mudou para o Brasil, levou Cláudia à Itália para visitar seus pais. Eles voltam nesta semana para o apartamento de Cláudia, no Rio. E já colocaram o seu sofá à disposição dos viajantes do mundo.

OS PRÓS E OS CONTRAS DO TURISMO DE SOFÁ

VANTAGENS	DESVANTAGENS
• É de graça. • Permite tomar contato com o cotidiano de um habitante local. • Facilita a vida de quem quer conhecer pessoas, já que, em geral, os anfitriões estão dispostos a apresentar seus amigos ao visitante e a circular com ele pelos lugares que costumam frequentar. • Aumenta as chances de descobrir lojas, baladas e outros endereços que não constam de guias turísticos.	• O anfitrião pode não ser tão bom quanto parecia no perfil *on-line*. Idem para as acomodações: quartos superlotados e sofás desconfortáveis demais são uma possibilidade. • É preciso submeter-se às regras do anfitrião: há desde os que entregam ao visitante a chave da casa até os que estabelecem horários para chegar e sair. • Como bom hóspede, o visitante pode ter de fazer pequenos serviços domésticos, como lavar a louça. • Em cidades com intenso fluxo de turistas, como Londres, o risco de não conseguir hospedagem por causa da grande procura é alto.

Veja, São Paulo, Abril, ed. 2 084, ano 41, n. 43, p. 118-119, 29 out. 2008.

Situação de produção

A pauta da reportagem

Diferentemente da notícia, que nasce da urgência de divulgar um fato que se impõe, a reportagem surge do olhar do repórter (representando o veículo para o qual trabalha) sobre a realidade. Muito mais do que na notícia, é uma questão de escolha: o que, entre as inúmeras informações que nos cercam, interessa ao leitor?

Como forma de amenizar a inevitável subjetividade envolvida nessa seleção, as reportagens costumam ser planejadas – em textos chamados **pautas** – e discutidas – na **reunião de pauta**.

A pauta tem duas finalidades básicas. A primeira é convencer o **editor** de que certo assunto merece ser tratado, apresentando o que nele há de importante, atual e original. A segunda é delimitar objetivos para o trabalho do repórter. Leia alguns trechos da pauta da reportagem "De sofá em sofá", elaborada pelo próprio repórter Kalleo Coura.

"Sugiro uma matéria sobre o CouchSurfing. Trata-se de uma comunidade *on-line* em que os membros se dispõem a hospedar pessoas de qualquer lugar do mundo em suas casas sem cobrar nada – geralmente no sofá, por isso o nome do *site*. [...]

O Brasil é o nono país com mais representantes no *site*: são mais de 17 mil pessoas em um total de 775 mil (das quais 45,4% têm entre 18 e 24 anos, mas há também perfis de famílias e de empresários por volta dos 50 anos). São Paulo é a 18ª cidade com mais membros no mundo – a primeira é Paris. [...]

Minha sugestão é fazer uma matéria explicando como funciona essa prática, contar histórias interessantes de personagens (podemos pegar um que se cadastrou para se hospedar gratuitamente na Europa, outro que não tenha viajado, mas apenas hospedado pessoas em sua casa, etc.) e dar dicas de segurança para quem faz ou quer fazer parte dessa comunidade."

Pauta para a reportagem "De sofá em sofá", gentilmente cedida por Kalleo Coura.

> Ler uma reportagem

1. Quais eram os objetivos propostos na pauta de "De sofá em sofá" (boxe *Situação de produção* da página 27)? O repórter conseguiu realizar o que propôs?

2. O **chapéu** estabelece uma classificação das reportagens pelo assunto tratado. Suponha que você é o editor da revista e que nela não exista a seção "Turismo". Escolha outro chapéu para a reportagem "De sofá em sofá". Justifique sua escolha.
   a) Internacional
   b) Economia
   c) Comportamento
   d) Esporte
   e) Decoração

3. A **linha fina** da reportagem antecipa seu conteúdo.
   a) Qual é o foco da reportagem?
   b) Qual é a ressalva anunciada já na linha fina?

ANOTE

A estrutura da reportagem apresenta "pistas" para que o leitor identifique seu tema e se interesse por ela antes mesmo de ler o texto. O **autor** do texto, o **título**, a **linha fina**, as **ilustrações** e o **chapéu** que informa a **seção** a que pertence a reportagem, assim como os **quadros**, os **gráficos**, as **tabelas** e os **infográficos** que eventualmente a acompanham, ajudam o leitor a antecipar o conteúdo do texto.

4. Releia.

> [...] ainda que as acomodações não sejam **lá essas coisas**
> Como a maioria das **boas** ideias [...].

O autor da reportagem "De sofá em sofá" deixa sua opinião transparecer no texto. O que as expressões destacadas revelam sobre o que o repórter pensa a respeito do tema abordado?

ANOTE

Como a notícia, a reportagem é um gênero textual de caráter informativo. No entanto, nela a **subjetividade** do autor pode aparecer de forma mais explícita, por meio de expressões em primeira pessoa, opiniões e mesmo histórias pessoais relacionadas à busca por fontes e informações.

5. O quadro abaixo apresenta as diferentes partes do texto. Copie-o no caderno e complete-o com a frase inicial de cada parte.

Estrutura: "De sofá em sofá"	
Parte do texto	**Frase inicial**
Introdução ao tema – "boa ideia"	
Origem da ideia – história de Casey Fenton	
O que é CouchSurfing – rede de turismo de sofá	
Depoimento de usuário brasileiro – Alberto Azevedo	
Depoimento do cofundador da rede – Daniel Hoffer	
Depoimento de usuária brasileira – Luciana van Tol	
Desdobramento 1: segurança – "selo de autenticidade"	
Desdobramento 2: história romântica – Cláudia e Gianluca	
Desfecho – frase de efeito	

6. O jornalista procurou **fontes** locais (usuários brasileiros da rede) para produzir sua reportagem. Observe o uso que ele fez dos **depoimentos** que coletou.
   a) O que qualifica Alberto Azevedo como fonte dessa reportagem?
   b) E Luciana van Tol?
   c) Segundo Daniel Hoffer, qual é o objetivo da rede CouchSurfing?
   d) Os depoimentos dos jovens brasileiros desmentem a declaração de Hoffer? Justifique.

7. Releia as citações a seguir.

> I. "Nas conversas pela internet, já havia percebido que tínhamos muito em comum", afirma Iorio.
> II. "Faço questão de levar os estrangeiros a restaurantes típicos e apresentar a eles feijoada, caipirinha e guaraná."

A citação I é seguida de um verbo *dicendi* (*afirma*) e a identificação do entrevistado que a disse (Iorio).
a) Qual é o entrevistado da segunda citação? Releia o texto para responder.
b) Como é possível saber isso?
c) Sob esse ponto de vista, a maioria das citações da reportagem se parece com a citação I ou com a II? Por qual motivo, em sua opinião, o autor usou esse recurso?

ANOTE

As etapas da reportagem são: pauta, apuração, redação e edição. Conforme indicação da **pauta**, o repórter inicia a investigação dos fatos ou assuntos, chamada no meio jornalístico de **apuração**. A partir do material recolhido, ele desenvolve a **redação** do texto, que apresenta uma visão do tema abordado. Depois, a reportagem é **editada** (revisada e/ou reorganizada) para atingir a forma ideal de apresentação ao público, segundo o padrão do veículo de comunicação em que será publicada.

8. Quais são os mecanismos criados pelo CouchSurfing para aumentar a segurança dos viajantes? Em sua opinião, eles são eficazes? Justifique sua resposta.
9. Releia a frase final da reportagem: "E já colocaram o seu sofá à disposição dos viajantes do mundo". Ela dá indícios de uma opinião do repórter sobre a rede CouchSurfing, além de fazer uma sugestão ao leitor. Explique.
10. A **tabela** "Os prós e os contras do turismo de sofá" tem a importante função de detalhar a situação-foco da reportagem em sua dimensão prática. Comente as vantagens e as desvantagens: há algo com que você não concorda? Justifique.

Observatório da língua

A adequação de um texto oral à modalidade escrita

Quando o produto final da reportagem é um texto escrito, e o material selecionado – como depoimentos – foi colhido oralmente, ocorre um processo de **retextualização**, em que as características específicas do discurso oral (conhecidas como **marcas de oralidade**) são eliminadas ou reformuladas.

Podem ser consideradas marcas de oralidade: repetições, pausas, truncamentos (frases interrompidas e reformuladas), formas reduzidas de palavras (como *cê*, em lugar de *você*, ou *tá*, em vez de *está*), marcadores conversacionais – palavras e expressões usadas para assegurar que a interação esteja funcionando bem (*né? entende?*) –, alongamento de vogais e de consoantes, aumento no tom de voz, etc.

Observe, a seguir, uma transcrição que conserva algumas dessas marcas de oralidade. Trata-se de uma fala de Laís Bodanzky, cineasta e fundadora do Cine Tela Brasil, projeto itinerante que leva uma sala de cinema pelo país e promove oficinas.

> Então agora a gente tá em cartaz com... *O Palhaço* tá em cartaz no Cine Tela Brasil e é o, e pra gente, assim, é muito bacana poder levar um filme que tá em cartaz ao mesmo tempo, né, assim, *O Palhaço* que é o nosso representante pra achar uma vaga, pra conseguir uma vaga no Oscar. Então, assim, é legal mostrar a produção atual, e as pessoas tão acompanhando, elas sabem que o cinema brasileiro tá num bom momento.
>
> BODANZKY, Laís. Entrevista ao programa *Metrópolis*, da TV Cultura, veiculado em 21 nov. 2012. Transcrição feita para esta edição.

1. Copie a transcrição da fala da entrevistada no caderno e realize as operações necessárias para adequá-la à modalidade escrita.
2. Formule um parágrafo em que a fala da entrevistada, já adaptada à modalidade escrita, seja apresentada em discurso direto. Indique o nome dela e o papel social que desempenha no assunto abordado na entrevista.
3. Reescreva o parágrafo fazendo as adequações necessárias para que o depoimento da entrevistada seja apresentado em forma de discurso indireto.

〉 Produzir uma reportagem

〉 Proposta

Você vai escrever uma **reportagem**, supondo que ela será publicada em uma **revista semanal** de grande circulação. Escolha uma das pautas abaixo. Aproveite os recursos de que você dispõe para criar um texto com um tom informativo e instigante.

Pauta A – **Saúde**: OS INFOMANÍACOS. Hoje em dia, é cada vez mais comum a compulsão pelo uso de computador, *video games* e internet. Esse vício pode ser perigoso para a saúde física e mental? Como? Pesquisar dados e a opinião de especialistas. Entrevistar alguém que use o computador em excesso e colher depoimento de um familiar dessa pessoa.

Pauta B – **Comportamento**: OS JOVENS E O TRABALHO. Quais são as tendências na região em que você mora? Há mais trabalho voluntário, temporário, autônomo ou fixo para os jovens? Em que áreas? Que motivos os levam a trabalhar? Entrevistar jovens que exercem atividades remuneradas e jovens que realizam trabalhos voluntários. Se possível, entrevistar representante de alguma instituição que se beneficie do trabalho juvenil.

〉 Planejamento

1. Observe no quadro abaixo as características do texto que você vai produzir.

Gênero textual	Público	Finalidade	Meio	Linguagem	Evitar	Incluir
reportagem	leitores interessados em análises aprofundadas – mas acessíveis ao público em geral – sobre fenômenos relacionados a política, saúde ou comportamento	investigar e relatar um conjunto de fatos atuais	revista semanal	objetiva, com marcas de subjetividade; terceira pessoa do discurso predominante; verbos *dicendi*; retextualização de depoimentos	excesso de opinião pessoal e de adjetivos	depoimentos, citações de fontes e quadros ilustrativos

2. Usando a pauta escolhida como orientação, busque as fontes e os dados necessários para a elaboração de seu texto. Faça anotações. Esse é o momento da **apuração**.

3. Você pode usar como referência as perguntas que orientam a produção da notícia (**capítulo 2**): Quem? O quê? Onde? Quando? Como? Por quê? Escreva as respostas no caderno.

4. Copie e preencha o quadro abaixo no caderno. Você terá feito, com isso, um esquema bastante completo de seu texto.

Estrutura	Sua reportagem
Título: não revela todo o tema, mas visa a instigar o leitor – muitas vezes brinca com as palavras	
Linha fina: revela o tema central da reportagem, já anunciando, se quiser, o posicionamento defendido	
Introdução: de forma indireta, responde à pergunta "Por que esse tema desperta interesse?"	
O que é: definição, explicação e/ou origem do fato relatado	
Depoimentos: de representantes de instituições e empresas, autoridades, usuários, especialistas no assunto, etc.	
Desdobramento: novo aspecto que desenvolve o tema central	
Desfecho: frase final	

› Elaboração

5. Lembre-se de que, além de ser mais longa e desenvolvida do que a notícia, a reportagem revela opiniões; portanto, apresente comentários sobre os dados sem perder de vista o intuito informativo.

6. Fotografias, ilustrações, mapas, infográficos, gráficos, quadros e tabelas são conteúdos complementares que podem enriquecer uma reportagem. Se utilizar algum desses recursos, lembre-se de produzir legendas explicativas.

› Avaliação

7. Você vai experimentar o papel de **editor**. Troque seu texto com um colega e aponte a lápis aspectos que podem ser melhorados no texto dele: trechos confusos, inadequação ao público-alvo (como a escolha de palavras muito informais, por exemplo), informações repetitivas, ausência de dados importantes, etc. Se houver problemas de ortografia, acentuação, pontuação, etc., aproveite para indicá-los também.

8. Copie e preencha o quadro abaixo para entregar ao colega.

	Sim	Não
A estrutura da reportagem foi respeitada (chapéu, título, linha fina, introdução, definição/explicação, depoimentos, desdobramentos, desfecho, conteúdos complementares)?		
O texto apresenta os dados essenciais à compreensão dos fatos (responde às perguntas: Quem? O quê? Onde? Quando? Como? Por quê?)?		
Há a construção de um ponto de vista (o texto apresenta uma visão específica dos acontecimentos)?		
Há adaptação adequada do discurso oral para o escrito (em caso de materiais colhidos de fonte oral, como depoimentos)?		

9. Se você respondeu "não" a alguma das perguntas do quadro, inclua anotações, explicando cada um dos problemas encontrados. Aponte-os, a lápis, também no texto do colega, se achar necessário.

10. Complete sua avaliação escrevendo um comentário geral, elogiando as qualidades da reportagem que você leu e também indicando o que pode ser melhorado.

› Reescrita

11. Devolva o texto do colega com as anotações e a avaliação feitas por você. Receba o seu texto comentado por ele.

12. A reescrita, na reportagem, é o momento da **edição** do texto.
a) Leia com atenção os comentários do colega e veja como ele preencheu o quadro.
b) Releia seu texto, buscando compreender as intervenções do colega. Em seguida, realize as mudanças que você julgar necessárias para que a reportagem fique mais clara e mais interessante.

13. Reescreva sua reportagem.

Foco da reescrita

O efeito de realidade depende em grande medida dos **depoimentos**. Transpor adequadamente os depoimentos colhidos (de textos escritos ou orais) para a estrutura do texto de reportagem é fundamental – seja em **discurso indireto**, seja em **discurso direto**, com o uso das aspas. Sempre que necessário, os **verbos** *dicendi* são usados para contextualizar as falas e tecer breves comentários sobre a disposição do enunciador. Observe se você adaptou adequadamente os depoimentos.

ATENÇÃO

» À **introdução** e ao **desfecho**. Cuide especialmente do **início** de seu texto. Não é necessário que seja longo, mas deve introduzir o assunto ao leitor, justificando a escolha e criando interesse. Pode-se partir de uma das histórias que ilustram a reportagem, como acontece no início do texto "De sofá em sofá". O trecho **final** merece o mesmo cuidado, pois ajuda a formar a última impressão que o leitor terá ao ler o texto.

» Às **operações de retextualização**. Ao adaptar depoimentos de entrevistados para o texto escrito, elimine as marcas de oralidade, mas evite a perda do sentido original que o depoente quis dar à própria fala.

Sétima arte

Todos os homens do presidente (EUA, 1976)
Direção de Alan J. Pakula
Ganhador de quatro Oscars, este é um dos mais elogiados filmes que tematizam o trabalho de reportagem. Baseado em fatos reais, ele conta como os jornalistas estadunidenses Bob Woodward (Robert Redford) e Carl Bernstein (Dustin Hoffman) revelaram ao mundo o caso Watergate, escândalo que desencadeou a renúncia de Richard Nixon, ex-presidente dos Estados Unidos.

Robert Redford (à esquerda) e Dustin Hoffman em cena de *Todos os homens do presidente*.

CAPÍTULO 4

Relato de experiência vivida

O que você vai estudar

- Como planejar e realizar um relato de experiência vivida.
- O presente como resultado de uma trajetória de vida.
- A experiência como exemplo.
- A localização da experiência no tempo e no espaço.

O gênero **relato de experiência vivida** tem a finalidade de compartilhar experiências reais de vida de um indivíduo ou grupo de pessoas, relacionadas a situações específicas situadas no tempo, de forma a construir uma memória acerca dessas vivências.

Neste capítulo, vamos conhecer melhor esse gênero. Depois, será sua vez de planejar e apresentar um relato de experiência vivida.

▶ Leitura

- O texto a seguir é uma retextualização do relato oral do cientista Mitermayer Galvão, diretor da Fiocruz (Fundação Oswaldo Cruz) Bahia, sobre a trajetória que o levou de menino pobre do sul do estado da Bahia a médico e pesquisador que criou um teste rápido para diagnosticar a leptospirose. O relato foi veiculado no quadro Vida Nova do programa *Rede Bahia Revista*, da Rede Bahia, em 16 de setembro de 2012. Leia-o e responda às questões.

Eu sou um itajuipense, nascido no povoado de União Queimada. Meu pai era um pequeno comerciante no União Queimada, minha mãe uma senhora... doméstica, né, trabalhava cuidando dos filhos, que não foram poucos. [...]

Eu vivi nesse povoado até os meus 12 anos de idade e aproveitei muito... né, tudo aquilo que o local propiciava. Com 12 anos minha família mudou para Coaraci, então fomos mudar... fomos morar na cidade de Coaraci. E fiquei em Coaraci, até os meus 14 anos. Já naquela época eu imaginava que... eu gostaria de ser médico. E a primeira vez que eu externei isso, já na cidade de Coaraci, eu lembro que as pessoas olharam assim... com espanto, achando que era muita pretensão de alguém do União Queimada, que veio morar em Coaraci, situação muito... é... difícil, pudesse galgar a uma posição de médico. Felizmente, eu... me tornei médico. [...]

Mas aconteceu uma coisa assim... inusitada. Dois tios, um primo e uns amigos, e eles foram visitar minha família, lá em Coaraci. Então eles me perguntaram o que que eu gostaria de ser na vida. Eu tinha dito que eu gostaria muito de ser médico, mas que infelizmente não... devido às condições da minha família naquele momento, não teria condições de ser médico, teria que estudar, talvez até acumular algum dinheiro, quem sabe no futuro... Então eles me fizeram um desafio, se eu não gostaria de vir morar no Pau da Lima. Eu disse "claro que vou". Fui morar em São Marcos, quase não tinha casas em São Marcos. É... foi uma época muito interessante, curiosa, porque era muito pequeno, tudo era ocupado pelo comércio, o quarto... onde eles guardavam saco de açúcar, saco de farinha... Então às vezes nós tínhamos que dormir ou em cima do saco de farinha, ou em cima do saco de açúcar, quando tínhamos sorte. Quando não tinha sorte, às vezes, chegava mais tarde por alguma razão, eu providenciava uma cama, eu botava assim uns engradados de cerveja, botava os jornais, jogava o lençol e dormia. Dormia tranquilo, amanhecia bem, às vezes com um pouquinho de dor, mas feliz. [...]

Olha, eu me divertia muito e... namorava, paquerava muito, criava um cabelo, na época, na minha maneira simples, não é... tinha as paqueras, procurava ser engraçado, eu nunca fui um cara bonito mas tentava ser simpático, ser agradável né, mas realmente eu tinha um foco... que era estudar.

Eu tenho um fato na minha vida que foi muito curioso. Eu acho que vocês devem lembrar é... do Toni Tornado que cantava "na BR-3", as pessoas usavam aquele sa/cabelo *black power*, sapato com salto bem alto... [...]

Um dia eu... eu... fui andando, procurando ver se tinha alguma festa, para ver se tinha festa né em algum lugar, se eu conhecia alguém, para ter oportunidade de participar da festa. Quando eu cheguei lá no Tamarineiro tinha uma festa, uma animação enorme. E tavam tocando justamente esta música do Tornado, a "BR-3". E eu olhei assim, tinha aquela casa assim, passado uma cera bem encerada, e eu já entrei riscando na casa, de costas, dançando. E dancei e dancei, imediatamente eu vi que pararam o som. Pararam o som e olharam para mim assim: "O senhor foi convidado de quem aqui?". Eu disse: "Olha, eu não fui convidado de ninguém, mas eu vi que isso tava tão animado aqui que eu entrei". Aí alguém disse: "Poxa, esse cara é tão cara de pau, deixa ele aqui". E eu virei amigo desse pessoal, fiquei muito tempo e continuei na festa. [...]

O cientista Mitermayer Galvão, diretor da Fiocruz Bahia. Fotografia de 2011.

Eu não tinha como pagar a Escola Bahiana. O primeiro... pagamento, a primeira parcela, várias pessoas contribuíram para pagar. Da segunda em diante, eu não tinha como pagar. E... eu consegui uma bolsa e estudei todo o curso com bolsa. Eu fiz um mestrado aqui, depois do mestrado eu fui pra os Estados Unidos, estudar na Key West, universidade americana, depois fui para Harvard, onde estudei mais um ano. [...]

Sobre leptospirose, nós, acho que demos boas contribuições para a ciência. É... primeiro, foi o primeiro trabalho que nós publicamos que foi de um impacto muito grande. Esse trabalho saiu numa revista extremamente importante, que é o *Lancet*. Isso foi um trabalho que nós nos baseamos nos casos de leptospirose que chegaram ao [hospital] Couto Maia em 1996. Então muitos dos indivíduos, em 1996, aí foram 303 casos graves que chegaram ao Couto Maia, eram indivíduos que os diagnósticos a grande maioria foi de lep/de dengue. Quando na verdade eles tinham leptospirose. Nós desenvolvemos um teste, que é um teste que você, enquanto o médico está entrevistando o paciente, ele chega com febre, dor de cabeça, dor muscular. Esperamos... coletar uma gota de sangue, você colocar lá no teste e em vinte minutos você fazer o diagnóstico. Aí se o paciente tem leptospirose você vai tratar esse paciente com um antibiótico que salva a vida.

O que me alegra agora é que as pesquisas que eu estou fazendo, curiosamente, boa parte das pesquisas no Pau da Lima, estão gerando resultados que são bons para a comunidade de Pau da Lima, para o Brasil e talvez para o mundo. [...]

Um conselho que eu daria para a pessoa. Primeiro é querer, né, você tem que querer. Segundo é ter esperança, sempre acreditar, né, que você pode conseguir. Fazer um projeto e não se desanimar quando você encontrar uma certa dificuldade. Quer dizer, eu tive várias dificuldades, como relatei aqui, né, e fui gradativamente... passando essas dificuldades com apoio das pessoas, né. Tenha certeza que se você tiver determinação... ti/e for uma pessoa honesta, ética, correta, as pessoas vão te ajudar. Agora, nunca esqueça também daqueles que te ajudaram. E... eu... fui uma das pessoas que recebeu muita ajuda. Eu recebi tanta ajuda que eu tenho uma sensação que já não me pertenço.

Relato de Mitermayer Galvão no quadro Vida Nova do programa *Rede Bahia Revista*, da Rede Bahia, veiculado em 16 set. 2012. Transcrição feita para esta edição.

Vocabulário de apoio

black power: em tradução literal, "poder negro"; estilo de penteado que foi moda nos anos 1970 e consiste em deixar os cabelos naturalmente crespos, sem alisamento, desfiando-os com um pente para dar mais volume

Escola Bahiana: tradicional escola de medicina da cidade de Salvador, na Bahia, fundada na década de 1950

galgar: alcançar, obter

inusitado: inesperado, fora do comum

itajuipense: natural de Itajuípe, município do sul da Bahia

Pau da Lima: bairro periférico da cidade de Salvador, na Bahia

São Marcos: parte do bairro Pau da Lima

Situação de produção

Compartilhar experiências de vida

Quando uma pessoa (ou um grupo de pessoas) relata fatos vivenciados por ela, relacionados a situações específicas situadas no tempo, está realizando um **relato de experiência vivida**.

Com frequência, relatos de experiência vivida têm um caráter exemplar, ou seja, buscam inspirar as pessoas a agir ou pensar de determinada forma, tendo como exemplo a experiência relatada. Assim, o produtor do texto mobiliza sua memória para transmitir aos ouvintes sua trajetória – de onde partiu e pelo que passou para chegar ao ponto em que se encontra no presente –, supondo que essa trajetória será produtiva para seus interlocutores.

Muitas vezes, o relato é produzido oralmente, com o orador falando a uma plateia ou tendo seu depoimento gravado em áudio ou vídeo para circular no rádio, na TV, em *podcasts* na internet, etc. Também acontece de o relato ser retextualizado para circular em livros, revistas, etc. Por fim, há relatos que já são produzidos diretamente em registros escritos.

Quando o relato é produzido oralmente, o orador pode apoiar-se em uma sequência de fatos preestabelecida – um tema que sirva de fio condutor entre diversos acontecimentos – ou enfocar um acontecimento central. A preparação (com a elaboração de um esquema de apoio, por exemplo) ajuda o orador a não se perder ou se desviar de seu foco.

❯ Ler um relato de experiência vivida

1. Qual é a importância, para Galvão, de falar sobre sua história de vida?
2. Em que momento do texto é possível perceber isso?
3. O relato de experiência vivida de Mitermayer Galvão foi produzido oralmente e retextualizado para a escrita.
   a) Localize no texto e copie no caderno dois trechos em que um sinal gráfico é utilizado para representar as pausas características da fala.
   b) Que sinal gráfico foi usado para demarcar as falas de outras pessoas?
   c) Que outras marcas típicas da fala podem ser observadas no texto? Exemplifique-as com trechos do relato.

> **ANOTE**
> Quando produzido oralmente, o relato de experiência vivida apresenta as marcas características dos textos orais, que são perfeitamente adequadas à transmissão oral do relato: hesitações, repetições, truncamentos e reformulações, entre outros. Na retextualização do relato para a escrita, algumas dessas marcas são eliminadas e sinais gráficos são introduzidos para favorecer a reconstrução dos sentidos do texto pelo leitor: sinais de pontuação, divisão em parágrafos, etc.

4. Releia a primeira frase do texto.

   > Eu sou um itajuipense, nascido no povoado de União Queimada.

   a) Por que essa informação é importante para a compreensão da trajetória de Mitermayer Galvão?
   b) Localize no texto o trecho em que Mitermayer Galvão relata sua partida de União Queimada. Onde ele foi morar e quantos anos tinha?

5. Segundo o relato, ao declarar às pessoas de Coaraci sua intenção de ser médico, Mitermayer Galvão não foi levado a sério.
   a) Por que isso aconteceu?
   b) Que adversidades Galvão enfrentou para alcançar seu objetivo?

> **ANOTE**
> Frequentemente, o relato de experiência vivida apresenta histórias de superação ou de realização pessoal que servem de exemplo para outras pessoas, destacando o **enfrentamento de obstáculos e dificuldades**.

6. Releia o trecho em que Galvão fala sobre a mudança para Pau da Lima.
   a) Em que condições ele vivia nessa época? Descreva-as.
   b) Com que disposição o orador viveu esses fatos? Cite um trecho que comprove sua resposta.

7. Apesar de se divertir bastante naquela época, Galvão tinha um foco.
   a) Que exemplos o orador apresenta para comprovar que sabia se divertir?
   b) Qual era o foco dele?

8. Releia.

   > Eu tenho um fato na minha vida que foi muito curioso. Eu acho que vocês devem lembrar é... do Toni Tornado que cantava "na BR-3" [...]

   a) Que afirmação anterior de Galvão serviu de mote para que ele passasse a contar esse episódio?
   b) Que características do orador são reveladas nesse episódio?
   c) Volte ao final do texto e explique como essas características colaboraram para que Galvão alcançasse seus objetivos.

Fone de ouvido

Toni Tornado e a BR-3

A composição "BR-3", de Tibério Gaspar e Antonio Adolfo, tratava do perigo vivido pelo motorista que se aventurava nessa rodovia, que liga Belo Horizonte ao Rio de Janeiro (hoje conhecida como BR-40). A canção foi a grande vencedora da fase nacional do V Festival Internacional da Canção (FIC) de 1970, interpretada por Toni Tornado e pelo Trio Ternura. Na época, o estilo irreverente, a afirmação da cultura negra e o ritmo dançante fizeram de "BR-3" uma canção bastante popular. Toni Tornado se tornaria um ator conhecido por suas participações em telenovelas e filmes nacionais.

Toni Tornado e Trio Ternura apresentando a canção "BR-3", vencedora do V Festival Internacional da Canção, em 1970.

> **ANOTE**
>
> O relato de experiência vivida é constituído de **episódios** dispersos que se articulam por meio de um tema. Muitas vezes, eles exemplificam dificuldades e emoções que constituíram a experiência do produtor do texto.

9. Mesmo sem ter condições financeiras, Mitermayer Galvão conseguiu se tornar médico.
    a) Como ele pôde manter-se estudando durante a faculdade?
    b) Como ele complementou sua formação após cursar a graduação?
    c) Em sua opinião, o que garantiu a Mitermayer Galvão uma trajetória tão bem-sucedida?

10. Em seu relato, Galvão fala de sua experiência atual como diretor da Fiocruz Bahia. Explique a importância de um diagnóstico rápido e precoce da leptospirose para a saúde pública no Brasil.

> **ANOTE**
>
> O relato de experiência vivida revela o percurso que levou o produtor do texto à situação que vive no presente (entendido como o momento em que o relato se realiza). É nesse sentido que esse tipo de registro pode ser uma forma de, por meio do **passado**, explicar o **presente** e apontar para o **futuro**.

11. É possível dividir o relato de experiência vivida das páginas 32 e 33 em três partes, de acordo com os temas desenvolvidos. Copie e complete o quadro a seguir com as frases iniciais de cada parte. Detalhe os assuntos abordados nelas.

Partes do texto		
Tema	Expressão inicial de cada parte	Assuntos (detalhamento de cada tema)
Infância		
Formação		
Atuação profissional		

> **ANOTE**
>
> Um recurso útil para garantir a organização da fala em relatos orais são as **anotações escritas**, elaboradas previamente. Pode-se registrar a sequência de acontecimentos que se quer relatar e também palavras-chave que remetam a detalhes a serem explorados em cada momento do relato.

12. Mitermayer Galvão termina seu relato aconselhando jovens estudantes cujas aspirações se assemelham às que ele tinha na infância. Há algo na trajetória de vida de Mitermayer Galvão que você possa aproveitar em sua vida? Em caso positivo, de que se trata?

13. Ao concluir seu relato, Mitermayer Galvão afirma:

> Eu recebi tanta ajuda que eu tenho uma sensação que já não me pertenço.

Que sentido é possível atribuir a essa fala?

> **ANOTE**
>
> O relato de experiência vivida pode terminar com um **conselho** ou uma **mensagem**. O produtor do texto faz um balanço de sua experiência, buscando nela qualidades que possam ser aproveitadas por outras pessoas em situação semelhante.

Ação e cidadania

A leptospirose e as enchentes

A leptospirose é uma doença bacteriana transmitida pela urina de roedores como ratos e ratazanas, presentes em fossas, lagos e riachos. Por isso, o risco de contraí-la aumenta muito quando há enchentes nas grandes cidades, tornando-se um problema de saúde pública bastante relevante. A doença leva de 2 a 45 dias para se manifestar e pode não apresentar muitos sintomas. Os mais comuns são febre com calafrios, dor de cabeça, dores musculares nas pernas, náuseas, olhos vermelhos e icterícia (pele amarelada) – esta presente em casos graves, que podem levar à morte. Porém, se diagnosticada e tratada a tempo, a leptospirose não oferece maiores riscos.

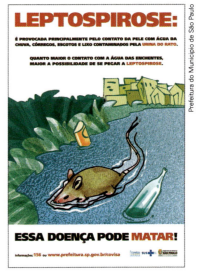

Cartaz da Prefeitura de São Paulo alerta para os riscos da leptospirose em época de enchente.

❯ Entre o texto e o discurso –
A experiência vivida como exemplo

Você aprendeu que o **relato de experiência vivida** pode apresentar uma trajetória de vida marcada pela superação de dificuldades, servindo de exemplo para outras pessoas.

Você vai ler a seguir a retextualização de um relato de experiência vivida veiculado na telenovela *Viver a vida*, em 5 de maio de 2010. Ao final de cada capítulo dessa novela, eram apresentados relatos reais de pessoas anônimas e conhecidas, editados para durar cerca de um minuto.

A autora do relato era a então juíza baiana Luislinda Valois, promovida a desembargadora em 19 de dezembro de 2011.

Durante a leitura do relato, acompanhe os comentários nas laterais de cada parágrafo.

A desembargadora baiana Luislinda Valois. Fotografia de 2009.

> Eu fui de origem... muito pobre, eu já pesquei marisco, humm, na maré para:::... vender uma parte e a outra parte... nós comprarmos... a farinha, o arroz...
>
> A:::os nove anos, eu estudava já num colégio, e um professor pediu um material de desenho e chegando lá::: ele não gostou do material que eu exibi pra ele... Em plena sala de aula ele me disse: "Menina, se você não pode estudar, não pode comprar um material, seu pai é pobre, você também, sua mãe, então pare de estudar e vá fazer um/uma feijoada na casa dos brancos, vai ser melhor pra você". Chorei desesperadamente... não gosto nem de me lembrar porque foi um momento... marcante...
>
> Depois aos... 14 anos a minha mãe faleceu e me deixou três irmãos, inclusive uma com dois anos...
>
> Fiz vestibular e fui aprovada. Eu me formei e no dia seguinte abriram-se as inscrições para o concurso para procurador federal. Eu passei em primeiro lugar... a nível nacional. Logo em seguida eu fiz o concurso... para a magistratura da Bahia. Aí também eu fui aprovada. Prolatei a primeira sentença... no mundo... contra a discriminação racial... Eu sou a primeira juíza negra do Brasil, saúde eu tenho... uma casa pra morar eu também tenho, um filho maravilhoso, uma família espetacular, o que é que eu quero mais?

Relato de Luislinda Valois, veiculado na novela *Viver a vida*, Rede Globo, 5 maio 2010. Transcrição feita para esta edição.

O começo do relato revela já uma **dificuldade** enfrentada por Luislinda: sua origem humilde. O fato de ter nascido em uma família muito pobre a levou a trabalhar na infância para ajudar no sustento de casa.

Luislinda prossegue seu relato e conta um **episódio marcante e traumático** de sua infância – a discriminação que sofreu na escola, por ser pobre e negra. Ela cede espaço para a fala do professor que a discriminou, usando o discurso direto. No relato de experiência vivida, reproduzir a fala do outro por meio do discurso direto pode ser eficiente para aumentar a carga emocional do texto.

As expressões que organizam o relato ao longo do tempo são fundamentais nesse gênero. Primeiro, a origem; depois, a infância; agora, a adolescência. Em cada fase, o **fio condutor da dificuldade** enfrentada por Luislinda se mantém. Infância pobre, discriminação racial e, agora, a perda da mãe na adolescência, acrescida da responsabilidade sobre os irmãos mais novos.

Por ter enfrentado tantas dificuldades, o fato de ter sido aprovada no vestibular, concluído a graduação em Direito e ter sido aprovada em primeiro lugar no concurso para procurador federal é ainda mais valorizado por Luislinda Valois.
O relato de sua **trajetória de vida** deixa implícitos certos valores sem os quais ela não teria obtido sucesso, tais como coragem, determinação e ética.

36

> A exemplaridade articula os episódios relatados

Um elemento que pode articular episódios diversos em um relato de experiência é o fato de eles funcionarem como um **exemplo**. A exemplaridade funciona, assim, como uma espécie de fio condutor que garante que os episódios construam uma unidade de sentido para o ouvinte ou leitor.

No caso do relato de Mitermayer Galvão, ele conta episódios sobre sua adolescência que não têm relação direta com sua formação em medicina e suas conquistas na área. No entanto, esses episódios colaboram para construir a mensagem de superação que seu relato de experiência vivida visa a transmitir.

1. Localize no texto de leitura das páginas 32 e 33 dois episódios que Mitermayer Galvão relata detalhadamente, ainda que não tenham relação direta com sua trajetória como médico e cientista.
   a) Que episódios foram esses?
   b) Explique como esses episódios colaboram para formar a ideia de uma trajetória de vida exemplar.

2. O relato de experiência vivida pode envolver outras pessoas, além do orador. Nesse caso, é possível que as vozes desses terceiros apareçam no texto. Isso acontece no segundo parágrafo do breve relato da desembargadora Luislinda Valois. Explique por que o final do relato dela pode ser considerado uma resposta a essa fala.

Ação e cidadania

Diversos grupos de ajuda mútua encontram no relato compartilhado de experiências vividas um auxiliar poderoso para a transformação de comportamentos.

No caso de grupos como Vigilantes do Peso, Alcoólicos Anônimos e outros, o participante escuta depoimentos de pessoas em diversos estágios de enfrentamento de suas dificuldades. Ao relatar sua experiência, ele se sente parte de uma comunidade que o compreende e incentiva. Encontra companhia e acolhimento nas pessoas que passaram por experiências que se assemelham às dele. Os exemplos contidos nesses relatos incentivam a mudança de atitudes e a perseverança para enfrentar momentos difíceis.

Reunião dos Alcoólicos Anônimos, na cidade de São Paulo – o compartilhamento de experiências é parte do tratamento para superar a dependência do álcool. Fotografia de 2010.

Observatório da língua

A localização da experiência no tempo e no espaço

O relato de experiência vivida abarca episódios diversos, situando-os no tempo e no espaço. É importante empregar adequadamente termos e expressões responsáveis por organizar a experiência ao longo da passagem do tempo e localizá-la no espaço.

Observe.

> Eu sou um itajuipense, nascido **no povoado de União Queimada**. Meu pai era um pequeno comerciante **no União Queimada** [...].

Ao se apresentar, Mitermayer Galvão declara sua origem em Itajuípe, pequena cidade do interior da Bahia, no povoado de União Queimada.

> E fiquei **em Coaraci, até os meus 14 anos. Já naquela época** eu imaginava que... eu gostaria de ser médico.
> Eu fiz um mestrado **aqui**, depois do mestrado eu fui **pra os Estados Unidos** [...] estudar **na Key West**, universidade americana, depois fui **para Harvard**, onde estudei **mais um ano**.
> O que me alegra **agora** é que as pesquisas que eu estou fazendo, [...] estão gerando resultados que são bons para a comunidade de Pau da Lima, para o Brasil e talvez para o mundo.

Mitermayer Galvão organiza o relato de sua experiência combinando referências ao espaço e ao tempo. Note que, nas recordações de fatos passados, pode existir um distanciamento do orador, explicitado, por exemplo, por meio da expressão "já naquela época".

Em relatos de experiência vivida, são frequentes alternâncias entre um "hoje" e um "ontem", entre um "aqui" e um "lá".

- Observe os termos e as expressões destacados nos trechos acima.
   a) Localize as expressões que indicam lugar. Explique como os locais mencionados por Mitermayer Galvão acompanham sua trajetória de menino do interior a diretor da Fiocruz Bahia.
   b) Localize as expressões que indicam tempo. Relacione seu uso com o deslocamento espacial do orador.

🟢 Produzir um relato de experiência vivida

> Proposta

Você vai apresentar à classe um **relato de experiência vivida**. Eleja um tema que possibilite organizar sua trajetória e por meio do qual você possa transmitir uma experiência com caráter exemplar. Lembre-se de que esse tema deve ser relevante para seus interlocutores; no caso, os colegas de Ensino Médio. Veja a seguir algumas perguntas que podem ajudá-lo a definir o tema.

Características pessoais – Há alguma dificuldade que você tenha superado em suas relações com as pessoas (timidez, agressividade, insegurança, dificuldade de comunicação, etc.)? Como sua experiência em relação a essa dificuldade pode auxiliar outras pessoas a superar problemas semelhantes aos que você enfrentou?

Atividades – Há algum esporte, jogo, *hobby*, área de estudo ou outra atividade na qual você tenha se desenvolvido superando obstáculos? Como suas atitudes e vivências contribuíram para seu sucesso no enfrentamento desses obstáculos?

O carismático nadador paraolímpico brasileiro Daniel Dias teve incríveis 100% de aproveitamento nos Jogos Paraolímpicos de Londres, em 2012: participou de seis provas e levou o ouro em todas. Daniel dá o seguinte conselho para as pessoas que desejam alcançar seus objetivos: "Queria falar para vocês que não coloquem limites na vida de vocês, porque, quando a gente não coloca limites, a gente vai muito longe".

> Planejamento

1. Após ter definido seu tema, observe no quadro abaixo as características do texto que você vai produzir.

Gênero textual	Público	Finalidade	Meio	Linguagem	Evitar	Incluir
relato de experiência vivida	alunos do Ensino Médio	relatar uma experiência de vida que tenha caráter exemplar	apresentação oral para a classe	primeira pessoa; organização temporal e espacial	voz baixa; excesso de informalidade; improviso e desvios do tema	episódios engraçados ou emocionantes; conselho ou mensagem final

2. Faça uma lista dos principais acontecimentos que você vai relatar.

3. Copie o esquema abaixo e preencha as colunas "Conteúdo" e "Detalhamento" respondendo às questões e seguindo as orientações. Ele servirá de apoio no momento da fala. Lembre-se de usar palavras-chave para facilitar a consulta.

Esquema de apoio à apresentação oral do relato de experiência vivida		
Parte do texto	**Conteúdo**	**Detalhamento**
Introdução	Como você vai iniciar sua fala e abordar o assunto escolhido?	Defina o momento em que sua história começa e a forma como vai abordá-la.
Desenvolvimento	O que será exposto? • principais fatos que compõem sua trajetória • episódios – escolha momentos divertidos ou especiais para narrar com mais detalhes	Anote detalhes e informações extras que possam ajudá-lo a prender a atenção da plateia ou intensificar a carga emocional do relato.
Encerramento	Que mensagem você quer transmitir ao final da fala? O que dirá para encerrar seu relato?	Você pode retomar o que disse no início do relato ou acrescentar uma mensagem que seja decorrente da trajetória apresentada.

> Elaboração

4. Ensaie sua apresentação em voz alta, se possível com a ajuda de um gravador. Com isso, você poderá corrigir o que não estiver adequado, tanto na condução do relato quanto no tom de voz adotado.

5. Agora, você realizará seu relato de experiência vivida. Mantenha a calma e apoie-se em seu esquema, mas não o leia.
6. Durante as apresentações, cada aluno avaliará o relato de experiência de um colega, pelo qual também será avaliado. Antes das apresentações, leia a ficha de avaliação (a seguir) e defina quem fará dupla com você.

> **ATENÇÃO**
> » Fale alto, claro e com firmeza.
> » Não abuse da informalidade; seja organizado e objetivo.
> » Não faça desvios muito longos ao contar algum detalhe.
> » Planeje a duração de seu relato: ele não deve demorar mais do que cinco minutos.

> Avaliação

7. O quadro a seguir indica os critérios que serão levados em conta na avaliação do relato de experiência vivida.

Ficha de avaliação do relato de experiência vivida	Nota/dica para melhorar o item
Adequação da postura corporal do orador em relação ao público (postura natural, mas sem excesso de informalidade)	
Clareza e firmeza da voz (em altura suficiente para que todos os ouvintes escutassem)	
Fluência no relato oral (fala com poucas pausas, sem interrupções e repetições desnecessárias)	
Bom uso das anotações (serviram de apoio para a sequência do relato, mas sem leitura em voz alta)	
Bom uso de verbos e advérbios de tempo e espaço (o orador situou a plateia em relação à temporalidade e à espacialidade da experiência vivida)	
Exposição clara dos fatos (a trajetória que o orador queria comunicar ficou clara para todos)	
Interesse e exemplaridade do relato (o relato prendeu a atenção dos ouvintes e transmitiu o sentido desejado)	

Para cada item, atribua uma nota que vai de 1 a 3.
1. Item precisa ser melhorado.
2. Item realizado de forma satisfatória, mas ainda pode ser melhorado.
3. Item realizado de forma excelente.

a) Copie o quadro em uma folha separada e preencha-o durante a apresentação do colega. Entregue suas anotações ao colega. Ele fará o mesmo com relação à sua apresentação.
b) Seja generoso e educado: anote críticas para ajudar o colega a melhorar e não se esqueça de registrar as qualidades da apresentação.

8. Caso você tenha atribuído nota 1 ou 2 a algum item do quadro, acrescente uma explicação ou dica para melhorar o problema identificado.
9. Troque de folha com o colega. Leia o que ele escreveu e certifique-se de que você entendeu. Se houver qualquer dúvida, pergunte a ele.

> Reelaboração

10. Observe os tópicos para os quais o colega atribuiu nota 1 ou 2 e leia os comentários dele. Você concorda com a avaliação? Anote suas observações na folha de avaliação, com base em sua vivência da situação.
11. Reelabore seu esquema de modo a adequar seu relato de experiência vivida às observações feitas. Se puder, reapresente o relato a familiares ou amigos.

Em 22 de outubro de 2012, durante audiência pública da Comissão da Verdade na Universidade Federal de Minas Gerais, Ângela Pezzuti comoveu a plateia de estudantes ao relatar sua experiência em busca de informações de parentes desaparecidos durante a Ditadura Militar no Brasil.

Foco da reelaboração

Antes de apresentar seu relato novamente, dê atenção ao tom com que vai abordar suas experiências. Reveja em suas anotações os episódios que você vai relatar, definindo o efeito de sentido que quer conferir a cada um: humor, lirismo, sarcasmo, suspense, etc. Acrescente às anotações novas palavras-chave que ajudem a lembrar o tom pretendido em cada momento do relato.

Vestibular

Use seus conhecimentos sobre a notícia e a reportagem para auxiliar na interpretação de dados e na construção de um texto adequado à proposta a seguir, que solicita a produção de um texto **dissertativo-argumentativo**.

(UFRGS-RS) Leia o texto abaixo.

> É indiscutível que o professor é fundamental para o progresso de qualquer sociedade. Sob sua responsabilidade, formam-se vários profissionais, e, por este fato, a profissão de professor é muitas vezes apelidada de "profissão das profissões". Entretanto, só isto não basta para caracterizar sua dimensão. É preciso olhar para o professor com olhos de quem quer ver um país melhor.
>
> Disponível em: <http://www.angola24horas.com/index.php?option=com_content&view=article&id=2949:banalizando-o-professor-que-sociedade-a-construir&catid=23:angola24horas&Itemid=34>.

Observe, abaixo, dados de pesquisa realizada em 2009 pela Fundação Carlos Chagas sobre a atratividade da carreira docente no Brasil, divulgados por *Zero Hora*, em 2010, em matéria intitulada "Jovens evitam ser professor".

1.501 jovens entrevistados, cursantes do 3º ano do Ensino Médio 56% mulheres 44% homens	Onde estudam 55% escola particular 45% escola pública	Considerou ser professor no processo de escolha profissional 67% não pensou em ser professor 32% pensou em ser professor 1% sem resposta

Adaptado de *Zero Hora*, p. 44, 4 set. 2010.

Com relação a cursos universitários de Licenciatura, ou seja, que preparam para a profissão de professor, observe os dados que seguem, referentes à oferta de vagas e ao número de candidatos inscritos nos concursos vestibulares da UFRGS de 2005 e de 2011.

Oferta de vagas e nº de candidatos CV/UFRGS/2005

Curso	Total de vagas	Nº de candidatos	Densidade
Educação Física	78	1048	13,44
Filosofia	60	305	5,08
Física – Noturno	30	151	5,03
Geografia – Diurno	30	169	5,63
Geografia – Noturno	30	231	7,70
História – Diurno	40	448	11,20
História – Noturno	45	506	11,24
Letras	132	845	6,40
Matemática – Diurno	45	275	6,11
Matemática – Noturno	45	252	5,60
Química – Noturno	30	152	5,07
Teatro	15	74	4,93

Oferta de vagas e nº de candidatos CV/UFRGS/2011

Curso	Total de vagas	Nº de candidatos	Densidade
Educação Física	78	293	3,76
Filosofia	40	121	3,03
Física – Noturno	35	60	1,71
Geografia – Diurno	30	91	3,03
Geografia – Noturno	33	79	2,39
História – Diurno	50	211	4,22
História – Noturno	60	273	4,55
Letras	132	448	3,39
Matemática – Diurno	45	78	1,73
Matemática – Noturno	45	83	1,84
Química – Noturno	20	57	2,85
Teatro	15	65	4,33

Considerando os dados dos quadros de oferta de vagas e número de candidatos inscritos nos vestibulares de 2005 e de 2011 para os cursos de Licenciatura da UFRGS:
- **avalie** por que a profissão de professor se encontra desprestigiada entre os jovens;
- **ilustre** sua avaliação com dados da pesquisa realizada pela Fundação Carlos Chagas e com dados comparativos de 2005 e 2011 de um ou mais cursos da UFRGS constantes nos quadros acima; e
- **redija** uma redação de **caráter dissertativo**, justificando e defendendo seu ponto de vista; inclua também sugestões para a revalorização da profissão de professor em nossa sociedade.

Instruções

1 – Crie um título para seu texto e escreva-o na linha destinada a este fim.
2 – Redija sua redação com extensão **mínima de 30 linhas**, excluído o título – aquém disso, seu texto não será avaliado –, e **máxima de 50 linhas**, considerando-se letra de tamanho regular.
3 – As redações que apresentarem segmentos emendados, ou rasurados, ou repetidos, ou linhas em branco terão esses espaços descontados do cômputo total de linhas.
4 – Lápis poderá ser usado apenas no rascunho; ao passar sua redação para a folha definitiva, faça-o com letra legível e utilize caneta.

UNIDADE

Expor

3

A exposição de um conteúdo para alguém requer uma preparação por parte daquele que expõe.

Antes de se produzir o resumo de um texto ou apresentar determinados saberes em uma comunicação oral, é preciso atentar para algumas etapas: estudar ou pesquisar o assunto sobre o qual se quer expor, ler e compreender textos que possam estabelecer conexão com o mesmo assunto, registrar aquilo que se aprendeu e, então, procurar a melhor forma de apresentar esses novos conhecimentos a alguém.

É isso o que você fará nesta unidade.

Nesta unidade

5 Resumo

6 Comunicação oral

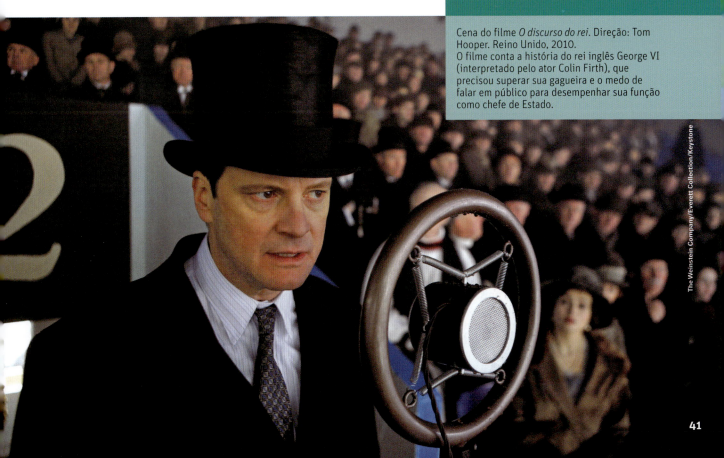

Cena do filme *O discurso do rei*. Direção: Tom Hooper. Reino Unido, 2010.
O filme conta a história do rei inglês George VI (interpretado pelo ator Colin Firth), que precisou superar sua gagueira e o medo de falar em público para desempenhar sua função como chefe de Estado.

CAPÍTULO

5 Resumo

O que você vai estudar

- Como identificar, planejar e produzir um **resumo**.
- As duas etapas da **retextualização**: compreender e expor.
- A **referenciação** e a **construção de sentidos** no texto.

O **resumo** consiste na exposição reduzida de um texto falado ou escrito na qual apenas os aspectos principais desse texto são apresentados. Ele é muito eficiente para o estudo, pois permite identificar e destacar os conteúdos mais relevantes, fixando-os na memória.

Para fazer um resumo, é preciso **compreender** o texto. Entender a função de cada uma das partes do texto e o sentido do conjunto permite **expor** o que se aprendeu.

❯ Leitura

- O texto a seguir inicia o livro *Mimesis*, do estudioso alemão Erich Auerbach (1892-1957), sobre a literatura universal, publicado em 1946. Ao fazer suas considerações a respeito da obra do poeta grego Homero, Auerbach expõe a seus leitores, em forma de resumo, a cena XIX da *Odisseia*. Essa cena narra o retorno de Ulisses a Ítaca, onde deixara Penélope, sua mulher. Depois de vinte anos ausente, Ulisses retorna sem se identificar, mas, devido a uma cicatriz que tem na coxa, acaba sendo reconhecido por sua antiga ama.
Na próxima página, é reproduzida uma das passagens da *Odisseia* resumidas por Auerbach, a qual conta como Ulisses adquiriu a cicatriz. Leia os textos e faça as atividades.

A cicatriz de Ulisses

Os leitores da *Odisseia* lembrar-se-ão, sem dúvida, da bem preparada e emocionante cena do canto XIX, quando Ulisses regressa à casa e Euricleia, sua antiga ama, o reconhece por uma cicatriz na coxa. O forasteiro havia granjeado a benevolência de Penélope; atendendo a desejo de seu protegido, ela ordena à governanta que lave os pés do viandante fatigado, segundo é usual nas velhas estórias como primeiro dever de hospitalidade. Euricleia começa a procurar água e a misturar a água quente com a fria, enquanto fala tristemente do senhor ausente, que poderia ter a mesma idade do hóspede, que talvez também estivesse agora vagueando como um pobre forasteiro – nisto ela observa a assombrosa semelhança entre o hóspede e o ausente – ao mesmo tempo Ulisses se lembra da cicatriz e se afasta para a escuridão, a fim de ocultar, pelo menos de Penélope, o reconhecimento, já inevitável, mas ainda indesejável para ele. Logo que a anciã apalpa a cicatriz, deixa cair o pé na bacia, com alegre sobressalto; a água transborda, ela quer prorromper em júbilo; com silenciosas palavras de lisonja e de ameaça Ulisses a contém; ela cobra ânimo e reprime o seu movimento. Penélope, cuja atenção tinha sido desviada do acontecimento, graças à previdência de Ateneia, nada percebe.

[...]

Na minha reprodução do incidente, omiti até agora o conteúdo de toda uma série de versos que o interrompem pelo meio. São mais de setenta – o incidente em si compreende cerca de quarenta versos antes e quarenta depois da interrupção. A interrupção, que ocorre justamente no momento em que a governanta reconhece a cicatriz, isto é, no momento da crise, descreve a origem da cicatriz, um acidente dos tempos da juventude de Ulisses, durante uma caça ao javali por ocasião de uma visita ao seu avô Autólico. Isto dá, antes de mais nada, motivo para informar o leitor acerca de Autólico, sua moradia, grau de parentesco, caráter, e, de maneira tão pormenorizada quão deliciosa, seu comportamento após o nascimento do neto; segue-se a visita de Ulisses, já adolescente; a saudação, o banquete de boas-vindas, o sono e o despertar, a saída matutina para a caça, o rastejo do animal, a luta, o ferimento de Ulisses por uma presa, o curativo da ferida, o restabelecimento, o regresso a Ítaca, o preocupado interrogatório dos pais; tudo é narrado, novamente, com perfeita conformação de todas as coisas, não deixando nada no escuro e sem omitir nenhuma das articulações que as ligam entre si. E só depois o narrador retorna ao aposento de Penélope, e Euricleia, que tinha reconhecido a cicatriz antes da interrupção, só agora, depois dela, deixa cair, assustada, o pé na bacia. [...]

AUERBACH, Erich. *Mimesis*: a representação da realidade na literatura ocidental. São Paulo: Perspectiva, 1987. p. 1-2 (Coleção Estudos).

Vocabulário de apoio

anciã: mulher idosa
Ateneia: a deusa Palas Atena, protetora de Ulisses e de seu filho Telêmaco na *Odisseia*
fatigado: cansado
forasteiro: estrangeiro
granjear a benevolência: conseguir ser recebido e acolhido
lisonja: elogio
prorromper em júbilo: estourar de alegria
viandante: viajante

42

Odisseia [trecho]

Ulisses, no arrebol, em montearia
Trilhando as selvas do íngreme Parnaso,
A ventosas fraguras segue os tios;
E, no arraiar o Sol do mudo Oceano,
Precedendo a matilha farejante,
Vibra o dardo num vale o divo moço.
Em brenha oculto um javali jazia,
Brenha à diurna torreira impenetrável,
Ao sopro aquoso, à desatada chuva,
Pleno o covil de bastas secas folhas:
Ao latir e ao tropel, sanhuda a fera
Sai, de eriçado pelo e a vista em brasa,
Tem-se de perto; Ulisses o primeiro
Com forte ávida mão levanta o pique;
Prevenindo-lhe o golpe, o dente o cerdo
Lhe aferra no joelho, mas oblíquo,
Sem osso lhe ofender, na carne o embebe:
De ênea cúspide o herói na destra espádua
O atravessa; ei-lo grunhe e tomba e morre.
Expertos a ferida ao bravo pensam,
Vedam-lhe por encantos o atro sangue;
Curam-no em casa, e dele satisfeitos,
Ledo com ricos dons à pátria o mandam
Laertes e Anticleia, jubilosos,
Da cicatriz a causa e tudo inquirem;
No Parnaso ele conta que o mordera,
Junto a seus tios, javali terrível.

HOMERO. *Odisseia*. 2. ed. Trad. Manuel Odorico Mendes. São Paulo: Ars Poetica-Edusp, 1996. p. 327-328 (Coleção Texto & Arte).

Anotações laterais ao poema:
- "a saída matutina para a caça..."
- "... o rastejo do animal..."
- "... a luta, o ferimento de Ulisses por uma presa..."
- "... o curativo da ferida, o restabelecimento, o regresso a Ítaca, o preocupado interrogatório dos pais."

Vocabulário de apoio

arrebol: amanhecer
atro: escuro
basto: abundante
brenha: mata cerrada, matagal
cerdo: porco
cúspide: ponta aguda, lâmina
destro: que fica do lado direito
divo: divino
embeber: penetrar, encravar
êneo: feito de bronze
espádua: parte correspondente ao ombro ou à escápula
experto: especialista, pessoa com experiência
fragura: terreno cheio de barrancos
íngreme: muito inclinado
ledo: alegre
matilha: conjunto de cães de caça
montearia: montaria, caçada nos montes
oblíquo: de lado
Parnaso: montanha na Grécia
pique: lança antiga
sanhudo: raivoso
torreira: calor excessivo do Sol
tropel: barulho provocado por tropa de animais em movimento
ventoso: com fortes ventos

Situação de produção

Finalidades diversas

A produção de um resumo consiste em uma atividade de **retextualização**, ou seja, em uma transformação de um texto em outro. Como modo de informar rapidamente o interlocutor sobre determinado assunto, o resumo apresenta-se em diferentes esferas da vida cotidiana. Resumos de livros, filmes, peças teatrais, etc. podem ter finalidade publicitária, como a sinopse de um filme na embalagem de um DVD, ou informativa, como a antecipação do que trata um artigo acadêmico.

Em geral, o resumo é encontrado em estado "puro" – não associado a outros gêneros textuais – somente nas situações escolares. Fora da escola, aparece como componente de outros gêneros.

Na escola, o aluno pode resumir um texto como forma de estudar um assunto. Para fazer um bom resumo, no entanto, é necessário entender o texto original e identificar o que ele tem de fundamental.

Repertório

Homero, poeta nascido na Grécia Antiga, deixou duas grandes epopeias, histórias de heróis em versos: a *Ilíada*, sobre a guerra de Troia, e a *Odisseia*, sobre a viagem de Ulisses de volta a Ítaca, ao término dessa guerra. Durante anos, Ulisses enfrenta perigos como os ciclopes (gigantes de um olho só), as sereias, a feiticeira Circe e a ninfa Calipso, mas consegue finalmente retornar.

WATERHOUSE, J. W. *Penélope e os pretendentes*, 1912. Óleo sobre tela, 188 cm × 130 cm. Aberdeen Art Gallery & Museum, Aberdeen, Escócia.

Enquanto Ulisses viaja, os pretendentes de Penélope tentam convencê-la de que seu marido jamais regressará. Penélope promete casar-se com um deles quando terminar a tapeçaria que está tecendo. Porém, toda noite ela desfaz o trabalho do dia e assim engana os pretendentes durante muito tempo.

❯ Ler um resumo

1. Por que não é necessário ter lido a *Odisseia* para entender "A cicatriz de Ulisses"?
2. Que função o resumo de Auerbach pode ter para aqueles que já leram a *Odisseia*?
3. Leia abaixo um trecho da *Odisseia* e responda às questões.

> Palpando, a cicatriz conhece a velha,
> Nem pode o pé suster; cai dentro a perna,
> E a bacia retine e se derrama.
> Dor a assalta e prazer; nos olhos água,
> Presa às faces a voz, lhe afaga o mento,
> E balbucia enfim: "Tu és, meu filho,
> És Ulisses; depois que te hei palpado,
> Ora por meu senhor te reconheço".
>
> HOMERO. *Odisseia*. 2. ed. Trad. Manuel Odorico Mendes. São Paulo: Ars Poetica-Edusp, 1996. p. 328 (Coleção Texto & Arte).

Vocabulário de apoio
mento: queixo
retinir: produzir som forte
suster: segurar

a) Copie no caderno o trecho em que Auerbach resume esse momento da *Odisseia* no texto "A cicatriz de Ulisses".
b) Descreva as diferenças entre um trecho e outro, considerando os seguintes aspectos:
 - extensão
 - presença de detalhes
 - descrição de ações e emoções

ANOTE
Na produção do resumo, o texto-base é **reduzido** a suas **ideias principais** e transformado, assim, em um novo texto, mais curto. Para isso, é necessário primeiro ler o texto original com atenção e **compreendê-lo**. Em seguida, pode-se realizar um esquema a partir do qual se redige o resumo, cuja finalidade é **expor** o conteúdo essencial do texto-base.

4. Copie e complete o esquema abaixo com a estrutura do texto de Auerbach. Escreva com suas palavras sobre o que trata o texto em cada uma das partes enumeradas.

Estrutura: "A cicatriz de Ulisses"	
Parte do texto	Conteúdo
1. **Introdução** ao tema	
2. Descrição da **sequência** de ações	
3. **Interrupção** e comentários	
4. **Epílogo** – retorno à sequência de ações descritas antes da interrupção	

Esta imagem mostra o momento em que Ulisses é reconhecido pela governanta Euricleia.

Relevo do século I. Museo Nazionale Romano. Roma, Itália.

5. No primeiro parágrafo do texto de Auerbach há duas passagens que não podem ser consideradas partes de um resumo. Identifique-as, com base nas informações abaixo, e copie-as no caderno.
a) Passagem em que o autor deixa transparecer sua opinião sobre a obra de Homero.
b) Passagem em que o autor fornece uma informação adicional, que não está presente no texto-base, a fim de explicar um trecho deste.

ANOTE
Após reduzir ao essencial cada uma das partes – capítulos, seções, parágrafos –, o resumo recompõe o texto-base, **sem** a apresentação de **opiniões**, **críticas**, **considerações** ou **comentários**. No entanto, é comum que trechos resumidos façam parte de outros gêneros, como ocorre em "A cicatriz de Ulisses". Nesses casos, as informações objetivas se mesclam a apreciações que revelam o ponto de vista do produtor do texto.

6. Copie o trecho a seguir no caderno.

> [...] segue-se a visita de Ulisses, já adolescente; a saudação, o banquete de boas-vindas, o sono e o despertar, a saída matutina para a caça, o rastejo do animal, a luta, o ferimento de Ulisses por uma presa, o curativo da ferida, o restabelecimento, o regresso a Ítaca, o preocupado interrogatório dos pais [...]

a) Grife todos os substantivos dessa passagem que nomeiam ações e acontecimentos.
b) Reescreva o texto, transformando os substantivos grifados em verbos no passado. Faça as modificações necessárias para preservar o sentido do texto.
c) Responda: Para que Auerbach usou esses substantivos?

> **ANOTE**
>
> Na produção do resumo, realiza-se uma série de **operações linguísticas redutoras**, como a **enumeração** e a **eliminação** de repetições, de detalhes e de aspectos secundários e/ou complementares. Nas enumerações, é comum o uso de **substantivos**.

7. Leia o texto abaixo. Depois, faça o que se pede a fim de exercitar a identificação das informações principais.

> Foi Darwin quem pôs em evidência o valor das minhocas como beneficiadoras do solo; contou ele o número de exemplares que vivem num metro quadrado; verificou até que profundidade estendem seu trabalho e calculou, por fim, o volume de terra que esses vermes revolvem. Chegou, assim, a conclusões interessantíssimas, que demonstram a utilidade das minhocas para a agricultura; elas não só arejam a terra, com o que se torna possível o trabalho dos germes aeróbios em camadas profundas, como também beneficiam diretamente o subsolo, levando para lá detritos fertilizantes. Posteriormente, as observações de Darwin foram controladas por outros pesquisadores e assim podemos aceitar como bem comprovados, para certas espécies, os seguintes dados.
>
> As minhocas são vermes de hábitos principalmente noturnos; preferem a umidade e por isto mantêm-se à flor da terra de noite e quando chove, escondendo-se nas camadas mais profundas no tempo da seca.
>
> Para se enterrar, a minhoca ou estira ou adelgaça o corpo, enfiando-se pelos interstícios e aproveitando a porosidade, ou então vai comendo a terra e esta vai-lhe passando pelo tubo digestivo; desta forma o verme não encontra obstáculo para seguir seu caminho. Conforme a qualidade do solo, foram contadas de 300 a 700 minhocas por metro quadrado [...]. Seu alimento consiste não só em substâncias orgânicas, que encontram misturadas à terra, como também levam folhas, sementes e outras substâncias vegetais para seus túneis e lá aproveitam o que podem desse material. Para esvaziar o tubo digestivo, vêm à superfície e é deste modo, principalmente, que contribuem para o revolvimento do subsolo [...].
>
> IHERING, Rodolpho von. *Dicionário dos animais do Brasil*. São Paulo: Universidade de Brasília, 1968. p. 454-455.

O cientista inglês Charles Darwin (1809-1882), elaborador da teoria evolucionista. Fotografia de 1875.

a) Copie no caderno os verbos principais de todas as orações do trecho.
b) Selecione os verbos que expressam as ideias essenciais de cada parágrafo.
c) Reescreva essas ideias com suas palavras, resumindo as principais informações do texto.
d) Certifique-se de que as ideias estão claras e completas em suas formulações.

Vocabulário de apoio

adelgaçar: estreitar, diminuir
aeróbio: que necessita de oxigênio para seu desenvolvimento
detrito: resíduo, sobra
estirar: esticar
interstício: pequeno espaço vazio, fenda
porosidade: qualidade do que é poroso, perfurado, arejado

Observatório da língua

A referenciação e a construção de sentidos

Ao escrever um texto, é necessário garantir que seus elementos estejam adequadamente articulados. Um mecanismo utilizado para isso é a referenciação, ou seja, o uso de palavras que antecipam ou retomam um elemento do texto (chamado de **referente**).

Como evitam a repetição – às vezes, de uma longa sequência de texto –, os termos que antecipam ou retomam referentes são um recurso muito importante para a elaboração de resumos. No entanto, o uso inadequado dessas palavras pode comprometer a clareza do texto. Isso acontece, por exemplo, quando não fica claro qual é o elemento ou a sequência de elementos que estão sendo antecipados ou retomados.

- Copie os trechos a seguir no caderno. Neles, as expressões que antecipam ou retomam elementos do texto estão destacadas. Grife os referentes dessas expressões.

  a) Os especialistas citam **várias causas** para os altos índices de criminalidade no Brasil – a falta de ética dos governantes, a miséria, as más condições de vida de uma enorme parcela da população –, e alertam que todas elas precisam ser combatidas.

  b) Aponta-se como estratégia de combate à violência a integração das polícias civil e militar, mas faz-se a ressalva de que **tal medida** dependeria em grande parte de vontade política.

  c) A conclusão do estudo é **esta**: grande parte da população está disposta a se unir para combater a violência.

45

⟩ Produzir um resumo

⟩ Proposta

Você vai escrever um resumo da reportagem abaixo, supondo que ele fará parte de um boletim informativo (*newsletter*) a ser enviado para os leitores de um *site* de notícias. Boletins informativos contêm um conjunto de resumos de textos jornalísticos cujo objetivo é dar informações rápidas aos leitores e instigá-los a visitar o *site* para ler as notícias e reportagens na íntegra.

Nesse resumo, o seu objetivo será **expor** o conteúdo da reportagem a seguir, originalmente publicada no jornal estadunidense *The New York Times*. Mas lembre-se: antes de tudo é preciso compreender bem o texto-base. Utilizando os conhecimentos que adquiriu sobre resumo neste capítulo, escreva um texto claro, que contenha as ideias principais do texto original e seja fiel a ele.

CADERNO THE NEW YORK TIMES

Folha de S.Paulo
1º de dezembro de 2008

CLUB WATT
Clubbers geram eletricidade dançando

O agito na pista ajuda a reduzir o consumo de eletricidade em 50%

Por ELISABETH ROSENTHAL

ROTERDÃ, Holanda – Se você achou que o ambiente na nova casa noturna da moda desta cidade holandesa, o Club Watt, é um tanto elétrico, acertou: o Watt tem um novo tipo de pista de dança que capta a energia gerada pelos saltos e giros e a transforma em eletricidade. É uma entre diversas pistas de dança geradoras de energia no mundo, a maioria ainda experimental.

Com sua engenharia humana, o Watt se abastece parcialmente de energia: quanto melhor a música, mais pessoas dançam e mais eletricidade sai da pista. No Watt, que se descreve como "o primeiro clube de dança sustentável", a eletricidade é usada para acionar o *show* de luzes na pista e ao redor dela.

O Watt é em grande parte uma criação do Sustainable Dance Club, uma companhia formada no ano passado por um grupo de inventores ecológicos, engenheiros e investidores holandeses hoje liderados pelo consultor Michel Smit. Levou mais de um ano para ser feito, e é um espaço enorme, onde não apenas a pista de dança é sustentável, mas também os banheiros são alimentados com água da chuva e os bares praticam baixo desperdício (tudo é reciclado). Seu calor é obtido dos amplificadores e outros equipamentos musicais das bandas.

[...]

A dança ecológica evidentemente não solucionará o problema das crescentes emissões de gases do efeito estufa, que os cientistas dizem que são responsáveis pelo aquecimento global. Com seus amplificadores e suas luzes estroboscópicas, os clubes noturnos são devoradores de eletricidade e provavelmente nunca serão neutros em carbono [...].

Mas a energia produzida por uma pessoa média dançando é de cerca de 20 watts, portanto duas pessoas poderiam acender uma lâmpada, como descobriram os consultores científicos do Club Watt. Aryan Tieleman, um dos donos do clube, espera que a pista de dança sustentável consiga produzir 10% da eletricidade do lugar. Inovações verdes no local vão reduzir o consumo de energia em 50% e o de água em 30%, em comparação com o clube anterior que havia no prédio, ele disse. "O conceito é que você se diverte como sempre, mas aqui será melhor para a Terra", disse Smit.

[...]

A pista aproveita o efeito piezoelétrico: alguns materiais, quando espremidos, desenvolvem uma carga e produzem eletricidade.

Quando as pessoas estão dançando, a pista de dança sustentável abaixa cerca de um centímetro, comprimindo células que contêm material piezoelétrico por baixo. Na teoria, as pistas piezoelétricas podem retirar energia de qualquer passo ou salto e transformá-la em eletricidade, só que esse processo hoje é caro e ineficaz. Mas a tecnologia está evoluindo.

Smit disse que está trabalhando para desenvolver materiais mais baratos e eficientes para captar energia. "Você poderá usá-los em qualquer lugar onde houver movimento", disse o consultor. [...]

ROSENTHAL, Elisabeth. *Folha de S.Paulo*, 1º dez. 2008. Caderno The New York Times, p. 5.

Club Watt, em Roterdã, na Holanda: a iluminação utiliza a energia gerada pela dança.

> Planejamento

1. Observe no quadro abaixo as características do texto que você vai produzir.

Gênero textual	Público	Finalidade	Meio	Linguagem	Evitar	Incluir
resumo	leitores de *site* de notícias que não leram a reportagem	expor o conteúdo reduzido de um texto-base	boletim informativo (*newsletter*)	objetiva; terceira pessoa do discurso; mecanismos de referenciação para evitar repetições	opinião pessoal; detalhes e informações suplementares desnecessários; palavras que não tenham um referente	dados essenciais do texto

2. Elabore no caderno um esquema com as principais informações do texto, como aquelas que devem constar em uma notícia (quem, o quê, onde, como, etc.). Preencha-o com os dados retirados da reportagem.

> Elaboração

3. Defina a sequência dos dados a serem apresentados em seu resumo. Não é necessário seguir a ordem do texto-base, se você entender que há um modo melhor de expor o conteúdo em poucas palavras.

4. Agora você já pode escrever seu resumo. Ele deverá ter, aproximadamente, dez linhas digitadas em fonte tamanho 12.

> Avaliação

5. Forme uma dupla com um colega de sua turma para que cada um avalie o resumo produzido pelo outro. Após a leitura do texto de seu colega, copie e preencha o quadro abaixo em uma folha avulsa. Posteriormente, entregue a folha a esse colega.

> **ATENÇÃO**
> » Também no resumo você deve dar especial atenção à **articulação das partes** do texto. Se utilizar mecanismos de referenciação, como antecipação e retomada de elementos, lembre-se de garantir a clareza dos referentes.
> » Não perca de vista a **finalidade** de seu resumo: expor as ideias principais do texto-base.

	Sim	Não
Os dados essenciais do texto-base estão presentes?		
O sentido do texto-base está claro no resumo (os dados estão bem articulados)?		
Os procedimentos redutores (enumeração, uso de substantivos, eliminação de repetições e dados suplementares, etc.) foram bem usados?		
A ordem de apresentação das informações favorece seu entendimento?		
Quando há referenciação, o texto deixa claro quais são os referentes retomados ou antecipados por outras palavras?		

6. Caso você tenha respondido "não" a alguma das perguntas do quadro, faça uma anotação a lápis no texto de seu colega apontando cada um dos problemas identificados.

7. Aponte, também a lápis, outros aspectos do texto que podem ser melhorados (ortografia, acentuação, pontuação, escolha de palavras, etc.).

> Reescrita

8. Observe os tópicos para os quais seu colega respondeu "não" na avaliação de seu texto. Retome seu esquema do resumo e veja o que precisa ser mudado. Não se esqueça dos outros aspectos linguísticos apontados por seu colega.

9. Reescreva seu resumo, mesmo que seu colega tenha respondido "sim" a todos os itens da avaliação. Faça isso de forma ainda mais sintética: em cerca de cinco linhas digitadas em fonte 12. Esse exercício será mais que uma reescrita: trata-se de um novo resumo, com intensificação da busca do que é essencial no texto-base.

> **Foco da reescrita**
>
> No resumo, é preciso eliminar repetições desnecessárias. Para isso, pode-se fazer uso da **referenciação**. Ao reescrever seu resumo, observe se você usou adequadamente esse recurso, deixando claros os referentes antecipados ou retomados por outras palavras.

CAPÍTULO 6

Comunicação oral

O que você vai estudar

- Como planejar e realizar uma comunicação oral.
- As qualidades do orador.
- A pergunta retórica como recurso expressivo.
- A construção de sentidos no texto oral planejado.

A comunicação oral apresenta uma importante diferença em relação às produções escritas: o tempo da "realização" do texto é o mesmo de sua "recepção" pelos ouvintes e, frequentemente, são feitas referências diretas a essa situação de interação. Por isso mesmo, o texto precisa ser muito bem planejado para que o orador possa fazer uma boa apresentação. Neste capítulo, vamos conhecer melhor o gênero e, depois, será sua vez de planejar e apresentar uma comunicação oral.

› Leitura

- O texto a seguir é a retextualização (com supressão de alguns trechos, nos locais indicados) de fala realizada pelo filósofo e educador Mario Sergio Cortella na Assembleia Legislativa de Santa Catarina em agosto de 2007. Em seu texto, Cortella trata sobre a construção de uma personalidade ética, tema proposto pelo seminário "Família, escola e cidadania: Quais os caminhos?". Leia o texto e responda às questões das páginas 50 e 51.

Nós não nascemos prontos

[...] A razão deste seminário é que nós não nascemos prontos. Porque, se prontos tivéssemos nascido, não daria para existir educação, construção, enfim... [...] Tem uma frase que circula por aí que diz que uma pessoa, quanto mais ela vive, mais velha ela fica. Cuidado, isso é uma bobagem. Para que alguém quanto mais vivesse mais velho ficasse, teria que ter nascido pronto e ir se gastando. Isso não acontece com gente, isso acontece com fogão, sapato, geladeira... Fogão, sapato, geladeira é que nasce pronto e vai se gastando. Gente nasce não pronta e vai se fazendo. Eu, Cortella, em 2007, sou a minha mais nova edição. Revista, um pouco ampliada, mas a minha mais nova edição. Eu não nasci pronto e vim me gastando. Eu nasci não pronto e vim me fazendo. Tanto que eu sou um novo Cortella, em 2007. Eu não sou inédito, porque para eu ser inédito eu teria que ser como nunca fui. Mas eu sou novo, isto é, muito do que eu sou eu trouxe da minha história, mas o modo como eu sou hoje eu nunca fui antes. E uma das coisas que eu quero ser é íntegro, solidário, fraterno. Eu não o sou por completo, mas eu posso sê-lo. Eu quero sê-lo. Para isso, claro, eu não posso ser arrogante. Porque o arrogante acha que ele já está pronto: "Essa juventude está perdida! Eles não querem saber de nada!".

Eles não nasceram prontos. Eles foram formados numa sociedade em que uma parte de nós faz uma coisa inacreditável: admitiu, admitiu que os jovens e as crianças hoje considerassem que desejos são direitos. [...] Isto é, se eu quero, eu tenho direito, você tem que me dar. [...] "Você não vai me dar, você não me quer." Aí eu dou, porque eu não quero conflito...

E de repente nós começamos a ir pelo lado prático. [...] É uma geração que foi sendo formada para achar que tudo é normal. Que um tênis que custa o preço de dois pneus de um carro é normal, que você gastar dinheiro [...] só para ter uma marca é normal... Como diz o grande Frei Betto, "quando eu era criança, o que valorizava o tênis que eu usava era eu usar o tênis. Eu dava valor ao calçado; se eu usasse, ele ficava importante". Agora é o contrário. Como eles não nasceram prontos, olha só, está faltando espanto. [...]

Personalidade ética, ela é construída quando nós prestamos atenção, quando nós inclusive olhamos para o jovem — atenção, que eu vou amarrando as ideias —, quando eu olho para o jovem com o olhar dele como sendo um outro. E sem arrogância. [...]

Os valores que ele terá são os valores que nós passarmos para ele. Se ele não tem ideia de processo porque a família não estrutura, ele não tem dificuldade nenhuma: ele não sabe que, para o quarto dele aparecer limpo, ou, às vezes, para a comida aparecer na mesa, alguém tem que fazer. E tem que plantar, e tem que carregar a cebola, e tem que fazer uma série de coisas. Tudo é *fast*. Tudo é imediato. Atenção, [...] essa sociedade do imediato, ela nos atinge. [...] Nós esquecemos uma coisa ótima: eles não nasceram prontos, nem nós. E, portanto, nós podemos nos fazer e refazer de vários modos. Um deles é, de fato, fazendo um seminário, voltando à discussão, trazendo pessoas, pensando. Isto é, fazer o que vocês estão fazendo aqui. E o que vocês estão fazendo aqui? Nós estamos aqui nestes dias para recusar, recusar a ideia de que não há alternativa de futuro [...]. Ao contrário.[...]

Mas para isso, evidentemente você e eu precisamos afastar o mais poderoso, o mais poderoso elemento negativo do nosso tempo, que é a ideia do *carpe diem*. [...] É uma sociedade que te impulsiona para dizer o tempo todo: aproveite o dia. *Carpe diem*. Que, aliás, é um lema do mundo romano na decadência. [...] Quando o império romano estava esboroando, aí a regra era salve-se quem puder, [...] aproveite o dia, viva cada dia como se fosse o último [...]. E aí o que acontece com o jovem? Tem pai e mãe que vira, ou professor, para o jovem e diz assim: "Vocês não terão futuro. Não vai haver futuro. Não haverá meio ambiente, não haverá segurança, não haverá emprego... [...] Aliás, vou dizer uma coisa para vocês: vocês não têm passado. Eu tive infância." [...] E eu digo para eles: "Vocês não têm presente, sabe por quê? Porque isso que vocês comem não é comida, é porcaria; isso que vocês usam não é roupa, é andrajo". O que é que eu estou dizendo para o jovem? Que ele não tem história. E quando eu digo a alguém que ele não tem história, só resta a ele uma alternativa: viver o presente até o esgotamento. [...] Você chega em casa hoje à noite, quarta-feira, você chega lá às 7 horas da noite, tua menina está saindo. Você fala: "Ué, filha, aonde você vai?". "Ué, mãe, vou para uma balada." "Mas numa quarta-feira, filha?" "Mãe, pode ser a última balada da minha vida." [...] Como que um ser humano com 15 anos, 16, acha que a vida se esgota desse modo? Sabe qual é a lógica? A lógica é [...] que o mundo não tem história, e quem não tem história vive o presente até o esgotamento. [...] Eles vão para a balada, [...] ele bebe o máximo que ele puder, ele dança o máximo que ele puder e, como ele não vai conseguir dançar tudo que ele precisa, ele toma *ecstasy*, ele consome outro produto, ele usa droga, e aí, quando é 6 horas da manhã, ele vai para casa e não consegue dormir, aí ele toma medicamento para dormir e depois, para ficar em pé, ele toma outro medicamento. Atenção: nos últimos 10 anos aumentou [...] o número de infartos entre jovens, sabe por quê? Porque de repente ele vive a vida no limite do turbinamento [...].

E eu quero aproveitar esse minuto final para pensar esta ideia, olha só: construir uma personalidade ética exige de nós um trabalho concomitante de construir uma família ética, uma escola ética, que, entre outras coisas, claro, precisa deixar qualquer possibilidade que você ou eu tenhamos de cinismo, isto é, alguém tem que fazer alguma coisa!

[...] E quero concluir com a frase de um homem que eu aprecio imensamente, que é François Rabelais. Ele tem uma frase que eu vou dizê-la duas vezes, pela força que ela carrega, e ela vale para nós. E ela, no meu entendimento, explicita muito bem a razão dessa parceria entre a Escola Legislativa e a escola de pais. Rabelais, grande nome da Renascença Francesa – aqui quem gosta da área deve ter lido *Gargântua*, *Pantagruel*, obras clássicas do século XVI –, Rabelais diz o seguinte: "Conheço muitos que não puderam quando deviam porque não quiseram quando podiam". Digo de novo: "Conheço muitos que não puderam quando deviam porque não quiseram quando podiam". A gente quer, deve, pode. Alguém tem que fazer alguma coisa! Cá estamos. Obrigado.

CORTELLA, Mario Sergio. Palestra apresentada no seminário "Família, escola e cidadania: quais os caminhos?", da Escola da Assembleia Legislativa de Santa Catarina, em 15 ago. 2007. Transcrição feita para esta edição.

O educador Mario Sergio Cortella, professor de Teologia da Pontifícia Universidade Católica de São Paulo (PUC-SP), autografa livro em uma livraria de São Paulo (SP). Fotografia de 2013.

Situação de produção

Conhecimento compartilhado

O que estamos chamando de comunicação oral é a fala preparada para a exposição de determinado conteúdo a outras pessoas em um momento definido, e que não se caracteriza pela mera leitura de um texto. Não estão incluídas aí as falas espontâneas, não planejadas, nem as aulas regulares (como as da escola).

Os contextos variam entre situações de maior ou menor formalidade: seminários, apresentações orais, palestras, colóquios, etc.

A plateia é um item fundamental dessa situação de produção. Como se trata de uma comunicação "ao vivo", a interação com o público muitas vezes modifica o rumo previamente imaginado para a fala. Ao assistir ao vídeo da palestra "Nós não nascemos prontos", disponível na internet, é possível perceber como Cortella responde às reações do público. Isso se revela não só no conteúdo do texto, mas também no modo como ele é falado – na entonação, na expressão facial, nos gestos do orador.

Outro aspecto importante é a restrição de tempo. Em geral, esse tipo de apresentação cumpre um horário rígido. Assim, o orador necessita controlar o tempo e organizar a progressão de sua fala.

⟩ Ler uma comunicação oral

1. Indique os dois momentos em que Cortella menciona a situação de produção do texto, fazendo referência ao seminário do qual participa.
2. Qual é a importância de se falar sobre ética em uma Assembleia Legislativa no Brasil? Justifique.
3. Releia.

   > Isto é, fazer o que vocês estão fazendo aqui. E o que vocês estão fazendo aqui? Nós estamos aqui nestes dias para recusar, recusar a ideia de que não há alternativa de futuro [...].

   a) Quais são os pronomes usados por Cortella para se referir a si mesmo e à plateia?
   b) Que efeito é produzido com a mudança de um pronome para o outro no trecho analisado?
   c) O que une Cortella a seus ouvintes, ou seja, o que eles têm de comum em relação ao tema abordado?

4. Releia este outro trecho.

   > [...] evidentemente você e eu precisamos afastar o mais poderoso, o mais poderoso elemento negativo do nosso tempo [...].

   a) Que pronome pessoal poderia substituir "você e eu" na frase?
   b) O que a frase de Cortella ganha com o uso de "você e eu"?

   ANOTE

   A escolha dos pronomes pessoais ou de tratamento determina o grau de proximidade do orador com seus ouvintes e também o grau de formalidade do texto. Em uma situação de maior formalidade, o orador pode dirigir-se ao público usando a expressão "as senhoras e os senhores"; já em situações mais informais, podem ser usados termos como *a gente*, *nós* ou *vocês*.

5. O que Mario Sergio Cortella parece querer provocar nos ouvintes com sua comunicação oral? Cite alguma passagem do texto que justifique sua resposta.
6. Uma das maneiras como Cortella demonstra conhecimento sobre o tema tratado é por meio da citação de ideias de outros autores.
   a) Quais são os autores citados por Cortella no texto?
   b) O que cada uma dessas citações acrescenta à fala do orador?
   c) Em sua opinião, uma frase citada tem o mesmo efeito de uma frase do próprio orador? Por quê?

   ANOTE

   A comunicação oral pode ganhar credibilidade com a citação de frases ou ideias de outras pessoas valorizadas socialmente. Para isso, no entanto, essas citações não podem ser gratuitas: é preciso que sejam pertinentes, acrescentem informações novas e estejam bem articuladas com o que está sendo dito.

7. Localize e copie três trechos do texto em que o orador retoma a ideia-chave expressa no título de sua comunicação oral. Qual é a importância dessa repetição ao longo da fala de Cortella?
8. Em "Nós não nascemos prontos" predomina a formalidade ou a informalidade? Explique.

Fone de ouvido

Além do véu de Maya, Tribo de Jah
Indie Records, 2000

Tribo de Jah é uma banda de *reggae* originária de São Luís (MA). Cinco músicos da banda têm deficiência visual e se conheceram na Escola de Cegos do Maranhão. O vocalista, nascido no interior de São Paulo, juntou-se ao grupo pouco depois. A Tribo começou fazendo *shows* e divulgando seu trabalho de forma independente em cidades do Maranhão, até conseguir projeção nacional. Um dos temas abordados pela banda em seus CDs são os problemas sociais enfrentados no país: violência, pobreza, exclusão, impunidade. No CD *Além do véu de Maya,* a faixa "O abismo do consumismo" faz uma crítica ao consumo desenfreado, prática comumente observada na sociedade atual e abordada por Cortella em sua comunicação oral.

Capa do CD *Além do véu de Maya.*

Repertório

O espanto filosófico

O filósofo alemão Martin Heidegger (1889-1976) retoma dos filósofos gregos Sócrates e Platão o conceito de espanto filosófico – a disposição para perguntar e buscar respostas que origina e mantém a Filosofia. Na obra *Que é isto: a Filosofia?,* ele diz que na base de todo conhecimento há um espanto. Filosofar é inquietar-se com o que antes parecia óbvio e espantar-se diante da vida e do ser.

9. Localize no texto um momento de maior informalidade. Copie-o e justifique sua escolha.

> **ANOTE**
>
> Apesar de poder apresentar momentos de maior informalidade, a comunicação oral estabelece distanciamento entre o público e o orador. Este faz sua comunicação sem ser interrompido, mantendo-se centrado no assunto, que deve ser tratado com **objetividade** e **coerência**.

10. No texto "Nós não nascemos prontos", são mencionados diversos exemplos.
    a) Cite três exemplos utilizados por Cortella.
    b) Qual é a função desses exemplos na fala do orador?

> **ANOTE**
>
> O **exemplo** – que pode assumir a forma de história pessoal, dados pesquisados, casos, ilustrações, gráficos, etc. – completa o sentido do texto, mostrando a aplicação das afirmações feitas.

11. Em sua fala, Cortella utiliza algumas palavras que, embora pouco comuns, podem ter seu sentido compreendido em função do contexto em que são apresentadas.
    a) Localize no texto as palavras **esboroando** e **andrajo**. Registre no caderno os trechos em que elas aparecem. Anote sua compreensão acerca do que elas significam.
    b) Agora, procure as palavras no dicionário e verifique se você indicou adequadamente os respectivos significados. Anote as eventuais diferenças de sentido no caderno.

12. Releia.

> Eu, **Cortella**, em 2007, sou a minha mais nova edição. Revista, um pouco ampliada, mas a minha mais nova edição. Eu não nasci pronto e vim me gastando. Eu nasci não pronto e vim me fazendo. Tanto que eu sou um novo **Cortella**, em 2007. Eu não sou inédito, porque para eu ser inédito eu teria que ser como nunca fui. Mas eu sou novo, isto é, muito do que eu sou eu trouxe da minha história, mas o modo como eu sou hoje eu nunca fui antes. E uma das coisas que eu quero ser é íntegro, solidário, fraterno. Eu não o sou por completo, mas eu posso sê-lo. Eu quero sê-lo.

a) De acordo como esse trecho, há uma diferença entre algo ou alguém ser novo ou ser inédito. Explique essa diferença com suas palavras.
b) Qual é o argumento desenvolvido por Cortella nesse trecho?
c) Qual é a provável intenção do autor ao usar a si mesmo como exemplo? Copie a opção adequada.
   I. Tentar se autoafirmar perante o público, buscando aceitação.
   II. Mostrar o que pensa sobre si mesmo e como se constrói.
   III. Mostrar que, como ser humano, ele é passível de falhas.

Exemplos de situações de produção da comunicação oral.

> **ANOTE**
>
> Numa comunicação oral, pode acontecer de o corpo "brigar" com a fala – ou seja, de haver incoerência entre a linguagem não verbal e a verbal. Nesse caso, o que as pessoas percebem em primeiro lugar é a linguagem não verbal: o que o corpo, os gestos, as mãos e a face dizem. Por isso, o orador deve procurar sempre agir com naturalidade.

13. Copie e complete o quadro ao lado com o número dos parágrafos correspondentes a cada parte do texto. Depois, divida essas partes novamente, indicando os assuntos desenvolvidos em cada uma.

| Estrutura: " Nós não nascemos prontos" ||
Parte (números dos parágrafos)	Subparte (assuntos desenvolvidos)
Introdução	
Desenvolvimento	
Encerramento	

> **ANOTE**
>
> Um instrumento que auxilia nessa organização são os **esquemas**: anotações elaboradas previamente pelo orador, com os tópicos que vai abordar e a sequência em que fará isso.

51

❯ Entre o texto e o discurso – As qualidades do orador

Você aprendeu que a comunicação oral é um gênero textual que se realiza no momento de sua produção, havendo contato entre orador e ouvintes. Observe, na figura abaixo, o que é preciso fazer para realizar uma boa exposição de um conhecimento por meio da fala.

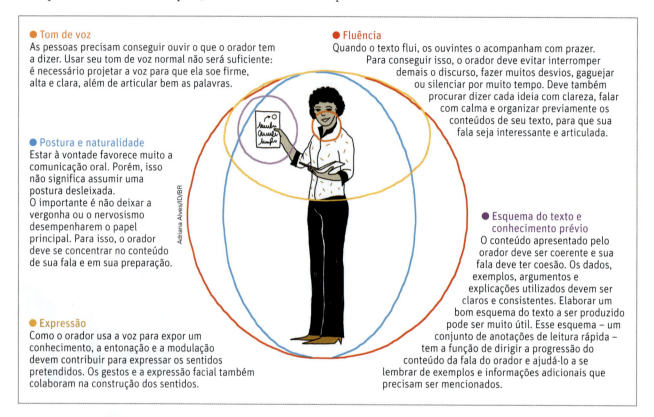

● **Tom de voz**
As pessoas precisam conseguir ouvir o que o orador tem a dizer. Usar seu tom de voz normal não será suficiente: é necessário projetar a voz para que ela soe firme, alta e clara, além de articular bem as palavras.

● **Postura e naturalidade**
Estar à vontade favorece muito a comunicação oral. Porém, isso não significa assumir uma postura desleixada.
O importante é não deixar a vergonha ou o nervosismo desempenharem o papel principal. Para isso, o orador deve se concentrar no conteúdo de sua fala e em sua preparação.

● **Expressão**
Como o orador usa a voz para expor um conhecimento, a entonação e a modulação devem contribuir para expressar os sentidos pretendidos. Os gestos e a expressão facial também colaboram na construção dos sentidos.

● **Fluência**
Quando o texto flui, os ouvintes o acompanham com prazer. Para conseguir isso, o orador deve evitar interromper demais o discurso, fazer muitos desvios, gaguejar ou silenciar por muito tempo. Deve também procurar dizer cada ideia com clareza, falar com calma e organizar previamente os conteúdos de seu texto, para que sua fala seja interessante e articulada.

● **Esquema do texto e conhecimento prévio**
O conteúdo apresentado pelo orador deve ser coerente e sua fala deve ter coesão. Os dados, exemplos, argumentos e explicações utilizados devem ser claros e consistentes. Elaborar um bom esquema do texto a ser produzido pode ser muito útil. Esse esquema – um conjunto de anotações de leitura rápida – tem a função de dirigir a progressão do conteúdo da fala do orador e ajudá-lo a se lembrar de exemplos e informações adicionais que precisam ser mencionados.

❯ A pergunta retórica e a expressividade

Quando Cortella pergunta "E o que vocês estão fazendo aqui?", ele não espera que alguém da plateia levante a mão e dê uma resposta. A intenção é outra: instigar cada um dos ouvintes a refletir sobre o que os levou a participar de um seminário sobre a construção de personalidades éticas. O suspense dura apenas um instante, pois o próprio Cortella apresenta uma razão: "Nós estamos aqui nestes dias para recusar, recusar a ideia de que não há alternativa de futuro [...]".

Esse era o ponto a que o orador queria chegar quando formulou a questão. Mas a frase teria um impacto diferente se ele não tivesse feito tal pergunta antes.

Esse recurso expressivo, muito usado na comunicação oral, tem um nome: **pergunta retórica**. Trata-se de uma interrogação que não tem como finalidade receber do ouvinte uma resposta, e sim chamar sua atenção e fazê-lo pensar sobre o significado do questionamento.

Cortella conhece a eficácia desse recurso, que pode ter várias funções. Veja.

"E aí o que acontece com o jovem?" – cria expectativa sobre o que vai ser dito.

"Como que um ser humano com 15 anos, 16, acha que a vida se esgota desse modo?" – funciona quase como uma exclamação: expressa espanto, incapacidade de compreender, indignação.

"Sabe qual é a lógica?" – anuncia uma proposta de interpretação para a situação que acaba de ser apresentada.

1. Localize no texto a pergunta retórica "O que é que eu estou dizendo para o jovem?". Considerando o contexto em que ela é feita, indique a qual das funções referidas na página anterior ela pode ser relacionada.

2. Releia o trecho abaixo.

   > [...] "Ué, filha, aonde você vai?". "Ué, mãe, vou para uma balada."

   a) A pergunta da mãe é retórica? Por quê?
   b) Na sequência, a mãe diz: "Mas numa quarta-feira, filha?". Essa é uma pergunta retórica? Por quê?
   c) A análise das respostas dadas pela filha às perguntas da mãe ajuda a perceber que uma dessas perguntas é retórica. Explique por quê.

3. No texto, aparece duas vezes uma pergunta retórica que tem um "não" como resposta implícita. Esse "não" – que pode ser murmurado, dito com um gesto de cabeça ou apenas pensado pelo ouvinte – é uma espécie de "senha" para a continuidade da fala. Qual é essa pergunta?

Observatório da língua

A construção de sentidos na comunicação oral

A comunicação oral tem uma particularidade que influi muito em sua produção: ela é uma fala contínua que será ouvida ininterruptamente por um grupo de pessoas. O sentido do texto precisa ser apreendido imediatamente, pois, ao contrário do que ocorre durante a leitura de um texto escrito, ou em uma conversa informal, na comunicação oral não é possível, em geral, recuperar passagens perdidas. Assim, o orador precisa organizar sua fala de modo a ajudar o ouvinte a acompanhar sua linha de raciocínio. A etapa de planejamento é crucial para um bom resultado no momento de expor conhecimentos.

Se, por exemplo, uma passagem é fundamental para o sentido do texto, vale a pena chamar a atenção da plateia para a importância do que se vai falar. Observe no trecho abaixo como Cortella faz isso, utilizando os recursos de **antecipação** e de **ênfase**.

> E quero concluir com a frase de um homem que eu aprecio imensamente, que é François Rabelais. Ele tem uma frase **que eu vou dizê-la duas vezes**, pela força que ela carrega [...]. Rabelais **diz o seguinte**: "Conheço muitos que não puderam quando deviam porque não quiseram quando podiam". **Digo de novo**: "Conheço muitos que não puderam quando deviam porque não quiseram quando podiam".

Há outro elemento que, embora também possa estar presente em gêneros textuais escritos, é especialmente útil na comunicação oral: trata-se das **expressões reformulativas**, que sinalizam para o ouvinte alguns movimentos do texto. Veja as expressões reformulativas mais comuns.

correções – *ou melhor, aliás, na verdade, na realidade, para ser mais exato*
explicações – *isto é, ou seja*
exemplos – *por exemplo, a saber, tais como*
reafirmação ou ênfase – *de fato, realmente, com efeito*

- Em sua comunicação oral, Cortella demonstra preferência pela expressão *isto é*, que ele usa para desenvolver melhor suas ideias em algumas passagens. Localize no texto essas passagens e substitua a expressão *isto é* por aquela que você considerar mais adequada ao sentido pretendido por Cortella em cada contexto. Se desejar, consulte o quadro abaixo.

ou melhor	em outras palavras	quer dizer
ou seja	dito de outro modo	

Repertório

Rabelais

O escritor francês François Rabelais (1484-1553) é conhecido principalmente por seus livros *Gargântua* e *Pantagruel*. Os protagonistas dessas obras satíricas são gigantes rústicos e engraçados, que viajam em um mundo dominado pela ambição, pela estupidez e pela violência. À época em que tais obras foram escritas, o alvo dessa crítica eram as autoridades feudais e a Igreja. Rabelais inaugurou uma forma literária que usa o humor e a paródia como meios de criticar a cultura oficial e as forças autoritárias. Sua obra influenciou muitos escritores dos séculos seguintes, entre os quais o espanhol Miguel de Cervantes (1547-1616), autor de *D. Quixote de La Mancha*, que compartilhava com Rabelais uma visão satírica dos romances de cavalaria medievais.

DORÉ, Gustave. *Pantagruel*. Gravura. Biblioteca Nacional, Paris, França.

Produzir uma comunicação oral

> Proposta

Escolha um assunto para expor à classe em uma **comunicação oral**. Dê preferência a um tema com o qual você já tenha alguma familiaridade, mas realize uma boa pesquisa para fundamentar sua fala. Você terá cinco minutos para se apresentar; por isso, uma boa preparação é essencial. Os campos de interesse mencionados a seguir podem inspirá-lo a definir seu tema.

Esporte: escolha uma **técnica** específica do esporte que você pratica ou admira. Não faltam opções: futebol, vôlei, basquete, tênis, atletismo, ciclismo, esportes radicais, etc.

Mania: exponha os **motivos** que levam as pessoas a colecionar algo, ter uma mania ou um *hobby*. Explique os **hábitos** dessas pessoas. As opções de *hobbies* são muitas: quadrinhos, mangás, histórias de super-heróis, RPG, música, coleções de objetos, jogos, brinquedos, etc.

Conhecimento: escolha algum **tema** específico de sua disciplina escolar predileta ou de uma área de conhecimento de que você goste: astronomia, problemas de lógica, mitologia, histórias de humor, filmes, um instrumento musical, animais domésticos, etc.

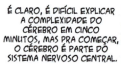

WATTERSON, Bill. *Calvin.*

Muitas vezes, em uma situação de comunicação oral, aparece o desejo de fugir do público e da tarefa a ser realizada, especialmente se ela não foi adequadamente preparada.

> Planejamento

1. Observe no quadro a seguir as características do texto que você vai produzir.

Gênero textual	Público	Finalidade	Meio	Linguagem	Evitar	Incluir
comunicação oral	alunos do Ensino Médio	expor um conhecimento oralmente	apresentação para a classe	primeira pessoa; distanciamento do público; objetividade; uso de esquema	voz baixa; timidez; pressa; excesso de informalidade; despreparo	introdução, desenvolvimento e encerramento; exemplos

2. Defina um tema bem específico, dentro dos campos de interesse sugeridos anteriormente.
3. Pesquise sobre o tema escolhido. Certifique-se de que as fontes consultadas são confiáveis.
4. Copie o esquema abaixo e responda às questões. Ele servirá de apoio no momento da fala.

Movimento	Conteúdo	Detalhamento
Tema	Qual será o tema de sua fala?	Indique o motivo de sua escolha.
Introdução	Como você vai iniciar sua fala e abordar o assunto escolhido?	Pense em como você fará a passagem da introdução para o desenvolvimento.
Desenvolvimento	O que será exposto? • definição – explique o tema • exposição – apresente seu conhecimento sobre o tema	Ao lado de cada informação, anote os respectivos exemplos, dados adicionais, histórias, casos e comentários extras que você pretende apresentar.
Conclusão	Que reflexão você gostaria de propor ao público, relativamente ao tema escolhido?	Se optar por usar uma citação, anote as informações sobre a frase escolhida: autor, data, contexto, etc.

› Elaboração

5. Você pode ensaiar sua apresentação em casa, pedindo a alguém que controle o tempo e o ajude a ajustar sua fala.

6. Agora você apresentará a comunicação oral para a classe. Quando chegar sua vez de falar, mantenha a tranquilidade e se concentre. Se você se preparou bem, vai se sentir seguro e confiante em sua apresentação.

> **ATENÇÃO**
> » Lembre-se de falar alto, de maneira clara e firme.
> » Seja natural, mas não abuse da informalidade. Mantenha uma postura adequada à situação.
> » Não se aflija se esquecer algo: dê uma rápida olhada no esquema e prossiga em sua fala.

› Avaliação

7. O quadro a seguir indica os critérios para avaliação da comunicação oral. Leia-o antes das apresentações de seus colegas. Para cada item, atribua nota 1, 2 ou 3, como indicado abaixo:

1. Item precisa ser melhorado.
2. Item realizado de forma satisfatória, mas ainda pode ser melhorado.
3. Item realizado de forma plenamente satisfatória.

a) Forme um trio com mais dois colegas. Copie o quadro em duas folhas separadas e preencha-o, atribuindo notas segundo a comunicação oral de cada um.

b) Os colegas do seu trio farão o mesmo com você. Dessa maneira, cada aluno será avaliado por outros dois e poderá verificar como pessoas diferentes consideraram seu desempenho.

Critérios de avaliação da comunicação oral	Nota
Adequação da postura corporal do orador à situação de produção (postura natural, mas sem desleixo)	
Clareza e firmeza da voz (em altura suficiente para que todos da classe pudessem ouvir)	
Fluência na exposição (fala com poucas pausas, sem interrupções e repetições desnecessárias)	
Bom uso do esquema (apoio na apresentação, mas sem leitura em voz alta)	
Bom uso de expressões reformulativas ou de antecipação (organizadores textuais ajudaram a situar a plateia em relação aos principais movimentos da fala)	
Exposição satisfatória de conhecimentos (os ouvintes entenderam o que o orador queria comunicar e aprenderam coisas novas)	
Interesse e relevância da fala (os ouvintes se envolveram durante a exposição e se mantiveram atentos ao longo da comunicação oral)	

8. Caso você tenha atribuído nota 1 a algum dos itens do quadro, acrescente uma explicação ou dica para ajudar seus colegas a melhorar em relação a cada problema identificado. Registre também as qualidades das apresentações deles.

9. Troque as folhas de avaliação com seus colegas. Leia o que eles escreveram e certifique-se de que você entendeu. Se tiver restado alguma dúvida, peça esclarecimentos a eles.

› Reelaboração

10. Observe os tópicos para os quais seus colegas atribuíram nota 1. Você concorda com essa nota? Lembre-se de sua comunicação oral e anote suas próprias observações nas folhas devolvidas por eles, baseando-se na experiência que teve com sua apresentação.

11. Reescreva seu esquema de modo a adequar sua comunicação oral a uma nova apresentação. Se puder, apresente efetivamente essa comunicação oral, em casa, para seus familiares ou amigos.

Assim como atores ensaiam as cenas de uma peça teatral, o orador que vai se apresentar em público pode ensaiar sua fala várias vezes diante de um público menor (familiares ou amigos), para controlar o tempo de seu discurso e ganhar confiança.

> **Foco da reelaboração**
>
> Há **aspectos expressivos** do texto oral que podem ser previstos no esquema. Como o conteúdo da comunicação oral deve ser exposto por meio da fala, pense em modos envolventes de abordá-lo. Anote exemplos e histórias que dinamizem a apresentação e sinalize informações que mereçam ser antecipadas e repetidas, ditas com mais vagar e ênfase. Ao reescrever seu esquema, dê atenção especial a esses aspectos expressivos.

Vestibular

Veja as duas propostas de redação apresentadas a seguir. A primeira foi retirada do vestibular de inverno de 2011 da Universidade Estadual de Maringá (UEM-PR) e pede ao candidato que produza o resumo de um texto sobre o lugar ocupado pelos idosos na sociedade contemporânea. A segunda foi extraída da prova de 2012 da Universidade Estadual de Santa Cruz (Uesc-BA) e aborda questões existenciais próximas daquelas que Cortella discutiu em sua comunicação oral reproduzida no capítulo 6.

Ao realizar essas propostas, você pode exercitar seus conhecimentos sobre o resumo e ampliar sua reflexão a respeito de alguns temas desenvolvidos nesta unidade.

(UEM-PR)
Texto 1

Senilidade e a invisibilidade social
Camila Maciel Polonio

(...)
A maioria dos idosos no Brasil encontra-se em condição de invisibilidade, social, política e muitas vezes familiar. Morte social? Morte familiar? Estão vivos, mas não possuem lugar. A visão sobre o ancião mudou, do patriarca para... para o quê? Em muitas famílias não há o espaço para o idoso. Há alguns anos atrás o idoso era tido como patriarca, que era dotado de sabedoria. (...)

O ancião era o guia familiar, os mais novos pediam conselho e ouviam as suas orientações. Eles exerciam um papel que, após o término da sua função de produtividade, assumiam o de líderes familiares. O idoso saía do lugar de provedor, cargo este assumido por seus filhos, para ocupar o de orientador. A sabedoria nada tinha a ver com estudos, era o arquivo das experiências da vida.

Hoje, algumas famílias encontram-se cada vez mais fechadas e mais focadas na produção, aquele que não produz não tem espaço. O idoso dessa forma perde o seu lugar na família e na sociedade. No entanto, acredito que, assim como os jovens conseguiram, ao longo da história, mudar a sua posição social e familiar, tornando-se importante foco da sociedade, a senilidade conseguirá novamente o respeito.

Como? Se cada família jovem conseguir compreender que, em determinado momento, precisará cuidar de seus idosos, irá construir em seus filhos a mesma compreensão. Se conseguir sair das justificativas capitalistas, conseguir valorizar o saber, sobrepondo o valor da produção, irá reconstruir o valor do idoso. Se pais, filhos e netos assimilarem o ciclo vital e conseguirem ressignificar os papéis familiares, todos terão direito e lugar na sociedade.

(...) A população está envelhecendo e precisamos modificar o nosso olhar, a nossa educação e o respeito por aqueles que fizeram e fazem parte da história.

Disponível em: <http://camilamacielpolonio.blogspot.com/2010/04/senilidade-e-invisibilidade-social.html>. Acesso em: 18 abr. 2011.

Redija um resumo, em até 15 linhas, que exponha as ideias e as informações consideradas fundamentais para a compreensão da temática sobre a posição do idoso em nossa sociedade, abordada no **texto 1**.

(Uesc-BA)

A existência do homem não é a simples sobrevivência biológica. O fundamental dela reside em um segundo plano, que normalmente se chama de simbólico e que envolve as mitologias, os ritos, as religiões, as línguas, os costumes, os saberes... Nem de longe o homem pode ser visto como ser movido apenas pelo estômago: por isso é preciso que em sua vida pulsem também o intelecto, a imaginação, assim como as emoções caracteristicamente humanas.

ROCHA, Everaldo (Org.); LÁZARO, André et al. A cultura e a formação da sociedade ocidental. *Cultura & imaginário*: interpretação de filmes e pesquisa de ideias. Rio de Janeiro: Mauad, 1998. p. 43.

Com base nas ideias do fragmento em destaque e em suas vivências cotidianas, produza um texto argumentativo, enfocando a existência humana como algo que vai além da satisfação das necessidades puramente biológicas.

Observações:
1. Mostre que a existência biológica não é característica distintiva da sociedade humana.
2. Evidencie de que modo as relações interpessoais contribuem com a construção do plano simbólico da existência.
3. Justifique a importância da imaginação como atributo fundamental na relação do homem com o ato criador.

Argumentar

UNIDADE 4

A vida em sociedade exige dos seres humanos um posicionamento em relação ao mundo em que vivem. Isso envolve, cotidianamente, o uso da argumentação. A criança que deseja um brinquedo novo já procura formas de convencer seus pais. De forma semelhante, agem o profissional que procura uma colocação no mercado de trabalho, a namorada que quer convencer o companheiro a viajar, etc. Usando o raciocínio lógico e articulando conhecimentos de diversas áreas do saber, o discurso argumentativo defende um ponto de vista, recorrendo a argumentos que procuram levar o interlocutor a concordar com a posição defendida.

Argumentar também é fundamental para o exercício da cidadania. A história e a literatura registram discursos argumentativos decisivos, como o proferido pelo filósofo grego Sócrates durante seu julgamento, no século IV a.C., pouco antes de sua morte por ingestão de cicuta, retratada na tela abaixo.

Nesta unidade, você vai entrar em contato com três gêneros centrados na argumentação. A dissertação escolar, exercício constante da capacidade de argumentar, ajuda o aluno a se preparar para provas seletivas. A carta de reclamação é instrumento relevante de atuação social. Por fim, a mesa-redonda pode contribuir para ampliar a capacidade argumentativa na modalidade oral.

Nesta unidade

7 Dissertação escolar

8 Carta de reclamação

9 Mesa-redonda

Esta tela representa uma cena famosa: Sócrates argumenta sobre a imortalidade da alma enquanto recebe a dose de cicuta a que foi condenado por seus ensinamentos críticos na Grécia Antiga.

DAVID, Jacques-Louis. *A morte de Sócrates*, 1787. Óleo sobre tela, 129,5 cm × 196,2 cm. Metropolitan Museum, Nova York, EUA.

CAPÍTULO 7
Dissertação escolar

O que você vai estudar

- Como interpretar uma proposta, redigir e avaliar uma dissertação.
- A sequência argumentativa.
- O parágrafo dissertativo: tópico frasal e complementos.

A **dissertação escolar** é um importante espaço para o pensamento crítico na escola, um estímulo à reflexão e à tomada de posição sobre temas importantes para a sociedade.

▶ Leitura

- A proposta de dissertação a seguir foi aplicada em 2010 pela Fuvest, fundação responsável pelo vestibular da Universidade de São Paulo (USP). A redação "E assim caminha a humanidade", redigida por um candidato que realizou a prova naquele ano, consta do *site* da Fuvest como um exemplo de texto bem elaborado, segundo a percepção dos avaliadores. Leia com atenção a proposta e a redação.

Vestibulanda faz prova da Fuvest (SP) em 2010.

Um mundo por imagens

A imaginação simbólica é sempre um fator de equilíbrio. O símbolo é concebido como uma síntese equilibradora, por meio da qual a alma dos indivíduos oferece soluções apaziguadoras aos problemas.
Gilbert Durand.

Ao invés de nos relacionarmos diretamente com a realidade, dependemos cada vez mais de uma vasta gama de informações, que nos alcançam com mais poder, facilidade e rapidez. É como se ficássemos suspensos entre a realidade da vida diária e sua representação.
Tânia Pellegrini. Adaptado.

Fonte de pesquisa: <http://www.imotion.com.br/images/data/media/83/4582janela.jpg>. Acesso em: 15 out. 2009. Adaptado.

Na civilização em que se vive hoje, constroem-se imagens, as mais diversas, sobre os mais variados aspectos; constroem-se imagens, por exemplo, sobre **pessoas**, **fatos**, **livros**, **instituições** e **situações**.

No cotidiano, é comum substituir-se o real imediato por essas imagens.

Dentre as possibilidades de construção de imagens enumeradas acima, em negrito, escolha <u>apenas uma</u>, como tema de seu texto, e redija uma dissertação em prosa, lançando mão de argumentos e informações que deem consistência ao seu ponto de vista.

Instruções:

– Lembre-se de que a situação de produção de seu texto requer o uso da modalidade escrita culta da língua portuguesa.

– Dê um título para sua redação, a qual deverá ter entre 20 e 30 linhas.

– **NÃO** será aceita redação em forma de verso.

Fuvest 2010. Disponível em: <http://www.fuvest.br/vest2010/bestred/temared.html>. Acesso em: 6 fev. 2015.

E assim caminha a humanidade

A imagem acompanha o ser humano ao longo de toda a sua história, servindo-lhe como ferramenta de significação e entendimento do mundo. A imagem cria sentido, confere juízo de valor, reúne predicados, conta histórias. Antes mesmo do surgimento da escrita, ou seja, da fundação da História como foi estabelecida pelos pensadores do século XVIII, o homem gravava na pedra seus feitos, em desenhos primitivos, imagens que perpetuaram sua existência e deixaram seu legado para as gerações futuras.

Essa imagem, concreta, percorreu o caminho entre o imaginário desse homem até a sua materialidade. Apenas nós, seres humanos, somos dotados de imaginação e, portanto, capazes de nos expressarmos pela construção de imagens. Da nossa mente inventiva, as levamos para o desenho, para a pintura, para a arquitetura, a literatura, o cinema, a propaganda, para a vida. A imagem está presente em todo lugar, na construção do mundo.

A partir disso, nos sofisticamos, utilizando nossa capacidade de construir imagens para legitimar o poder. Ao longo da história, grande parte das instituições – senão, todas – se valeram da criação de ícones para os mais diversos fins. Os arcos do triunfo romanos eternizaram os feitos dos imperadores e a Igreja católica erqueu templos, cujas torres almejavam alcançar o céu.

Da arquitetura para os objetos do dia a dia, as imagens disseminam o poder de influência dessas instituições. Do crucifixo ao símbolo do McDonalds, da suástica nazista à pequena maçã da corporação Apple. Essas imagens estão carregadas de sentido. Ao olharmos para elas, uma imensa cadeia de conexões é ativada. Até mesmo uma ciência, a semiótica, foi criada para estudar esses processos.

Talvez o século XX tenha sido o que mais evidenciou o poder da imagem. Os meios de comunicação de massa serviram a interesses de governos autoritários. O nazismo lançou mão de todo um aparato de propaganda para insuflar a população e difundir suas crenças e ideias. Assim o fizeram tantos outros, como os EUA por meio de Disney, Hollywood e do "The American way of life". Assim o fazem as grandes corporações contemporâneas, elegendo e difundindo ícones e símbolos para gravar suas marcas em nossas cabeças. E assim, de imagem a imagem, caminha a humanidade.

Autoria desconhecida. Disponível em: <http://www.fuvest.br/vest2010/bestred/106820.html>. Acesso em: 6 fev. 2015.

Repertório

The American way of life

Após a Segunda Guerra Mundial (1939-1945), os Estados Unidos buscam ampliar sua influência mundial por meio da divulgação do que ficou conhecido como *American way of life* ("estilo de vida americano"). Esse estilo de vida é pautado pelo consumismo, pelo pragmatismo, pelo individualismo e pela crença de que pensar corretamente leva ao sucesso. O cinema hollywoodiano torna-se um instrumento de promoção dessa ideologia. A situação do mundo atual, porém, tem refutado essas crenças: aquecimento global, degradação do meio ambiente e crises econômicas frequentes assinalam o esgotamento desse modo de viver.

Cartaz do filme *Na natureza selvagem*, dirigido por Sean Penn, em 2007: forte crítica ao *American way of life*.

Situação de produção

Treino de argumentação

Dissertação e **redação** são termos às vezes tratados equivocadamente como sinônimos. A dissertação – ou texto dissertativo-argumentativo – é um gênero de texto muito solicitado em atividades de redação, mas também há propostas que solicitam a produção de narrativas, por exemplo.

No âmbito escolar, a produção de textos dissertativos é praticada com a finalidade de aprendizagem. É uma maneira de exercitar a argumentação fazendo uso da modalidade escrita e, assim, preparar o aluno para situações que exigem o domínio dessa competência.

Também é comum, dentro e fora da escola, a utilização de dissertações como meio de avaliar a capacidade de expressão escrita. Além do Exame Nacional do Ensino Médio (Enem), muitos vestibulares e alguns concursos públicos incluem propostas de redação em seus exames (quase sempre solicitando textos dissertativos). Há até concursos de redação, sobre determinado tema, que rendem prêmios aos autores dos melhores textos.

Em todos esses casos, as dissertações são textos submetidos a avaliação. Por isso, durante a escrita, o principal público a ser considerado geralmente será o avaliador, que pode ser o professor da escola ou um desconhecido. Ainda que esse texto, na maior parte das vezes, vá ser lido por poucas pessoas, a ideia é que sua argumentação seja capaz de convencer qualquer leitor.

> Ler uma dissertação escolar

1. Observe a imagem que abre a proposta de redação da Fuvest, reproduzida na página 58.
   a) Descreva resumidamente essa imagem.
   b) Que relação é possível estabelecer entre essa imagem e o título da proposta ("Um mundo por imagens")?

2. Releia o primeiro trecho citado na proposta, de autoria do antropólogo francês Gilbert Durand (1921-2012).
   a) Como você entende a afirmação de que os símbolos são sínteses equilibradoras por meio das quais os indivíduos oferecem soluções para os problemas?
   b) Observe o uso da palavra *apaziguar* na frase a seguir.

   > A prática da meditação auxilia a apaziguar a mente.

   Levante uma hipótese para explicar o sentido da palavra *apaziguadoras* na expressão "soluções apaziguadoras", no trecho de Durand.
   c) Você concorda com a afirmação de Durand? Justifique sua resposta.

3. O segundo trecho citado na proposta, adaptado de texto da pesquisadora e professora universitária Tânia Pellegrini, sugere que as imagens podem distanciar os seres humanos da realidade.
   a) Explique como informações e imagens podem impedir uma relação direta com a realidade.
   b) Mencione dois exemplos que comprovem esse distanciamento.

4. Considere o conjunto formado pela imagem e os trechos que compõem a proposta de redação. Que tema esse conjunto de elementos sugere ao candidato? Explique com suas palavras.

5. Releia as instruções da proposta.
   a) Você considera que a dissertação "E assim caminha a humanidade" atendeu ao que foi pedido? Justifique.
   b) A proposta indicava cinco possibilidades de construção de imagens. Qual delas foi escolhida pelo candidato para o desenvolvimento da dissertação? Cite um trecho do texto que confirme sua resposta.
   c) A dissertação está escrita de acordo com a norma-padrão? Justifique com exemplos retirados do texto.

   ANOTE
   A compreensão da **proposta** é essencial para o planejamento da dissertação escolar. O aluno deve interpretar adequadamente os textos e as imagens apresentados para deles extrair seu tema. Além disso, deve responder aos problemas colocados, apresentando um **ponto de vista** sobre eles.

6. Releia os dois primeiros parágrafos da dissertação, na página 59.
   a) Resuma, em uma frase, o que o autor afirma a respeito da imagem nesse trecho.
   b) Nesses parágrafos, o autor apresenta o tema da dissertação ou o ponto de vista (tese) a ser defendido ao longo do texto? Explique.

   ANOTE
   A **introdução** da dissertação é formada pelo(s) parágrafo(s) inicial(is). Ela apresenta o tema a ser desenvolvido e, muitas vezes, já declara a **tese** do autor – o **ponto de vista** que ele vai defender a respeito desse tema.

7. Localize, na dissertação, o parágrafo em que a tese é apresentada.
   a) Transcreva, no caderno, o trecho que contém a tese principal de "E assim caminha a humanidade".
   b) Por que, provavelmente, a tese só foi declarada nesse momento?

As obras do arquiteto brasileiro Oscar Niemeyer (1907-2012), por sua originalidade e unidade formal, são construções rapidamente reconhecidas pelo espectador. Por isso, transformaram-se em ícones arquitetônicos. Na imagem, a catedral de Brasília, em fotografia de 2009.

8. Segundo o autor da dissertação, as imagens são usadas pelo ser humano para legitimar o poder. Para sustentar essa tese, ele apresenta argumentos apoiados em exemplos.
   a) Localize no texto dois exemplos de ícones arquitetônicos que foram erguidos com o objetivo de legitimar o poder. Com base em seu conhecimento histórico, dê outros dois exemplos que confirmem esse argumento.
   b) Identifique no texto quatro exemplos de imagens institucionais que, por meio da ativação de cadeias de conexões, disseminam o poder de influência das instituições representadas por elas. Com base em seu repertório pessoal, dê outros dois exemplos que sustentem esse argumento.

ANOTE

O **desenvolvimento** da dissertação é formado por **argumentos**, afirmações menos gerais do que a tese e que ajudam a construí-la. Esses argumentos são explicados e ampliados por meio de **exemplos**. O conjunto de argumentos e exemplos apresentados cria uma **sequência lógica**. Se o leitor concordar com eles, deve ser levado a aceitar a tese como verdadeira.

9. No último parágrafo da dissertação, o autor apresenta sua afirmação mais forte.
   a) Qual é essa afirmação? Transcreva-a no caderno.
   b) Explique como essa afirmação decorre dos argumentos apresentados anteriormente, começando pela exposição da importância das imagens na constituição social humana.

10. Se as afirmações feitas pelo autor de "E assim caminha a humanidade" forem consideradas válidas pelo leitor, que crítica ao funcionamento da sociedade ele será levado a confirmar?

ANOTE

A **conclusão** retoma a tese exposta e a reafirma. Se o autor da dissertação conseguiu desenvolvê-la adequadamente, com argumentos que pareçam válidos, pertinentes e suficientes ao leitor, o desfecho do texto pode contar com a adesão desse leitor ao ponto de vista defendido.

11. Em sua opinião, o texto "E assim caminha a humanidade" leva o leitor a concordar com a argumentação desenvolvida por ele? Justifique sua resposta.

ANOTE

A dissertação trata de temas relevantes para a sociedade, discutindo **comportamento** e **ética**. Ao expor suas ideias, o autor precisa demonstrar que elas estão alinhadas a um pensamento ético, ou seja, que podem ser defendidas em uma sociedade livre e justa.

12. Observe o título da dissertação: "E assim caminha a humanidade".
    a) O que ele revela sobre o ponto de vista do autor a respeito do tema desenvolvido?
    b) O autor do texto retoma esse título na conclusão da dissertação. De que forma essa retomada reforça o ponto de vista defendido?
    c) Crie outro título possível para essa dissertação, mantendo coerência com o desenvolvimento do texto.

ANOTE

O **título** é a "porta de entrada" do texto para o leitor; por isso, deve ser instigante, provocar interesse. O título também pode ter um valor argumentativo. Na dissertação estudada, o título revela parcialmente o tema e a posição do autor em relação ao assunto.

Repertório

Semiótica

A **Semiótica** (termo derivado da palavra grega *semeion*, que significa "signo" em português) é o estudo de qualquer sistema formado por signos. Abrange o estudo da linguagem verbal (objeto privilegiado da Linguística), mas também de todos os outros sistemas culturais que produzem signos, como a publicidade, a fotografia, o cinema, as religiões, a ciência, a música, etc. Assim, a Semiótica pode colaborar decisivamente na compreensão do funcionamento das imagens e dos signos visuais nas culturas humanas, tal como sugerido na dissertação "E assim caminha a humanidade".

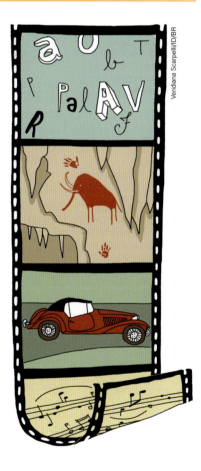

▷ Entre o texto e o discurso – O que é argumentar

Neste capítulo, você viu que a **dissertação escolar** é um gênero textual que tem por objetivo propiciar ao aluno um exercício de **argumentação**. Saber construir um discurso argumentativo é uma competência necessária à realização de inúmeras atividades da vida cotidiana.

Leia a seguir o texto do intelectual Antonio Candido e observe os elementos destacados.

Introdução: o autor do texto anuncia a situação de produção, situa seu tema em um contexto maior e justifica a abordagem escolhida

O direito à literatura

O assunto que me foi confiado nesta série é aparentemente meio desligado dos problemas reais: "Direitos humanos e literatura". As maneiras de abordá-lo são muitas, mas não posso começar a falar sobre o tema específico sem fazer algumas reflexões prévias a respeito dos próprios direitos humanos. [...]

O título do texto anuncia sua tese: a literatura como parte integrante da luta pelos direitos humanos

[...] pensar em direitos humanos tem um pressuposto: reconhecer que aquilo que consideramos indispensável para nós é também indispensável para o próximo. Esta me parece a essência do problema, inclusive no plano estritamente individual, pois é necessário um grande esforço de educação e autoeducação a fim de reconhecermos sinceramente este postulado. Na verdade, a tendência mais funda é achar que os nossos direitos são mais urgentes que os do próximo.

1ª fase do argumento: "premissa maior" → afirmação geral, que liga um conjunto de elementos (A) a uma qualidade (C): *tudo o que é indispensável para o ser humano* (A) *é um direito humano* (C)

2ª fase do argumento: "premissa menor" → afirmação particular, que insere um elemento específico (B) no conjunto da afirmação geral (A): *a literatura* (B) *é indispensável para o ser humano* (A)

[...] a literatura aparece claramente como manifestação universal de todos os homens em todos os tempos. Não há povo e não há homem que possa viver sem ela, isto é, sem a possibilidade de entrar em contato com alguma espécie de fabulação. Assim como todos sonham todas as noites, ninguém é capaz de passar vinte e quatro horas do dia sem alguns momentos de entrega ao universo fabulado. [...]

3ª fase do argumento: "conclusão" → resultado necessário das afirmações anteriores, que transfere a qualidade (C) atribuída ao conjunto (A) para o elemento particular (B): *se a literatura* (B) *é indispensável ao ser humano* (A), *então ela é um direito humano* (C)

Ora, se ninguém pode passar vinte e quatro horas sem mergulhar no universo da ficção e da poesia, a literatura concebida no sentido amplo a que me referi parece corresponder a uma necessidade universal, que precisa ser satisfeita e cuja satisfação constitui um direito. [...]

Vocabulário de apoio

fabulação: ato de fantasiar, de criar versões romanceadas para os fatos

fruidor: aquele que aproveita alguma coisa de forma satisfatória e prazerosa

inalienável: que não pode ser vendido ou cedido

iníquo: injusto, perverso

postulado: fato reconhecido por todos e admitido sem necessidade de demonstração

Conclusão: a luta pelos direitos humanos inclui a luta pela democratização da arte e da literatura

Portanto, a luta pelos direitos humanos abrange a luta por um estado de coisas em que todos possam ter acesso aos diferentes níveis da cultura. A distinção entre cultura popular e cultura erudita não deve servir para justificar e manter uma separação iníqua, como se do ponto de vista cultural a sociedade fosse dividida em esferas incomunicáveis de fruidores. Uma sociedade justa pressupõe o respeito aos direitos humanos, e a fruição da arte e da literatura em todas as modalidades e em todos os níveis é um direito inalienável.

CANDIDO, Antonio. O direito à literatura. In: *Vários escritos*. Rio de Janeiro: Ouro sobre Azul; São Paulo: Duas Cidades, 2004. p. 169, 172, 174-175, 191.

▷ Argumentar: definir e sustentar um ponto de vista

Em "O direito à literatura", Candido diz ter sido incumbido de tratar de um tema que ainda não se encontrava **problematizado**: "Direitos humanos e literatura". Podendo abordá-lo de muitas maneiras, o autor preocupa-se em contextualizá-lo entre os "problemas reais" e mobiliza seus conhecimentos para definir uma **tese**: a literatura é parte da luta pela defesa dos direitos humanos.

Definir uma tese significa **posicionar-se** em relação a uma **questão controversa**, que afeta a vida das pessoas (no plano individual ou no plano coletivo) e cuja resposta pode ser formulada de mais de uma maneira. Essa resposta não admite demonstração científica e, por isso, permanece no campo da **opinião**.

A postura crítica exige que **argumentos** sustentem um ponto de vista. Para defender sua **tese**, Candido desenvolve seu texto em torno de um único argumento lógico. Veja como isso pode ser expresso por um **silogismo**.

Tese – a literatura é um direito humano
Premissa maior – tudo o que é indispensável para o ser humano é um direito humano (A = C)
Premissa menor – a literatura é indispensável para o ser humano (B = A)
Conclusão – a literatura é um direito humano (B = C)

Se o leitor admitir o valor de verdade de cada premissa, estará inclinado a aderir à **tese** de Candido.

1. Formule uma tese a respeito de cada um dos temas a seguir.

> A. A escolha dos representantes políticos pelos brasileiros.
> B. Cotas raciais e/ou sociais nas universidades.

2. Copie e complete as sequências argumentativas. Siga o exemplo.

Premissa maior	Premissa menor	Conclusão
Ex.: O que impede uma relação direta com a realidade pode legitimar regimes autoritários.	Imagens impedem uma relação direta com a realidade.	Imagens podem legitimar regimes autoritários.
a) O que transmite juízo de valor pode influenciar as pessoas.	Imagens transmitem juízos de valor.	
b) Aquilo que assegura a reprodução da ideologia dominante a sustenta.		O cinema hollywoodiano sustentou a ideologia do "estilo de vida americano".
c)	O ser humano é capaz de imaginar.	O ser humano é capaz de se expressar por ícones.

Passaporte digital

Dicionário de Direitos Humanos

Escrito de forma colaborativa por membros do Ministério Público e especialistas em diversas áreas, esse dicionário digital compila verbetes com definições e informações relacionadas à concretização dos direitos humanos. No verbete "Literatura", retoma-se a defesa de Antonio Candido de que ela é imprescindível à humanização, constituindo, portanto, um direito fundamental e inalienável de todos.

Página do *Dicionário de Direitos Humanos*. Disponível em: <http://escola.mpu.mp.br/dicionario/tiki-index.php>. Acesso em: 6 fev. 2015.

Observatório da língua

O tópico frasal e a estruturação do parágrafo

Uma estratégia para garantir a clareza na construção de um parágrafo é iniciá-lo pela afirmação de sua **ideia central** e, em seguida, desenvolvê-la mediante *exemplos*, *contrastes*, *comparações*, *explicações*, etc. Essa afirmação inicial é chamada de **tópico frasal**. Observe.

> [...] a literatura aparece claramente como manifestação universal de todos os homens em todos os tempos **[tópico frasal]**. Não há povo e não há homem que possa viver sem ela, isto é, sem a possibilidade de entrar em contato com alguma espécie de fabulação **[explicação e justificação]**. Assim como todos sonham todas as noites, ninguém é capaz de passar vinte e quatro horas do dia sem alguns momentos de entrega ao universo fabulado **[comparação com uma realidade familiar para o leitor]**. [...]

- Leia o parágrafo a seguir, outro trecho do mesmo artigo de Antonio Candido.

> Falei há pouco de Castro Alves [...]. A sua obra foi em parte um poderoso libelo contra a escravidão [...]. O seu efeito foi devido ao talento do poeta, que fez obra autêntica porque foi capaz de elaborar em termos esteticamente válidos os pontos de vista humanitários e políticos. Animado pelos mesmos sentimentos e dotado de temperamento igualmente generoso foi Bernardo Guimarães, que escreveu o romance *A escrava Isaura* também como libelo. No entanto, visto que só a intenção e o assunto não bastam, esta é uma obra de má qualidade e não satisfaz os requisitos que asseguram a eficiência real do texto. [...] A eficácia humana é função da eficácia estética, e portanto o que na literatura age como força humanizadora é a própria literatura, ou seja, a capacidade de criar formas pertinentes.
>
> CANDIDO, Antonio. O direito à literatura. In: *Vários escritos*. Rio de Janeiro: Ouro sobre Azul; São Paulo: Duas Cidades, 2004. p. 181-182.

a) Registre no caderno a ideia principal do parágrafo.
b) Reescreva o parágrafo transformando a ideia principal em um tópico frasal.

Produzir uma dissertação escolar

> Proposta

A partir da leitura dos textos a seguir, escreva uma **dissertação escolar**. Você deve posicionar-se diante do tema proposto e apresentar argumentos para sustentar seu ponto de vista.

Texto 1

> Em sua "Arte poética", Aristóteles define a poesia (como chamava a literatura de sua época) como **imitação**. Leia trechos a seguir.
> "Todas [as formas de poesia] vêm a ser, de modo geral, imitações. [...]
> Parece, de modo geral, darem origem à poesia duas causas, ambas naturais. Imitar é natural ao homem desde a infância – e nisso difere de outros animais, em ser o mais capaz de imitar e de adquirir os primeiros conhecimentos por meio da imitação – e todos têm prazer em imitar.
> [...]
> Outra razão é que aprender é sumamente agradável não só aos filósofos, mas igualmente aos demais homens [...]."
> ARISTÓTELES. Arte poética. In: ARISTÓTELES; HORÁCIO; LONGINO. *A poética clássica*. Trad. Jaime Bruna. São Paulo: Cultrix, 1992. p. 19, 21-22.

Texto 2

> ### Internet e pesquisa
> O professor oferece um tema a ser pesquisado e deseja o produto final em suas mãos. O aluno, então, liga seu computador, seleciona um buscador em um portal de sua preferência, lança a palavra-chave, lê as primeiras linhas da primeira informação coerente com o tema que surgiu na relação resultante de busca, copia, cola, imprime, entrega.
> SANTOS, Else Martins dos. Pesquisa na internet: copia/cola???. In: ARAÚJO, Júlio César (Org.). *Internet & ensino*: novos gêneros, outros desafios. Rio de Janeiro: Lucerna, 2007. p. 275.

Texto 3

Chaplin interpreta o tirano Adenoid Hynkel em *O grande ditador* (EUA, 1940, direção de Charles Chaplin). A paródia a Adolph Hitler é percebida, entre outros elementos, pela semelhança física e pela imitação da saudação nazista, conferindo tom humorístico à cena.

> Planejamento

1. Observe no quadro a seguir as características do texto que você vai produzir.

Gênero textual	Público	Finalidade	Meio	Linguagem	Evitar	Incluir
dissertação escolar	professores e alunos do Ensino Médio	produzir um discurso **argumentativo**, sustentando um ponto de vista com um ou mais argumentos	redação escolar	objetiva; adequada à variedade urbana de prestígio; uso de tópicos frasais	opiniões que não estejam sustentadas por argumentos; parágrafos confusos e desarticulados	exemplos; comparações; explicações; análises

2. Qual **tema** resulta da leitura dos textos propostos?
3. Qual é sua posição sobre o tema? Escreva a **tese** de sua dissertação.
4. Elabore uma **sequência argumentativa** (silogismo), com duas premissas e uma conclusão, para comprovar sua tese.
5. Copie e complete o quadro ao lado no caderno para concluir o planejamento.

Estrutura	Função	Sua dissertação
Título	• instigar o leitor e anunciar o "tom" do texto	
Introdução	• explicar o tema • falar da relevância social do tema • formular a tese	
Desenvolvimento	• expor os argumentos	
Conclusão	• apresentar reflexão sobre possíveis soluções • formular desfecho que recupera a tese	

> ## Elaboração

6. Ao estruturar os parágrafos, exercite o uso do **tópico frasal**. Aproveite as ideias centrais previstas em seu planejamento e transforme-as na primeira oração de cada parágrafo, desenvolvendo-os a partir delas.
7. Seus argumentos devem estar alinhados a um pensamento ético e precisam poder ser defendidos em uma sociedade justa e livre.

> ## Avaliação

8. Forme uma dupla com um colega e troque de texto com ele. Leia atentamente o texto dele.
9. Copie o quadro a seguir em uma folha separada e preencha-o conforme as instruções.

	Nota
1. LINGUAGEM. Demonstrou domínio da norma-padrão na modalidade escrita.	
2. TEMA E TESE. Compreendeu a proposta, desenvolveu o tema adequadamente e assumiu um ponto de vista.	
3. ARGUMENTAÇÃO. Sustentou adequadamente seu ponto de vista, com argumentos válidos e bem construídos.	
4. ORGANIZAÇÃO TEXTUAL. Apresentou título, introdução, desenvolvimento e conclusão. Construiu parágrafos iniciados por tópicos frasais que tornam clara a ideia central e que foram adequadamente desenvolvidos.	
5. ÉTICA. Apresentou reflexões sobre possíveis soluções para o problema abordado, mostrando respeito aos direitos humanos.	
Comentário geral sobre o texto:	Nota final:

a) Atribua uma nota de 0 a 2 para cada item do quadro. Para orientar-se na atribuição da pontuação, considere os seguintes indicadores:

  2,0 – excelente realização   0,5 – realização somente esboçada
  1,5 – boa realização   0 – realização inadequada
  1,0 – realização aceitável

b) Marque a lápis no texto do colega os aspectos que podem ser melhorados. Acrescente breves explicações, se necessário.
c) Calcule a nota final com base na soma da pontuação de cada item.
d) Escreva um comentário geral sobre o texto lido, apontando e explicando as qualidades e os problemas encontrados.

> ## Reescrita

10. Troque novamente de texto com o colega.
    a) Leia com atenção o quadro preenchido por ele.
    b) Releia seu texto, buscando compreender as intervenções.
    c) Discuta com o colega sobre as questões que ainda lhe causam dúvida. Se necessário, fale com o professor.
11. Com base na avaliação do colega, reescreva sua dissertação escolar.

Foco da reescrita

Ao reescrever sua dissertação, observe se o uso da técnica do **tópico frasal** ajudou você a construir os parágrafos adequadamente. Parágrafos longos, confusos e com muitas ideias fazem o leitor perder o foco sobre o que se pretende dizer. Por sua vez, parágrafos curtos demais não articulam suficientemente as ideias.

ATENÇÃO

» O uso do **tópico frasal** deve ajudá-lo a criar parágrafos de modo que a ideia central esteja claramente anunciada. Evite construir parágrafos que tenham mais de uma ideia central, e não deixe de desenvolvê-la com exemplos, análises e outros recursos.

» Se estiver em dúvida sobre a validade de um argumento, veja se é possível criar uma **sequência argumentativa** (silogismo) em que ele seja a conclusão resultante de uma premissa maior e outra menor.

Sétima arte

O sorriso do chefe (Itália, 2012)
Direção de Marco Bechis

Este documentário trata do modo pelo qual o regime fascista italiano usou a imagem e o cinema. O filme mostra imagens de uma população trabalhadora, comprometida com os esforços de guerra e os ideais do regime. O diretor acha importante resgatar criticamente esse período e essas imagens porque, segundo ele, tais "técnicas de manipulação para fins políticos ainda são utilizadas na política atual".

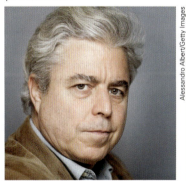

O diretor Marco Bechis, em fotografia de 2011. O cineasta dirigiu também o documentário *Terra vermelha* (Itália/Brasil, 2008).

CAPÍTULO 8

Carta de reclamação

O que você vai estudar

- Como identificar e produzir uma carta de reclamação.
- Como se organiza o discurso argumentativo.
- As fórmulas textuais da carta de reclamação.

A carta de reclamação é um importante instrumento para o exercício da cidadania e do direito do consumidor. É um gênero textual argumentativo porque a reclamação deve ser justificada. Neste capítulo, você conhecerá os principais aspectos desse gênero. Em seguida, será sua vez de exercitar a cidadania, reclamando por seus direitos.

▶ Leitura

- A carta de reclamação a seguir foi enviada por *e-mail* à empresa responsável pelo serviço em questão e depois reproduzida no *blog* do autor. Rafael Donelli, morador de Novo Hamburgo, Rio Grande do Sul, aparece na carta com seu nome real, assim como a Metroplan, órgão público do governo estadual gaúcho que fiscaliza os serviços de transporte metropolitano. O nome da empresa foi trocado. Leia o texto e responda às questões.

[*E-mail* enviado dia 29/9/2008, às 13:35]
Para: SAC Estelar Transportes <sac@estelartransportes.com.br>
Cc: SAC Metroplan <saac@metroplan.rs.gov.br>

Assunto: Linha: Canudos-Porto Alegre (Praia de Belas, seletivo metropolitano) – horário de saída 6:30

Venho reiterar a reclamação efetivada junto à Metroplan a respeito da Empresa Estelar Transportes, por não cumprir os horários e, portanto, provocar meu atraso junto à empresa onde atuo (Conselho Regional de Contabilidade do RS).

Infelizmente é o quarto dia seguido que, por função da troca de motorista, estamos chegando atrasados. Como o horário de saída é às 6:30 é inadmissível que, mesmo com o trânsito apresentado, cheguemos após as 8:30 no bairro Cidade Baixa, especificamente junto ao Ipergs [Instituto de Previdência do Estado do Rio Grande do Sul].

Esses reiterados atrasos estão me causando profundo constrangimento junto à coordenação e direção da organização onde trabalho, pois possuímos avaliação sistemática, na qual um dos indicadores de desempenho é a PONTUALIDADE!

Com o motorista anterior, o Sr. Luz, chegávamos a tempo de cumprir os horários. Infelizmente, segundo relatos de outros passageiros, o motorista experiente na sua função parece ter sofrido alguma sanção disciplinar na qualidade de retirá-lo da linha.

Pois toda sanção disciplinar aplicada a um funcionário, se for esse o caso em questão, seja de que natureza for, NUNCA DEVERÁ PREJUDICAR O CLIENTE.

Posto que me sinto profundamente prejudicado e não tenho mais explicações plausíveis para minha coordenação, aguardo de sua parte um memorando pelo qual eu possa explicar os motivos de meu atraso junto à minha Direção.

Infelizmente hoje, mesmo após a troca do motorista, não somente chegamos atrasados, como também fomos ultrapassados e chegamos posteriormente ao ônibus que faz o horário das 6:50, pelo motorista Dilamar.

É inadmissível que, saindo antes, pegando menos ou o mesmo trânsito, isso venha a ocorrer.

Logo, somente posso afirmar que uma sucessão de erros deve estar sendo cometida pela Estelar Transportes e que não somente eu, mas vários passageiros, estão bastante descontentes.

Dessa forma, na minha humilde opinião, vários critérios operacionais devem ser revistos e, como não é de minha índole somente reclamar, deixo as seguintes sugestões:

a) Acompanhamento dos procedimentos operacionais: até hoje NUNCA vi um fiscal ou analista de processos, devidamente identificado, que esteja no ônibus acompanhando como funciona o processo de cobrança, tampouco controlando o fluxo de passageiros ou o tempo dos processos. A saber, o Sr. David Neeleman, da Jetblue, empresa de aviação americana líder no seu mercado, sempre acompanha pessoalmente alguns voos para saber o nível de satisfação dos CLIENTES, bem como avaliar seu próprio serviço. Fica a sugestão de algum diretor da Estelar Transportes acompanhar pessoalmente uma de nossas viagens! Ficaria feliz em recebê-lo junto à parada em frente à Fenac/NH [Novo Hamburgo], para acompanhá-lo e trocar algumas ideias!

b) Horários: como parece não haver controle sobre fluxo de passageiros, fica a sugestão de que seja feita uma análise sobre o número de passageiros médios por parada, pois, quanto mais passageiros entram e descem, mais atrasado chegará o ônibus, levando-se em consideração os tempos de resposta de aceleração e frenagem. Claro que a dupla função do motorista em dirigir e cobrar também é um empecilho, atrasando ainda mais. Contudo esse segundo item deverá ser minimizado com a bilhetagem eletrônica, caso realmente seja adotada (em breve). Caso necessário, que seja efetivada a antecipação do horário de saída, pois a mim, como usuário, parece claro que o número de passageiros vem aumentando, tanto em função da menor disponibilidade de bancos já na minha parada, como pela falta de oportunidades de trabalho em NH e Vale, o que provoca uma migração para concursos e vagas supridas pela capital.

c) Restauração de motorista com experiência na linha: infelizmente tenho que dizer que gostaria muito de ver o Sr. Luz de volta à sua função, não pela pessoa simpática e sorridente que sempre nos recebia (e isso é bom para a empresa), mas pela competência na função.

d) Processo de Tomada de Decisão: esse é um item controverso, pois como passageiros não temos conhecimento de como é o processo de tomada de decisão do motorista em alterar o itinerário original. Por várias vezes nosso ônibus sofreu alterações no itinerário, não somente na última semana, assim como também nos horários de final de tarde. Contudo, a decisão do motorista é baseada em que fato analítico? Sorte? Pois várias vezes ficamos trancados no trânsito de uma via alternativa, quando a via principal parecia fluir com relativa naturalidade. Assim, sugiro que a Estelar Transportes, junto aos demais órgãos metropolitanos, institua um sistema de monitoramento de tráfego que possa, via rádio talvez, instruir os motoristas a tomar a melhor decisão baseada em fatos e não na "sorte". Chamamos isso de sistema de apoio à decisão.

Sem mais para o momento, aguardo por sua apreciação.

Rafael Donelli – *Analista de sistemas*

Rafael Donelli é bacharel em Informática, colabora com projetos de *software* livre e mantém o *site* <www.temperoverde.com.br>.

Disponível em: <http://www.temperoverde.com.br/old/transporte/index.html>. Acesso em: 8 jan. 2013.

Situação de produção

Reclamação pública

A carta de reclamação nasce do descumprimento de uma obrigação estabelecida por norma legal ou contrato. O **reclamante** – quem se considera lesado – redige a carta, endereçada ao **reclamado** – pessoa, instituição ou empresa responsável pelo produto ou serviço em questão – solicitando a solução do problema.

Rafael Donelli tornou pública em seu *blog* a carta anteriormente transcrita. Ao reproduzi-la, fez a seguinte introdução:

"Reclamação sobre serviços de transporte metropolitano entre Novo Hamburgo e Porto Alegre – Seletivo Metropolitano

Venho a vós deixar pública minha reclamação sobre o serviço de transporte intermunicipal (metropolitano) prestado pela Estelar Transportes aos usuários da linha Canudos (NH) / POA-Praia de Belas-Seletivo Metropolitano, horário de saída 6:30 (NH), antiga linha conduzida pelo motorista Sr. Luz.

Após uma semana de tropeços por parte da empresa, nós, CLIENTES, não podemos ficar de braços cruzados. Sendo assim, o *e-mail* que segue foi enviado para a Estelar Transportes e para a Metroplan, na intenção de dar parte de minha indignação com relação à qualidade do serviço prestado.

Convido você, usuário dessa linha, a manifestar seu descontentamento junto à empresa e aos órgãos reguladores através de *e-mail* ou telefone, pois somente assim poderemos construir uma relação que busque o crescimento e a melhoria contínua dos serviços."

Disponível em: <http://www.temperoverde.com.br/old/transporte/index.html>. Acesso em: 8 jan. 2013.

Além de apresentar informações essenciais sobre o assunto da carta de reclamação, o autor faz um convite para que outros usuários da linha se manifestem.

Vocabulário de apoio

apreciação: avaliação, julgamento

bilhetagem eletrônica: sistema de liberação da catraca do ônibus pela aproximação de cartão com *chip* que armazena créditos adquiridos pelo usuário

controverso: que gera discussão, polêmica

empecilho: dificuldade, impedimento

índole: caráter, temperamento

itinerário: caminho, trajeto

plausível: razoável, aceitável

sanção: pena, punição

⟩ Ler uma carta de reclamação

1. Releia este trecho da introdução de Rafael Donelli a sua carta de reclamação (boxe *Situação de produção*).

   > Venho a vós deixar pública minha reclamação sobre o serviço de transporte intermunicipal [...]

   a) A quem Donelli se dirige por meio do pronome *vós*?
   b) No último parágrafo dessa introdução, o autor faz um apelo usando o pronome *você*. A que se deve a mudança de pessoa (da segunda do plural, *vós*, à terceira do singular, *você*)?
   c) Com base nas respostas anteriores, explique com que objetivo o autor publicou essa carta em seu *blog* na internet.

2. Que informações o **cabeçalho** do *e-mail* apresenta? Que outras informações poderiam ser encontradas no cabeçalho de uma carta?

3. Releia os quatro primeiros parágrafos do *e-mail*. Observe que o início do texto apresenta os **motivos** da reclamação.
   a) Qual é a reclamação de Rafael Donelli?
   b) Que detalhes relatados por Donelli reforçam o prejuízo pessoal sofrido por ele?
   c) Segundo o autor do *e-mail*, o que deu origem à situação da qual ele reclama?

4. O autor da carta solicita da empresa uma atitude concreta para minimizar seu prejuízo individual.
   a) Em qual parágrafo essa solicitação está localizada?
   b) Explique com suas palavras em que consiste essa solicitação.

5. Observe a diferença de sentido entre as duas frases abaixo:

   > I. [...] até hoje nunca vi um fiscal ou analista de processos, devidamente identificado [...]
   > II. [...] até hoje NUNCA vi um fiscal ou analista de processos, devidamente identificado [...]

   Em sua opinião, o *e-mail* de Rafael Donelli mostra que é possível expressar indignação de maneira formal e demonstrando respeito pelo interlocutor? Justifique.

   ANOTE
   > Por estar inserida no contexto de uma relação comercial ou institucional, a carta de reclamação é um **texto formal**. O tom do texto deve favorecer a negociação, mesmo que deixe transparecer alguma indignação ou ironia.

6. Esta não é a primeira vez que Rafael Donelli reclama da empresa de transportes.
   a) Localize, no primeiro parágrafo do *e-mail*, a palavra que comprova tal afirmação. Anote-a no caderno.
   b) No terceiro parágrafo, para se referir aos repetidos atrasos na chegada do ônibus, Donelli utiliza um adjetivo que pertence à mesma família da palavra que você localizou no item anterior. Identifique-o e registre-o no caderno.

7. Observe os horários de saída e chegada dos ônibus registrados no *e-mail*.
   a) O que esses horários revelam sobre os fatos narrados?
   b) Que outros dados precisos sobre os fatos ocorridos são registrados no *e-mail*?

   ANOTE
   > Todas as **especificações técnicas** relevantes devem ser mencionadas na carta de reclamação. A precisão das informações é indispensável – nomes e características de produtos, descrição de serviços contratados e prestados, meios utilizados para reclamação e negociação, datas e horários: tudo deve ser registrado e, se possível, documentado.

Vale saber

Na comunicação escrita, sobretudo a mais informal (conversas via *chats*, *e-mails*, torpedos, etc.), o uso de maiúsculas significa uma **ênfase** (o equivalente, na linguagem oral, a falar em tom de voz elevado).

8. Na expressão "tempos de resposta de aceleração e frenagem", as palavras *aceleração* e *frenagem* estabelecem uma relação de antonímia. Qual é, portanto, o significado desta última?

9. Você utiliza, em sua vida cotidiana, o transporte coletivo? Se sim, descreva o serviço que utiliza e comente a qualidade dele. (Se não, escreva em aproximadamente cinco linhas o que você sabe sobre o tema.)

10. Em sua opinião, o que pode ser feito para melhorar o transporte coletivo em sua cidade?

ANOTE

A carta de reclamação é uma reação a problemas reais, que atingem a vida das pessoas. Dessa forma, constitui um instrumento relevante de **atuação social**.

11. Após apresentar sua reclamação à empresa, o autor do *e-mail* acrescenta uma informação agravante aos fatos relatados por ele.
    a) Qual é esse agravante?
    b) Você concorda com a gravidade atribuída ao fato pelo autor do texto? Explique sua resposta.

12. O autor do *e-mail* refere-se aos motoristas de ônibus pelo nome.
    a) Quais são os motoristas citados?
    b) Que efeito o autor produz ao citar esses nomes?

13. Qual deveria ser, em sua opinião, a conduta da empresa em relação aos fatos ocorridos?

ANOTE

A carta de reclamação é um gênero textual **argumentativo**. O reclamante defende a posição de quem foi lesado em seus direitos de consumidor e/ou em sua cidadania. Para isso, expõe todas as falhas da instituição reclamada em relação ao acordo rompido e ao atendimento da reclamação. O autor pode ainda acrescentar dados agravantes e refletir sobre o papel social da instituição, bem como sobre a relação ideal dela com seus clientes ou público.

14. O autor da carta de reclamação que estamos estudando utilizou grande parte de seu texto para formular sugestões de procedimentos à empresa reclamada.
    a) Copie os temas das sugestões, anunciados no início dos itens.
    b) Faça um breve resumo de cada sugestão.

15. Observe como os argumentos que sustentam a reclamação de Donelli se estendem a suas sugestões. Localize e explique, em cada item das sugestões, a crítica feita aos serviços da empresa de transporte.

16. Dentre as sugestões apresentadas por Donelli, uma delas constitui a verdadeira **solicitação** que ele dirige à empresa de transportes.
    a) Que solicitação é essa?
    b) Por que essa solicitação aparece no texto em forma de sugestão?

ANOTE

O final da carta de reclamação pode ser composto de um **resumo** que reforce a solicitação feita e de **sugestões** de encaminhamento por parte da empresa, acompanhadas ou não de um prazo para solucionar o problema.

17. Observe o final do *e-mail*.
    a) O que a **saudação** revela a respeito da disposição do autor em relação à instituição reclamada? Justifique.
    b) Além da **assinatura**, que outros elementos o autor acrescentou ao final de sua carta? Provavelmente, com que finalidade Rafael Donelli fez isso?

Ação e cidadania

Transporte urbano: um círculo vicioso

As condições dos ônibus no Brasil estão longe das ideais no que se refere a pontualidade e lotação dos veículos. Isso incentiva muitas pessoas a comprar um automóvel, para poder usufruir de maior conforto no dia a dia. O excesso de veículos nas cidades, porém, aumenta o tempo de viagem tanto dos ônibus quanto dos automóveis. Dizem os especialistas na questão que somente uma sensível melhora dos transportes públicos motivará os proprietários de automóveis a deixar seu veículo em casa.

SEGAL, George. *Passageiros de ônibus*, 1964. Técnica mista, 175,2 cm × 193 cm. Museu e Jardim da Escultura, Washington, EUA.

▶ Entre o texto e o discurso – Como se organiza o discurso argumentativo

Ao longo deste capítulo, você aprendeu que a carta de reclamação é um gênero textual que nasce de uma situação real de quebra de acordo (comercial, institucional) ou de violação de direitos. Assim, ao se dirigir à pessoa, à empresa ou à instituição responsável, o autor da carta apresenta **fatos** e **argumentos** que sustentam sua **tese** e justificam sua queixa. Mas isso não é feito de forma aleatória. Veja como Rafael Donelli organizou essas informações em seu *e-mail*.

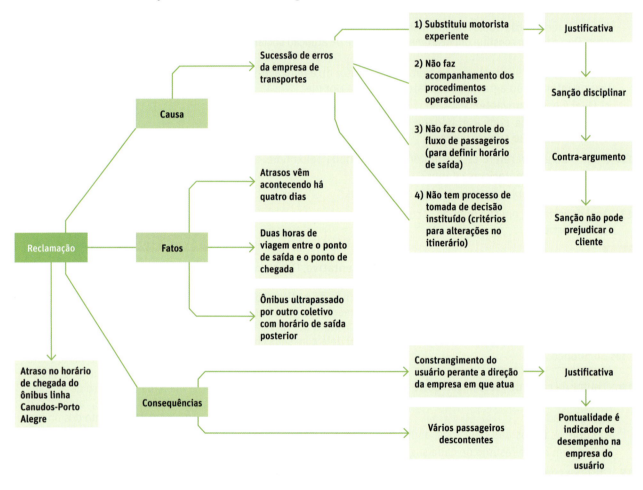

Call center de uma multinacional em Taubaté (SP), fotografado em 2011. Reclamações por telefone podem ser eficazes para a resolução de problemas com produtos ou serviços insatisfatórios. No entanto, selecione e organize os dados a serem reportados antes de fazer a ligação. É importante também registrar todas as informações relativas ao atendimento, para referência posterior: data e horário do telefonema, nome do atendente, número do protocolo e compromisso expresso pelo atendente.

> Argumentar: selecionar, interpretar e organizar dados

Ao construir seu discurso argumentativo, o autor da carta de reclamação **selecionou** dados que comprovassem a legitimidade de sua queixa. Além disso, fez uma **interpretação** desses dados (nem sempre de forma explícita). Finalmente, **organizou-os** de maneira a aumentar as chances de ter sua solicitação atendida.

Com relação às **causas** do problema identificado, apresentou-as de duas formas distintas:
- em forma de **queixa**, sustentada por argumentos (a substituição do motorista experiente foi o motivo do atraso – antes, os atrasos não aconteciam);
- em forma de **sugestões** (acompanhar procedimentos operacionais, controlar fluxo de passageiros, instituir processo de tomada de decisão).

Quanto aos **fatos** apresentados pelo autor da carta, eles indicam uma interpretação que reforça a gravidade da situação:
- o atraso ocorre há quatro dias seguidos → portanto, não se pode afirmar que o problema tenha acontecido de forma isolada;
- a viagem de Novo Hamburgo a Porto Alegre tem levado duas horas → logo, não se pode dizer que seja um atraso pequeno;
- o ônibus das 6h30 chegou ao seu destino depois do ônibus das 6h50 → portanto, não se pode atribuir o atraso ao trânsito.

Finalmente, o autor apresenta duas **consequências** do problema relatado:
- prejuízo pessoal (na empresa em que trabalha, a pontualidade é indicador de desempenho);
- descontentamento dos demais passageiros.

1. Retome a leitura do *e-mail* de Rafael Donelli.
   a) Em que parágrafos estão apresentadas as **causas** do problema relatado?
   b) Em que parágrafos estão registrados os **fatos** agravantes do problema?
   c) Em que parágrafos estão citadas as **consequências** da situação-problema?

2. Com base nas respostas do exercício anterior, descreva a maneira como o autor da carta organizou os dados selecionados e interpretados por ele ao longo de seu texto.

Observatório da língua

As fórmulas textuais da carta de reclamação

A carta de reclamação, assim como outros tipos de carta que circulam em contextos mais formais, conta com algumas **fórmulas textuais**, um conjunto de **frases feitas** convencionalmente utilizadas nesse gênero. Veja a seguir alguns exemplos – a maioria deles foi reproduzida do *e-mail* de Rafael Donelli. Observe como essas frases revelam a **disposição** do reclamante em relação ao reclamado.

Forma de tratamento – "Prezado(a) senhor(a),"
Apresentação do autor e motivo da escrita da carta – "Venho reiterar a reclamação [...]"
Solicitação – "[...] gostaria muito de ver o Sr. Luz de volta à sua função [...]"
Apresentação de sugestões – "[...] como não é de minha índole somente reclamar, deixo as seguintes sugestões: [...]"
Saudação – "Sem mais para o momento, aguardo por sua apreciação."

Caso a situação assim o exigisse, essas fórmulas poderiam apresentar maior grau de **formalidade**, de ênfase no **papel social** ocupado pelo autor, de **exigência** de pronta restauração dos danos causados, de demonstração de **indisposição** para negociações, de **urgência** na manifestação do reclamado, entre outros.

- Escreva as fórmulas textuais que julgar mais adequadas para atender aos itens a seguir.
  a) Forma de tratamento – carta dirigida ao presidente de uma empresa.
  b) Apresentação do autor – reclamante manifestando-se em nome da comunidade de seu bairro.
  c) Solicitação – exigência de medidas urgentes para interromper o lançamento de dejetos industriais no rio que abastece sua região.
  d) Ultimato – indicação de prazo para o cumprimento do solicitado, sob o risco de recurso a medidas judiciais.
  e) Saudação – despedida cordial com indicação de aguardo de manifestação urgente.

❯ Produzir uma carta de reclamação

❯ Proposta

Você vai escrever uma carta de reclamação dirigida a uma empresa ou instituição. Escolha uma das situações apresentadas a seguir.

A. Produto – Você comprou um celular que não funciona adequadamente. A assistência técnica realizou reparos que não resolveram o problema, mas a empresa não realiza a troca, alegando que não há mais disponibilidade do produto em estoque. O órgão de defesa do consumidor orientou você a escrever uma carta de reclamação ao fabricante do produto.

B. Serviço – Você mandou fazer cópias encadernadas de um importante trabalho escolar em uma gráfica. Ao chegar a sua casa, descobriu que pagou dobrado pelo serviço. No entanto, os atendentes não querem devolver seu dinheiro, alegando não ter autorização. Como você não quer arcar com o prejuízo, vai escrever uma carta de reclamação ao dono do estabelecimento.

C. Administração pública – A prefeitura de sua cidade inaugurou um terreno baldio como se fosse uma praça. Um ano se passou sem que mais nada tenha sido feito. Você resolveu, então, escrever para reclamar a construção efetiva dos passeios, jardins, *playgrounds*, áreas iluminadas com mesas para jogos, etc. que a atual administração anunciara em campanha eleitoral.

❯ Planejamento

1. Observe no quadro abaixo as características do texto que você vai produzir.

Gênero textual	Público	Finalidade	Meio	Linguagem	Evitar	Incluir
carta de reclamação	empresa ou instituição reclamada	**relatar** os problemas ocorridos e **argumentar** em favor de seus direitos	carta	formal e objetiva; primeira pessoa do discurso; fórmulas textuais da carta	informações vagas; tom hostil	fatos e dados técnicos do problema; prazo para a solução

2. Defina os dados específicos: marca e modelo do produto, nome da empresa ou instituição, valores pagos, serviços que seriam realizados, datas e locais dos acontecimentos.
3. O que exatamente aconteceu? Faça uma lista dos fatos que serão apresentados na carta.
4. Defina os argumentos que justificam a reclamação contra a empresa ou instituição.
5. Escolha as fórmulas textuais mais apropriadas para sua carta de reclamação.
6. Copie o quadro ao lado no caderno com os dados de seu texto.

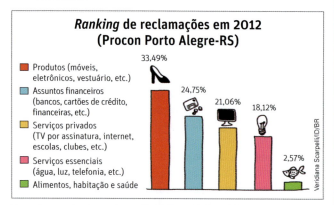

Fonte de pesquisa: Procon Porto Alegre. Disponível em: <http://www2.portoalegre.rs.gov.br/procon/default.php?p_noticia=157353&PROCON+PORTO+ALEGRE+TEVE+MAIS+DE+19+MIL+ATENDIMENTOS+EM+2012 >. Acesso em: 6 fev. 2015.

Segundo o Procon, órgão governamental de proteção e defesa do consumidor, o setor de produtos concentrou a maior parte das reclamações de consumidores em Porto Alegre no ano de 2012.

Estrutura da carta de reclamação	Detalhamento
1. Cabeçalho	a) local e data b) destinatário c) assunto d) forma de tratamento
2. Identificação do autor e do objetivo da carta	a) identificação de seu papel social como autor da reclamação b) solicitação
3. Reclamação e argumentação (os itens desta parte podem mesclar-se ou aparecer em outra ordem)	a) relato dos fatos b) dados técnicos c) falhas da instituição d) tentativas anteriores de negociação e solução
4. Proposta de solução e prazo	a) proposta de solução b) definição de prazo (opcional)
5. Saudação e assinatura	a) saudação adequada ao tom da carta b) assinatura com identificação social

> ### Elaboração

7. Agora você já pode escrever sua carta de reclamação.
8. Se quiser, expresse (de forma objetiva) sua opinião em relação ao problema. A carta de reclamação frequentemente deixa transparecer as emoções do reclamante e os prejuízos pessoais sofridos por ele.

> ### Avaliação

9. Troque de texto com um colega.
10. Após a leitura do texto do colega, copie em uma folha avulsa o quadro a seguir e preencha-o. Use o espaço destinado aos comentários para elogiar as qualidades do texto e apontar o que pode ser melhorado.

ATENÇÃO
» A **objetividade** é fundamental na carta de reclamação. Certifique-se de que sua reclamação está clara e seu texto, conciso.
» Dê atenção à **formalidade**; use fórmulas textuais adequadas ao tom de sua carta.

	Sim	Não
A estrutura formal da carta foi respeitada?		
O autor se apresenta adequadamente?		
O objetivo da carta foi expresso claramente?		
A linguagem da carta é clara, objetiva e respeitosa?		
Os dados selecionados são suficientes para legitimar a reclamação?		
A interpretação e a organização dos dados contribuem para o convencimento do reclamado sobre a necessidade de atender à solicitação?		
Comentário geral		

11. Caso você tenha respondido "não" a alguma das perguntas do quadro, faça uma anotação a lápis no texto do colega, apontando cada um dos problemas identificados.
12. Aponte, também a lápis, outros aspectos do texto que podem ser melhorados (ortografia, acentuação, pontuação, escolha de palavras, etc.).
13. Troque novamente os textos e os comentários com o colega. Leia com atenção o quadro preenchido por ele.

Vale saber

Ombudsman (palavra de origem sueca que significa "representante") é o nome do profissional que, dentro de uma empresa, exerce a função de intermediário imparcial entre a instituição e seus usuários ou consumidores, recebendo destes críticas, sugestões e reclamações. No Brasil, são poucas as empresas que têm esse profissional no quadro de funcionários.

> ### Reescrita

14. Observe os tópicos para os quais o colega respondeu "não" na avaliação de seu texto. Retome seu planejamento e veja o que precisa ser mudado. Não esqueça os outros aspectos linguísticos apontados pelo colega. Caso tenha alguma dúvida, peça ajuda ao professor.
15. Reescreva sua carta de reclamação.
16. Leia-a para a classe. A turma vai avaliar quais foram as produções mais bem realizadas, apontando as principais qualidades dessas cartas.

Foco da reescrita

Para que uma carta de reclamação atinja seu objetivo de convocar uma pessoa, empresa ou instituição a reparar um dano, é preciso selecionar, interpretar e organizar adequadamente os dados desse **discurso argumentativo**. Ao reescrever sua carta de reclamação, observe se você deixou de lado alguma informação importante e se a **ordem de apresentação das informações** está favorecendo seu objetivo de convencer o reclamado sobre a necessidade de atender a sua solicitação.

CAPÍTULO 9

Mesa-redonda

O que você vai estudar

- Como identificar e produzir uma mesa-redonda.
- O papel dos participantes de uma mesa-redonda.
- A alternância de turnos.
- O valor argumentativo da repetição.

A **mesa-redonda** é muito comum em programas televisivos. Por meio dela, podem-se debater temas tão variados quanto futebol, política, arte e comportamento. Neste capítulo, você vai analisar a transcrição de uma mesa-redonda e, depois, participar de uma.

> Leitura

- Leia a retextualização de parte de uma mesa-redonda sobre cinema pernambucano veiculada no programa *Metrópolis*, da TV Cultura. Fique atento a sinais gráficos que indicam ocorrências da oralidade: as reticências (…), que indicam pausa ou hesitação; a barra oblíqua (/), que indica truncamento (palavra ou frase interrompida pelo meio, reformulação); e a sequência de dois-pontos (::), que indica alongamento de vogal ou consoante.

Marina Person – 2012 foi mais um ano bom pro cinema pernambucano. Dois filmes em especial se destacaram. *Era uma vez eu, Verônica*, de Marcelo Gomes, que faturou nada menos que cinco pe/prêmios no Festival de Brasília, enquanto *O som ao redor*, de Kleber Mendonça Filho, foi escolhido o melhor filme do Festival do Rio e melhor filme segundo o júri popular do Festival de Gramado. E os dois cineastas tão aqui pra conversar comigo e com o Cunha Jr. sobre essa "era de ouro" do cinema pernambucano, que começou com *Baile perfumado*, o longa que foi lançado em 97, dirigido pelo Lírio Ferreira e pelo Paulo Caldas.
Cunha Jr. – Pelo menos a mais recente, né…
Marina – … a mais recente…
Cunha Jr. – … porque eu fiquei sa… eu fiquei sa…
Marina – … era de ouro?
Cunha Jr. – … é, era de ouro…
Marina – ah, sim…
Cunha Jr. – … porque eu fiquei sabendo… ao/ao ler… que teve um ciclo muito interessante de cinema… é… no Pernambuco, já na década de 20…
Marina – é nos… é…
Cunha Jr. – … e 30…
Marcelo Gomes – Exatamente.
Marina – São/são os ciclos…
Cunha Jr. – … ciclos…
Marina – … do cinema brasileiro… inclusive, né, o cinema brasileiro é feito de ciclo, o ciclo de Cataguazes, o ciclo da Vera Cruz, o ciclo dos…, né, de/e… assim por diante, e o cinema pernambucano num é dif… num… num…
Cunha Jr. – Enfim, na voz dos diretores.
Marcelo – E o ciclo do Recife, dos anos 20, acabou porque com a instituição do cinema sonoro…
Marina – … sonoro, exatamente.
Marcelo – … esses ciclos regionais se acabaram. Então eu espero que Hollywood não invente nada para acabar com os noss…

Marina – … o 3D… o 3D…
Marcelo – que renda muito tempo…
Marina – … já tá chegando, será que o 3D pode acabar com essa mais… com essa era de ouro do cinema pernambucano?
Cunha Jr. – Acredito que não. Kleber, você, *Eu vi*, ã::, é o seu primeiro longa de ficção, mas você tem um longa… documentário que eu vi e gosto muito, que chama *Crítico*. Você também é crítico de cinema… é::, você tem esse distanciamento e consegue… nos dizer… o que está acontecendo, ou o que aconteceu no Recife a partir do *Baile perfumado* até aqui?
Kleber Mendonça Filho – É eu vinha… é/observando esse cenário, né, como crítico desde os anos 90 e… e claro que eu também tava fazendo já… meus trabalhos na área de cinema e eu também faço a programação de uma sala de cinema no Recife, que é o cinema da Fundação. Então é um pouco difícil ser tão objetivo mas… eu acho que o que acontece lá é que… por algum motivo, há um… uma concentração muito interessante de artistas que… que fazem filmes muito pessoais e muito… autorais. Eu, por exemplo, não conheço nenhum projeto… que tá em andamento ou que estará em andamento, nenhuma… pretensão de ninguém que faz cinema lá, de ter um projeto comercial ou de… fazer um filme para conquistar as bilheterias, são todos filmes muito autorais e muito pessoais e…
Marina – … mas que também…
Kleber – … às vezes até muito estranhos também, mas muito bons…
Marina – … sim, mas o/o caso, no seu caso, por exemplo, que você ganhou o júri popular no Festival de Gramado, o júri popular é um filme que agrada ao público…

74 Capítulo 9 ▪ Mesa-redonda

Kleber – É.

Marina – ... É *O som ao redor* é um filme autoral, mas que dialoga muito bem... é::... com o público. Então, quer dizer, também não é que vocês... é::... Marcelo também pode falar disso... mas que vocês não viram as costas... eu vou fazer o filme que eu quero e... dane-se...

Cunha Jr. – ... dane-se o público...

Marina – ... dane-se o público. Num... como é que é, como é que é essa relação pra você, Marcelo?

Marcelo – É porque, assim, o, o, o... *Verônica* ganhou o prêmio de... de público em Brasília...

Marina – Pois.

Marcelo – Também, pois é.

Marina – Então pois.

Marcelo – Mas assim... é um público que...

Cunha Jr. – ... que gosta de cinema, né...

Marcelo – ... vai à procura... de um tipo de cinema diferenciado...

Marina – ... mas o de Brasília mais do que o de Gramado...

Marcelo – ... é, mas o, o...

[A tela exibe cenas do filme *Era uma vez eu, Verônica*]

Marina – ... o de Gramado é um... é um público mais parecido com um público que a gente vê...

Cunha Jr. – Mais heterogêneo.

Marina – ... que... a gente tem, né, digamos assim... no... no espaço comercial normal das grandes cidades.

Kleber – Mas essa é a beleza do cinema. No cinema você não planeja tanta coisa, você faz o que você precisa fazer, e você... observa como é que o filme vai se comportar e... no caso, meu filme, ele tem se comportado... tem ganho... ganho fil/é... prêmios de crítica e prêmios de público e... é muito interessante isso, eu fico... um pouco... surpreso mas... mas é o que o filme é, o filme é assim...

Marina – A gente tá vendo aí o... *Era um vez...*

Marina e Cunha Jr. – ... *eu, Verônica*...

Marina – ... que tem... inclusive a/eu ia falar isso, quer dizer que... os/os filmes de... de Pernambuco, acho que têm uma característica que é de... valorizar muito... a cultura local, a gente acabou de ver aí uma cena da Karina Buhr... que era atriz, também, e aí no fim ele... né, trouxe ela pras telas, é::... que canta uma música, tem uma cena superbonita no... no *Verônica*... mas vocês acham isso que... que... é... que existe mesmo uma... uma... uma consciência, assim, de trazer as coisas de Pernambuco para o... para o cinema e retratar isso na tela grande?

Marcelo – No meu caso eu posso falar que existe, porque também existe uma carência de... ver a/a... minha cidade...

Cunha Jr. – Uhum.

Marcelo – ... a minha cultura/a minha... o meu sotaque refletido... no cinema, né, pra quem é do Rio e de São Paulo vocês veem com muita frequência, que a gente não via, né...

Cunha Jr. – É.

Marcelo – ... então isso existe, aquela carência acumulada... de refletir sobre a nossa cultura dentro do/do nosso trabalho. Então, por isso que eu acho que tá tão presente. E além do mais é uma cultura muito rica, né... é uma cultura que tem... 450 anos, é uma cultura que vem... do início da/da colonização brasileira e eu acho que por on/por onde a cultura passa ela deixa marcas pra sempre. Recife e Olinda eram cidades importantes... no início do Brasil Colônia, e foi aumentando, e se construiu a sociedade canavieira, que deixou marcas terríveis, mas também deixou uma cultura forte ali presente...

Cunha Jr. – Ãhã.

Marcelo – ... então esse caldo cultural... tá mexendo e tá maturando faz 450 anos.

Marina – [risos] é, não é de agora, né...

Cunha Jr. – Quatrocentos e cinquenta...

Marcelo – Não é de agora. E a gente traz disso pro nosso cinema porque é um caldo interessante... isso...

Kleber – É absoluta...

Marcelo – Né?

Kleber – É absolutamente natural, eu acho, cê faz um filme/cê é pernambucano, cê faz um filme no Recife, né, *O som ao redor* foi filmado na rua onde eu moro, então... é:: pra mim seria mais natural fazer um filme lá do que fazer um filme em São Paulo ou no Rio, talvez eu faça um filme em São Paulo ou no Rio... mas o filme que eu faço em Recife é um filme do Recife, né? É::...

[...]

Programa *Metrópolis*, da TV Cultura, veiculado em 30 dez. 2012. Transcrição feita para esta edição.

Situação de produção

Conversando para uma plateia

Na mesa-redonda, gênero oral da esfera pública, um grupo de interlocutores emite opiniões a respeito de tema preestabelecido sobre o qual detêm conhecimentos anteriores. As falas são organizadas por mediadores.

A mesa-redonda é produzida para uma plateia, que a acompanha presencialmente ou a distância (pela TV, pelo rádio ou pela internet). Quando a mesa ocorre em tempo real, a plateia pode fazer perguntas aos convidados.

》 Ler uma mesa-redonda

1. Releia a primeira fala da mesa-redonda sobre cinema pernambucano reproduzida nas páginas 74-75.

   > **Marina Person** – 2012 foi mais um ano bom pro cinema pernambucano. Dois filmes em especial se destacaram. *Era uma vez eu, Verônica*, de Marcelo Gomes, que faturou nada menos que cinco pe/prêmios no Festival de Brasília, enquanto *O som ao redor*, de Kleber Mendonça Filho, foi escolhido o melhor filme do Festival do Rio e melhor filme segundo o júri popular do Festival de Gramado. E os dois cineastas tão aqui pra conversar comigo e com o Cunha Jr. sobre essa "era de ouro" do cinema pernambucano, que começou com *Baile perfumado*, o longa que foi lançado em 97, dirigido pelo Lírio Ferreira e pelo Paulo Caldas.

   Cena de *O som ao redor* (2012), com Waldemar José Solha ao centro.

   a) Diferentemente do que acontece no restante da mesa-redonda, essa fala de Marina Person é, na verdade, a leitura em voz alta de um texto escrito. Que elementos do trecho permitem afirmar isso?

   b) Mesmo se tratando da leitura em voz alta de um texto escrito, a retextualização da fala de Marina reproduz três exemplos de fatos típicos da oralidade. Identifique-os.

2. Selecione e copie no caderno outro trecho da mesa-redonda que apresente mais ocorrências típicas da oralidade. Explique sua escolha.

3. Qual é a função dessa introdução lida por Marina Person? A quem se dirige o texto dessa introdução?

   ANOTE

   A mesa-redonda conta com um **apresentador**. É ele quem introduz o **tema** a ser debatido e apresenta os **convidados**. Nessa introdução, o apresentador pode ler um texto em voz alta ou contar com um esquema escrito que o ajude a organizar sua fala.

4. Em sua primeira fala ("Pelo menos a mais recente, né..."), Cunha Jr. faz uma referência implícita a uma expressão usada por Marina Person na introdução.
   a) Que expressão é essa?
   b) Qual é o efeito dessa fala de Cunha Jr. na sequência da mesa-redonda? Explique.

5. Em determinado momento, Cunha Jr. passa a palavra para os convidados.
   a) Que expressão ele usa para isso?
   b) Considerando o andamento da mesa-redonda até então, o que Cunha Jr. dá a entender ao usar a palavra *enfim*?

   ANOTE

   O **apresentador** também desempenha a função de **mediador** na mesa-redonda, podendo dividir esse papel com outras pessoas. Cabe ao mediador fazer perguntas aos convidados, sugerir mudanças de tema e distribuir a palavra entre os participantes. Os convidados não falam apenas no momento em que uma pergunta é dirigida a eles; também podem tomar a palavra em momentos oportunos.

6. Kleber Mendonça Filho atribui a boa fase do cinema pernambucano aos projetos mais autorais desenvolvidos pelos artistas do estado.
   a) Qual é a diferença entre um filme *autoral* e um filme *comercial*?
   b) Marina Person discorda do ponto de vista do diretor. Que dado ela apresenta para refutar o argumento de Kleber?

Sétima arte

Baile perfumado (Brasil, 1997)
Direção de Paulo Caldas e Lírio Ferreira

Baile perfumado deu início a um novo ciclo de prosperidade no cinema pernambucano. O filme conta a história real de Benjamin Abrahão, um mascate libanês que, na década de 1930, acompanhou o bando de Lampião, registrando imagens exclusivas. A trilha sonora do filme inclui músicas de Chico Science e Lúcio Maia (ex-Nação Zumbi), mesclando tradição e modernidade nas referências à cultura pernambucana.

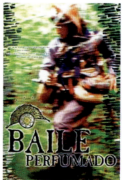

Capa do DVD de *Baile perfumado*, com Luiz Carlos Vasconcelos no papel de Lampião.

c) Marina dirige-se a Marcelo Gomes em busca de apoio para seu ponto de vista. Com quem Marcelo tende a concordar: com a apresentadora ou com Kleber Mendonça Filho? Em que argumento ele se baseia?

d) A fala de Kleber Mendonça Filho fecha esse tópico discursivo. Ele reafirma sua opinião ou cede aos argumentos de Marina Person? Explique sua resposta.

> **ANOTE**
>
> Na mesa-redonda, ocorre uma **negociação** de pontos de vista. Para defender sua opinião com propriedade, o participante precisa estar bem informado sobre o tema debatido.

Vale saber

Tópico discursivo é cada um dos temas desenvolvidos em um texto oral, individual ou coletivo.

7. Em determinado momento da mesa-redonda, são exibidas imagens do filme de Marcelo Gomes (*Era uma vez eu, Verônica*). Marina Person aproveita esse gancho para introduzir um novo tópico discursivo.
   a) Que tópico é esse?
   b) Qual é a opinião de Marcelo Gomes sobre esse tópico?
   c) Como Kleber Mendonça Filho se posiciona em relação a esse tópico?
   d) Há maior concordância ou discordância entre os participantes da mesa quanto a esse tópico? Explique.
   e) Como você avalia a presença de sua cultura local (de seu bairro, de sua cidade ou de seu estado) nas produções culturais veiculadas nos meios de comunicação (telenovelas, minisséries televisivas, programas de variedades)? Ela é retratada com frequência? Essa representação é fiel às características dessa cultura ou recai em estereótipos?

Cena de *Era uma vez eu, Verônica* (2012), com Hermila Guedes no papel-título.

> **ANOTE**
>
> Em uma mesa-redonda, as **discordâncias** são inevitáveis e até mesmo desejáveis. Cabe ao mediador, em grande parte, a tarefa de destacar a contribuição da fala de cada participante na construção do texto coletivo, buscando uma relativa **conciliação**.

8. Imagine que você tivesse a oportunidade de realizar um filme curta-metragem (de até trinta minutos), tendo poucos recursos à disposição (dinheiro, equipe e equipamentos).
   a) Você consideraria importante que o filme desse expressão à cultura local de sua comunidade? Por quê?
   b) Em que medida você se preocuparia em agradar ao público com seu filme? Explique sua resposta.

Fone de ouvido

Longe de onde, de Karina Buhr, 2011

Cantora, compositora e atriz, Karina Buhr participa do filme *Era uma vez eu, Verônica*, de Marcelo Gomes. Nascida em Salvador (BA) em 1974, mudou-se para o Recife ainda menina e há anos vive em São Paulo (SP). Depois de integrar a banda Comadre Fulozinha, lançou-se na carreira solo em 2010. Em *Longe de onde*, sua voz suave contrasta com o som pesado da banda, harmonizando com letras repletas de sonoridade.

Repertório

Festival de Gramado

O Festival de Gramado (RS) existe desde 1973. Originalmente destinado a premiar o cinema nacional, a partir da vigésima edição voltou-se a toda produção ibero-americana (América Latina, Portugal e Espanha). Prêmio máximo do festival, o Kikito, estatueta que representa o "deus do bom-humor", foi criado pela artista Elisabeth Rosenfeld, e é considerado o principal prêmio do cinema brasileiro desde a década de 1980.

Premiação no 40º Festival de Gramado, em 2012.

Capa do CD *Longe de onde*.

❯ Entre o texto e o discurso – As trocas de turno no discurso oral

Uma característica da mesa-redonda é a relativa liberdade dos participantes para tomar a palavra quando consideram oportuno. Observe, no trecho abaixo, como se dão as trocas de turno (a vez de cada um falar) entre os participantes. Trata-se de um trecho da mesma mesa-redonda parcialmente transcrita nas páginas 74-75.

Vocabulário de apoio

blockbuster: do inglês, "arrasa-quarteirão", – designa livros, filmes ou outros produtos culturais que são enorme sucesso de vendas; no contexto da mesa-redonda, entende-se que os filmes *blockbusters* são representados no Brasil pelas grandes distribuidoras, o que garante que cheguem a muitas salas de cinema e atinjam o grande público.

[Cunha Jr. introduz um tópico discursivo a respeito de tema previamente discutido com Marina Person, que o ajuda trazendo a informação precisa.]

Cunha Jr. – E so/sobre aquilo que a gente tava... a gente discutiu antes, Marina, quer diz... é/é/é, quantos filmes brasileiros tem... é/é na fila pra entrar em cartaz, que a gente tava vendo antes?
Marina Person – ... são sessenta filmes...
Cunha Jr. – ... sessenta filmes brasileiros...
Marina – ... brasileiros...
Cunha Jr. – ... que estão na fila.
Marina – É.

[Cunha Jr. continua desenvolvendo o tópico e acrescenta uma informação: a data de estreia do filme de Kleber Mendonça Filho, reiterada por Marina e Kleber.]

Cunha Jr. – Vocês têm... essa coisa... graças a/ao sucesso que tá fazendo nos festivais etc. o seu filme... tá/tá garantido, vai entrar em cartaz dia quatro...
Marina – ... quatro, é, daqui a pouquinho, dia quatro de janeiro.
Kleber Mendonça Filho - Agora, dia quatro.
Cunha Jr. – Você já tem um nome firme também [...] enfim, vocês... conseguem colocar seus filmes, mas e todos os outros filmes... pernambus-ca... pernambucanos... per-nam-bu-ca-nos... que estão sendo... produzi-dos, onde é que vão passar?

[Cunha Jr. formula uma questão para os diretores.]

Marcelo Gomes – Essa questão da/é... da/da distribuição e exibição de filmes é o grande problema do cinema brasileiro, né... é uma questão muito complexa...

[Marcelo Gomes começa a responder a questão.]

Marina – ... é, porque o/o...

[As vozes se sobrepõem: Marina tenta iniciar sua fala, Marcelo não cede a vez de falar.]

Marcelo – ... que envolve muitos elementos, mas a gente tá na batalha, a gente...
Marina – ... é, porque só complementando o...
Marcelo – ... divulga os filmes, tudo, mas é muito difícil colocar um filme em cartaz... existe uma questão hegemônica, né, de um/de um cinema...
Marina – Exatamente. Porque isso que eu/porque só complementando...
Marcelo – ... americano...

[Marina tenta tomar o turno, porque quer acrescentar informações à questão levantada por Cunha Jr.]

[Quando Marcelo faz uma pequena pausa, Marina expressa sua concordância em relação ao que ele dizia (com a frase "Exatamente") e consegue, assim, tomar o turno e desenvolver o texto pretendido.]

Marina – ... o que o Cunha tava falando, ele falou/ele falou que/que é isso, são sessenta filmes que tão na fila... num... num... ã::... e/e, assim, e... 70% dessas salas são dominadas por dois filmes, não é que assim... ah, pelo cinema americano, não, são dois filmes que tão... que estão em cartaz em 70% das salas, quer dizer, a gente no final do ano passado a gente teve uma situação em que *Crepúsculo* e *007*, é::... um artigo do/do André Sturm, é:: ã::... era isso... eram setenta e...

[Marina reforça seu argumento com um exemplo.]

Cunha Jr. – Setenta e cinco por cento.
Marina – ... setenta e cinco por cento das salas...
Cunha Jr. – Setenta e cinco por cento das salas com dois filmes.
Marina – ... com dois filmes, então quer dizer cê vai... num Multiplex desses de *shopping* e você te/em três cinemas você tem s/um filme só então quer dizer é uma coisa muito...

[Cunha Jr. e Marina reafirmam a informação, dando-lhe um valor argumentativo.]

Kleber – Mas é bom observar que... claro que em termos gerais a gente fala dos *blockbusters* americanos, mas já existem títulos brasileiros, né... e que eles tão ocupando já passando de setecentas salas, então... esse mode-lo, ele também não é bom quando o título é brasileiro porque ele termina...

[Kleber assalta o turno de Marina para contrapor-se a um aspecto da fala de Marcelo. Antes de apresentar seu ponto de vista, Kleber faz uma concessão ao colega, expressando relativa concordância com o que foi dito.]

Marina – Sim.

[Marina apoia a fala de Kleber.]

Kleber – ... é ocupando um... de uma maneira completamente... não/ao meu ver irreal, é::... o número de salas no país, né?
[...]

[Kleber conclui sua fala.]

Programa *Metrópolis*, da TV Cultura, veiculado em 30 dez. 2012. Transcrição feita para esta edição.

> ## Assalto e passagem de turno – tomando e cedendo a vez de falar

Qualquer gênero oral coletivo que não preveja regras estritas de distribuição das falas implica disputa pela vez de falar. Os participantes negociam as **trocas de turno** – que ocorrem cada vez que um interlocutor fala depois do outro – ao longo do texto, tomando e cedendo a vez de falar.

Turno de fala – Cada fala ininterrupta de um interlocutor.

Passagem de turno – Ocorre quando alguém está falando e aos poucos diminui o volume de voz, reduz a velocidade ou encerra sua fala com uma pausa, cedendo o turno para outro interlocutor.

Assalto ao turno – Ocorre quando há interrupção da fala de um interlocutor por outro, que pode aproveitar brechas involuntárias, como hesitações e pausas, ou momentos em que o falante usa um marcador de interação como *né?*, *você entende?*, etc. Também pode se dar de forma abrupta e inesperada; o que, em alguns casos, pode ser considerado falta de polidez. É comum que o assaltante de turno peça desculpas e justifique sua atitude.

Sustentação – Ocorre quando o falante lança mão de recursos para sustentar seu turno: elevar o volume de voz, repetir as últimas palavras, etc.

Negociação – Ocorre quando o falante ainda não encerrou sua fala e o interlocutor já quer iniciar a dele. Pode ocorrer um período de sobreposição de vozes, hesitações, interrupções, repetições, etc., que indicam que há disputa pelo turno conversacional. Em geral, os interlocutores chegam a um acordo sobre quem deve continuar falando e a conversa segue até a próxima disputa.

1. Localize, no trecho da mesa-redonda reproduzido na página 78, exemplos que ilustrem cada situação abaixo. Copie-os no caderno.
   a) Turno completo.
   b) Passagem de turno.
   c) Tentativa de assalto.
   d) Sustentação de turno.
   e) Justificativa para o assalto.
2. Retome o trecho da mesa-redonda transcrita nas páginas 74-75 e copie dois exemplos de qualquer das situações acima. Justifique suas escolhas.

Repertório

Ca-la-da!

Chico Anysio (1931-2012), cearense de Maranguape, trabalhou como humorista na TV por mais de cinquenta anos. Entre as mais de duzentas personagens criadas e interpretadas por ele, estava Nazareno, um notório machista que utilizava o bordão "Ca-la-da!" sempre que a esposa tentava obter sua atenção. O bordão revela o aspecto político e cultural envolvido nas trocas de turnos conversacionais. Garantir a voz em uma conversação depende, entre outros fatores, do papel social exercido pelo falante e reconhecido por seus interlocutores.

Caricatura feita por Roberto Kroll de Nazareno Luís do Amor Divino, personagem criada por Chico Anysio.

Observatório da língua

Repetição e correção na oralidade

Na mesa-redonda, as falas são planejadas quase ao mesmo tempo em que são produzidas. Por isso, a hesitação, a repetição, a correção e a reformulação são muito características desse gênero. Observe estes exemplos.

Cunha Jr. – [...] mas e todos os outros filmes... pernambusca... **pernambucanos**... **per-nam-bu-ca--nos**... [...]

Marcelo – [...] existe uma carência de... ver a/a... minha cidade... [...] **a minha cultura/a minha**... **o meu sotaque** refletido... no cinema, né [...]

Muitas vezes, a repetição e a correção também têm um valor argumentativo, de ênfase. Veja o exemplo.

Marina – [...] 70% dessas salas são dominadas por dois filmes [...] são **dois filmes** que tão... que estão em cartaz em **70% das salas**, quer dizer, a gente no final do ano passado a gente teve uma situação em que *Crepúsculo* e *007*, é::... [...] era isso... eram **setenta e**...

Cunha Jr. – **Setenta e cinco por cento.**

Marina – ... **setenta e cinco por cento** das salas...

Cunha Jr. – **Setenta e cinco por cento das salas com dois filmes**.

- Localize, em qualquer trecho da mesa-redonda:
  a) um exemplo de repetição e correção que demonstra a simultaneidade de planejamento e produção do texto;
  b) um exemplo de repetição e/ou correção com valor argumentativo (de ênfase).

◎ Produzir uma mesa-redonda

› Proposta

Você vai participar de uma **mesa-redonda** a ser apresentada para sua turma. A classe deve se dividir em grupos de cinco integrantes: em cada grupo haverá um apresentador/mediador, outro mediador e três convidados. Cada grupo terá até dez minutos para desenvolver coletivamente um aspecto relacionado a um dos temas a seguir.

A. **Futebol** – rodada da semana/últimas contratações dos times/seleção brasileira
B. **Política** – prioridades da agenda pública municipal, estadual ou nacional/combate à corrupção
C. **Cotidiano da sua comunidade** – segurança/saúde/educação/meio ambiente
D. **Comportamento da juventude** – trabalho/estudo/relacionamentos/responsabilidade e autonomia

Nesta iluminura de um manuscrito do século XV, vê-se o rei Arthur e seus cavaleiros em torno de uma távola (mesa) redonda. Segundo lendas criadas no século XI, Arthur teria vivido na Inglaterra no século VI. A távola redonda representaria a igualdade de condições e de voz entre o rei e seus cavaleiros.

Recorde o papel de cada participante da mesa-redonda.

Apresentador: apresenta o tema da mesa e cada um dos participantes. Em seguida, dirige a eles uma pergunta inicial para aquecer a conversa.

Mediador: pode interferir e reorganizar os turnos de fala, quando necessário.

Convidados: são convidados a falar sobre o tema da mesa, sobre o qual detêm conhecimentos anteriores.

› Planejamento

1. Observe no quadro abaixo as características do texto que você vai produzir.

Gênero textual	Público	Finalidade	Meio	Linguagem	Evitar	Incluir
mesa-redonda	plateia de estudantes do Ensino Médio	**produzir** um texto coletivo resultante de opiniões diversas sobre um tema; **argumentar** em favor de seu ponto de vista	apresentação oral para a classe (pode ser gravada em áudio ou vídeo)	polida; argumentos consistentes; clareza; foco no tema	assaltar o turno de forma abrupta; falta de objetividade	repetições com valor argumentativo; dados que sustentem seu ponto de vista

2. Depois de escolher o tema, o grupo deve definir que aspecto desse tema será desenvolvido na mesa-redonda e criar um título para o evento.

3. O grupo deve estabelecer quem será o apresentador/mediador, o segundo mediador e os convidados. Deve criar também, para cada convidado, uma identidade que justifique sua presença na mesa-redonda.

4. Faça uma pesquisa sobre o tema a ser desenvolvido em sua mesa-redonda.
   a) Busque em jornais, revistas e portais da internet informações recentes sobre o tema. Anote no caderno, de forma resumida, os dados que julgar mais relevantes.
   b) Consulte a opinião de familiares, amigos e conhecidos a respeito do tema, para desenvolver um ponto de vista próprio com base no que ouviu.
   c) Reflita: Você já se sente em condições de falar durante alguns minutos sobre o tema, respondendo a perguntas e apresentando seu ponto de vista? Em caso negativo, aprofunde sua pesquisa.

5. Com base nos dados que você encontrou e nos aspectos que julga importante abordar na mesa-redonda, elabore duas questões a serem feitas pelo apresentador após a introdução ou em momentos oportunos. Entregue suas questões para a dupla mediadora de seu grupo.

6. Faça anotações em fichas para consulta durante a mesa-redonda. Escreva-as em forma de itens, usando poucas palavras, de modo legível e organizado. Dê preferência para informações, dados e números que tenham valor argumentativo.

7. Faça um ensaio de cerca de cinco minutos com seu grupo. Se possível, peçam para alguém assistir e dar sugestões para melhorar o desempenho de cada um.

> ## Elaboração

8. Agora você está pronto para participar da mesa-redonda do seu grupo. Mantenha a calma e procure ser natural. Esteja atento não apenas ao que pretende falar, mas também ao desenvolvimento do texto coletivo na mesa-redonda. Durante a apresentação, a plateia deve anotar em suas fichas a avaliação da mesa-redonda (ver o modelo da ficha no item *Avaliação*).
   a) O apresentador inicia a mesa-redonda, introduzindo o tema, a si mesmo e o outro mediador. Em seguida, apresenta cada um dos convidados.
   b) Um dos mediadores dirige uma questão a um convidado específico.
   c) Um ou mais convidados comentam a questão.
   d) Os mediadores devem lançar perguntas sempre que a conversa "esfriar". Caso algum convidado esteja fazendo uso excessivo da palavra, devem tentar assaltar o turno com polidez.
   e) Após cinco minutos, o apresentador encerra a mesa-redonda.

ATENÇÃO
» Seja sempre **respeitoso** e **educado**, mesmo quando estiver assaltando um turno.
» Dê **consistência** a suas afirmações, mas procure ser **objetivo** e **breve**.

> ## Avaliação

9. Copie o quadro abaixo em folhas avulsas e preencha-o a cada mesa-redonda a que você assistir.

	Sim	Não
A mesa-redonda contribuiu para ampliar o conhecimento da plateia sobre o tema desenvolvido?		
Os mediadores realizaram bem seu papel de organizar os turnos de fala? E o de conduzir o tema da conversação?		
Os convidados demonstraram conhecimento prévio sobre o tema e apresentaram seu ponto de vista com propriedade?		
Todos foram respeitosos e firmes na disputa pelo turno de fala?		
O grupo fez uso adequado de suas anotações? (Levantaram-se questões relevantes com base nessas anotações?)		
As repetições e correções foram usadas como recurso de ênfase, com valor argumentativo, sem comprometer o desenvolvimento da mesa?		
Comentário geral		

10. Troque as fichas de avaliação com os colegas de outros grupos.
    a) Leia com seu grupo o resultado da avaliação e os comentários gerais dos colegas.
    b) Com base nas avaliações recebidas, realize oralmente uma autoavaliação do grupo, discutindo acertos e dificuldades.

> ## Reelaboração

11. Se houver interesse do grupo, façam uma nova apresentação da mesa-redonda para seus amigos ou familiares, prestando atenção ao que foi apontado nas avaliações dos colegas.

Foco da reelaboração

Observe sua forma de **disputar os turnos de fala**. O que você pode fazer para não utilizar tempo demais ao dizer o que deseja e, por outro lado, não deixar de intervir quando julgar produtivo?

Repertório

Mesa-redonda e futebol

O programa *Mesa redonda*, da TV Gazeta, no ar desde 1975, adota o nome do gênero textual preferido dos programas esportivos de domingo à noite na televisão brasileira. Logo após as rodadas mais importantes do futebol nacional, que acontecem na tarde do domingo, os participantes desses programas analisam o desempenho do futebol nacional e internacional ao longo da semana.

Participantes do programa *Mesa redonda*, da TV Gazeta, exibido em março de 2004.

81

Vestibular e Enem

O exame vestibular da Universidade Estadual de Campinas (Unicamp-SP) dá aos candidatos a opção de escolher entre três propostas de produção textual, que devem ser realizadas com base na leitura de uma coletânea de textos. Entre as propostas do exame de 2010 estavam a elaboração de uma **carta** e de uma **dissertação**. O Exame Nacional do Ensino Médio (Enem) costuma requisitar a elaboração de um **texto dissertativo-argumentativo**. Com base nas atividades de leitura e elaboração dos gêneros **dissertação escolar** e **carta de reclamação** desta unidade, veja como você poderia mobilizar os conhecimentos adquiridos para desenvolver as propostas apresentadas a seguir.

(Unicamp-SP)

Orientação geral: leia atentamente

O tema geral da prova da primeira fase é **Gerações**. A redação propõe recortes desse tema.

Propostas:

Cada proposta apresenta um recorte temático a ser trabalhado de acordo com as instruções específicas. Escolha uma das propostas para a redação (dissertação [...] ou carta).

Coletânea:

A coletânea é única e válida para as [duas] propostas. Leia toda a coletânea e selecione o que julgar pertinente para a realização da proposta escolhida. Articule os elementos selecionados com sua experiência de leitura e reflexão. **O uso da coletânea é obrigatório**.

ATENÇÃO – sua redação **será anulada** se você desconsiderar a **coletânea** ou fugir ao **recorte temático** ou não atender ao **tipo de texto** da proposta escolhida.

Apresentação da coletânea

Em toda sociedade convivem gerações diversas, que se relacionam de formas distintas, exigindo de todos o exercício contínuo de lidar com a diferença.

1)

Disponível em: <http://festerblog.com/wp-content/uploads/2009/05/redatores.jpg>.

2) Para o sociólogo húngaro Karl Mannheim, a geração consiste em um grupo de pessoas nascidas na mesma época, que viveram os mesmos acontecimentos sociais durante a sua formação e crescimento e que partilham a mesma experiência histórica, sendo esta significativa para todo o grupo. Estes fatores dão origem a uma consciência comum, que permanece ao longo do respectivo curso de vida. A interação de uma geração mais nova com as precedentes origina tensões potencializadoras de mudança social. O conceito que aqui está patente atribui à geração uma forte identidade histórica, visível quando nos referimos, por exemplo, à "geração do pós-guerra". O conceito de "geração" impõe a consideração da complexidade dos fatores de estratificação social e da convergência sincrônica de todos eles; a geração não dilui os efeitos de classe, de gênero ou de raça na caracterização das posições sociais, mas conjuga-se com eles, numa relação que não é meramente aditiva nem complementar, antes se exerce na sua especificidade, ativando ou desativando parcialmente esses efeitos.

Adaptado de Manuel Jacinto Sarmento. Gerações e alteridade: interrogações a partir da sociologia da infância. *Educação e Sociedade*, Campinas, v. 26, n. 91, p. 361-378, maio/ago. 2005. Disponível em <http://www.cedes.unicamp.br>.

3) A partir do advento do computador, as empresas se reorganizaram rapidamente nos moldes exigidos por essa nova ferramenta de gestão. As organizações procuraram avidamente os "quadros técnicos" e os encontraram na quantidade demandada. Os primeiros quadros "bem formados" tiveram em geral carreiras fulminantes.

Suas trajetórias pessoais foram tomadas como referência pelos executivos mais jovens. Aqueles "grandes executivos" foram considerados portadores de uma "visão de conjunto" dos problemas empresariais, que os colocava no campo superior da "administração estratégica", enquanto o principal atributo da nova geração passa a ser a contemporaneidade tecnológica. Os constrangimentos advindos do choque geracional encarregaram-se de fazer esses "jovens" encarnarem essa característica, dando a esse trunfo a maior rentabilidade possível. Assim, exacerbaram-se as diferenças entre os recém-chegados e os antigos ocupantes dos cargos. No plano simbólico, toda a ética construída nas carreiras autodidatas é posta em xeque no conflito que opõe a técnica dos novos executivos contra a lealdade dos antigos funcionários que, no mais das vezes, perdem até a capacidade de expressar o seu descontentamento, tamanha é a violência simbólica posta em marcha no processo, que não se trava simplesmente em cada ambiente organizacional isolado, mas se generaliza.

Adaptado de Roberto Grün. Conflitos de geração e competição no mundo do trabalho. *Cadernos Pagu*, Campinas, v. 13, p. 63-107, 1999.

4) Ao longo da década de 1990, a renda das famílias brasileiras com filhos pequenos deteriorou-se com relação à das famílias de idosos. Ao mesmo tempo, há crescentes evidências de que os idosos aumentaram sua responsabilidade pela provisão econômica de seus filhos adultos e netos.

Ana Maria Goldani. Relações intergeracionais e reconstrução do estado de bem-estar. Por que se deve repensar essa relação para o Brasil. p. 211. Disponível em: <http://www.abep.nepo.unicamp.br/docs/PopPobreza/GoldaniAnaMariaCapitulo7.pdf>.

5) As relações intergeracionais permitem a transformação e a reconstrução da tradição no espaço dos grupos sociais. A transmissão dos saberes não é linear; ambas as gerações possuem sabedorias que podem ser desconhecidas para a outra geração, e a troca de saberes possibilita vivenciar diversos modos de pensar, de agir e de sentir, e assim, renovar as opiniões e visões acerca do mundo e das pessoas. As gerações se renovam e se transformam reciprocamente, em um movimento constante de construção e desconstrução.

Adaptado de Maria Clotilde B. N. M. de Carvalho. *Diálogo intergeracional entre idosos e crianças*. Rio de Janeiro: PUC-RJ, 2007. p. 52.

6)

Disponível em: <http://humornainformatica.blogspot.com/2008/05/videogame-para-terceira-idade.html>.

Proposta A

Leia a coletânea e elabore sua dissertação a partir do seguinte recorte temático:

A relação entre gerações é frequentemente caracterizada pelo conflito. Entretanto, há outras formas de relacionamento que podem ganhar novos contornos em decorrência de mudanças sociais, tecnológicas, políticas e culturais.

Instruções:
1. Discuta formas pelas quais se estabelecem as relações entre as gerações.
2. Argumente no sentido de mostrar que essas diferentes formas coexistem.
3. Trabalhe seus argumentos de modo a sustentar seu ponto de vista.

Proposta B

Leia a coletânea e elabore sua carta a partir do seguinte recorte temático:

As diferenças entre gerações são percebidas também no plano institucional como, por exemplo, no ambiente de trabalho.

Instruções:
1. Coloque-se na posição de um gerente, recém-contratado por uma empresa tradicional no mercado, que precisa convencer os acionistas da necessidade de modernizá-la.
2. Explicite as mudanças necessárias e suas implicações.
3. Dirija-se aos acionistas por meio de uma carta em que defenda seu ponto de vista.
Obs.: Ao assinar a carta, use apenas suas iniciais, de modo a não se identificar.
[...]

Vestibular e Enem

(Enem)

Com base na leitura dos textos motivadores seguintes e nos conhecimentos construídos ao longo de sua formação, redija texto dissertativo-argumentativo em norma-padrão da língua portuguesa sobre o tema "Viver em rede no século XXI: os limites entre o público e o privado", apresentando proposta de conscientização social que respeite os direitos humanos. Selecione, organize e relacione, de forma coerente e coesa, argumentos e fatos para defesa de seu ponto de vista.

Liberdade sem fio

A ONU acaba de declarar o acesso à rede um direito fundamental do ser humano – assim como saúde, moradia e educação. No mundo todo, pessoas começam a abrir seus sinais privados de wi-fi, organizações e governos se mobilizam para expandir a rede para espaços públicos e regiões onde ela ainda não chega, com acesso livre e gratuito.

Rosa, G.; Santos, P. *Galileu*, n. 240, jul. 2011. Fragmento.

A internet tem ouvidos e memória

Uma pesquisa da consultoria Forrester Research revela que, nos Estados Unidos, a população já passou mais tempo conectada à internet do que em frente à televisão. Os hábitos estão mudando. No Brasil, as pessoas já gastam cerca de 20% de seu tempo *on-line* em redes sociais. A grande maioria dos internautas (72%, de acordo com o Ibope Mídia) pretende criar, acessar e manter um perfil em rede. "Faz parte da própria socialização do indivíduo do século XXI estar numa rede social. Não estar equivale a não ter uma identidade ou um número de telefone no passado", acredita Alessandro Barbosa Lima, CEO da e.Life, empresa de monitoração e análise de mídias.

As redes sociais são ótimas para disseminar ideias, tornar alguém popular e também arruinar reputações. Um dos maiores desafios dos usuários de internet é saber ponderar o que se publica nela. Especialistas recomendam que não se deve publicar o que não se fala em público, pois a internet é um ambiente social e, ao contrário do que se pensa, a rede não acoberta anonimato, uma vez que mesmo quem se esconde atrás de um pseudônimo pode ser rastreado e identificado. Aqueles que, por impulso, se exaltam e cometem gafes podem pagar caro.

Disponível em: <http://www.terra.com.br>. Acesso em: 30 jun. 2011. Adaptado.

Dahmer, A. Disponível em: <http://malvados.wordpress.com>. Acesso em: 30 jun. 2011.

Instruções

- O rascunho da redação deve ser feito no espaço apropriado.
- O texto definitivo deve ser escrito à tinta, na folha própria, em até 30 linhas.
- A redação com até 7 (sete) linhas escritas será considerada "insuficiente" e receberá nota zero.
- A redação que fugir ao tema ou que não atender ao tipo dissertativo-argumentativo receberá nota zero.
- A redação que apresentar cópia dos textos da Proposta de Redação ou do Caderno de Questões terá o número de linhas copiadas desconsiderado para efeito de correção.

(Enem)

Com base na leitura dos seguintes textos motivadores e nos conhecimentos construídos ao longo de sua formação, redija texto dissertativo-argumentativo em norma culta escrita da língua portuguesa sobre o tema "O trabalho na construção da dignidade humana", apresentando experiência ou proposta de ação social, que respeite os direitos humanos. Selecione, organize e relacione, de forma coerente e coesa, argumentos e fatos para defesa de seu ponto de vista.

O que é trabalho escravo

Escravidão contemporânea é o trabalho degradante que envolve cerceamento da liberdade

A assinatura da Lei Áurea, em 13 de maio de 1888, representou o fim do direito de propriedade de uma pessoa sobre a outra, acabando com a possibilidade de possuir legalmente um escravo no Brasil. No entanto, persistiram situações que mantêm o trabalhador sem possibilidade de se desligar de seus patrões. Há fazendeiros que, para realizar derrubadas de matas nativas para formação de pastos, produzir carvão para a indústria siderúrgica, preparar o solo para plantio de sementes, entre outras atividades agropecuárias, contratam mão de obra utilizando os contratadores de empreitada, os chamados "gatos". Eles aliciam os trabalhadores, servindo de fachada para que os fazendeiros não sejam responsabilizados pelo crime.

Trabalho escravo se configura pelo trabalho degradante aliado ao cerceamento da liberdade. Este segundo fator nem sempre é visível, uma vez que não mais se utilizam correntes para prender o homem à terra, mas sim ameaças físicas, terror psicológico ou mesmo as grandes distâncias que separam a propriedade da cidade mais próxima.

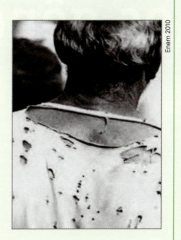

Disponível em: <http://www.reporterbrasil.org.br>. Acesso em: 2 set. 2010. Fragmento.

O futuro do trabalho

Esqueça os escritórios, os salários fixos e a aposentadoria. Em 2020, você trabalhará em casa, seu chefe terá menos de 30 anos e será uma mulher

Felizmente, nunca houve tantas ferramentas disponíveis para mudar o modo como trabalhamos e, consequentemente, como vivemos. E as transformações estão acontecendo. A crise despedaçou companhias gigantes tidas até então como modelos de administração. Em vez de grandes conglomerados, o futuro será povoado de empresas menores reunidas em torno de projetos em comum.

Os próximos anos também vão consolidar mudanças que vêm acontecendo há algum tempo: a busca pela qualidade de vida, a preocupação com o meio ambiente, e a vontade de nos realizarmos como pessoas também em nossos trabalhos. "Falamos tanto em desperdício de recursos naturais e energia, mas e quanto ao desperdício de talentos?", diz o filósofo ensaísta suíço Alain de Botton em seu novo livro *The pleasures and sorrows of works* (Os prazeres e as dores do trabalho, ainda inédito no Brasil).

Disponível em: <http://revistagalileu.globo.com>. Acesso em: 2 set. 2010. Fragmento.

Instruções

- Seu texto tem de ser escrito à tinta, na folha própria.
- Desenvolva seu texto em prosa: não redija narração, nem poema.
- O texto com até 7 (sete) linhas escritas será considerado texto em branco.
- O texto deve ter, no máximo, 30 linhas.
- O Rascunho da redação deve ser feito no espaço apropriado.

85

Parte II – Produção de texto: construindo os gêneros

UNIDADES

5 Narrar

6 Relatar

7 Expor

8 Argumentar

ORTEGA, Damián. *Puente*, 1997. Cadeiras de madeira e palha, corda de sisal, 214 cm × 374 cm × 45 cm. Centro de Arte Contemporânea Inhotim, Brumadinho.

Os textos produzidos ao longo do tempo, nas mais diversas esferas sociais, adquirem características mais ou menos estáveis, configurando uma grande diversidade de gêneros textuais.

A estabilidade dos gêneros, porém, não significa que eles são constituídos por "peças" prontas, que bastaria ao usuário da língua "montar" na ordem correta. Afinal de contas, produzir textos não se faz à base de "receitas de bolo". É preciso, primeiro, buscar referências sobre o que se quer falar ou escrever. Além disso, os gêneros possibilitam e até exigem a intervenção criativa do produtor de texto para alcançar a finalidade a que se propõem.

Nas próximas unidades, serão analisadas diferentes possibilidades de realização de alguns gêneros de variadas esferas sociais. Ocupam mais espaço os gêneros nos quais predominam as tipologias do expor e do argumentar. Os gêneros relacionados ao expor são essenciais para a aquisição e a transmissão de conhecimentos, enquanto os relacionados ao argumentar prestam-se à defesa fundamentada de opiniões.

UNIDADE

5 Narrar

Nesta unidade

10 Crônica

Manuelzão (1904-1997) era um contador de histórias que virou personagem da literatura brasileira em *Manuelzão e Miguilim*, de João Guimarães Rosa (1908-1967), escritor que demonstrou grande apreço pela tradição oral de transmissão da cultura. Fotografia de 1996.

Desde tempos muito remotos, histórias são contadas como forma de ensinamento e de transmissão de cultura. As fábulas, os apólogos, os contos de fadas, as lendas e os "causos" são gêneros da esfera literária que se encarregam de ensinar e aconselhar crianças e adultos. Contam uma história que contém uma moral, um preceito de convivência em sociedade.

O hábito de contar histórias para educar não se perdeu, mas se transformou muito ao longo do tempo. Por exemplo, as narrativas passaram a ser também visuais, contadas por meio de animações e filmes, ocupando um novo espaço social à medida que a mídia se desenvolvia e incorporava tecnologia sofisticada à arte de narrar.

Nesta unidade, você entrará em contato com a crônica, um gênero que se aproxima dessas narrativas morais e que apareceu com o desenvolvimento da imprensa e do jornal, situando-se, assim, entre o literário e o jornalístico. Por trás da história que a crônica conta, há um ponto de vista sobre a condição humana em sua rotina, em sua vida miúda.

CAPÍTULO 10 Crônica

O que você vai estudar

- Como identificar e produzir uma crônica.
- A crônica como comentário do cotidiano.
- O clichê e o lugar-comum.

A **crônica** é um gênero que se popularizou no Brasil. Misturando ação narrativa, comentário do cotidiano, lirismo e humor, muitas crônicas brasileiras permanecem interessantes e atuais até muito tempo depois de terem sido publicadas em jornais diários, seu principal suporte. Neste capítulo, você vai conhecer melhor esse gênero situado entre o jornalístico e o literário, e depois será sua vez de produzir uma crônica.

› Leitura

- A crônica abaixo foi escrita por Fernando Sabino (1923-2004) e publicada no livro *A companheira de viagem*, de 1965. Leia-a com atenção e responda às questões propostas.

A última crônica

A caminho de casa, entro num botequim da Gávea para tomar um café junto ao balcão. Na realidade estou adiando o momento de escrever.

A perspectiva me assusta. Gostaria de estar inspirado, de coroar com êxito mais um ano nesta busca do pitoresco ou do irrisório no cotidiano de cada um. Eu pretendia apenas recolher da vida diária algo de seu disperso conteúdo humano, fruto da convivência, que a faz mais digna de ser vivida. Visava ao circunstancial, ao episódico. Nesta perseguição do acidental, quer num flagrante de esquina, quer nas palavras de uma criança ou num acidente doméstico, torno-me simples espectador e perco a noção do essencial. Sem mais nada para contar, curvo a cabeça e tomo meu café, enquanto o verso do poeta se repete na lembrança: "assim eu quereria o meu último poema". Não sou poeta e estou sem assunto. Lanço então um último olhar fora de mim, onde vivem os assuntos que merecem uma crônica.

Ao fundo do botequim um casal de pretos acaba de sentar-se, numa das últimas mesas de mármore ao longo da parede de espelhos. A compostura da humildade, na contenção de gestos e palavras, deixa-se acrescentar pela presença de uma negrinha de seus três anos, laço na cabeça, toda arrumadinha no vestido pobre, que se instalou também à mesa: mal ousa balançar as perninhas curtas ou correr os olhos grandes de curiosidade ao redor. Três seres esquivos que compõem em torno à mesa a instituição tradicional da família, célula da sociedade. Vejo, porém, que se preparam para algo mais que matar a fome.

Passo a observá-los. O pai, depois de contar o dinheiro que discretamente retirou do bolso, aborda o garçom, inclinando-se para trás na cadeira, e aponta no balcão um pedaço de bolo sob a redoma. A mãe limita-se a ficar olhando imóvel, vagamente ansiosa, como se aguardasse a aprovação do garçom. Este ouve, concentrado, o pedido do homem e depois se afasta para atendê-lo. A mulher suspira, olhando para os lados, a reassegurar-se da naturalidade de sua presença ali. A meu lado o garçom encaminha a ordem do freguês. O homem atrás do balcão apanha a porção do bolo com a mão, larga-o no pratinho – um bolo simples, amarelo-escuro, apenas uma pequena fatia triangular.

A negrinha, contida na sua expectativa, olha a garrafa de Coca-Cola e o pratinho que o garçom deixou à sua frente. Por que não começa a comer? Vejo que os três, pai, mãe e filha, obedecem em torno à mesa um discreto ritual. A mãe remexe na bolsa de plástico preto e brilhante, retira qualquer coisa. O pai se mune de uma caixa de fósforos, e espera. A filha aguarda também, atenta como um animalzinho. Ninguém mais os observa além de mim.

São três velinhas brancas, minúsculas, que a mãe espeta caprichosamente na fatia do bolo. E enquanto ela serve a Coca-Cola, o pai risca o fósforo e acende as velas. Como a um gesto ensaiado, a menininha repousa o queixo no mármore e sopra com força, apagando as chamas. Imediatamente põe-se a bater palmas, muito compenetrada, cantando num balbucio, a que os pais se juntam, discretos: "parabéns pra você, parabéns pra você..." Depois a mãe recolhe as velas, torna a guardá-las na bolsa. A negrinha agarra finalmente o bolo com as duas mãos sôfregas e põe-se a comê-lo. A mulher está olhando para ela com ternura – ajeita-lhe a fitinha no cabelo crespo, limpa o farelo de bolo que lhe cai ao colo. O pai corre os olhos pelo botequim, satisfeito, como a se convencer intimamente do sucesso da celebração. Dá comigo de súbito, a observá-lo, nossos olhos se encontram, ele se perturba, constrangido – vacila, ameaça abaixar a cabeça, mas acaba sustentando o olhar e enfim se abre num sorriso.

Assim eu quereria minha última crônica: que fosse pura como esse sorriso.

SABINO, Fernando. *A companheira de viagem*. 12. ed. Rio de Janeiro: Record, 1998.

Vocabulário de apoio

balbucio: ato de balbuciar – falar (ou cantar) de forma tímida, hesitante, imprecisa

episódico: acidental, ocasional

esquivo: que evita contato, que se intimida na frente de estranhos

irrisório: sem importância, insignificante

munir-se: abastecer-se do necessário para realizar algo

sôfrego: ansioso, impaciente

Situação de produção

Um espaço aberto

As crônicas nascem na **imprensa**, nos espaços reservados às "variedades" dos jornais, quando estes se tornam diários, no século XIX. No Brasil, alguns autores sequer assinavam suas crônicas, pois elas não alcançavam o mesmo prestígio de outros gêneros da esfera literária publicados no jornal, como os romances em fascículos (os folhetins) ou os poemas. Ainda assim, os jornais tiveram cronistas hábeis, que tornaram o gênero apreciado e valorizado. Martins Pena, Joaquim Manoel de Macedo, José de Alencar e Machado de Assis estão entre os autores que se celebrizaram pela produção literária em outros gêneros e também produziam crônicas.

Desde sua origem, a designação *crônica* se aplicava a textos muito diversos, às vezes próximos ao jornalismo de pequenos fatos, outras vezes mais voltados ao entretenimento. Na crônica era possível encontrar humor, comentário político, crítica teatral e cultural e aconselhamento moral, entre outros conteúdos.

Para o crítico literário Antonio Candido (em "A vida ao rés do chão"), é a partir dos anos 1930 que a crônica brasileira atinge sua melhor forma, na expressão de escritores como Mário de Andrade, Manuel Bandeira, Carlos Drummond de Andrade e outros que os seguiram. Nesse momento, abandonando parcialmente a função de informar, a crônica torna-se mais leve e coloquial, passa a utilizar mais o humor e a buscar mais o entretenimento. Aproxima-se, ainda, da poesia, ao alcançar, por meio da linguagem, uma dimensão profunda da condição humana.

A crônica pode se aproximar do **conto** ou do **artigo de opinião**. Não é raro que o cronista a escreva em primeira pessoa e dirija-se diretamente ao leitor, com a intimidade sugerida pela frequência diária ou semanal de seus encontros em jornais e revistas.

Charge publicada na revista *Ba-ta-clan* em 8 de agosto de 1868, representando o escritor José de Alencar num episódio político que protagonizou quando ocupava o cargo de ministro da Justiça. Uma das diversas atividades do autor de *O guarani* foi escrever crônicas, que eram publicadas em jornais.

❯ Ler uma crônica

1. Considere a situação narrada em "A última crônica".
   a) Qual é o cenário onde se passa a crônica?
   b) Qual é o período de tempo em que se passa a ação narrativa?
   c) Qual é a situação que dá origem à crônica?

   > **ANOTE**
   >
   > Embora esse não seja um traço que caracterize todos os textos do gênero, muitas crônicas **contam uma história**. Quando isso acontece, é possível identificar os elementos básicos de uma narrativa: **enredo**, **tempo**, **espaço**, **personagens** e **narrador**.

2. Observe a voz narrativa da crônica.
   a) O texto é narrado em primeira ou em terceira pessoa?
   b) Quem é o narrador do texto?

   > **ANOTE**
   >
   > A crônica é um gênero textual em geral vinculado a uma experiência do **cotidiano**. Partindo de uma situação real ou fictícia, ela apresenta uma reflexão sobre a realidade.

AMARAL, Tarsila do. *Segunda classe*, 1933. Óleo sobre tela, 110 cm × 151 cm. Coleção Fanny Feffer, São Paulo.

O quadro *Segunda classe*, de Tarsila do Amaral, ressalta a condição social de suas personagens, assim como o faz a crônica de Fernando Sabino.

3. No segundo parágrafo, o texto define o fazer do cronista.
   a) Escreva com suas palavras como deve ser uma crônica, segundo "A última crônica".
   b) Por que o narrador não conseguia encontrar um assunto para a crônica?

   > **ANOTE**
   >
   > A crônica utiliza, muitas vezes, a **metalinguagem**: fala sobre si mesma, sobre a escrita e a observação do cronista, sobre a escolha de palavras e a necessidade de ter ideias; enfim, sobre tudo o que envolve a produção desse gênero textual.

4. Releia o terceiro parágrafo, observando como o narrador descreve as personagens que se sentam à mesa ao fundo do botequim.
   a) A crônica sugere uma relação entre a cor da pele das personagens e sua condição social desfavorecida. Levando em conta que o texto foi escrito em 1965, com que objetivo o narrador parece propor essa relação: desqualificar os afrodescendentes ou retratar criticamente uma realidade? Justifique sua resposta com elementos da crônica.
   b) Hoje em dia, usar expressões como *casal de pretos* e *negrinha* para se referir a afrodescendentes pode ser considerado ofensivo, principalmente se não ficar claro, pelo contexto, que não há intenção de ofensa. Se a crônica fosse escrita nos dias de hoje, você imagina que o autor usaria essas expressões? Justifique.
   c) Qual é o efeito, no texto, de associar a cor da pele à condição social das personagens?

   > **ANOTE**
   >
   > A crônica, justamente por ter o **cotidiano** como principal fonte temática, revela **aspectos da sociedade** na qual se insere a situação narrada. Muitas crônicas tratam diretamente de temas sociais como a desigualdade, o preconceito e as relações de trabalho. Outras comentam os acontecimentos políticos ou os hábitos sociais.

Ação e cidadania

As palavras e o preconceito

Durante muito tempo, o uso de termos relacionados à cor da pele para designar a condição social de uma pessoa foi considerado normal. Assim, na crônica de Fernando Sabino, a identificação da cor da pele das personagens – com os termos usados na época – é feita não apenas para descrevê-las fisicamente, mas também para indicar a classe social a que pertencem. Hoje esse tipo de associação é considerado inaceitável, especialmente no Brasil, um país constituído por muitas etnias e marcado por desigualdades sociais.

5. "A última crônica" faz referência a "O último poema", de Manuel Bandeira (1886-1968). Essa referência aparece tanto no título quanto no segundo parágrafo do texto ("[...] o verso do poeta se repete na lembrança: 'assim eu quereria o meu último poema'.").

a) Nesse contexto, que sentido é possível atribuir ao adjetivo *última* em sua associação com o substantivo *crônica*?

b) Releia.

> Assim eu quereria minha última crônica: que fosse pura como esse sorriso.

Em sua opinião, a crônica de Fernando Sabino produziu o efeito que o narrador desejava criar em sua "última crônica"? Justifique, citando trechos ou ideias do texto.

ANOTE

A crônica costuma terminar apontando para um **sentido** que está **além do texto**, além do cotidiano. A **reflexão** sobre a condição humana que ela traz desperta as **emoções** do leitor. E no final, com a sensação provocada no leitor, a crônica afirma sua proximidade com a **poesia**.

6. A seguir, estão reproduzidos trechos de uma crônica de Luis Fernando Verissimo (1936-). Leia-os e responda às questões abaixo.

Os homenzinhos de Grork

A ficção científica parte de alguns pressupostos, ou preconceitos, que nunca foram devidamente discutidos. Por exemplo: sempre que uma nave espacial chega à Terra vinda de outro planeta, é um planeta mais adiantado do que o nosso. Os extraterrenos nos intimidam com suas armas fantásticas ou com sua sabedoria exemplar. Pior do que o raio da morte é o seu ar de superioridade moral. A civilização deles é invariavelmente mais organizada e virtuosa do que a da Terra e eles não perdem a oportunidade de nos lembrar disto. Cansado de tanta humilhação, imaginei uma história de ficção diferente. Para começar, o Objeto Voador Não Identificado que chega à Terra, descendo numa planície do Meio-Oeste dos Estados Unidos, chama a atenção por um estranho detalhe: a chaminé.

— Vi com estes olhos, xerife. Ele veio numa trajetória irregular, deu alguns pinotes, tentou subir e depois caiu como uma pedra.

— Deixando um facho de luz atrás?

— Não, um facho de fumaça. Da chaminé.

[...]

Nesse instante, um segmento de um dos painéis do disco, que é todo feito de madeira compensada, é chutado para fora e aparecem três homenzinhos com machadinhas sobre os ombros. Os três saem à procura de mais árvores para cortar. Estão examinando as pernas de um dos policiais, quando este resolve se identificar e aponta um revólver para os homenzinhos.

— Não se mexam ou eu atiro.

[...]

VERISSIMO, Luis Fernando. *O nariz e outras crônicas*. São Paulo: Ática, 2002. p. 40-41 (Coleção Para Gostar de Ler, v. 14).

a) Assim como "A última crônica", "Os homenzinhos de Grork" também tem referências metalinguísticas. Como elas se apresentam no texto de Luis Fernando Verissimo?

b) Com relação ao uso da metalinguagem, qual é a maior semelhança e a maior diferença entre as duas crônicas?

c) O cotidiano está presente em "Os homenzinhos de Grork"? De que forma?

d) A crônica de Verissimo também expõe uma reflexão crítica sobre a realidade. Explique como esse aspecto está presente no texto.

e) O texto de Verissimo cria um contraste entre o que costuma acontecer em histórias de ficção científica e os fatos narrados no texto. Que efeito esse contraste produz?

f) "A última crônica" desperta a emoção do leitor, revelando um tom poético. Em "Os homenzinhos de Grork", que característica se destaca? Justifique sua resposta.

ANOTE

O **humor** é uma característica muito presente nas crônicas. Tratando temas cotidianos com humor, as crônicas podem sustentar um ponto de vista crítico sobre a realidade, sem perder a leveza.

Entre o texto e o discurso – Comentário do cotidiano

Muitas vezes, a crônica não apresenta limites muito claros em relação a outros gêneros, como o conto. Os estudiosos da literatura, no entanto, identificam um aspecto que caracteriza grande parte das crônicas: sua vinculação à **realidade cotidiana**. Isso está bem visível em "O padeiro", de Rubem Braga (1913-1990), escrita no Rio de Janeiro, em maio de 1956. Leia a crônica.

O padeiro

Levanto cedo, faço minhas abluções, ponho a chaleira no fogo para fazer café e abro a porta do apartamento – mas não encontro o pão costumeiro. No mesmo instante me lembro de ter lido alguma coisa nos jornais da véspera sobre a "greve do pão dormido". De resto não é bem uma greve, é um *lockout*, greve dos patrões, que suspenderam o trabalho noturno; acham que obrigando o povo a tomar seu café da manhã com pão dormido conseguirão não sei bem o que do governo.

Está bem. Tomo o meu café com pão dormido, que não é tão ruim assim. E enquanto tomo café vou me lembrando de um homem modesto que conheci antigamente. Quando vinha deixar o pão à porta do apartamento ele apertava a campainha, mas, para não incomodar os moradores, avisava gritando:

— Não é ninguém, é o padeiro!

Interroguei-o uma vez: como tivera a ideia de gritar aquilo? "Então você não é ninguém?"

Ele abriu um sorriso largo. Explicou que aprendera aquilo de ouvido. Muitas vezes lhe acontecera bater a campainha de uma casa e ser atendido por uma empregada ou outra pessoa qualquer, e ouvir uma voz que vinha lá de dentro perguntando quem era; e ouvir a pessoa que o atendera dizer para dentro: "não é ninguém, não senhora, é o padeiro". Assim ficara sabendo que não era ninguém...

Ele me contou isso sem mágoa nenhuma, e se despediu ainda sorrindo. Eu não quis detê-lo para explicar que estava falando com um colega, ainda que menos importante. Naquele tempo eu também, como os padeiros, fazia o trabalho noturno. Era pela madrugada que deixava a redação de jornal, quase sempre depois de uma passagem pela oficina – e muitas vezes saía já levando na mão um dos primeiros exemplares rodados, o jornal ainda quentinho da máquina, como pão saído do forno.

Ah, eu era rapaz, eu era rapaz naquele tempo! E às vezes me julgava importante porque no jornal que levava para casa, além de reportagens ou notas que eu escrevera sem assinar, ia uma crônica ou artigo com o meu nome. O jornal e o pão estariam bem cedinho na porta de cada lar; e dentro do meu coração eu recebi a lição de humildade daquele homem entre todos útil e entre todos alegre; "não é ninguém, é o padeiro!"

E assobiava pelas escadas.

BRAGA, Rubem. *200 crônicas escolhidas*. 27. ed. Rio de Janeiro: Record, 2007. p. 319.

Notas laterais:

- A situação cotidiana que gera a crônica – um fato inusitado, embora corriqueiro – é vivida pelo próprio narrador e tem vinculação com **aspectos sociais** e **políticos** da época.

- A personagem é apresentada: a **contradição humorística** "ninguém × padeiro" será o centro da crônica.

- O hábito das pessoas, explicação simples e prosaica da contradição anterior, é o que determina o **lugar social** do padeiro (ou a ausência desse lugar).

- A associação entre o jornal e o pão, ambos quentinhos, forma uma **imagem símbolo** da identificação entre os papéis sociais do padeiro e do jornalista.

- O assobio alegre do padeiro ressoando pelas escadas é a mensagem final do texto, que ressoa também ao leitor.

- A aceitação da situação leva o narrador à **lembrança** que será objeto da crônica. Aparece a personagem principal, identificada apenas por sua **qualidade moral**.

- A reflexão sobre o papel social do padeiro desperta **indagações filosóficas, existenciais**: é o estatuto do ser humano que está em questão.

- A aceitação "sem mágoa" de sua condição leva à **identificação** do narrador com o padeiro.

- O nome assinado no artigo jornalístico é o oposto ao "ninguém" declarado pelo padeiro. Por isso a identificação final serve de lição ao jornalista.

Vocabulário de apoio

ablução: lavagem matinal do corpo ou de parte dele

lockout: fechamento de um estabelecimento pelos proprietários para que os empregados aceitem suas propostas

oficina: local onde são impressos jornais

> A crônica e sua tese

Observe como se introduz o tema de "O padeiro", de Rubem Braga. Assim como em "A última crônica", de Fernando Sabino, a situação de produção é explicitada ao leitor: há uma greve de padeiros e o narrador lembra-se de uma história, ao comer seu "pão dormido".

A história é contada ao leitor como se fosse verdadeira e tivesse se passado com o autor, assim como a de Fernando Sabino. Na verdade, não importa ao leitor se ela é real ou inventada. Mesmo quando é inteiramente ficcional, há uma ideia, uma tese sendo transmitida ao leitor. No caso de Fernando Sabino e Rubem Braga, a identificação com pessoas de outras classes sociais reflete a procura pela igualdade entre os indivíduos.

O escritor Moacyr Scliar (1937-2011) publicava semanalmente, na *Folha de S.Paulo*, uma crônica baseada em uma notícia. Reproduzimos a seguir a notícia que serviu de ponto de partida para uma de suas crônicas.

> A modelo Kate Moss destruiu uma série de gravações inéditas de seu namorado, Jamie Hince, da dupla The Kills. De acordo com o jornal *Daily Mirror*, Moss e Hince se envolveram em uma discussão ao cabo da qual a *top model* britânica arremessou uma bolsa do músico contendo um *notebook* com seis faixas da banda em uma piscina. Hince não conseguiu salvar os dados contidos no computador portátil. "Jamie ficou muito abalado. Ele tentou recuperar o *notebook*, removendo o disco rígido e deixando-o secar em um armário ventilado", disse uma fonte próxima ao músico.
>
> *Folha de S.Paulo*, 22 jun. 2009. Cotidiano.

Livro aberto

***200 crônicas escolhidas*, de Rubem Braga**
Record, 2002, 20. ed.

Rubem Braga consagrou-se como um dos grandes nomes da crônica brasileira. Em *200 crônicas escolhidas*, o leitor terá acesso a uma grande diversidade de escritos do autor capixaba, que, no entanto, representam apenas uma pequena parte de suas cerca de 15 mil crônicas publicadas em jornais de vários estados brasileiros.

Capa do livro *200 crônicas escolhidas*. Ao lado, foto de Rubem Braga tirada em 1988.

1. Inspirando-se na notícia, faça o planejamento de uma crônica que transmita ao leitor uma tese sobre os conflitos em relacionamentos amorosos. Defina a caracterização das personagens, há quanto tempo elas se relacionam, se as brigas do casal são frequentes ou raras. Como seria a conclusão da crônica a partir desses elementos? Atenção: não é preciso escrever uma crônica inteira, basta planejá-la.

2. Agora, o professor lerá a crônica de Moacyr Scliar. Preste atenção à solução que ele deu e compare com a crônica que você planejou.

Observatório da língua

Clichê e lugar-comum × originalidade

Clichês, **chavões** e **frases feitas** são três maneiras diferentes de denominar as expressões consagradas pelo uso que substituem a maneira mais simples de dizer alguma coisa. Dois exemplos: em vez de dizer que ainda é cedo, dizer "a noite é uma criança"; no lugar de "esconder bem", dizer "guardar a sete chaves".

O **lugar-comum**, por sua vez, é também uma fórmula consagrada, mas refere-se mais a situações que propriamente a expressões linguísticas. Por exemplo, é um lugar-comum terminar uma narrativa com a personagem acordando, para sugerir que tudo o que foi narrado pode ter sido um sonho. Essa é, muitas vezes, uma solução fácil, que evita ter de elaborar um desenlace coerente para as tensões da narrativa.

Fórmulas como essas, por serem muito conhecidas, são compreendidas com facilidade pelo público. Por isso, são muito usadas em situações de comunicação de massa, como os programas de televisão. No entanto, costumam ser evitadas pelos escritores que valorizam a **originalidade**.

Isso não quer dizer que os chavões e os lugares-comuns não apareçam na literatura. Eles também podem ser usados com originalidade, em situações que brincam com as referências conhecidas e lhes atribuem novos significados. É o caso da crônica "Os homenzinhos de Grork", de Luis Fernando Verissimo, que desde o início avisa que seu assunto são os lugares-comuns de um gênero específico. O narrador explica que faz sua crônica em reação a esse lugar-comum.

- Releia os trechos de "Os homenzinhos de Grork" reproduzidos na página 93.
    a) Cite elementos do texto que contrariam o lugar-comum da ficção científica. Justifique sua resposta.
    b) Reescreva com outras palavras as frases que contêm os clichês "vi com estes olhos" e "caiu como uma pedra", preservando o sentido original.

❯ Produzir uma crônica

❯ Proposta

Escolha uma das **situações cotidianas** abaixo para transformá-la em uma **crônica**, imaginando que ela será publicada em um jornal de bairro (no caso de uma cidade grande) ou no jornal da cidade (caso você more em uma cidade pequena). O texto deve usar o cotidiano como fonte para uma reflexão sobre a **condição humana**. Para isso, conte uma pequena **história**. Utilize os conhecimentos sobre a crônica abordados neste capítulo. Procure aproveitar todos os recursos possíveis para escrever um texto sensível e divertido.

O café da manhã familiar – situações típicas ou acontecimentos inusitados no café da manhã revelam as motivações e os hábitos de determinada classe social.

O transporte e a cidade – no percurso de casa para a escola, é possível observar a vida das pessoas e refletir sobre a condição em que vivem.

O "namoro" de férias – o caráter temporário da experiência de férias expõe fragilidades das relações amorosas.

❯ Planejamento

1. Observe no quadro abaixo as características do texto a ser produzido.

Gênero textual	Público	Finalidade	Meio	Linguagem	Evitar	Incluir
crônica	leitores de jornal	produzir um texto narrativo, construindo um ponto de vista sobre algum aspecto do cotidiano	jornal do bairro ou da cidade	leveza; humor; intimidade	excesso de clichês e de formalidade	reflexão sobre a condição humana (aspectos sociais, psicológicos e/ou filosóficos)

2. Com base no tema escolhido, responda:
   a) Quais serão as características principais de suas **personagens**? O que elas revelarão sobre o tema da crônica?
   b) A pequena **história** cotidiana que será contada é um fato inusitado ou comum? Aconteceu com você ou com algum conhecido seu? Foi noticiado no jornal ou será inventado?
   c) Sobre o **espaço** em que se passarão os acontecimentos: que detalhes ajudarão a criar o ambiente cotidiano a ser apresentado ao leitor?

3. Que **aspecto humano** (social, político, psicológico e/ou filosófico) será abordado?

4. Defina a forma como o texto será apresentado ao leitor:
   a) O texto será narrado em primeira ou em terceira pessoa?
   b) O texto se dirigirá diretamente ao leitor?
   c) Haverá alguma passagem **metalinguística** (em que se discutirá o fazer do cronista)?

5. Defina o modo como o tema será abordado e como a narrativa será iniciada. A reflexão será o ponto de partida ou o texto vai começar com a ação narrativa, deixando a reflexão para depois? Como será estruturada a **introdução**?

6. Defina como você vai terminar a crônica. De que forma o **final** vai apontar para um sentido além do texto, além do cotidiano?

7. Copie e complete o quadro abaixo, produzindo um "esquema" da crônica.

Estrutura	Conteúdo	Sua crônica
Introdução	• abordagem do tema • início da narrativa	
Desenvolvimento	• apresentação de personagens • cenário • situação cotidiana (típica ou inusitada) • história (real ou ficcional)	
Desfecho	• retomada da introdução (opcional) • reflexão, explícita ou apenas sugerida, sobre a condição humana • frase final apontando para um sentido além do texto	

> Elaboração

8. Agora você já pode escrever a crônica.
9. Desenvolva o esquema feito durante o planejamento. Para garantir a coesão textual, cuide da conexão entre as partes do texto.
10. Fique atento à linguagem. Cuide para que ela seja engraçada e sensível ao mesmo tempo.

> Avaliação

11. Forme uma dupla e troque seu texto com o do colega.
12. Copie o quadro abaixo em uma folha avulsa e preencha-o com base na leitura da crônica do colega. Em seguida, faça um comentário geral sobre o texto produzido por ele, apontando as qualidades e sugerindo mudanças que julgar necessárias.

	Sim	Não
Os elementos da narrativa – tempo, espaço, personagens e enredo – estão caracterizados de forma adequada?		
O narrador estabelece proximidade adequada com o leitor? Seu estilo é leve e humorado?		
A crônica propõe uma reflexão sobre o cotidiano? Aborda de maneira adequada os aspectos sociais, psicológicos e/ou filosóficos da condição humana?		
As ideias que o texto transmite são originais? Se houver lugares-comuns, eles são abordados de forma interessante?		
As expressões adverbiais que indicam tempo e lugar contribuem para a coesão textual?		
O final aponta para um sentido além do texto?		
Comentário geral sobre o texto		

> Reescrita

13. Devolva o texto do colega e receba seu texto de volta.
    a) Leia com atenção o quadro que o colega preencheu avaliando sua crônica.
    b) Releia seu texto, buscando compreender as observações feitas pelo colega.

    DICA: Se estiver trabalhando no computador, confira se o programa permite visualizar claramente as alterações realizadas no texto e recuperar uma passagem eliminada, se for o caso.

14. Reescreva sua crônica.
    a) Faça alterações na história e na linguagem para aproximar a crônica dos objetivos estabelecidos no planejamento.
    b) Faça as modificações que julgar necessárias para aprimorar a coesão textual de seu texto.

Foco da reescrita

Ao reescrever a crônica, dê atenção às ideias prontas e às frases feitas que possam ter sido utilizadas. Aproveite temas e pensamentos já estabelecidos, mas dê a eles seu toque pessoal. Em vez de usar **clichês**, transforme-os e crie suas próprias ideias sobre o cotidiano. Para isso, mobilize sua experiência, sua forma pessoal de observar as pessoas e o mundo.

ATENÇÃO

» Utilize **elementos coesivos** comuns na narrativa, como **expressões adverbiais** que indiquem tempo e lugar e expressões que indiquem uma **sequência lógica**.

» Não se esqueça de dar um **título** a sua crônica.

Sétima arte

O homem nu
(Brasil, 1997)
Direção de Hugo Carvana

Esta é uma das montagens cinematográficas inspiradas em texto homônimo de Fernando Sabino, situado entre o conto e a crônica, que aborda o lugar-comum da nudez em público, tema recorrente em sonhos e estudado pela psicologia. Em montagem anterior, dirigida por Roberto Santos em 1968, o roteiro que transpôs a narrativa para a linguagem do cinema teve a assinatura do próprio Sabino.

Capa do DVD de *O homem nu*.

Vestibular

Em geral, nas provas de redação, os exames vestibulares costumam solicitar que o candidato produza um texto do tipo **dissertativo**. No entanto, por vezes também é oferecida a possibilidade de desenvolver um tema em um texto **narrativo**. Caso optasse pelas propostas aqui reproduzidas, você poderia utilizar seus conhecimentos sobre a **crônica** para produzir uma narrativa.

(UFSC)
PROPOSTA 2

Projeto de lei

O CONGRESSO NACIONAL decreta:
Art. 1º – A Lei nº 8.069, de 13 de julho de 1990, passa a vigorar acrescida dos seguintes artigos:
Art. 17-A. A criança e o adolescente têm o direito de serem educados e cuidados pelos pais, pelos integrantes da família ampliada, pelos responsáveis ou por qualquer pessoa encarregada de cuidar, tratar, educar ou vigiar, sem o uso de castigo corporal ou de tratamento cruel ou degradante, como formas de correção, disciplina, educação, ou qualquer outro pretexto.
Parágrafo único. Para os efeitos desta Lei, considera-se:
I – castigo corporal: ação de natureza disciplinar ou punitiva com o uso da força física que resulte em dor ou lesão a criança ou adolescente.
II – tratamento cruel ou degradante: conduta que humilhe, ameace gravemente ou ridicularize a criança ou o adolescente.
[...]

Disponível em: <http://www.camara.gov.br/sileg/integras/790543.pdf>. Acesso em: 12 fev. 2015.

[...] Fabiano sombrio, cambaio, o aió a tiracolo, a cuia pendurada numa correia presa ao cinturão, a espingarda de pederneira no ombro. O menino mais velho e a cachorra Baleia iam atrás.
Os juazeiros aproximaram-se, recuaram, sumiram-se. O menino mais velho pôs-se a chorar, sentou-se no chão.
— Anda, condenado do diabo, gritou-lhe o pai.
Não obtendo resultado, fustigou-o com a bainha da faca de ponta. Mas o pequeno esperneou acuado, depois sossegou, deitou-se, fechou os olhos. Fabiano ainda lhe deu algumas pancadas e esperou que ele se levantasse. Como isto não acontecesse, espiou os quatro cantos, zangado, praguejando baixo.
[...]
Pelo espírito atribulado do sertanejo passou a ideia de abandonar o filho naquele descampado. Pensou nos urubus, nas ossadas, coçou a barba ruiva e suja, irresoluto, examinou os arredores. Sinha Vitória estirou o beiço indicando vagamente uma direção e afirmou com alguns sons guturais que estavam perto. Fabiano meteu a faca na bainha, guardou-a no cinturão, acocorou-se, pegou no pulso do menino, que se encolhia, os joelhos encostados no estômago, frio como um defunto. Aí a cólera desapareceu e Fabiano teve pena. Impossível abandonar o anjinho aos bichos do mato. [...]

Ramos, Graciliano. *Vidas Secas*. 58. ed. Rio de Janeiro/São Paulo: Record, 1986. p. 9-10.

Com base nos [...] excertos [...], escreva um texto (**conto** ou **crônica**) a partir de uma experiência pessoal.

(Cefet-MG)
Leia o fragmento, do livro *Cadernos de João*, de Aníbal Machado:

Os personagens

Era uma criatura tão sensível, crédula e exagerada, que a mais desprezível carta anônima assumia para ela as proporções de um coro grego.

Machado, Aníbal. *Cadernos de João*. Rio de Janeiro: José Olympio, 2004. p. 42-43.

Redija um texto narrativo, dando continuidade ao fragmento acima.

Relatar

UNIDADE 6

As biografias estão incluídas entre os relatos. Relatar é transformar a experiência vivida em um discurso oral ou escrito. Para isso, é necessário reduzi-la ao essencial.

A biografia procura transmitir o sentido de uma existência. Pode-se escrever uma biografia para elogiar, criticar, reabilitar ou mesmo dessacralizar o biografado.

Os relatos biográficos articulam o extraordinário – o que há de único em uma existência singular – com o pertencimento a uma ordem histórica. Eles transformam, assim, até mesmo a vida mais exótica em um exemplar de pura experiência humana.

Nesta unidade, você vai aprender a identificar e produzir um gênero que aproximou o jornalismo da literatura. O perfil biográfico realiza uma abordagem mais detida e subjetiva da vida de personalidades que têm certa relevância social.

Nesta unidade

11 Perfil biográfico

Fotografias do cantor e compositor Renato Russo (1960-1996) em três fases de sua vida.

CAPÍTULO 11

Perfil biográfico

O que você vai estudar

- Como identificar e produzir um perfil biográfico.
- Relevância social da pessoa retratada.
- Discursos direto, indireto e indireto livre.

O **perfil biográfico** é um gênero textual que, partindo de uma apuração jornalística, realiza o retrato de uma pessoa que tem certa relevância social. Sua linguagem pode aproximar-se da literatura, ao recriar imagens e relatar detalhes muito particulares da pessoa retratada. Neste capítulo, vamos conhecer melhor esse gênero, e depois será sua vez de produzir um perfil.

▶ Leitura

- O texto abaixo é um perfil publicado na revista mensal *Vida simples*, em abril de 2007. Leia com atenção o texto e responda às questões propostas.

Zé Peixe

Ele passou a vida dentro d'água, buscando navios a nado. Conheça a incrível história desse velho do mar

por Marcia Bindo

Do alto do barco, dá para ouvir a imensidade de mar chamando. Uma voz macia, sussurrada. Ele apruma os pés na beirada, estende os braços para trás, estufa o peito e salta num voo ligeiro. A água suaviza a queda, envolve-o com um abraço de boas-vindas. Está em casa. Logo os botos vêm chegando, como de costume, para fazer companhia na travessia.

Esta é a história de um peixe chamado José. Há mais de seis décadas ele passa a maior parte do tempo na água. Nada quase diariamente cerca de 10 quilômetros [...], está habituado a saltar de navios de mais de 40 metros de altura e é capaz de façanhas homéricas no mar mesmo com seus 80 anos. Zé Peixe, como é conhecido em Aracaju, é reverenciado por marinheiros dos sete cantos por sua humildade, bravura e profundo conhecimento das coisas do mar.

Uma lenda viva

E, como toda lenda, tem suas particularidades. Desde que começou a trabalhar no porto de Aracaju, Zé Peixe nunca mais tomou um bom banho de chuveiro. Para quê, se está sempre na água? Também quase não bebe água doce. Gosta mesmo é de dar uns golinhos de água salgada nos trajetos que nada. "Faz um bem danado à saúde", diz ele.

Conhece como ninguém os segredos da Boca da Barra, onde o rio Sergipe se abre para o mar e bancos de areia se formam de uma hora para outra, colocando em risco as embarcações. Sabe a profundidade das águas pela cor e as correntezas pela variação de temperatura e direção do vento.

Zé Peixe é o prático mais conhecido do planeta. Prático é o sujeito que ajuda os coman-

Zé Peixe, em seu tradicional salto em direção ao mar. Aos 80 anos, ele ainda nadava cerca de 10 quilômetros por dia. Fotografia de 2002.

dantes a conduzir os barcos na entrada e saída do porto, orientando-os a manobrar com segurança. Sua presença é obrigatória em qualquer cais do mundo no momento de atracagem e saída dos navios. O que faz de Zé Peixe uma espécie rara é a maneira como trabalha: ele vai buscar o navio a nado, enquanto seus colegas recorrem a um barco de apoio. E, quando tira o navio do porto, em vez de voltar de barco ele zapt!, salta no mar. Faz assim: enrola a camisa, coloca junto com os documentos e os trocados em um saco plástico e amarra firme no calção; mergulha e volta para casa com braçadas elegantes, ritmadas, sem movimentar as pernas para não atiçar os tubarões. [...]

Quando Zé Peixe chega ao porto é uma alegria só. Ele curva seu corpo para cumprimentar funcionários, marujos e capitães, como se os estivesse reverenciando. "Não existe ninguém como ele", diz um. "Uma figura lendária de Aracaju", afirma outro. "Peixinho é um ídolo", conta outro homem do mar. [...]

Zé é peixe miudinho. Tem apenas 1,60 metro de altura e 53 quilos. Mesmo franzino, já realizou muitas grandezas. A maior proeza foi quando socorreu o navio Mercury, que ardia em chamas em alto-mar, vindo das plataformas da Petrobras e com funcionários a bordo. Zé pegou carona num rebocador, ligeiro chegou ao navio e conduziu a embarcação até um ponto onde todos pudessem saltar e nadar para terra firme. "Eu só fiz o que tinha de fazer, compreende?" Ele não gosta de falar muito de si mesmo. Por causa de sua condição física exemplar, ele conseguiu salvar inúmeras vidas, conta Brabo, o chefe dos práticos, que há 26 anos convive com Peixinho. Em 1941, ele e toda a população de Aracaju viram na praia os corpos de náufragos de três navios bombardeados por embarcações alemãs na Segunda Guerra Mundial. A partir daí, ninguém nunca mais se afogou perto dele.

Maré-cheia

Desde menino novo, Zé dá suas pernadas no rio Sergipe. Os pais, dona Vectúria e seu Nicanor, que ensinaram. De sua casa, era só cruzar a rua de terra para dar no rio. Em tempo de maré-cheia, a água vinha bater na porta. Moleque arretado, José Martins Ribeiro Nunes aprendeu a atravessar o rio para chupar caju na outra margem do rio. Aos 12 anos já nadava muito bem. Sua casa era vizinha à Capitania dos Portos e logo foi reparado pelos marinheiros. De observar a destreza do menino, um almirante o batizou novamente: virou Zé Peixe. Quando chegou o tempo certo, com 17 anos, formou-se prático. [...]

Zé nunca saiu da casa onde nasceu, umas das mais antigas de Aracaju. [...] "Vou morrer aqui", diz. "Mas só quando o capitão lá de cima desejar."

Hoje uma avenida asfaltada o separa do rio. [...] O casebre por fora é pintado de branco, mas dentro é todo azul. Está entulhado de cacarecos que juntou pela vida, entre eles títulos e medalhas. Não joga nada fora e não gosta que arrumem sua bagunça. Tudo remete ao mar: miniaturas de barcos espalhados pelos cômodos e desenhos de lápis de cor grudados nas paredes. E muitas imagens de santos católicos. Quem chega da família já vai pedindo a bênção. E tem também quem chega para pedir uns trocados. É que Zé costuma distribuir seu salário aos pedintes. Velhos pescadores que não podem mais trabalhar, desempregados e inválidos conhecem de perto sua bondade.

Espécie rara

Mesmo aposentado há mais de 20 anos, Zé Peixe continua trabalhando por gosto. Acorda cedo, com o escuro. Não tem hora certa para trabalhar. Depende do fluxo de navios no porto. E das marés. Acostumou seu corpo a comer pouquinho, porque barriga cheia não se dá com o mar. Dá gastura. De manhã, basta um pão com café preto. E, depois, só fruta. Quando passa o dia inteiro no porto, faz jejum. O doutor já confirmou: Zé tem coração de menino. Nunca fumou nem bebeu. Seu vício mesmo é o mar.

[...]

"Ele é meu herói", diz o deputado Fernando Gabeira. Quando estava exilado na Alemanha, o deputado viu uma reportagem sobre Zé Peixe. A história do bravo nadador chamou sua atenção. Quando retornou ao Brasil, foi conhecer de perto o tal sergipano. "É uma figura extraordinária. Tentei fazer um filme sobre a vida dele, mas ele não quis", conta.

Zé viveu numa época em que não havia carro nem televisão. Viu o manguezal sendo aterrado e os navios minguando com o impulso rodoviário da década de 1950. Enquanto Aracaju é tomada por edifícios e *shopping centers* que vão transformando os horizontes da cidade, Zé Peixe ainda ensina aos sobrinhos e aos filhos destes os mistérios do rio e do mar. Dizem que o mar não estará para peixe em algumas décadas. Enquanto isso não acontecer, Zé Peixe continuará nadando por lá. E como sempre, ao emergir do mar, fará um pequeno sinal na testa, agradecendo por mais um dia na água.

BINDO, Marcia. *Vida simples*, São Paulo, Abril, abr. 2007.

Situação de produção

Com um pé na literatura

O perfil biográfico é um gênero textual que ganhou força nos anos 1960 com o **Novo Jornalismo** estadunidense (New Journalism), corrente que realizava o chamado jornalismo literário. Um marco dessa nova forma de reportagem, mais subjetiva e autoral, foi o perfil que Truman Capote traçou do ator Marlon Brando, "O duque em seus domínios", publicado em 1957, na revista *The New Yorker*, como resultado de uma longa entrevista. No Brasil, à mesma época, Joel Silveira já havia se tornado conhecido pelos perfis biográficos que redigia.

Diferentemente da biografia em livro, em que o autor deve investigar – às vezes durante anos – minúcias da vida do biografado, o perfil pode focalizar apenas um momento da vida do entrevistado. É um texto mais curto, tanto em extensão quanto no "prazo de validade" das informações, baseadas nas interpretações do repórter.

> Ler um perfil biográfico

1. Releia este trecho: "Ele passou a vida dentro d'água, buscando navios a nado. Conheça a incrível história desse velho do mar". Em sua opinião, a história de Zé Peixe é mesmo incrível? Por quê?

2. Releia os dois primeiros parágrafos e observe como eles formam uma introdução ao perfil biográfico.
   a) Localize no primeiro parágrafo duas expressões que se aproximam da linguagem da poesia. Copie-as no caderno e explique o efeito de sentido que produzem no leitor.
   b) Localize no segundo parágrafo as informações principais sobre Zé Peixe e responda: o que justifica a escolha dessa pessoa para constituir matéria de um perfil biográfico?

ANOTE

O jornalista seleciona uma **pessoa real** de quem possa escrever um perfil biográfico. O texto mostra as características distintivas dessa pessoa, transformando-a em **personagem**.

3. Releia: "E, como toda lenda, tem suas particularidades.". Quais são as particularidades de Zé Peixe?
4. O que diferencia Zé Peixe dos outros práticos?
5. Faça um pequeno resumo da trajetória biográfica de Zé Peixe, enumerando os fatos em ordem cronológica.

ANOTE

O texto de um perfil biográfico centra seus esforços na exposição e explicação das características da personagem que justificam um relato de sua vida e atividades: sua **relevância social**, suas **peculiaridades** e sua **trajetória pessoal**.

6. Localize no texto todos os trechos em que aparece algum depoimento.
   a) Quantos depoimentos há no texto?
   b) O que eles nos informam sobre Zé Peixe?

7. Há também no perfil biográfico o depoimento de uma "celebridade".
   a) Quem é? Escreva o que você sabe sobre ela.
   b) O que ela diz sobre Zé Peixe?
   c) Você concorda com essa opinião? Localize no texto e copie no caderno uma passagem que justifique sua concordância ou discordância.

ANOTE

O perfil biográfico recolhe informações privilegiadas, por meio de **depoimentos** de amigos, familiares, colegas de atividade e conhecidos, para oferecer ao leitor uma imagem social da personagem. Também aparecem personalidades conhecidas que, com sua **voz de autoridade**, ajudam a legitimar o perfil traçado.

8. No perfil, há uma grande quantidade de detalhes que revelam a personalidade de Zé Peixe. Faça uma lista para cada item abaixo:
   a) detalhes físicos;
   b) detalhes psicológicos e hábitos pessoais;
   c) detalhes do ambiente em que vive e de seus objetos.

9. Localize no texto os momentos em que quem fala é o próprio Zé Peixe.
   a) Copie essas falas no caderno.
   b) Que impressão elas causam no leitor?

Repertório

Jornalismo: "pacto de realidade" com o leitor

O texto jornalístico supõe um "**pacto de realidade**" entre jornalista e leitor. O jornal se responsabiliza pela verdade das informações veiculadas, e o leitor supõe que esse compromisso esteja sendo respeitado. No caso do perfil biográfico, que se aproxima muito da literatura, contribui para esse pacto o fato de o leitor encontrar o texto em seções reservadas para esse gênero. Se encontrasse o texto sobre Zé Peixe avulso, recortado da revista, o leitor poderia ficar na dúvida quanto a se tratar de um texto jornalístico ou literário.

Zé Peixe faleceu em 2012, aos 85 anos. Fotografia de 2002.

Ação e cidadania

Zé Peixe: um velho com "coração de menino". Mesmo aos 80 anos, ele continuava trabalhando, mantendo hábitos saudáveis que o ajudaram a ter uma vida longa. Zé Peixe: um herói.

No Brasil de hoje, porém, muitos idosos sofrem maus-tratos. Não são raras em nosso país manchetes como "Maranhão registra média de 30 casos de violência contra idosos por dia" (disponível em: <http://www.ebc.com.br/cidadania/galeria/audios/2013/01/maranhao-registra-media-de-30-casos-de-violencia-contra-idosos-por>, acesso em: 12. fev. 2015). O Estatuto do Idoso, de 2003, ampliou os direitos do cidadão com mais de 60 anos, estabelecendo que ele não pode ser vítima de violência ou negligência e que o cuidado com o idoso é dever de toda a sociedade.

> **ANOTE**
>
> Para compor o perfil biográfico, o **detalhamento** é indispensável. São reveladores as frases típicas, os detalhes referentes à aparência física, aos traços psicológicos, aos objetos que compõem o ambiente de vida e trabalho, etc.

10. Procure identificar, nas expressões abaixo, quais destes recursos linguísticos foram utilizados: metáfora, personificação, discurso indireto livre, onomatopeia. Explique suas respostas.
    a) "Esta é a história de um peixe chamado José."
    b) "A água suaviza a queda, envolve-o com um abraço de boas-vindas."
    c) "Zé Peixe nunca mais tomou um bom banho de chuveiro. Para quê, se está sempre na água?"
    d) "[...] em vez de voltar de barco ele zapt!, salta no mar."
    e) "O que faz de Zé Peixe uma espécie rara é a maneira como trabalha: ele vai buscar o navio a nado, enquanto seus colegas recorrem a um barco de apoio."
    f) "Vou morrer aqui", diz. "Mas só quando o capitão lá de cima desejar."

> **ANOTE**
>
> O perfil biográfico é um dos textos jornalísticos mais próximos da **literatura**. Utiliza metáforas e outras **figuras de linguagem**, valoriza detalhes com significado subjetivo, descreve poeticamente pessoas e cenários e pode usar o discurso indireto livre, entre outros recursos associados à prosa literária.

11. O último parágrafo, a conclusão do texto, apresenta as transformações de Aracaju ao longo da vida de Zé Peixe. Discuta as possibilidades da permanência do modo de vida de Zé Peixe nesse contexto.

Observatório da língua

Discursos direto, indireto e indireto livre

Há três formas possíveis de apresentar falas em textos jornalísticos ou literários: **discurso direto**, **discurso indireto** e **discurso indireto livre**.

O discurso direto ocorre quando o texto reproduz uma fala em primeira pessoa, geralmente acompanhada por marcas linguísticas – o travessão ou as aspas – indicando a fala. Pode conter também um verbo *dicendi*. Observe esta passagem do texto sobre Zé Peixe:

> "Faz um bem danado à saúde", diz ele.

O **discurso indireto** ocorre quando o autor utiliza a terceira pessoa, reproduzindo o conteúdo da fala da personagem. Não aparecem marcas linguísticas de fala, mas podem aparecer os verbos *dicendi*:

> Por causa de sua condição física exemplar, ele conseguiu salvar inúmeras vidas, conta Brabo [...]

O **discurso indireto livre** mescla os discursos direto e indireto. Em geral, mantém a terceira pessoa do discurso, mas incorpora a fala da personagem ao discurso do autor ou narrador:

> Acostumou seu corpo a comer pouquinho, porque **barriga cheia não se dá com o mar. Dá gastura.**

- O exemplo de discurso indireto livre acima surgiu provavelmente da conversa entre a jornalista e Zé Peixe, seu biografado. Reescreva o trecho transformando-o em um diálogo, usando discurso direto.

Repertório

Ruptura do "pacto de realidade"

Às nove horas da noite do dia 30 de outubro de 1938, a rádio CBS estadunidense transmite ao vivo uma invasão de marcianos à Terra. Todos os elementos que colaboravam para o efeito de realidade nas transmissões da época foram utilizados. Como se fosse uma edição extraordinária do jornal radiofônico, houve interrupção da programação normal, efeitos sonoros, depoimentos de especialistas, entrevistas, repórteres nas ruas, notícias de última hora. Ao proceder assim, o programa **rompeu o "pacto de realidade"** estabelecido com o ouvinte de noticiários jornalísticos, pois veiculou com o formato de programa noticioso o que era na verdade uma obra de ficção: tratava-se da adaptação de *Guerra dos mundos*, uma obra de ficção científica de H. G. Wells. O resultado dessa adaptação, empreendida pelo jovem Orson Welles, foi o pânico generalizado de milhares de pessoas, com congestionamentos gigantescos e histeria em New Jersey, Nova York e Newark, nos Estados Unidos. Em 2005, uma nova adaptação do livro chegou às telas de cinema pelas mãos de Steven Spielberg.

Cena do filme *Guerra dos mundos* (2005, EUA), baseado no livro de H. G. Wells que tem o mesmo título.

Produzir um perfil biográfico

> Proposta

Escolha uma **pessoa de destaque** no meio em que você vive, supondo que seu texto será publicado no jornal da escola. Dê preferência a alguém próximo, que você possa observar e entrevistar. Depois escreva um **perfil biográfico** sobre a personalidade escolhida. Utilize os conhecimentos que você adquiriu sobre o perfil neste capítulo. Procure aproveitar todos os recursos de que dispõe para redigir um texto que seja, ao mesmo tempo, **informativo** e **poético**.

Os critérios de relevância social variam conforme os órgãos de imprensa em que são publicados. Consulte revistas ou jornais que circulam em sua cidade para observar esses critérios diferentes e verifique se você se identifica com algum deles. Será útil para você definir claramente seu próprio critério de relevância social, ao escolher a personalidade que constituirá o tema de seu perfil biográfico.

> Planejamento

1. Observe no quadro abaixo as características do texto que você vai produzir.

Gênero textual	Público	Finalidade	Meio	Linguagem	Evitar	Incluir
perfil biográfico	estudantes de Ensino Médio	relatar uma entrevista e/ou apuração jornalística, caracterizando com expressividade uma personalidade real	jornal da escola	terceira ou primeira pessoa; detalhamento	admiração excessiva pela personalidade retratada	detalhes de toda ordem: do ambiente, da aparência física, de hábitos, gestos, frases, etc.

2. Copie no caderno o roteiro abaixo e complete conforme for recolhendo as informações.
   Perfil biográfico de:
   - idade:
   - profissão:
   - relevância social:
   - aparência física:
   - ambiente em que vive, trabalha ou circula:
   - depoimentos de amigos e pessoas de suas relações:
   - depoimento ou argumento de autoridade:
   - histórias interessantes:
   - frases:
   - particularidades:
   - minhas impressões pessoais:

   DICAS: Não apresente o roteiro acima à pessoa escolhida para o perfil. Converse informalmente com ela, observe-a, deixe-a falar com liberdade. Tome cuidado para não inibi-la com as anotações que você for fazendo. Converse com conhecidos dela. A coleta dos dados do roteiro será o resultado de todas essas ações. Use o último item como base para a aproximação literária: anote sensações e imagens que lhe vêm à cabeça; elas podem ser aproveitadas no momento da escrita.

3. Realize a **apuração jornalística** de sua reportagem-perfil, buscando o máximo de informações e detalhes significativos, humanos e poéticos sobre sua personagem. Separe frases significativas e detalhes interessantes que possam ser usados no texto final.

> Elaboração

4. Agora você já pode escrever o perfil biográfico.
5. Organize a **sequência das informações** que você vai apresentar ao leitor, utilizando o roteiro abaixo.
   a) **Introdução**: apresente os dados principais da personagem, sua relevância social e sua particularidade humana.
   b) **Relato da personalidade**: defina uma sequência de temas e depoimentos para relatar ao leitor todos os detalhes que você recolheu.
   c) **Conclusão**: mude ou faça permanecer a condição da personagem; defina uma informação, imagem ou ideia para fechar o perfil.
6. Procure enriquecer seu texto com **recursos expressivos**.
   a) Crie metáforas e/ou outras figuras de linguagem para expressar sua experiência pessoal no contato com a personalidade retratada.
   b) Escolha um ou mais depoimentos que possam ser assumidos pela voz narrativa para serem expressos em discurso indireto livre.

> **ATENÇÃO**
> » Observe se seu texto mantém sempre o **respeito** em relação à personalidade retratada.
> » Dê atenção à transcrição e à retextualização de falas ao usar os **discursos direto**, **indireto** e **indireto livre**.

> Avaliação

7. Forme uma dupla e troque seu texto com o colega.
8. Copie e complete, em uma folha separada, o quadro abaixo, a partir da leitura do perfil biográfico de seu colega. Em seguida, faça um comentário geral, apontando qualidades e sugerindo mudanças.

	Sim	Não
A escolha da personagem está claramente justificada no texto?		
O relato dá conta da trajetória biográfica da personagem até alcançar sua condição atual?		
Há detalhamento de aspectos físicos, psicológicos e do ambiente da personagem?		
Os depoimentos colaboram para a construção da personalidade retratada?		
As frases da personagem são reveladoras sobre quem ela é?		
Os momentos de aproximação com a linguagem literária foram bem realizados?		
O texto consegue compor o esboço de uma personalidade?		
Comentário geral sobre o texto		

> Reescrita

9. Pegue de volta seu texto com o colega e devolva o dele.
   a) Leia com atenção o quadro que ele preparou ao avaliar o perfil biográfico de sua autoria.
   b) Releia seu texto, com atenção às observações do colega.

   DICA: Mantenha todas as anotações feitas durante o processo da entrevista, da apuração e da elaboração. Elas podem ser úteis para tornar seu texto mais claro e interessante na reescrita.

   c) Faça todas as alterações que julgar necessárias para adequar seu texto à variedade urbana de prestígio.
   d) Retome as anotações que você fez durante o planejamento e faça alterações no texto para aproveitar melhor a apuração jornalística.

> **Foco da reescrita**
> Verifique se o **detalhamento** de seu texto é suficiente: Será que inserir ou reinserir um aspecto que inicialmente você considerou irrelevante não poderia contribuir para o leitor conhecer melhor a personagem em foco?

Vestibular

O vestibular da Universidade da Amazônia (Unama) pedia, como segunda opção para a redação, que se escrevesse uma carta argumentativa. A carta deveria responder ao texto de Fernanda Young, reproduzido na proposta B. Nesse texto, a escritora produz um perfil para o Brasil, com o qual o candidato deve concordar ou discordar. Você poderia aproveitar essa proposta para compor um perfil do Brasil segundo sua opinião pessoal. Você poderia mobilizar os conhecimentos adquiridos no capítulo 11 (*Perfil biográfico*) da unidade 6 (*Relatar*). Observe, por exemplo, as referências no texto de Young à bandeira, ao hino nacional, às características do povo brasileiro, à sua imagem e autoimagem, ou seja, ao detalhamento que fornece corpo ao perfil. Observe também como o texto personifica a pátria, o que torna possível a composição de um perfil biográfico.

(Unama-PA)
Estamos lhe apresentando duas propostas temáticas para que, a partir da escolha de uma delas, você desenvolva a sua redação. Após fazer sua escolha, construa seu texto, valendo-se dos elementos da coletânea necessários à elaboração, bem como das experiências que a vida já lhe proporcionou.

Atenção:
• Faça sua redação com o mínimo de 15 linhas e o máximo de 30.
• O uso dos textos de apoio não se deve limitar à mera transcrição.
• Seu texto deve ser escrito em prosa.

PROPOSTA TEMÁTICA B: CARTA ARGUMENTATIVA
Leia, com atenção, a seguinte carta argumentativa:

À Pátria amada

Salve, salve, Como está? Melhorou?

As notícias que recebo de seus filhos não são boas, mas sei que você é forte e há de vencer mais essa. Tantas crises e traições seguidas devem estar abalando você, mas saiba que é amada, idolatrada e jamais será abandonada.

Pátria minha, posso ser sincera com você?

Você é rica, gentil e generosa, mas dá muita bandeira, por isso abusam de sua boa vontade. Aproveitadores prometem servi-la e roubam de seus cofres. Falam besteiras em seu nome, debocham de seus defeitos, sonegam o que lhe devem.

Por outro lado, você nunca esteve tão livre. Tão respeitada pelas colegas. Sua beleza e sua simpatia sempre foram reconhecidas, mas agora elogiam também sua inteligência e seu bom gosto. Copiam o que você veste, querem saber a fonte de sua energia.

Assuma, Pátria, que você é legal, mas vacila. Aprenda a punir quem abusa de seus favores e a tratar bem quem procura seus serviços. Afaste-se dos puxa-sacos e abrace seus desvalidos. Seus verdadeiros amigos não estão nos banquetes em sua honra. A hipocrisia, maldita praga que seu ardor atrai, é a raiz dos seus problemas. Mas, calma, tudo tem jeito, você já resistiu bravamente a dias piores. Quando nem sabia quanto roubavam de você. Quando sujavam seu nome em porões de tortura. Quando seu dinheiro valia tão pouco que era motivo de piada. [...]

Por mim você abandonava de vez esse positivismo cafona e incoerente, que um dia lhe impuseram como lema na bandeira. Não é pela ordem que seus filhos se destacam pelo mundo, é pela bagunça e festa, não é? E o progresso? Vem naturalmente quando se vive em paz, num ambiente fértil. Se é necessário um mote para completar a lacuna, que o escolham de onde sua alma se manifesta: nos para-choques de caminhão.

Já imaginou você de verde-amarelo e, na faixa, em sua testa estrelada escrito assim: "Não tenho tudo que amo, mas amo tudo que tenho." Ou simplesmente: "Existo porque insisto". É atrás da pompa dos palanques que se escondem seus inimigos.

Com amor,
Fernanda Young

(Escritora, roteirista e apresentadora de TV. Texto publicado na revista *Cláudia*, out. 2007.)

Como você pôde constatar, Fernanda Young escreveu uma carta à pátria amada, mostrando virtudes e defeitos desse ente que se materializa em um espaço continental com mais de 180 milhões de habitantes. Ao final da carta, ela rejeita o lema da bandeira brasileira e pede sua substituição.

Agora, propõe-se que você escreva uma carta argumentativa à escritora, concordando com a avaliação crítica que faz da pátria amada e do lema da bandeira, ou dela discordando.

UNIDADE 7

Expor

A internet e as publicações impressas têm tornado a exposição de conhecimentos cada vez mais dinâmica e acessível aos estudantes e curiosos de todo o mundo. Nesse contexto, as informações que circulam podem ser mais precisas e fiéis às fontes originais nas quais o conhecimento foi produzido. Ao mesmo tempo, a facilidade de acesso a essas informações e sua mobilidade tornam corriqueira a produção de cópias, plágios e falsificações.

Nunca foi tão importante quanto hoje saber diferenciar entre uma exposição consistente de conhecimento e uma apropriação indevida ou irresponsável de informações. Saber expor é poder participar de forma segura e responsável do mundo do conhecimento e garantir, dessa forma, o exercício consciente da cidadania.

Nesta unidade, você vai aprender a identificar e a produzir gêneros que compilam e organizam conhecimentos para torná-los acessíveis a um número crescente de pessoas, seja na esfera pública, seja na esfera escolar.

Nesta unidade

12 Artigo enciclopédico

13 Artigo expositivo de livro ou de *site* didático

Alunos de escola da aldeia Tenonde Porã, dos Guarani, em São Paulo (SP), usam computador em aula: democratização do conhecimento por meio da internet. Fotografia de 2011.

CAPÍTULO 12
Artigo enciclopédico

O que você vai estudar

- Como identificar e produzir um artigo enciclopédico.
- Diferentes tipos de enciclopédia.
- Coesão nominal: hipônimos e hiperônimos.

O **artigo enciclopédico**, antes restrito às enciclopédias em papel, está em transformação graças à crescente difusão das enciclopédias *on-line* e digitais. O conhecimento transmitido por meio desse gênero textual é cada vez mais dinâmico, acompanhado de conteúdos multimídia e referências externas instantâneas. Neste capítulo, vamos conhecer melhor esse gênero, e depois será sua vez de produzir um artigo enciclopédico.

❯ Leitura

- O texto a seguir faz parte de um artigo retirado de uma enciclopédia digital, disponível em DVD-ROM. Leia-o e responda às questões das páginas 110 e 111.

DENGUE (medicina)

DENGUE s.f. *Medicina*. Doença infecciosa das regiões tropicais e subtropicais causada por um vírus. Os primeiros casos de dengue foram registrados entre 1779 e 1780, com ocorrência quase simultânea na Ásia, África e América do Norte.

O vírus da dengue no ambiente é inócuo e não tem capacidade de penetrar no organismo humano; por isso, utiliza-se de um vetor – os mosquitos *Aedes aegypti* e *Aedes albopictus*. No Brasil, o principal transmissor da doença é o *Aedes aegypti*, um mosquito estritamente doméstico. [...]

Imagem de parte do artigo "Dengue (medicina)" da *Enciclopédia e dicionário Koogan Houaiss*.

A doença é transmitida pela picada da fêmea do mosquito. O ciclo da doença é simples: o mosquito é contaminado ao picar uma pessoa doente; o vírus reproduz-se no corpo do inseto e aloja-se em suas glândulas salivares; o mosquito passa a ser um vetor da doença.

Sintomas. Depois de picada, a pessoa passa por um curto período de incubação da doença. Em um período de sete a dez dias aparecem os primeiros sintomas. Há febre alta acompanhada de fortes dores de cabeça, musculares e nas articulações. Além disso, pode haver manifestação de fotofobia (aversão à luz) e dores atrás dos olhos. O doente fica com manchas avermelhadas no corpo, falta de apetite, diarreia e muito cansaço. Pode haver sangramentos.

Uma pessoa com dengue pode não apresentar todos os sintomas da doença. O ideal é procurar um médico para certificar-se do diagnóstico ao surgirem os primeiros sinais. [...]

Depois de uma semana, mais ou menos, os sintomas desaparecem gradualmente.

Tipos de Dengue. Há dois tipos de dengue: a clássica e a hemorrágica. Na dengue hemorrágica ocorrem alterações no sistema de coagulação do sangue. Além dos sintomas já citados, sucedem hemorragias intestinais, vômitos e inflamação do fígado. Nesses casos, a dengue pode ser fatal, principalmente se o doente não receber tratamento adequado.

Existem quatro variedades de vírus causadores da dengue. A pessoa infectada por uma dessas variedades de vírus adquire imunidade e fica protegida contra ela, mas não contra os outros três tipos de vírus. Os vírus tipo 1 e 4 são considerados menos virulentos, enquanto os tipos 2 e 3 são mais agressivos, com potencial para provocar sintomas mais graves. [...]

Vocabulário de apoio

analgésico: medicamento que diminui ou faz cessar a dor

coagulação: processo pelo qual um líquido fica mais espesso até formar uma massa sólida

inócuo: que não é prejudicial

minorar: reduzir, atenuar

vetor: ser vivo capaz de transmitir parasita, bactéria ou vírus a outro

virulento: que se manifesta com grande intensidade

Tratamento. Não existe um tratamento específico para a doença. As recomendações médicas são feitas no sentido de minorar os sintomas. O paciente deve respeitar o período de repouso e beber bastante líquido para evitar a desidratação. Para combater a febre e as dores são indicados os analgésicos com base em paracetamol, enquanto que o ácido acetilsalicílico deve ser evitado, pois o seu uso pode favorecer o aparecimento de manifestações hemorrágicas. [...]

Prevenção. Os cientistas ainda não conseguiram desenvolver uma vacina contra a dengue. Portanto, o combate aos mosquitos transmissores é a única forma de evitar a doença. [...]

As medidas de combate ao mosquito são simples e consistem basicamente em interromper o seu ciclo reprodutivo, eliminando os locais onde ele se reproduz. Água limpa e parada é o ambiente ideal para o desenvolvimento das larvas do mosquito. Assim, toda a população deve prestar o máximo de atenção para não deixar água acumulada no interior de garrafas, latas vazias, pneus velhos etc.

As caixas de água, tanques, filtros, ou qualquer outro reservatório de água, dentro ou fora de casa, devem permanecer sempre tampados.

[...] Os pratinhos dos vasos de planta devem ficar cheios de areia para não acumular água. [...]

A Dengue no Brasil. Os vírus da dengue do tipo 1 e 2 estão em circulação em grande faixa do território nacional. [...]

Vários estados estão fazendo uma campanha para alertar a população para o problema da dengue. A conscientização e a colaboração das pessoas é a maior arma para combater o mosquito e prevenir a doença.

Enciclopédia e dicionário Koogan Houaiss. Rio de Janeiro: Delta, 2010. DVD-ROM.

Repertório

Racionalidade × irracionalidade

A *Enciclopédia*, editada por Denis Diderot e Jean le Rond D'Alembert, inaugurou uma forma de compilar, organizar e divulgar o saber, a qual marcou o movimento conhecido como **Iluminismo** ou **Esclarecimento**. No século XVIII, pensadores como Voltaire, Rousseau e Montesquieu (que também colaboraram na *Enciclopédia*) lutaram contra as superstições e o misticismo que dominavam a vida cultural e social da Europa.

A **racionalidade** mantém-se, desde então, como princípio essencial do conhecimento. Posteriormente, alguns filósofos como Friedrich Nietzsche, Henri Bergson e Theodor Adorno questionaram a predominância desse princípio, discutindo a coexistência entre irracionalidade e razão ao longo da história. Para Adorno, por exemplo, o nazismo na Alemanha do século XX constituiu um caso de extrema irracionalidade que ocorreu em um país organizado em torno de um sistema econômico altamente racionalizado.

Situação de produção

Painel universal do conhecimento

O artigo enciclopédico é um gênero textual que se originou no século XVIII, quando os filósofos Jean le Rond D'Alembert e Denis Diderot empreenderam a edição dos 28 volumes da *Enciclopédia*. Esses volumes reuniam artigos diversos, organizados em ordem alfabética. Desde então, as **enciclopédias** compõem um painel universal do conhecimento, a partir da reunião de artigos (os chamados verbetes) dedicados a temas variados.

A disseminação da internet como veículo de transmissão de conhecimentos vem dinamizando os textos de conteúdo enciclopédico. Hoje, além dos recursos com que já contavam no papel (mapas, gráficos, fotos, ilustrações, etc.), os artigos enciclopédicos podem vir acompanhados de conteúdos multimídia, como arquivos de áudio e vídeo, que contribuem para ampliar a informação exposta, e os *hyperlinks*, que permitem acesso imediato a fontes de referência e a informações de outras áreas do conhecimento.

Com o fenômeno das enciclopédias "livres" na internet, o conhecimento também passou a ser compartilhado entre leitores de diversos países, que se tornaram, inclusive, produtores do conteúdo dessas enciclopédias. Com isso, tem-se discutido a validade desses conteúdos acessíveis e produzidos por todos. Como se assegurar de que são confiáveis? A resposta está na citação segura de fontes, por meio de notas e bibliografia completa. Checar as **fontes** citadas torna-se indispensável, assim como consultar várias fontes diferentes (e nunca confiar em apenas uma).

James Watson e Francis Crick, cientistas que descobriram a estrutura da molécula de DNA em 1953. Descobertas científicas estão entre os assuntos mais valorizados em enciclopédias.

109

▶ Ler um artigo enciclopédico

1. Em sua opinião, que tipo de leitor pode se interessar pelo artigo enciclopédico "Dengue (medicina)"? Justifique sua resposta.
2. Qual é a importância de **divulgar** o conhecimento expresso nesse artigo?

> **ANOTE**
>
> O artigo enciclopédico tem como objetivo a **divulgação** de informações que fazem parte do patrimônio constituído pelo conhecimento humano (Ciências, Artes, História, etc.). Em geral, o artigo faz parte de uma **enciclopédia** – conjunto formado pela coleção desses artigos individuais. A palavra que introduz um artigo é chamada de **entrada**.

3. Observe o **título** do artigo, que marca a **entrada** do texto. Por que a palavra *dengue* vem acompanhada do termo *medicina* entre parênteses?
4. Dê mais três exemplos de títulos para artigos enciclopédicos.
5. Localize no artigo a definição de dengue.
    a) Em que parte do artigo aparece essa definição?
    b) Complemente essa definição com outras informações, como a forma de transmissão da doença, os tipos de dengue, os sintomas e o tratamento. Use a menor quantidade possível de palavras presentes no artigo enciclopédico.
    c) Que palavras do artigo também constam de seu texto?
    d) Por que você precisou repetir essas palavras?

> **ANOTE**
>
> O **título** do artigo enciclopédico é a porta de acesso às informações de uma enciclopédia, seja ela organizada por temas, seja ordenada alfabeticamente. Por isso, esse título deve conter o **tema** tratado, se possível reduzido a uma palavra ou uma expressão curta: aquela que o artigo vai definir. A **definição** do tema do artigo enciclopédico costuma aparecer logo no início do texto.

6. Que seções aparecem no artigo "Dengue (medicina)"?
7. Localize, no texto, a seção que contém informações sobre as **medidas para se evitar a dengue**.
    a) Em que seção essas medidas são citadas?
    b) Quais são essas medidas?

> **ANOTE**
>
> O texto de um artigo enciclopédico costuma ser dividido em **seções**, segundo os **subtemas** tratados no artigo. As seções são discriminadas por meio de **intertítulos**.

8. Uma pessoa que já teve dengue pode voltar a contrair a doença? Explique.
9. Localize no texto e copie no caderno:
    a) cinco palavras ou termos que pertençam ao **vocabulário médico-científico**.
    b) duas passagens que incluam **dados numéricos**.
    c) cinco **adjetivos**.
10. Agora, analise a função do vocabulário científico, dos dados numéricos e dos adjetivos, respondendo ao que se pede.
    a) Escolha dois termos médico-científicos e explique o sentido deles.
    b) Qual é a importância dos dados numéricos no texto?
    c) Qual é a função dos adjetivos que você selecionou?

> **ANOTE**
>
> A **linguagem** do artigo enciclopédico tem como objetivo expor o conhecimento de forma neutra, por isso costuma apresentar as informações com máxima objetividade e impessoalidade. Os textos, em geral, usam a **terceira pessoa do discurso**, apresentam **nomes científicos** e **dados numéricos** precisos, usam **adjetivos** somente para favorecer a precisão das informações e dão preferência à **ordem direta** das frases.

11. Leia o texto abaixo, retirado da enciclopédia *Wikipédia*. Ele é um trecho do artigo sobre a dengue.

Sinais de Alerta da Dengue Hemorrágica

- Dor abdominal contínua
- Vômitos persistentes
- Hipotensão postural
- Hipotensão arterial
- Pressão diferencial < 20mmHg (PA convergente)
- Hepatomegalia dolorosa
- Hemorragias importantes (hematêmese e/ou melena)
- Extremidades frias, cianose
- Pulso rápido e fino
- Agitação e/ou letargia
- Diminuição da diurese
- Diminuição repentina da temperatura corpórea ou hipotermia
- Aumento repentino do hematócrito
- Desconforto respiratório

Disponível em: <http://pt.wikipedia.org/wiki/Dengue>. Acesso em: 19 fev. 2013.

a) A qual seção do artigo "Dengue (medicina)" esse texto poderia ser associado? Explique.
b) Os destaques em azul no texto acima também constam da página da internet da qual ele foi extraído. O que esses destaques indicam? Para que servem?

ANOTE

Os artigos enciclopédicos tornaram-se mais acessíveis com a disseminação da **internet** como fonte de informação. Adaptados ao novo meio de circulação, passaram a oferecer *hyperlinks* ou **hipertextos**, que são ligações temáticas instantâneas com outros artigos relacionados, facilitando a continuidade da pesquisa.

Passaporte digital

A *Wikipédia*

A *Wikipédia* é uma enciclopédia virtual colaborativa, aberta à contribuição de qualquer internauta interessado em criar ou em editar artigos. Para garantir uma mínima uniformidade na redação, na formatação e na organização dos artigos, o *site* da enciclopédia recomenda que seus colaboradores leiam o "Livro de estilo", que orienta como fazer o **título**, o **parágrafo introdutório**, as **notas** e outros elementos que podem ser utilizados no artigo. Essas recomendações também podem ser úteis na elaboração de seu artigo enciclopédico.

Disponível em: <http://pt.wikipedia.org/wiki/Wikipédia:Livro_de_estilo>. Acesso em: 8 jan. 2015.

Página do "Livro de estilo" da *Wikipédia*.

Observatório da língua

Coesão textual: hipônimos e hiperônimos

Em textos expositivos, é comum o uso de hipônimos e de hiperônimos para apresentar e detalhar informações. Observe um exemplo.

Em um período de sete a dez dias aparecem os primeiros sintomas: (hiperônimo) febre alta com fortes dores de cabeça, musculares e nas articulações. (hipônimos)

A expressão "primeiros sintomas" é um **hiperônimo** (possui sentido mais amplo), enquanto os itens citados na sequência (febre alta, fortes dores de cabeça, musculares e nas articulações) são **hipônimos**, pois são casos particulares de sintomas.

Cada um desses itens representa um hipônimo em relação ao hiperônimo "primeiros sintomas", ou seja, são termos específicos que se relacionam com o termo geral.

1. Cite pelo menos quatro hipônimos para cada um dos seguintes hiperônimos:
a) áreas do conhecimento;   b) emoções;   c) esportes olímpicos.

2. Crie um hiperônimo adequado para cada grupo de palavras abaixo:
a) pradaria, floresta tropical, cerrado, caatinga, manguezal, savana;
b) leitura, exercícios, provas, trabalhos, seminários, lição de casa;
c) plantar, construir, curar, criar, ensinar, limpar, escrever, cozinhar.

❯ Produzir um artigo enciclopédico

❯ Proposta

Você vai escrever um **artigo enciclopédico**, supondo que seu texto fará parte de uma enciclopédia formada por artigos produzidos pelas turmas do Ensino Médio de sua escola. A enciclopédia terá cinco volumes temáticos. Escolha um dos volumes abaixo e defina o tema de seu artigo. Consulte três fontes diferentes para obter informações sobre o tema e utilize os conhecimentos que adquiriu neste capítulo para escrever seu texto. Procure aproveitar todos os recursos de que dispõe para redigir um artigo **consistente** e **objetivo**.

Volume I – Universo
Cometa, planeta, Sistema Solar, Lua, Sol, Terra, nebulosa, galáxia, buraco negro, meteoro, satélite, viagem espacial, foguete, etc.

Volume II – Sociedades antigas
Povos pré-colombianos, Machu Picchu, Babilônia, Egito Antigo, múmia, faraó, povos indígenas, pajé, cruzada, pirataria, Império Romano, etc.

Volume III – Animais e plantas
Sapo, aracnídeo, dinossauro, cachorro, orquídea, bonsai, jequitibá, samambaia, rosa, girassol, etc.

Volume IV – Alimentação
Obesidade, anorexia, transgênicos, gordura trans, orgânicos, dieta, pirâmide alimentar, etc.

Volume V – Política e sociedade
Classes sociais, eleição, desigualdade social, formas de governo, os três poderes (Legislativo, Executivo e Judiciário), utopia, ditadura, comunidade alternativa, etc.

Estudantes fazendo consultas na biblioteca. Com apoio da internet, é possível complementar a pesquisa utilizando fontes de informação variadas.

❯ Planejamento

1. Observe no quadro abaixo as características do texto que você vai produzir.

Gênero textual	Público	Finalidade	Meio	Linguagem	Evitar	Incluir
artigo enciclopédico	estudantes de Ensino Médio	expor conhecimento objetivo sobre um tema delimitado	enciclopédia escolar	terceira pessoa; objetividade; precisão	cópia dos textos consultados	seções e intertítulos; referências bibliográficas

2. Defina o **tema** e o **título** de seu artigo.

3. Consulte três fontes diferentes sobre o tema. Copie e complete o quadro abaixo, para registrar as informações obtidas nas três fontes.

Tema	Fonte 1	Fonte 2	Fonte 3
Referência bibliográfica completa			
Definição			
Informações sobre o tema (dados, características, história, exemplos, funcionamento, etc.)			
Imagens (selecione ilustrações ou fotos pertinentes e anote suas referências)			

4. Divida as informações em **seções** e atribua um **intertítulo** a cada uma delas.

> ## Elaboração

5. Tenha bastante clareza quanto aos termos científicos que você usará em seu texto. Certifique-se de que entende bem todos eles e sabe explicá-los com simplicidade.
6. Lembre-se de usar dados numéricos precisos.
7. Só empregue adjetivos que se referem a características objetivas; neste gênero textual, não cabem adjetivos que expressam opiniões pessoais.

> ## Avaliação

8. Junte-se a um colega e troque seu texto com o dele.
9. Copie e complete o quadro abaixo em uma folha avulsa, com base na leitura do artigo de seu colega. Em seguida, faça um comentário geral sobre o texto dele, apontando qualidades e sugerindo mudanças.

	Sim	Não
O título e os intertítulos do texto estão adequados?		
A linguagem do texto está adequada (há impessoalidade, objetividade, precisão científica)?		
As informações estão divididas em seções com sentido claro?		
O conteúdo é consistente? (Observe cada seção do texto.)		
As fontes foram citadas adequadamente?		
Comentário geral sobre o texto		

> ## Reescrita

10. Pegue de volta seu texto e devolva o de seu colega.
    a) Leia com atenção a avaliação que ele fez de seu artigo.
    b) Releia seu texto, buscando compreender todas as observações de seu colega.

    DICA: Se você estiver com um lápis à mão, já pode ir anotando em seu texto as possíveis modificações.

11. Reescreva seu artigo enciclopédico.
    a) Faça todas as alterações que julgar necessárias para adequar seu texto à norma-padrão.
    b) Consulte novamente suas anotações e acrescente informações que estejam faltando ou corrija eventuais erros.
    c) Reveja a divisão de seu texto em seções e reposicione algumas informações, se for necessário.
    d) Ao terminar o artigo, cole no texto as imagens que você selecionou.

Foco da reescrita

Em um artigo enciclopédico, as **seções** do texto devem apresentar conteúdos (dados, ideias ou conceitos) agrupados segundo critérios claros de associação. Ao reescrever seu artigo enciclopédico, observe se a **organização das informações** está adequada. O uso de **hipônimos** e **hiperônimos** também pode colaborar nesse sentido.

ATENÇÃO

» Garanta a **validade** das informações pesquisadas (em *sites* institucionais, livros ou outras publicações).
» As informações do artigo enciclopédico têm de ser **confiáveis**, o que significa que as fontes consultadas devem ser reconhecidas como legítimos veículos de conhecimento. As informações que as fontes contêm (dados, fatos, conceitos e afirmações) devem ter sido desenvolvidas segundo um **padrão científico**.
» Tome cuidado com as enciclopédias "livres", ou seja, produzidas em um sistema de compartilhamento de informações por pessoas que não são especialistas no assunto. Essas enciclopédias têm tido sua **validade** questionada.

Repertório

Conhecimento atualizado

Conhecimentos se modificam ao longo do tempo; por isso, as enciclopédias são reeditadas e atualizadas frequentemente. São incluídos novos artigos, relativos a invenções e descobertas recentes, assim como são corrigidos artigos publicados anteriormente, conforme evoluem os conhecimentos humanos e científicos. Isso explica por que enciclopédias muito antigas podem trazer informações hoje consideradas equivocadas. As enciclopédias *on-line* e digitais, publicadas na internet e em CD-ROM, por exemplo, costumam receber atualizações frequentes.

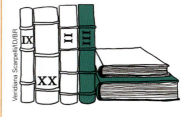

113

CAPÍTULO 13
Artigo expositivo de livro ou de *site* didático

O que você vai estudar
- Como identificar e produzir um artigo expositivo de livro ou de *site* didático.
- Progressão textual.
- Numerais empregados como recurso de coesão.

O objetivo principal do **artigo expositivo de livro ou de *site* didático** é transmitir conteúdos considerados fundamentais para a formação escolar dos estudantes. Neste capítulo, você conhecerá melhor esse gênero, e depois será sua vez de produzi-lo.

⟩ Leitura

- O texto a seguir foi produzido especialmente para um *site* especializado em educação. Leia com atenção o texto e responda às questões propostas.

Direitos Humanos
Declaração Universal compreende direitos de liberdades, sociais e políticos
Antonio Carlos Olivieri

A Declaração Universal dos Direitos Humanos foi aprovada pela Assembleia Geral da Organização das Nações Unidas no dia 10 de dezembro de 1948, sob a presidência do jurista australiano Herbert Evatt. Entre os países que defenderam com maior vigor o documento, destacaram-se o Reino Unido, o Canadá e os países latino-americanos.

Representante do Brasil na Assembleia, o advogado e intelectual Austregésilo de Athayde saudou aquele instante como o início de "uma nova era de liberdade e de justiça". Nenhum dos países-membros da ONU votou contra o texto do documento, embora as nações ligadas à União Soviética, a África do Sul e a Arábia Saudita tenham optado pela abstenção.

A Declaração era principalmente uma resposta da comunidade internacional à intolerância étnica e racial verificada na Europa e nas colônias europeias no início dos anos 1930 e ao longo dos anos 1940. Mais especificamente, à grande tragédia em que consistira a Segunda Guerra Mundial, caracterizada pelas armas de destruição em larga escala e pelos campos de concentração e extermínio do regime nazista.

Valores morais e éticos

O contexto mundial, porém, já era o da Guerra Fria, com a polarização político-ideológica que colocava em confronto os sistemas capitalista e socialista e se manifestava, na prática, na disputa entre os Estados Unidos e a União Soviética, e os países alinhados a essas duas potências. Num panorama como esse, era especialmente importante a afirmação de que toda a humanidade compartilhava de um conjunto comum de valores morais e éticos.

Basicamente, a Declaração tinha – e ainda tem – importância por reconhecer que a dignidade de todo homem consiste em ele ser uma pessoa, que tem de ser respeitada em sua individualidade, bem como integridade física e psicológica. O que fundamenta esse direito (do qual decorrem os outros) é pura e simplesmente a existência de cada ser humano. Basta nascer para usufruir dele.

Além disso, convém destacar o caráter universal desses direitos, que valem igualmente para todos os seres humanos, sem que se possa estabelecer ao termo "humano" qualquer tipo de restrição ou especificação,

A figura representa o senado romano durante sessão, em 63 a.C. O senado foi uma instituição reguladora do Estado romano, precursora das assembleias legislativas atuais.

Maccari, Cesari. *Senado acusa Catilina de conspiração em 21 de outubro de 63 a.C.*, 1880. Afresco. Palazzo Madama, Roma, Itália.

com base na raça, no credo, na posição socioeconômica, etc. Nesse sentido, a Declaração de 1948 é o apogeu de um longo processo histórico, cujas origens remontam à Antiguidade, à democracia grega e à república romana, e que tem como marco fundamental a Revolução Francesa.

Naquela época, contudo, os direitos eram restritos aos cidadãos da Grécia ou de Roma, nos quais não estavam incluídos, por exemplo, os estrangeiros ou as mulheres. Ao longo dos séculos, com maior ou menor intensidade, não só esses direitos foram se estendendo a um número cada vez maior de pessoas, como também foram compreendidos de uma maneira cada vez mais ampla.

Direitos e problemas

No mundo contemporâneo, quando se fala em direitos humanos, compreende-se basicamente três tipos de direito: a) os direitos de liberdade, que limitam o poder do Estado sobre os cidadãos; b) os direitos políticos, que facultam a todo homem, através da representação eleitoral, a participação na direção dos negócios públicos; c) e os direitos sociais ou econômico-sociais, relacionados ao trabalho, à educação, à saúde e ao lazer.

Compreender, reconhecer e declarar os direitos humanos foram passos importantes. No entanto, obviamente isso não significa que esses direitos passaram a ter vigência ou foram totalmente implementados. Em primeiro lugar, porque a Declaração não é um documento que tem força de lei, ainda que tenha inspirado, orientado ou servido como base para legislação internacional.

Em segundo lugar, por haver uma defasagem entre as normas estabelecidas e sua aplicação. Nesse sentido, a questão consiste nos problemas que as nações signatárias da Declaração e dos tratados e convenções nela inspirados têm para pôr em prática os direitos humanos, por meio de planos nacionais, de programas de ação e de legislação própria.

Consiste ainda no enfrentamento às resistências locais contra a implementação desses direitos. De maneira geral, o caráter universal dos direitos humanos implica o combate a privilégios, o que naturalmente contraria interesses de indivíduos ou grupos.

Violações gravíssimas

Por outro lado, quanto mais cresce a demanda por direitos humanos e quanto mais os países se manifestam dispostos a aceitá-los e colocá-los em vigor, tanto mais se alastram os problemas e conflitos sociais e políticos, pelos mais diversos motivos, resultando, precisamente, na violação daqueles direitos, em especial do direito fundamental à vida.

Desse modo, décadas após a aprovação da Declaração Universal dos Direitos Humanos, ainda são comuns e frequentes violações gravíssimas como o genocídio, as mutilações físicas e o trabalho escravo. Elas ocorrem em praticamente todos os países do mundo, independentemente do seu grau de desenvolvimento, embora prevaleçam nos países subdesenvolvidos ou em desenvolvimento.

OLIVIERI, Antonio Carlos. Direitos humanos. *UOL Educação*. Disponível em: <http://vestibular.uol.com.br/resumo-das-disciplinas/atualidades/direitos-humanos-declaracao-universal-completa-60-anos.htm>. Acesso em: 12 fev. 2015.

Vocabulário de apoio

apogeu: auge; ponto mais alto
credo: crença religiosa
facultar: conceder
genocídio: extermínio de um grupo de pessoas por motivos religiosos, raciais, étnicos ou políticos
polarização: divisão em grupos opostos
signatário: que assina um documento
ter vigência: vigorar, ter uso efetivo

Situação de produção

Textos destinados a estudantes

Os artigos expositivos de livro didático são muito utilizados no contexto escolar, ao qual se destinam. Essa classificação também compreende textos expositivos didáticos veiculados em apostilas e em folhas de papel avulsas entregues aos estudantes, pois o que importa aqui é a finalidade didática desses textos, o público estudantil a que se destinam e algumas características decorrentes dessa situação de produção.

Por esse mesmo motivo, este capítulo também contempla os artigos expositivos veiculados em *sites* didáticos (como o texto "Direitos Humanos", reproduzido neste capítulo). Conforme se moderniza a tecnologia disponível nas escolas, também se amplia o uso dos computadores e da internet como recurso didático, não só para pesquisa mas também para atividades com materiais específicos de *sites* didáticos ou educativos.

❯ Ler um artigo expositivo de *site* didático

1. Qual ocasião deu origem ao artigo expositivo de *site* didático "Direitos Humanos"?
2. Qual é o objetivo desse texto? A quem ele se dirige?
3. Releia.

> Nenhum dos países-membros da ONU votou contra o texto do documento, embora as nações ligadas à União Soviética, a África do Sul e a Arábia Saudita tenham optado pela abstenção.

Em votações legislativas, os representantes podem votar a favor ou contra uma proposta, ou ainda abster-se de votar. A partir do texto, explique o significado da palavra *abstenção*.

ANOTE

> O objetivo do artigo expositivo de livro ou de *site* didático é **transmitir conhecimento socialmente relevante** a um grupo presumido de leitores. Características atribuídas aos possíveis leitores, como idade e interesses comuns, influenciam na escolha do vocabulário, bem como na construção e no aprofundamento conceitual do texto.

4. O texto "Direitos Humanos" inicia-se com uma **introdução** ao tema, que trata da ocasião em que a Declaração Universal dos Direitos Humanos foi aprovada pela ONU.
   a) Qual foi o papel do Brasil na ocasião?
   b) A Declaração foi formulada como uma reação mundial a que acontecimentos?
5. A seção "Valores morais e éticos" inicia-se detalhando o **contexto** mundial em que foi criada a Declaração, como uma forma de explicar sua importância.
   a) Qual era a situação mundial na época?
   b) Por que a Declaração foi importante naquele momento?

ANOTE

> Todo saber está vinculado a uma cultura em determinado momento no tempo. O **contexto histórico** imediatamente associado ao tema tratado é um conteúdo importante e muito frequente em artigos expositivos de livros ou *sites* didáticos.

6. Qual é o direito fundamental atribuído aos seres humanos pela Declaração? Explique.
7. Defina com suas palavras os três tipos de direitos que compõem os direitos humanos e comente sua situação no Brasil.
   a) Direitos de liberdade.
   b) Direitos políticos.
   c) Direitos sociais.

Mulheres judias húngaras no campo de concentração nazista de Auschwitz-Birkenau, localizado na Polônia. Fotografia de 1944. A Declaração Universal dos Direitos Humanos tinha por objetivo tentar combater abusos de poder de Estados ditatoriais, como os que ocorreram durante a Segunda Guerra Mundial.

ANOTE

> O artigo expositivo de livro ou de *site* didático constrói uma **rede de conteúdos** que explicam e detalham o tema. Assim, o tema se divide em subtemas ou aspectos. A divisão em parágrafos costuma acompanhar a introdução de conteúdos novos ou a divisão em subtemas ou aspectos.

8. Localize as referências a períodos históricos distantes, citados no subtítulo "Valores morais e éticos".
   a) Quais são esses períodos?
   b) Escreva o que você sabe sobre eles.
   c) A partir da resposta do item anterior, explique por que eles foram citados no texto.

ANOTE

> O artigo expositivo de livro ou de *site* didático frequentemente busca recuperar o **processo histórico** no qual se insere o tema abordado.

9. O texto diz que os direitos humanos são universais. Isso significa que eles são respeitados no mundo todo? Explique.

10. Segundo o texto, quais são os principais impedimentos para que os direitos humanos sejam respeitados?

11. O tema do texto é a Declaração Universal dos Direitos Humanos. Que palavras o autor emprega para se referir a essa declaração ao longo do texto?

ANOTE

Para garantir a **manutenção do tema**, ou seja, sinalizar constantemente ao leitor que o texto inteiro se organiza em torno desse tema, o artigo expositivo de livro ou de *site* didático refere-se a ele repetidas vezes, de maneiras diferentes.

12. Releia.

> O contexto mundial, porém, já era o da Guerra Fria [...].

Na língua portuguesa, a conjunção *porém* é empregada para relacionar dois elementos diferentes que apresentam algum tipo de contraste entre si. No caso do texto, quais são os dois elementos diferentes contrastados por essa conjunção? Explique.

13. O texto refere-se a períodos históricos muito antigos e ao momento atual. Localize nos parágrafos sétimo e oitavo as expressões empregadas para introduzir esses períodos históricos no texto.

Vocabulário de apoio

elétron: partícula do átomo com carga elétrica negativa

ionizado: que perdeu ou ganhou elétrons, que adquire carga elétrica

ANOTE

O artigo expositivo de livro ou de *site* didático pode empregar **locuções adverbiais** e **conjunções** para introduzir **subtemas** que fazem o texto avançar.

14. Leia abaixo um trecho de artigo expositivo de *site* didático sobre a estrutura de cometas.

Partes de um cometa

Cometas possuem três partes principais: o núcleo, a cabeleira e a cauda – e são formados principalmente de rocha, poeira e gelo.

Núcleo: todos os fenômenos que ocorrem no cometa têm origem a partir de seu núcleo. Ele é feito de gelo (um gelo bem sujo) e pode pesar de um quilo a algumas dezenas de toneladas. Ao se aproximar do Sol, o núcleo dá origem à cabeleira e à cauda do cometa. Por ser um corpo pequeno (de baixa atração gravitacional) e se movimentar muito rápido, a cada passagem perto do enorme calor do Sol o núcleo gelado derrete e a cauda do cometa aumenta. Até que, um dia, o núcleo se desgasta completamente e o cometa "morre". A vida média dos cometas não ultrapassa os 10 milhões de anos.

Cabeleira: ela é mais brilhante do que a cauda. A presença predominante de componentes simples, à base de hidrogênio e oxigênio, revela que a maior parte da constituição do cometa é água em dois estados: o sólido (gelo) e o gasoso (vapor de água). É na cabeleira do cometa, a parte que lembra a juba do leão, que a água está em estado gasoso.

Cauda: os cometas possuem dois tipos de caudas: uma feita de poeira neutra e a outra de elétrons e gases ionizados. A primeira tem cor amarelada que reflete a luz solar. A segunda é azulada, produzida principalmente pelo CO (monóxido de carbono). A cauda é formada pela pressão eletromagnética (exercida pelos raios solares) e pelo vento solar. A cabeleira e a cauda têm, em média, de 10 mil a 100 milhões de vezes o diâmetro do núcleo.

APRILE, Mariana. Cometas: formados por gelo, rochas e gases. *UOL Educação*. Disponível em: <http://educacao.uol.com.br/disciplinas/ciencias/cometas-formados-por-gelo-rochas-e-gases.htm>. Acesso em: 10 jan. 2015.

Imagem do cometa Hale-Bopp, de 1997. Um cometa é composto de três partes: núcleo, cabeleira e cauda.

a) Explique a organização em parágrafos desse trecho.
b) Como as partes do cometa – núcleo, cabeleira e cauda – se relacionam?
c) As partes de um cometa não aparecem separadas na natureza. Como se poderia justificar, então, que no texto cada uma delas seja explicada em parágrafos separados?

ANOTE

Uma forma possível de iniciar um artigo expositivo de livro ou de *site* didático é **apresentar no primeiro parágrafo os subtemas** que serão desenvolvidos nos parágrafos seguintes.

117

Entre o texto e o discurso – A progressão textual

O artigo expositivo de livro ou *site* didático expõe conteúdos e informações para torná-los acessíveis a estudantes e interessados em geral. Para isso, realiza uma progressão, ou seja, desenvolve o tema exposto acrescentando-lhe subtemas e aspectos novos.

Vamos observar essa progressão do conteúdo em mais um texto de *site* didático. Preste atenção às informações dadas nos boxes laterais.

Tropicalismo
Movimento mudou a cultura brasileira

[Definição de tropicalismo e identificação dos artistas participantes.]

O Tropicalismo foi um movimento brasileiro de ruptura cultural que, na música, tem como marco o lançamento, em 1968, do disco *Tropicália ou Panis et Circencis*. Seus participantes foram os cantores-compositores Caetano Veloso, Gilberto Gil e Tom Zé, a cantora Gal Costa, a banda Os Mutantes e o maestro Rogério Duprat. A cantora Nara Leão e os letristas José Carlos Capinan e Torquato Neto completaram o grupo, que teve também o artista gráfico, compositor e poeta Rogério Duarte como um de seus principais mentores.

O nome Tropicália surgiu a partir de uma obra do artista Hélio Oiticica, que propunha uma experiência sensorial a partir de elementos que eram considerados característicos do Brasil.

[Origem do nome.]

[Histórico e consolidação.]

Um momento importante para a definição e consolidação do tropicalismo foi um dos Festivais de Música Popular Brasileira promovido pela Rede Record, em São Paulo, no ano de 1967. Nesse festival, Caetano Veloso cantou a música Alegria, alegria – e Gilberto Gil, juntamente com os Mutantes, Domingo no parque. No ano seguinte, o festival foi considerado totalmente tropicalista, com Tom Zé apresentando a canção São Paulo.

O movimento foi influenciado por correntes artísticas internacionais da época (como o rock e o concretismo), às quais se adicionaram elementos tradicionais da cultura brasileira (samba, baião, etc.). A utilização de elementos estrangeiros na sonoridade, como as guitarras, despertou a crítica dos adeptos de outro movimento musical, a bossa nova.

[Influências recebidas pelo tropicalismo.]

[O intertítulo exerce duas funções: dá um "respiro" ao leitor, evitando que a massa de texto se torne muito compacta, e abre uma seção que destaca dois outros aspectos a serem desenvolvidos pelo texto.]

Política e irreverência

Nascidos sob o regime militar brasileiro, os tropicalistas tinham, inclusive, objetivos políticos e sociais, mas acreditavam que a experiência estética era um instrumento social revolucionário independente de uma prática que promovesse mudanças políticas. Isso provocava críticas de outros artistas, abertamente engajados, que consideravam os tropicalistas muito vagos em suas manifestações contra a ditadura existente no Brasil naquela época.

[Implicações políticas do tropicalismo e relação com outros artistas.]

O movimento tropicalista marcou pela irreverência e pela ironia de suas obras, e provocou transformações não só na música, mas também na moral e no comportamento. Por meio dele, a contracultura hippie foi assimilada, com a adoção da moda dos cabelos longos encaracolados e das roupas escandalosamente coloridas.

[O comportamento irreverente dos tropicalistas torna-se uma tendência.]

O tropicalismo, libertário por excelência, durou pouco mais de um ano e acabou reprimido pela ditadura militar. Seu fim começou com a prisão de Gil e Caetano, em dezembro de 1968. Mas, depois deles, a cultura brasileira nunca mais seria a mesma.

[O final do texto destaca que o tropicalismo teve grande influência sobre a cultura brasileira posterior, evidenciando, assim, sua relevância social como objeto de conhecimento.]

ALENCAR, Valéria Peixoto de. UOL Educação. Disponível em: <http://educacao.uol.com.br/disciplinas/artes/tropicalismo-movimento-mudou-a-cultura-brasileira.htm>. Acesso em: 10 jan. 2015.

> Manutenção do tema e introdução de subtemas

Diferentemente do texto inicial deste capítulo, o texto "Tropicalismo" apresenta uma **definição** do tema tratado e, a partir dela, constrói uma **rede de conteúdos** que descrevem, explicam e detalham o tema. Desse modo, o tema (objeto da definição) se divide em subtemas ou aspectos, tratados cada um em um parágrafo separado.

No caso específico do texto "Tropicalismo", a **repetição** do termo *tropicalismo* (ou *movimento*, ou *movimento tropicalista*) ocorre no início de quase todos os parágrafos, garantindo a **manutenção do tema** como fio condutor do texto inteiro.

Já a **progressão**, nesse texto, ocorre sob a forma de um novo aspecto introduzido em cada um dos parágrafos que se seguem à definição. Eles apresentam informações novas, que vão se somando às anteriores. O tema central se divide e se especializa em **aspectos** ou **subtemas**: origem do nome, histórico, influências recebidas, etc.

O **intertítulo** contribui para a progressão, já que anuncia sinteticamente dois novos aspectos que serão considerados na sequência do texto.

1. Releia os dois parágrafos iniciais do artigo expositivo "Direitos Humanos" e explique de que forma se dá a progressão do primeiro para o segundo parágrafo.
2. Escolha um dos temas abaixo e faça uma lista dos aspectos que você considera necessário abordar para proporcionar uma visão abrangente do tema a um leitor que esteja frequentando o Ensino Médio. Redija um parágrafo para cada um dos seguintes aspectos:
   a) os métodos de ensino utilizados na escola atual;
   b) os direitos dos adolescentes;
   c) as perspectivas de emprego para os adolescentes brasileiros;
   d) as relações entre pais e filhos na geração a que você pertence.

Fone de ouvido

Tropicália ou panis et circencis, de Gilberto Gil, Caetano Veloso, Rogério Duprat, Torquato Neto, Os Mutantes, Tom Zé, Capinam, Gal Costa e Nara Leão
Philips, 1968

Considerado o marco inicial do tropicalismo, este álbum mostra bem a mistura de referências que caracterizou o movimento: as letras inusitadas, escritas por Caetano Veloso, Gilberto Gil e Torquato Neto; o vanguardismo erudito do maestro Rogério Duprat; o *rock* dos Mutantes; e a força da tradição musical brasileira, reafirmada em meio a tantos elementos que apontavam para o novo.

Capa do álbum musical *Tropicália ou panis et circensis*.

Observatório da língua

Emprego do numeral como recurso de coesão

No trecho do texto "Partes de um cometa" (p. 117) reproduzido a seguir, constata-se o emprego do numeral como recurso que contribui para a coesão. Observe.

> Cauda: os cometas possuem **dois** tipos de caudas: uma feita de poeira neutra e a outra de elétrons e gases ionizados. A **primeira** tem cor amarelada que reflete a luz solar. A **segunda** é azulada, produzida principalmente pelo CO (monóxido de carbono). A cauda é formada pela pressão eletromagnética (exercida pelos raios solares) e pelo vento solar. A cabeleira e a cauda têm, em média, de 10 mil a 100 milhões de vezes o diâmetro do núcleo.

- O emprego do numeral cardinal *dois* informa rapidamente quantos são os tipos de cauda, cada um deles introduzido e explicado em seguida pelo uso dos numerais ordinais *primeira* e *segunda*.
- Releia estes dois parágrafos retirados do texto "Direitos Humanos". Empregando numerais, construa um parágrafo introdutório listando os aspectos que serão desenvolvidos. Em seguida, reescreva estes dois parágrafos, também empregando numerais.

> Basicamente, a Declaração tinha – e ainda tem – importância por reconhecer que a dignidade de todo homem consiste em ele ser uma pessoa, que tem de ser respeitada em sua individualidade, bem como integridade física e psicológica. O que fundamenta esse direito (do qual decorrem os outros) é pura e simplesmente a existência de cada ser humano. Basta nascer para usufruir dele.
>
> Além disso, convém destacar o caráter universal desses direitos, que valem igualmente para todos os seres humanos, sem que se possa estabelecer ao termo "humano" qualquer tipo de restrição ou especificação, com base na raça, no credo, na posição socioeconômica, etc. Nesse sentido, a Declaração de 1948 é o apogeu de um longo processo histórico, cujas origens remontam à Antiguidade, à democracia grega e à república romana, e que tem como marco fundamental a Revolução Francesa.

▶ Produzir um artigo expositivo de livro ou de *site* didático

› Proposta

Você vai produzir um **artigo expositivo de livro ou de *site* didático** supondo que ele fará parte de um material didático escrito por sua escola para ser utilizado pelo Ministério da Educação (MEC) em escolas de Ensino Fundamental I (1º ao 5º ano) de todo o país. Para isso, escolha um dos três temas abaixo (retirados dos **PCN**, os **Parâmetros Curriculares Nacionais**) e selecione o conteúdo que você vai expor. Seu texto deve ensinar esse conteúdo e estar de acordo com os princípios expressos no tema que você escolheu. Utilize os conhecimentos que adquiriu neste capítulo. Procure aproveitar todos os recursos de que você dispõe para produzir um texto que efetivamente possa transmitir conhecimento.

Temas

- **Pluralidade cultural** – Princípios: "conhecimento e valorização de características étnicas e culturais dos diferentes grupos sociais".

  OBJETOS: povos indígenas no Brasil de hoje, acessibilidade e/ou direitos de pessoas com deficiência, racismo, imigração, religiões, cultura africana, etc.

- **Ética** – Princípios: "construção de valores pessoais socialmente justificados".

  OBJETOS: cola, violência juvenil, roubo, curiosidade pelo saber, consumo e mercadoria, a polícia e a escola, cotas raciais e/ou sociais, justiça restaurativa, etc.

- **Meio ambiente** – Princípios: "inter-relações e interdependência dos diversos elementos na constituição e manutenção da vida".

  OBJETOS: Amazônia, Mata Atlântica, desmatamento, lixo, reutilização e/ou reciclagem, poluição de rios, poluição urbana, aquecimento global, agrotóxicos, transgênicos, pegada ecológica, produção de energia, moradias sustentáveis e/ou ecologicamente corretas, etc.

Fonte de pesquisa: Fundo Nacional de Desenvolvimento da Educação (FNDE)/Parâmetros Curriculares Nacionais (PCN).

› Planejamento

1. Observe no quadro abaixo as características do texto que você vai produzir.

Gênero textual	Público	Finalidade	Meio	Linguagem	Evitar	Incluir
artigo expositivo de livro ou de *site* didático	estudantes de Ensino Fundamental I (alunos do 1º ao 5º ano)	produzir um texto expositivo para transmitir conhecimento socialmente relevante	material didático para escolas de todo o país	terceira pessoa; objetividade	desrespeito aos princípios éticos	manutenção do tema; progressão do texto por meio de subtemas

2. Defina o tema de seu texto.
3. Pesquise o assunto em pelo menos três fontes diferentes.
    a) Selecione, em cada uma delas, as informações que você vai utilizar.
    b) Copie e complete o quadro abaixo, para registrar as informações coletadas.

Tema	Fonte 1	Fonte 2	Fonte 3
Referência bibliográfica completa			
Definição do tema			
Processo histórico que conduziu o tema ao seu estado atual			
Contexto histórico atual			
Importância do tema			
Características			

> Elaboração

4. Agora você já pode escrever seu artigo expositivo.
5. Divida as informações em **parágrafos** e organize a **sequência** em que serão expostas.
6. Tenha sempre em mente os princípios definidos para cada tema. Releia-os para não se confundir.

> Avaliação

7. Forme uma dupla e troque seu texto com o colega.
8. Copie e complete, em uma folha separada, o quadro abaixo, a partir da leitura do texto de seu colega. Em seguida, faça um comentário geral sobre o texto, apontando qualidades e sugerindo mudanças.

	Sim	Não
O texto está escrito em conformidade com a norma-padrão? (Observe a pontuação, ortografia, regência e concordância.)		
O conteúdo exposto é consistente (foram consultadas fontes seguras)?		
A divisão do texto em parágrafos está adequada (o tema central foi adequadamente desenvolvido em subtemas)?		
O texto está de acordo com a proposta?		
O texto garante a manutenção do tema e a progressão do texto?		
Comentário geral sobre o texto		

ATENÇÃO

» Defina sua estratégia geral. Você fará uma introdução, como no texto "Direitos Humanos", ou entrará direto no assunto, como em "Tropicalismo"? Existe ainda outro modelo: o texto "Partes de um cometa", que anuncia logo no primeiro parágrafo os subtemas que desenvolverá nos parágrafos seguintes.

» Seja especialmente cuidadoso com a língua: o artigo expositivo de livro ou de *site* didático deve ser modelo de utilização das **variedades urbanas de prestígio**.

> Reescrita

9. Troque novamente o texto com seu colega.
    a) Leia com atenção o quadro em que seu colega fez anotações sobre o artigo que você elaborou.
    b) Releia seu artigo, buscando compreender as intervenções propostas pelo colega.

   DICA: Se estiver com um lápis na mão, já pode ir anotando em seu texto as possíveis modificações. Caso tenha alguma dúvida, peça ajuda ao professor.

10. Reescreva seu artigo expositivo de livro ou de *site* didático.
    a) Faça todas as alterações que julgar necessárias para adequar seu texto à norma-padrão e para garantir a coesão textual.
    b) Faça alterações no texto para que ele se aproxime mais dos objetivos estabelecidos no planejamento.
    c) Revise com cuidado o vocabulário utilizado em seu texto. Os alunos do Ensino Fundamental I conhecem menos palavras que você. Procure substituir palavras complicadas por outras mais fáceis de entender.

Foco da reescrita

Ao reescrever seu texto, dê atenção à **manutenção do tema** e à **progressão**. Observe se, ao longo do artigo, você usou referências diferentes para nomear o tema central. Verifique se o texto progride explorando subtemas a cada novo parágrafo.

Sétima arte

Uma verdade inconveniente
(EUA, 2006)
Direção de Davis Guggenheim
Estrelado pelo ex-vice-presidente estadunidense Al Gore, este documentário apresenta uma grande quantidade de dados sobre o aquecimento global. O filme, que vem sendo exibido em escolas de vários países, tem a finalidade explícita de sensibilizar o público para a necessidade de uma mudança geral de comportamento em relação ao meio ambiente.

Capa do DVD de *Uma verdade inconveniente*.

Vestibular

(Unicamp-SP)

Imagine-se na posição de um **leigo em informática** que, ao ler a matéria "Cabeça nas nuvens", reproduzida abaixo, decide buscar informações sobre o que chamam de *computação em nuvem*. Após conversar com usuários de computador e ler vários textos sobre o assunto (alguns dos quais reproduzidos abaixo em I, II e III), você conclui que o conceito é pouco conhecido e resolve elaborar um **verbete** para explicá-lo. Nesse verbete, que será publicado em uma **enciclopédia** *on-line* destinada a **pessoas que não são especializadas em informática**, você deverá:

- definir *computação em nuvem*, fornecendo dois exemplos para mostrar que ela já está presente em atividades realizadas cotidianamente pela maioria dos usuários de computador;
- apresentar uma vantagem e uma desvantagem que a aplicação da *computação em nuvem* poderá ter em um futuro próximo.

Cabeça nas nuvens

Quando foi convidado para participar da feira de educação da Microsoft, Diogo Machado já sabia que projeto desenvolver. O estagiário de informática da Escola Estadual Professor Francisco Coelho Ávila Júnior, em Cachoeiro de Itapemirim (ES), estava cansado de ouvir reclamações de alunos que perdiam arquivos no computador. Decidiu criar um sistema para salvar trabalhos na própria internet, como ele já fazia com seus códigos de programação. Dessa forma, se o computador desse pau, o conteúdo ficaria seguro e poderia ser acessado de qualquer máquina. A ideia do recém-formado técnico em informática se baseava em *clouding computing* (ou *computação em nuvem*), tecnologia que é a aposta de gigantes como Apple e Google para o armazenamento de dados no futuro.

Em três meses, Diogo desenvolveu o Escola na nuvem (escolananuvem.com.br), um portal em que estudantes e professores se cadastram e podem armazenar e trocar conteúdos, como o trabalho de matemática ou os tópicos da aula anterior. As informações ficam em um disco virtual, sempre disponíveis para consulta via *web*.

Extraído de *Galileu*, São Paulo, Globo, n. 241, p. 79, ago. 2011.

I

"Você quer ter uma máquina de lavar ou quer ter a roupa lavada?"

Essa pergunta resume de forma brilhante o conceito de *computação em nuvem*, que foi abordado em um documentário veiculado recentemente na TV.

Disponível em: <http://toprenda.net/2010/04/computacao-em-nuvem-voce-ja-usa-e-nem-sabia>. Adaptado.

II

Vamos dizer que você é o executivo de uma grande empresa. Suas responsabilidades incluem assegurar que todos os seus empregados tenham o *software* e o *hardware* de que precisam para fazer o seu trabalho. Comprar computadores para todos não é suficiente – você também tem de comprar *software* ou licenças de *software* para dar aos empregados as ferramentas que eles exigem.

Em breve, deve haver uma alternativa para executivos como você. Em vez de instalar uma suíte de aplicativos em cada computador, você só teria de carregar uma aplicação. Essa aplicação permitiria aos trabalhadores logar-se em um serviço baseado na *web* que hospeda todos os programas de que o usuário precisa para o seu trabalho. Máquinas remotas de outra empresa rodariam tudo – de *e-mail* a processador de textos e a complexos programas de análise de dados. Isso é chamado *computação em nuvem* e poderia mudar toda a indústria de computadores.

Se você tem uma conta de *e-mail* com um serviço baseado na *web*, como Hotmail, Yahoo! ou Gmail, então você já teve experiência com computação em nuvem. Em vez de rodar um programa de *e-mail* no seu computador, você se loga numa conta de *e-mail* remotamente pela *web*.

Adaptado de STRICKLAND, Jonathan. Como funciona a computação em nuvem. Disponível em: <http://informatica.hsw.uol.com.br/computacao-em-nuvem.htm>.

III

A simples ideia de determinadas informações ficarem armazenadas em computadores de terceiros (no caso, os fornecedores de serviço), mesmo com documentos garantindo a privacidade e o sigilo, preocupa pessoas, órgãos do governo e, principalmente, empresas. Além disso, há outras questões, como o problema da dependência de acesso à internet: o que fazer quando a conexão cair? Algumas companhias já trabalham em formas de sincronizar aplicações *off-line* com *on-line*, mas tecnologias para isso ainda precisam evoluir bastante.

Adaptado de *O que é cloud computing?* Disponível em: <http://www.infowester.com/cloudcomputing.php>.

Argumentar

UNIDADE 8

Saber argumentar dá ao cidadão o poder de participar mais ativamente da sociedade. Os gêneros textuais orais e escritos baseados na argumentação permitem a seus produtores defender opiniões sobre assuntos socialmente relevantes. Para isso, é importante saber criar e reconhecer um ponto de vista, compreender e refutar argumentos em uma discussão e justificar posições com base em argumentos lógicos e valores sociais.

Nesta unidade, você vai aprender a identificar e produzir gêneros textuais em que predomina a argumentação. Eles circulam nas esferas política, jornalística e cultural e possibilitam a participação em discussões relevantes na formação da cidadania.

Nesta unidade

- **14** Editorial
- **15** Resenha crítica
- **16** Debate regrado
- **17** Fala em audiência pública

Debate político com candidatos à presidência nas eleições de 2010, na Universidade Católica de Brasília (UCB-DF), *campus* de Taguatinga.

CAPÍTULO 14
Editorial

O que você vai estudar

- Como identificar e produzir um editorial.
- A validade do argumento e o posicionamento ideológico.
- A antonímia no texto argumentativo.

O **editorial** é um dos mais importantes textos de opinião de publicações periódicas como jornais e revistas, pois tem a função de declarar a posição desses veículos sobre os principais acontecimentos noticiados. Neste capítulo, você vai conhecer melhor esse gênero e, depois, será sua vez de produzir um editorial.

> Leitura

- Você vai ler um editorial e, a seguir, a reportagem mencionada por ele. Os dois textos foram publicados em fevereiro de 2013 em um jornal de Fortaleza (CE). Leia-os com atenção e responda às questões propostas nas páginas 126 e 127.

O Povo
Terça-feira, 19 de fevereiro de 2013

Editorial

Resíduos sólidos em Fortaleza: como coletar e reciclar

O problema é que só existem duas usinas de reciclagem de entulho: em Fortaleza e Itaitinga

Executar o Plano Municipal de Gestão Integrada de Resíduos Sólidos, exigido pela Política Nacional de Resíduos Sólidos, bem como fazer valer o artigo 550 do Código de Obras e Posturas do Município, que proíbe depositar lixo e detritos em geral nas calçadas e vias públicas, é um desafio para Fortaleza, que apresenta uma média de geração de resíduos sólidos maior do que a média nacional: 1,9 quilo de lixo por habitante/dia, contra 1,2 quilo de lixo por habitante/dia, no conjunto do País.

O incrível é que 35% desse volume são formados por entulho puro proveniente da construção civil, que poderia ser reciclado e receber um valor agregado e devolvido ao mercado. No entanto, é desperdiçado depois de ir parar em aterros sanitários.

A política correta deveria ser a prevenção, impedindo que os restos de material de construção sejam depositados em calçadas, praças e ruas. Se isso acontece, imediatamente se forma uma rampa para depósito de todo o tipo de lixo. É o que comumente acontece, como constatou uma reportagem do O POVO publicada, ontem, depois de uma pequena incursão em algumas ruas que flagrou mais de 30 pontos de entulho. Isso apesar de uma legislação municipal determinar que quem produz o entulho é responsável pelo seu descarte final, isto é, pelo seu encaminhamento ao aterro sanitário.

Estamos, portanto, diante de dois problemas: a) como criar a melhor forma de aproveitar economicamente esse material que poderia dar um retorno economicamente compensatório; b) como conscientizar a população para que não deposite os detritos nos espaços públicos.

No primeiro caso, a própria destinação aos aterros sanitários está ameaçada pela desativação progressiva desse tipo de depósito de detritos. A alternativa impositiva é reciclar. O problema é que só existem duas usinas de reciclagem de entulho: uma no bairro Cajazeiras, em Fortaleza, e outra no município de Itaitinga, a 25 quilômetros da Capital. Ambas só recebem conjuntamente metade do entulho gerado pela construção civil, e reciclam menos ainda: 5% do total recebido.

O desafio está posto e tem de ter uma resposta rápida, pois o quadro está se complicando cada vez mais. Quanto à população, é preciso envolver suas entidades comunitárias no processo educativo de coleta.

O Povo, Fortaleza, p. 6, 19 fev. 2013.

O Povo
Segunda-feira, 18 de fevereiro de 2013

FORTALEZA
O que fazer com o entulho da reforma ou construção?

Nada de calçadas, terrenos baldios ou carroceiro. O entulho deve ter um destino certo: usina de reciclagem ou aterro sanitário. Abandonar o lixo por aí, além de render multa, resulta em prejuízos ambientais e sanitários

Tu és responsável por todo entulho que produzes. A frase não é mandamento bíblico, mas dever de todo cidadão que resolver reformar ou construir alguma coisa. Dever previsto em lei e sob pena de multa se desrespeitado. Mas o tanto de entulho que cobre calçadas e calçadas desta Cidade só revela que ou a população não sabe o que fazer com o entulho gerado ou o problema é de educação mesmo. Você sabe o que fazer com o lixo da reforma da sua casa ou comércio?

O POVO avistou pelo menos 30 pontos de entulho em passeio pelos bairros Parque Araxá, Fátima, Porangabuçu, Monte Castelo, Joaquim Távora e Jacarecanga. Não raro podas de árvores, colchões, restos de móveis e sofás estacionavam junto. [...]

Lei

Uma lei municipal prevê multa para quem coloca lixo em local inadequado. Segundo o artigo 550 do Código de Obras e Posturas do Município, é proibido depositar seja nas ruas seja nas calçadas, praças, canais ou canteiros "lixo, resíduos, detritos, animais mortos, material de construção e entulhos, mobiliário usado, folhagem, material de podações" etc. [...]

Apesar da lei, são recolhidas, em média, 11 mil toneladas de entulho por mês, das ruas e calçadas de Fortaleza. Quem diz é o superintendente da Ecofor Ambiental, João Júlio de Holanda. [...] "Se o gerador produzir mais de 100 litros de entulho por dia, é obrigação dele contratar uma empresa privada para recolher o entulho ou mesmo a Emlurb (Empresa Municipal de Limpeza e Urbanização de Fortaleza), que tem esse serviço, mas é pago", afirma.

Abaixo desse volume de 100 litros, o gerador do entulho pode separá-lo em duas partes de 50 litros dentro de sacos de cimento, colocar na calçada no dia da coleta de lixo domiciliar para que o caminhão recolha. "Não chame carroceiro. Ele não sabe o destino correto desse entulho e despacha em qualquer lugar", alerta o superintendente. Segundo ele, o destino final do entulho deve ser a usina de reciclagem ou o Aterro Sanitário Metropolitano de Caucaia.

O titular da Secretaria de Conservação e Serviços Públicos, João Pupo, avalia que o entulho é um grave problema na Cidade. "Um ponto de entulho rapidamente vira ponto de lixo. Todo mundo sabe as consequências sanitárias disso. Quando chove então é pior ainda", diz. O secretário garante que está iniciando trabalho de fiscalização mais ostensiva para saber a origem desse lixo e punir. "Contamos com a população também para que denuncie. O prejuízo do lixo na rua é para toda a sociedade", finaliza. [...]

Entulho dificulta passagem de pedestres em rua de Fortaleza (CE). Fotografia de 2013.

ENTENDA A NOTÍCIA

No último dia 6 de dezembro, a Prefeitura divulgou o Plano Municipal de Gestão Integrada de Resíduos Sólidos. Exigido pela Política Nacional de Resíduos Sólidos, conduz prefeitos e cidadãos à "redução, reutilização, reciclagem e tratamento dos resíduos sólidos". [...]

O Povo, Fortaleza, 18 fev. 2013.

Situação de produção

Um texto parcial

Os textos destas páginas reproduzem uma situação de produção comum aos editoriais: um fato já tratado no jornal em uma reportagem ou notícia (no caso, o lixo e o entulho acumulados em vias públicas) é novamente abordado, dessa vez na forma de um texto de opinião.

Embora calcado em informações objetivas selecionadas para fortalecer seus argumentos, o editorial claramente toma posição em relação ao fato em questão e tenta convencer o leitor de sua tese.

O editorial é escrito por um **editorialista** (jornalista que pode ou não acumular outras funções no jornal), em geral, anônimo. A assinatura desse gênero é **institucional**: o editorial representa a **opinião da publicação**, não a de um indivíduo.

Por isso, o ponto de vista do editorial é sempre **parcial**, assumido pela direção ou pelo conselho editorial do veículo que o publica (jornal, revista, emissora de televisão ou rádio, etc.)

> Ler um editorial

1. Compare o editorial (p. 124) com a reportagem citada por ele (p. 125).
   a) Em que parágrafo do editorial há uma referência à reportagem?
   b) Que informações da reportagem são retomadas pelo editorial?
   c) Que dados dos dois textos permitem supor que o assunto abordado é importante para os leitores do jornal?

2. Releia o primeiro parágrafo do editorial.
   a) A reportagem fornece informações que ajudam o leitor a compreender esse parágrafo. Explique.
   b) Segundo o editorial, pôr em prática as políticas públicas de tratamento dos resíduos sólidos é um desafio para a cidade de Fortaleza. Que argumento justifica essa afirmação?

Homem descarrega madeira em pilha de móveis usados em Fortaleza (CE). Fotografia de 2013.

> **ANOTE**
>
> O editorial, em geral, trata de assuntos importantes do dia ou da semana, muitas vezes referindo-se diretamente a matérias divulgadas pelo próprio veículo que o publica. A importância de um **fato** é dada por sua gravidade ou abrangência. Quais são suas consequências? Quantas pessoas estão envolvidas? A referência feita no texto ao fato ou acontecimento original é chamada **gancho**.

3. Releia.

   > I. Abaixo desse volume de 100 litros, o gerador do entulho pode separá-lo em duas partes de 50 litros dentro de sacos de cimento [...].
   > II. A política correta deveria ser a prevenção, impedindo que os restos de material de construção sejam depositados em calçadas, praças e ruas.

   a) Qual das frases acima faz parte da reportagem? E do editorial?
   b) Seria possível descobrir isso sem precisar voltar aos textos? Por quê?

> **ANOTE**
>
> O editorial expõe a opinião do veículo que o publica, utilizando a **norma-padrão**, em um **registro mais formal** do que o de grande parte dos outros gêneros textuais da esfera jornalística. O vocabulário é, geralmente, **mais complexo** do que o utilizado em notícias e reportagens e não há restrição à formulação explícita de **juízos de valor**.

4. Releia o título e o subtítulo do editorial.
   a) O título esclarece a posição assumida pelo editorial quanto ao tratamento dos resíduos sólidos? Explique.
   b) A necessidade do tratamento de resíduos sólidos pela reciclagem é um consenso social, isto é, uma ideia aceita por todos. Que contraste entre essa ideia e a realidade é expresso pelo subtítulo?

5. O editorial analisa dois problemas relacionados aos resíduos sólidos.
   a) Que problemas são esses? Em que parágrafo eles são apresentados?
   b) Em sua opinião, que imagem o jornal transmite ao leitor, ao se dizer a favor da reciclagem do entulho produzido na construção civil?

> **ANOTE**
>
> O editorial exige do leitor uma compreensão que vai além do que está dito de forma explícita. Por meio dele, é possível vislumbrar **o conjunto de ideias da instituição** e os valores sociais envolvidos em suas afirmações.

6. Qual é a tese defendida pelo editorial?

Ação e cidadania

Um projeto inovador de um professor de Planaltina, cidade-satélite de Brasília (DF), foi um dos ganhadores do Prêmio Professores do Brasil de 2012, que tem o objetivo de reconhecer experiências pedagógicas criativas de professores das redes públicas.

O professor Gilvan França motivou alunos e comunidade escolar em um projeto que podia parecer ambicioso: construir uma sala de aula inteira usando apenas material reciclado. O resultado foi um sucesso: o professor garante que a estrutura da sala ambientalmente correta, formada por garrafas de refrigerante e bambu, é melhor do que a de muitas escolas brasileiras.

Fonte de pesquisa: Correio Braziliense. Disponível em: <http://www.correiobraziliense.com.br/app/noticia/eu-estudante/ensino_educacaobasica/2012/12/14/ensino_educacaobasica_interna,339215/educacao-inovadora-garante-reconhecimento-do-mec-a-40-professores-do-brasil.shtml>. Acesso em: 13 fev. 2015.

Cartaz do 6º Prêmio Professores do Brasil. A "ecossala" do professor Gilvan foi uma das 40 iniciativas premiadas.

7. Releia.

> O incrível é que 35% desse volume são formados por entulho puro proveniente da construção civil, que poderia ser reciclado e receber um valor agregado e devolvido ao mercado. No entanto, é desperdiçado depois de ir parar em aterros sanitários.

O editorial é contrário ao mau aproveitamento econômico dos detritos. Que palavras do trecho orientam o leitor a perceber isso? Explique.

8. O interlocutor direto do editorial é o leitor do jornal. Porém, pela própria natureza do tema tratado, há também um **interlocutor implícito**. Identifique-o e explique sua resposta.

9. Palavras como *desafio* e *problema* fazem o leitor acreditar que as soluções propostas pelo editorial são simples ou complexas? Justifique.

10. O editorial culpa de modo explícito a administração municipal pela ausência de mais usinas de reciclagem? Explique sua resposta.

11. Em sua opinião, o que teria levado o editorial a optar por essa estratégia argumentativa? Pense em uma explicação possível.

Vale saber

Ideologia é um conjunto de ideias que representam o ponto de vista de um determinado grupo social: uma classe socioeconômica, uma corrente política, uma religião, etc. Assim, por exemplo, é comum falar em ideologia "de direita", "de esquerda", entre outras, pois existem vários conjuntos de ideias baseadas em diferentes **valores**.

ANOTE

Os argumentos de um editorial aparentam ser sempre de ordem coletiva, jamais individual ou em defesa de interesses particulares. É em nome do **bem comum, público e coletivo** que o editorial emite sua opinião. Cabe ao leitor o **papel crítico**: no subterrâneo do texto, é possível descobrir a **posição ideológica** da publicação.

12. Releia o último parágrafo do editorial "Resíduos sólidos em Fortaleza: como coletar e reciclar".
    a) Com base na argumentação exposta pelo editorial, o leitor pode deduzir qual é a "resposta rápida" esperada por ele? Justifique.
    b) Relacione as soluções sugeridas pelo editorial aos dois problemas apontados anteriormente no texto.

ANOTE

O editorial comenta fatos e aponta soluções, procurando levar os leitores a **participar** do debate público sobre os acontecimentos. Muitas vezes, atua como um **convite à ação**, que se expressa em geral na frase final, dirigida à sociedade e a suas potencialidades. Por isso são comuns na conclusão de editoriais frases como "é preciso envolver todos", "é hora de agir", "em um momento como esse, a sociedade não pode se omitir", etc.

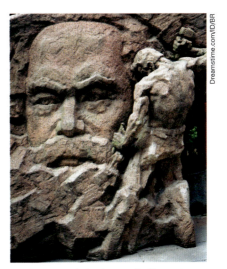

Escultura na cidade chinesa de Chongqing representando o rosto de Karl Marx e o próprio ato de esculpi-la. Karl Marx foi o pensador que popularizou o conceito de ideologia.

Repertório

Um editorial polêmico

Em editorial do dia 17 de fevereiro de 2009, o jornal *Folha de S.Paulo* referiu-se à ditadura brasileira da seguinte forma: "[...] as chamadas 'ditabrandas' – caso do Brasil entre 1964 e 1985 [...]". O jogo de palavras entre *dura* e *branda* na referência a esse período histórico provocou a reação de muitos leitores, que não aceitaram a suavização linguística da violência e dos cerceamentos sofridos durante a repressão militar. Cartas de intelectuais conhecidos foram respondidas pelo veículo de forma pouco cordial, o que mobilizou um abaixo-assinado na internet. Em poucos dias, o documento acumulou aproximadamente 3 mil assinaturas. Atos públicos foram realizados e outras publicações comentaram o caso.

Policiais militares dissolvem passeata de estudantes na rua 25 de Março em São Paulo (SP), em 15 de junho de 1977.

127

> Entre o texto e o discurso – A validade do argumento

No discurso argumentativo, frequentemente a **validade de um argumento** se realiza como uma **construção lógica**. No entanto, no editorial e em artigos de opinião, ela também está ancorada nos **valores sociais** afirmados nas premissas e na conclusão do texto. Leia o editorial.

Gancho: uso indevido de passagens aéreas destinadas apenas ao exercício da função parlamentar.

Vocabulário de apoio

anedótico: relativo a algo curioso e de menor importância

arcaísmo: algo antiquado

a todos os títulos: certamente, de todo modo

compulsório: obrigatório

contrafeito: contrariado

corveia: na Idade Média, trabalho gratuito obrigatório do servo em favor do senhor feudal

cronificar: tornar crônico, permanente

impunidade: falta de punição

repúdio: rejeição

vaga: grande movimento de pessoas

veemente: intenso, forte

venial: desculpável

Argumento: há um problema de representatividade política.

Argumento: a distância entre representantes e representados gera impunidade política.

Folha de S.Paulo
São Paulo, domingo, 26 de abril de 2009

Opinião

Voto facultativo

Distância entre sociedade e seus representantes cresce a cada escândalo, favorecida pelo arcaísmo do sistema eleitoral

SERIA IMPRÓPRIO classificar de simplesmente "moralistas" as violentas reações da opinião pública diante dos abusos cometidos no Congresso Nacional, em particular na célebre farra das passagens aéreas gratuitas.

Tem-se, na verdade, um movimento generalizado e veemente de indignação diante de revelações que só na aparência se reduzem ao anedótico, ao secundário, ao venial. No caso das passagens aéreas, atingiu especial visibilidade – e, talvez, seu ponto de máxima saturação – um fenômeno que se tornou crônico no sistema político brasileiro.

Os assim chamados "representantes da população" parecem representar, antes de tudo, a si mesmos – e a uma rede de contatos no mundo privado e doméstico que se mantêm, na maior parte do tempo, invisíveis e fora do controle dos cidadãos.

Regras cada vez mais rígidas de transparência constituem sem dúvida a arma mais eficiente para combater essa situação. Mesmo assim, e apesar das recorrentes vagas de repúdio que cada novo escândalo suscita, um problema básico permanece.

Representantes e representados parecem habitar mundos à parte, com escassos pontos de comunicação. A certeza da impunidade, tão disseminada entre governantes e parlamentares brasileiros, não se restringe apenas ao âmbito do Código Penal. Vigora também uma confiança na impunidade política, que se confirma toda vez que figuras cercadas das mais fortes evidências de corrupção terminam vitoriosas em novas eleições.

Folha de S.Paulo, p. A2, 26 abr. 2009.

Isso ocorre sem que, por outro lado, a população abandone sua permanente repugnância pelos políticos que, entretanto, consente em reeleger. A superação desse estado de coisas depende, como é óbvio, de um longo processo de desenvolvimento da maturação política e do mais amplo acesso à informação.

Mesmo assim, haveria no mínimo uma mudança fundamental e simples, no campo em geral bastante técnico e polêmico das reformas institucionais, cuja oportunidade se manifesta com clareza, em meio a um descrédito da atividade política a todos os títulos nocivo para a democracia.

O Brasil é um dos raros países do mundo onde vigora o sistema do voto compulsório. Não há sentido em encarar um direito dos cidadãos – o de participar livremente das eleições de seus representantes – como um dever imposto pelo Estado.

O indivíduo que vota apenas por obrigação não se coloca no papel de soberano, e sim de subordinado no processo político.

Cronifica-se, com isso, a tendência histórica de encarar os governantes e os parlamentares não como homens públicos a serviço da população, mas como detentores de um poder de mando e de uma série de privilégios pessoais, aos quais o cidadão se curva numa espécie de corveia eleitoral. Oferece-lhes, contrafeito, um mandato que será exercido na impunidade e na arrogância, e haverá de encará-los, forçosamente, com ressentimento e com desprezo.

Tese: defesa do voto opcional.

Argumento: superação da distância depende de processo longo.

Prenúncio de argumento: há algo fundamental que pode ser feito de forma simples e rápida.

Argumento implícito: se, no mundo, o voto opcional predomina sobre o voto obrigatório, deve haver um bom motivo para isso.

Argumento: há troca de direito por dever no voto obrigatório brasileiro.

Conclusão: o voto obrigatório tira a soberania do eleitor e colabora para a impunidade dos detentores do poder.

128

A validade do argumento e os valores sociais

Para a ciência lógica, um argumento é válido se as premissas aceitas levarem necessariamente à conclusão. Observe a seguir a construção do raciocínio no **silogismo**, em um exemplo clássico atribuído a Aristóteles (384 a.C.-322 a.C.).

Premissa maior [afirmação universal]
Todo homem é mortal.
Premissa menor [afirmação particular]
Sócrates é homem.
Conclusão [afirmação necessária]
Logo, Sócrates é mortal.

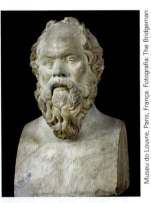

Sócrates. Escultura romana, século I d.C. Mármore, 33,5 cm de altura. Museu do Louvre, Paris, França.

Sócrates (469 a.C.-399 a.C.), um dos filósofos gregos mais conhecidos.

Observe um silogismo presente implicitamente no editorial "Voto facultativo".

Premissa maior
Tudo que **contribui para a impunidade política** (observada, por exemplo, na seguida reeleição de políticos envolvidos em escândalos) alimenta a **falta de representatividade política** no Brasil (ou seja, a distância entre aquilo que os políticos fazem e aquilo que seus eleitores gostariam que eles fizessem).

Premissa menor
O **voto obrigatório**, ao transformar um direito em dever, leva às urnas uma parcela de cidadãos que vota apenas por obrigação, **contribuindo para a impunidade política**.

Conclusão
Logo, o **voto obrigatório** alimenta a **falta de representatividade política** no Brasil.

A aceitabilidade das premissas depende de o leitor compartilhar certos **valores sociais** com a publicação, porque as premissas de textos argumentativos **não veiculam verdades universais** (como na lógica), mas interpretações de fatos e princípios norteadores da ação política e social.

1. O que significa *facultativo*? A que palavras do editorial esse adjetivo se opõe?
2. O editorial defende a inclusão de todos na participação política? Explique.
3. Para você, o que contribui mais para a cidadania autônoma e soberana: o voto opcional ou o obrigatório? Justifique seu ponto de vista com argumentos.
4. Formule um **silogismo** para cada tema abaixo, optando pela afirmação ou pela negação.
   a) O jovem de 16 ou 17 anos (não) deve votar.
   b) Brasileiro (não) sabe votar.

Observatório da língua

A antonímia no texto argumentativo

A **antonímia** é uma relação de oposição de sentido que se estabelece entre duas palavras ou expressões. As antonímias de uso mais corrente são registradas pelos dicionários (quente/frio, subir/descer, riqueza/pobreza, etc.); outras são criadas no contexto, em consequência do uso específico em uma situação discursiva. Veja um exemplo do editorial "Voto facultativo".

> Os assim chamados **"representantes da população"** parecem **representar**, antes de tudo, **a si mesmos**.

Partindo do sentido próprio da palavra *representante* – aquele que se apresenta no lugar de outro –, o editorialista cria o antônimo "representante de si mesmo", em alusão ao comportamento ético discutível de parte dos membros do Congresso Nacional.

Prosseguindo em seu raciocínio, destaca o abismo entre representantes e representados.

> **Representantes** e **representados** parecem habitar mundos à parte, com escassos pontos de comunicação.

Ao enfatizar a razão da existência de governantes – a **representação** –, o produtor do texto assinala a contradição de que *representantes* e *representados* pertençam a esferas distintas e incomunicáveis da vida social. Embora essas palavras não sejam consideradas antônimas quando tomadas em seu sentido próprio, no contexto do editorial elas ressaltam a perda de sentido da existência de representantes que desconhecem aqueles que deviam representar – e vice-versa.

Assim, a antonímia adquire valor argumentativo ao pôr em relevo contrastes e contradições.

- Identifique no editorial "Voto facultativo" outros dois exemplos de antonímia e explique qual é seu valor argumentativo no texto.

129

> Produzir um editorial

> Proposta

Você vai produzir um **editorial** para o jornal do seu bairro, de sua cidade ou da comunidade. Para isso, escolha a **notícia da semana** que teve mais repercussão ou que foi mais importante para sua comunidade. Comente a evolução do caso e formule uma **opinião crítica**. Você deve utilizar os conhecimentos que adquiriu sobre o editorial neste capítulo. Procure aproveitar os recursos de que dispõe para defender o **bem comum**.

Exemplos de acontecimentos de fevereiro de 2013, no Brasil.

Fotografia A: Segurança pública em Recife (PE): "Incêndio destrói prédio na Avenida Marquês de Olinda, no Centro do Recife". *Jornal do Commercio*, Recife, 21 fev. 2013.

Fotografia B: Prejuízos causados por chuvas no litoral paulista: "Máquinas fazem a limpeza das ruas atingidas pelas chuvas, em Boiçucanga, São Sebastião". *Folha de S.Paulo*, São Paulo, 24 fev. 2013.

Fotografia C: Mobilidade urbana no Rio de Janeiro (RJ): "Fechamento de duas estações do metrô deixa a estação de Siqueira Campos, em Copacabana, com grandes filas nos ônibus da companhia". *O Globo*, Rio de Janeiro, 25 fev. 2013.

> Planejamento

1. Observe no quadro abaixo as características do texto que você vai produzir.

Texto	Público	Finalidade	Meio	Linguagem	Evitar	Incluir
editorial	jovens e adultos da comunidade que são leitores de jornal	produzir um texto **argumentativo** que apresente um posicionamento crítico diante de uma notícia	jornal do bairro, da cidade ou da comunidade	terceira pessoa; objetividade; argumentação	informalidade; opiniões sem embasamento	**antonímias** com valor argumentativo; propostas de solução para os problemas apontados

2. Faça uma pequena lista dos principais **valores sociais** que norteiam a instituição ou organização responsável pelo jornal que vai publicar seu editorial (por exemplo: sustentabilidade, justiça social, educação de qualidade, etc.). Você pode inventar a publicação.

3. Defina o **tema** de seu editorial com base na notícia selecionada. Lembre-se: seu tema deve ser relevante para o público leitor e afetar a comunidade como um todo.

4. Formule a **tese** de seu editorial. Qual será a ideia norteadora de seu texto, aquilo que você vai expressar logo na introdução?

5. Colete no noticiário os fatos que compõem seu tema. Eles são importantes porque vão ajudar a sustentar os **argumentos** de seu texto.
6. Qual será a **proposta de solução** de seu editorial?
7. Formule um **silogismo** que comprove a eficácia dessa solução.
8. Os argumentos devem levar à **conclusão** do texto, que reafirma, em outras palavras, a tese inicial e sugere os rumos que o caso deve tomar em nome do bem público. Formule clara e enfaticamente essa opinião.
9. Você vai usar, no final do editorial, alguma expressão para **convidar o leitor a agir**? Que expressão poderia ser essa?

> **ATENÇÃO**
> » Dê um **título** sugestivo e adequado ao texto.
> » Observe se a linguagem está adequada à **norma-padrão**. Ela é utilizada nos editoriais dos jornais mais influentes do país.

› Elaboração

10. Organize o material que você levantou no Planejamento, assim como os tópicos de seu texto, e escreva seu editorial.

› Avaliação

11. Forme uma dupla e troque seu texto com o do colega.
12. Copie e complete o quadro abaixo em uma folha avulsa, com base na leitura do texto do colega. Em seguida, faça um comentário geral sobre o editorial dele, apontando qualidades e sugerindo mudanças.

	Sim	Não
A linguagem está de acordo com a norma-padrão da língua portuguesa?		
Há uma tese clara na introdução do texto?		
Os fatos, os princípios e as ideias usados como argumentos são adequados e consistentes? O texto os explica bem?		
Os argumentos são válidos? Estão relacionados de forma a levar à aceitação da conclusão?		
A conclusão é clara e aponta soluções para o caso?		
O texto contempla a busca pelo bem comum?		
Comentário geral sobre o texto		

› Reescrita

13. Devolva o texto do colega e pegue seu texto de volta.
    a) Leia com atenção o quadro de avaliação preenchido pelo colega.
    b) Releia seu editorial, com atenção às análises e às sugestões feitas.
    DICA: Anote em seu texto, com um lápis, as possíveis modificações. Se necessário, peça ajuda ao professor.
14. Reescreva seu editorial.
    a) Faça todas as alterações necessárias para adequar seu texto à norma-padrão.
    b) Faça alterações no texto para que ele se aproxime mais dos objetivos enunciados no Planejamento.

> **Foco da reescrita**
> Ao reescrever seu editorial, dê atenção à **antonímia**. Verifique se você conseguiu usá-la tanto para expressar a oposição das ideias mais importantes quanto para deixar seus argumentos mais claros.

> **Ação e cidadania**
> Nos últimos anos, o aumento no número de registros de violência doméstica contra a mulher cresceu no Brasil, certamente em razão de um esforço da sociedade para conscientizar a população de que agredir uma mulher é crime. Nesse sentido, a Lei Maria da Penha, de 2006, veio assegurar direitos às vítimas desse tipo de violência e é internacionalmente considerada um modelo. Essa lei, que recebe o nome da cearense que ficou paraplégica depois de ter sido atingida por um tiro disparado pelo próprio marido, concebe a violência contra a mulher não apenas como problema criminal mas também como questão social. Ela prevê, entre outros dispositivos, uma rede de acolhimento às mulheres agredidas.

A ativista pelos direitos das mulheres Maria da Penha. Fotografia de 2010.

CAPÍTULO 15
Resenha crítica

O que você vai estudar
- Como identificar e produzir uma resenha crítica.
- Critérios para formular uma opinião.
- O valor argumentativo dos adjetivos.

A **resenha crítica** é um texto que avalia uma produção artística ou intelectual. Seu objetivo é orientar o leitor, alertando-o para as qualidades e os defeitos de um bem cultural, que pode ser livro, filme, CD, exposição ou peça de teatro, entre outros. A resenha se fundamenta no conhecimento especializado do crítico e em sua argumentação para convencer o leitor a conhecer ou não a obra. Neste capítulo, você vai estudar esse gênero e, depois, será sua vez de produzir uma resenha.

› Leitura

- O texto abaixo é uma resenha crítica que avalia um romance escrito por Chico Buarque, artista muito conhecido desde a década de 1960, quando iniciou sua carreira como compositor e cantor de música popular. Leia-o com atenção e responda às questões propostas nas páginas 134 e 135.

Leite derramado: o livro foi publicado com duas versões de capa.

LIVROS

Memórias quase póstumas

Chico Buarque segue os passos de Machado de Assis e retrata, com desgosto, a elite brasileira

Carlos Graieb

Parece ser uma sina inescapável para os escritores brasileiros fazer uma oferenda, cedo ou tarde, no altar de Machado de Assis. A oferenda de Chico Buarque acaba de ser entregue: o seu quarto romance, *Leite Derramado* (Companhia das Letras; 196 páginas; 36 reais). O espírito do livro não poderia ser mais machadiano: com um misto de amargura pelos próprios fracassos e desdém senhorial pelas pessoas que o cercam, Eulálio Montenegro D'Assumpção, um filho da classe alta brasileira, relembra a sua história de maneira não inteiramente honesta. Mas também nos detalhes as dívidas com Machado se revelam. De *Dom Casmurro* vem, por exemplo, o tema do ciúme doentio que acaba por destruir a vida de uma mulher. E, se as *Memórias Póstumas de Brás Cubas* são narradas, de maneira inusitada, por um "defunto autor", *Leite Derramado* se esforça em busca de um efeito próximo: com mais de 100 anos, e meio embotado pela morfina, o anti-herói Eulálio agoniza no "ambiente pestilento" de um hospital público do subúrbio carioca, onde desfia seu monólogo para enfermeiras distraídas.

Leite Derramado pretende fazer um diagnóstico crítico da sociedade brasileira. Filho de senador da República, neto de nobre do

O escritor e compositor Chico Buarque na Festa Literária Internacional de Paraty (Flip) de 2004.

Império, bisneto de um figurão da corte de dom João VI – e assim por diante, até o tempo dos afonsinhos –, Eulálio é herdeiro de todos os vícios e preconceitos de seus antepassados. Ele seria a prova viva de como males ancestrais ainda infectam o presente. O problema é que, nascido em 1907, Eulálio não é, verdadeiramente, um homem do tempo atual. Na verdade, ele quase não é um homem do século XX. Tudo o que aconteceu no Brasil a partir dos anos 50 mal se reflete em sua narrativa. Novamente, a sombra de Machado de Assis se impõe. Machado apontou mazelas concretas de seu tempo. Chico Buarque, ao contrário, não fala de como o racismo, o sexismo, a corrupção

---

Vocabulário de apoio

caricatural: relativo à caricatura, grotesco, simplificado
embotado: que perdeu a sensibilidade
esbulho: apropriação, roubalheira
fragmentário: separado em fragmentos, disperso
mazela: infortúnio, falha moral
morfina: substância utilizada para aliviar a dor
pandemônio: confusão
prosaico: relativo à prosa, corriqueiro
sexismo: discriminação fundamentada no sexo
sina: destino
tempo dos afonsinhos: antigamente

132

ou o esbulho das coisas públicas se manifestam no Brasil contemporâneo – fala apenas das peculiaridades odiosas de um homem muito velho, criado 100 anos atrás. Sua pretensão sociológica naufraga nas águas rasas do esquerdismo. O que sobra é a denúncia, vazia e caricatural, de uma "elite podre".

Isso não significa que *Leite Derramado* seja uma má leitura. Desde o seu primeiro livro, *Estorvo*, Chico Buarque pratica um estilo em que o prosaico se mistura a efetivos achados poéticos. Esse estilo leve arrasta o leitor para dentro da história. A maneira fragmentária como Eulálio vai arrancando lembranças do "pandemônio da memória" também cria lacunas e um certo suspense. O maior enigma é a natureza do sumiço de Matilde, a amada esposa de Eulálio. Ela fugiu com outro homem? Foi acometida por uma doença terrível? Ou recebeu um castigo imerecido? Longe de ser um fracasso como narrativa, o novo livro de Chico Buarque apenas deixa de realizar todas as suas ambições – e mostra que nunca é seguro para um escritor seguir as pegadas de Machado de Assis.

GRAIEB, Carlos. Memórias quase póstumas. *Veja*, São Paulo, Abril, p. 117, 1º abr. 2009.

Quase três meses após a publicação da resenha na revista *Veja*, o livro *Leite derramado* ocupava a quinta posição entre os livros de ficção mais vendidos na lista feita pelo jornal *Folha de S.Paulo*. Por ser a revista de maior circulação nacional, *Veja* pode ter contribuído para aumentar a visibilidade do livro.

Folha de S.Paulo, p. E7, 20 jun. 2009.

Situação de produção

Texto formador de opinião

A resenha crítica está presente em **jornais** e **revistas**, orientando o público que aprecia literatura, artes plásticas, artes visuais, cinema, teatro, música, etc.

Em jornais e revistas, as resenhas críticas normalmente apresentam **linguagem acessível** e poucos termos técnicos. Exigem, porém, **conhecimento especializado** de quem as escreve. A opinião do resenhista deve basear-se em seu conhecimento prévio sobre o assunto e não em seu gosto pessoal. Assim, em geral, músicos ou especialistas em música escrevem sobre música; críticos literários ou escritores escrevem sobre literatura; curadores ou críticos de arte escrevem sobre arte; e assim por diante.

A resenha costuma oferecer ao leitor argumentos que comprovam a validade da opinião do crítico sobre a obra resenhada. O público leitor da resenha, em geral, ainda não conhece a obra analisada e pode ser influenciado pela opinião do resenhista, decidindo, com base nas palavras deste, se ela merece ser conhecida ou não.

Repertório

Chico Buarque

Francisco Buarque de Holanda (1944-), filho do intelectual Sergio Buarque de Holanda, abandonou a faculdade de arquitetura e urbanismo para ser compositor. Seu talento para dar voz a personagens – especialmente as femininas –, sua participação na resistência artística à ditadura militar e a qualidade de suas canções conquistaram o público e lhe garantiram uma posição de destaque no cenário artístico brasileiro.

Sua estreia como romancista ocorreu em 1991, com a publicação do livro *Estorvo*. Publicou também *Benjamin*, em 1995, *Budapeste*, em 2003, e *Leite derramado*, em 2009. A exemplo do que ocorreu com alguns de seus romances anteriores, *Leite derramado* ganhou importantes concursos literários, como o Prêmio Jabuti de Livro do Ano de Ficção e o Prêmio Portugal Telecom de Literatura na categoria Romance, ambos em 2010.

Cena do filme *Budapeste*, mostrando as personagens Vanda (Giovanna Antonelli) e José Costa (Leonardo Medeiros). O filme é uma adaptação do livro homônimo de Chico Buarque.

❯ Ler uma resenha crítica

1. Qual foi o acontecimento que deu origem à resenha crítica "Memórias quase póstumas"?
2. Quem é o autor da resenha?
3. Com base na leitura da resenha "Memórias quase póstumas", o leitor é incentivado a ler o livro de Chico Buarque? Justifique sua resposta.

> **ANOTE**
>
> Antes de lançar uma obra literária no mercado, algumas editoras a apresentam a jornalistas e críticos especializados, a fim de que eles a avaliem e publiquem sua opinião em resenhas. Essas resenhas servem como **divulgação** da obra nas mais diversas mídias (jornais, revistas, *sites*, etc.).

4. Com base nas informações da resenha, escreva no caderno um pequeno resumo do livro *Leite derramado*. Para isso, desconsidere todas as avaliações presentes no texto e procure exclusivamente as **informações** veiculadas sobre o livro de Chico Buarque.

> **ANOTE**
>
> A resenha crítica costuma fornecer um **resumo** da obra avaliada, informando o leitor sobre os principais dados dessa obra. O resumo pode ser apresentado separadamente, no início do texto, ou aparecer mesclado à opinião do resenhista, ao longo da argumentação que ele constrói.

5. Observe como é desenvolvida a **tese** da resenha crítica lida.
    a) Releia o primeiro parágrafo e procure explicar, com base nele, quais os pontos em comum entre os livros *Leite derramado*, de Chico Buarque, e *Memórias póstumas de Brás Cubas*, de Machado de Assis.
    b) Releia o segundo parágrafo da resenha e explique as diferenças entre os dois livros.
    c) Qual é a **tese** da resenha crítica em relação à obra *Leite derramado*, de Chico Buarque?
6. Pode-se afirmar que o crítico Carlos Graieb escolheu um título propositadamente ambíguo para sua resenha: "Memórias quase póstumas". Explique essa ambiguidade, relacionando-a com a tese adotada pelo crítico a respeito do livro *Leite derramado*.

> **ANOTE**
>
> A resenha formula uma opinião crítica – a **tese** – fundamentada em **argumentos**. A tese expressa a aprovação ou a desaprovação de um produto cultural ou artístico, segundo determinados critérios. Já os argumentos são construídos a partir da descrição e da análise da obra, geralmente apresentando comparações ou relações com outras referências culturais.

7. Leia a seguir trechos de duas outras resenhas sobre o livro *Leite derramado*, a primeira escrita por Reinaldo Moraes e a segunda por Roberto Schwarz. No caderno, indique se os fragmentos são favoráveis ou desfavoráveis à obra e justifique sua resposta.

> [...] Enfim, se Chico resolveu mesmo atacar de sociólogo e historiador no marco de uma linguagem e uma narrativa essencialmente literárias, com altíssimo rendimento estético – e poético, o que faltou salientar aqui –, o fato é que se deu bem. [...]
>
> Moraes, Reinaldo. Com o Brasil nas mãos. *Jornal do Brasil*, Rio de Janeiro, 28 mar. 2009. Cultura.

Sétima arte

Memórias póstumas de Brás Cubas (Brasil, 2001)
Direção de André Klotzel

A obra adapta para o cinema o livro *Memórias póstumas de Brás Cubas*, de Machado de Assis. Publicado em 1880, esse livro representou uma importante mudança na cena literária brasileira. Com muita ironia e humor, o romance descreve a vida vazia de um membro da elite carioca da época, partindo de uma situação narrativa nada convencional: Brás Cubas está morto e, do além, conta sua morte e vida. Como abertura do texto, tem-se a célebre dedicatória: "Ao verme que primeiro roeu as frias carnes do meu cadáver dedico com saudosa lembrança estas memórias póstumas".

Cena do filme *Memórias póstumas de Brás Cubas*.

> [...] é o vaivém entre antes e agora, operado pela agilidade da prosa. Os jardins dos casarões de Botafogo são substituídos por estacionamentos, os chalés de Copacabana por arranha-céus, as fazendas por favelas e rodovias, e as negociatas antigas por outras novas, talvez menos exclusivas. A relação desconcertante dessa periodização com as ideias correntes de progresso – ou de retrocesso – faz a força do livro, que é brincalhão, mas não ingênuo. [...]
>
> Schwarz, Roberto. Brincalhão, mas não ingênuo. *Folha de S.Paulo*, 28 mar. 2009. Ilustrada.

ANOTE

Uma mesma obra pode ser resenhada por **críticos diferentes**. Nem sempre todos apresentam a mesma avaliação sobre ela.

8. Leia um trecho do livro *Leite derramado*, no qual o narrador-personagem, empobrecido, muda-se para o subúrbio carioca, em 2007.

> Perplexa, Maria Eulália olhava aqueles homens de calção à beira da estrada, as meninas grávidas ostentando as panças, os moleques que atravessavam a pista correndo atrás de uma bola. São os pobres, expliquei, mas para minha filha eles podiam ao menos se dar ao trabalho de caiar suas casas, plantar umas orquídeas. Orquídeas talvez não vingassem naquela terra dura, e o calor dentro da camionete piorou quando abri a janela. Saímos da rodovia por uma rua poeirenta, e o motorista perguntou pela igreja do pastor Adelton a um travesti, que nos mandou seguir em frente até a curva do valão. O valão era um rio quase estagnado de tão lamacento, quando se deslocava dava a impressão de arrastar consigo as margens imundas. Era um rio podre, contudo eu ainda via alguma graça ali onde ele fazia a curva, no modo peculiar daquela curva, penso que a curva é o gesto de um rio. E assim o reconheci, como às vezes se reconhece num homem velho o trejeito infantil, mais lento apenas. Aquele era o ribeirão da minha fazenda na raiz da serra. E à beira-rio uma mangueira me pareceu tão familiar, que por pouco eu não ouvia o preto Balbino lá no alto: ó Lalá, vai querer manga, ó Lalá? Adiante a casa amarela, com o letreiro Igreja do Terceiro Templo na fachada, estava erguida provavelmente sobre os escombros da capela que o cardeal arcebispo abençoou em mil oitocentos e lá vai fumaça. E ao entrar na casinha ao lado da igreja, me trouxe certo conforto saber que debaixo do meu chão estava o cemitério onde meu avô repousava. [...] Penoso era acordar toda manhã com o alto-falante da igreja, suas orações e cantorias.
>
> Buarque, Chico. *Leite derramado*. São Paulo: Companhia das Letras, 2009. p. 177-178.

O resenhista Carlos Graieb afirma que "tudo o que aconteceu no Brasil a partir dos anos 50 mal se reflete" na narrativa de Eulálio Montenegro D'Assumpção (página 132). No entanto, o trecho acima faz referência ao processo de favelização que ocorreu nas cidades brasileiras bem após a década de 1950. Mesmo existindo esse trecho no livro, a afirmativa do resenhista poderia continuar válida? Justifique.

9. No último parágrafo, a resenha aponta as qualidades da obra que amenizam a opinião negativa desenvolvida no parágrafo anterior.
   a) Quais são as qualidades apontadas pela resenha?
   b) Essas qualidades modificam a opinião do resenhista? Explique.

10. A última frase da resenha funciona como uma conclusão. Releia-a e explique o sentido das palavras em destaque, considerando a resenha como um todo.

> Longe de ser um **fracasso** como narrativa, o novo livro de Chico Buarque apenas deixa de realizar todas as suas **ambições** – e mostra que nunca é seguro para um escritor seguir as **pegadas** de Machado de Assis.

ANOTE

A resenha crítica costuma destacar **aspectos positivos** e **negativos** de uma obra: valoriza suas qualidades, mas também aponta seus defeitos. Uma crítica negativa, por exemplo, tende também a citar virtudes da obra. Já uma crítica positiva tende a apontar inclusive seus defeitos, se houver. Essas ressalvas, porém, são feitas de modo a não entrar em contradição com a tese do texto.

Entre o texto e o discurso – Formulando uma opinião

A resenha crítica realiza uma avaliação de um bem cultural, segundo o conhecimento especializado do resenhista. Observe, na resenha abaixo, de que maneira a opinião do crítico é construída.

Vocabulário de apoio

cromático: relativo à cor
escrupuloso: cuidadoso, zeloso
maniqueísmo: maneira de julgar que reduz uma questão à oposição entre o bem e o mal
modelar: que pode servir de modelo, exemplar
solavanco: movimento ou mudança brusca

CRÍTICA

Narrativa retrata a fusão entre o caipira e o urbano

José Geraldo Couto

Não é preciso gostar de Zezé di Camargo e Luciano para se encantar com "2 Filhos de Francisco". **[Tese: o filme é encantador; na introdução já aparece a opinião favorável do crítico.]**

Ao narrar a saga da dupla, o diretor Breno Silveira conta uma história modelar, centrada em Zezé, aliás Mirosmar Camargo: menino nascido na roça que, depois de inúmeros percalços, vira cantor popular e conquista fama e fortuna. A estrela sobe, como em tantos outros filmes. **[Resumo do enredo e ressalva em relação à opinião favorável: a história não é novidade.]**

Mas várias coisas marcam a diferença aqui: o foco inicialmente voltado para o pai dos futuros cantores, Francisco (vivido por Ângelo Antônio), obcecado pelo sonho de torná-los astros; o olhar atento e caloroso, isento de maniqueísmo, a todos os personagens; a maneira sutil como se conta, nas entrelinhas, o avanço da urbanização brasileira. **[Argumentos positivos: foco no pai; atitude em relação às personagens; a urbanização brasileira como pano de fundo.]**

Há um paralelo evidente entre os solavancos na vida da família Camargo – a troca da lavoura pela construção civil, do lampião pela luz elétrica, do rádio pela televisão – e as mudanças sofridas pela velha música caipira rumo à constituição do atual gênero sertanejo (ou "breganejo"). Esse trajeto do campo para a cidade, do isolamento à integração na cultura de massa, é mostrado com notável limpidez. **[Detalhamento de um dos argumentos expostos no parágrafo anterior: relação entre episódios da vida das personagens e a urbanização brasileira; reafirma-se a opinião favorável.]**

Há um certo desequilíbrio, talvez inevitável, entre as duas metades do filme. **[Argumento negativo: desequilíbrio; defeito é apontado, mas atenuado pelo crítico.]**

Na primeira, em que a dupla mirim Camargo e Camarguinho é forjada meio à força pelo pai e se apresenta pelo interior, salta à vista a homogeneidade estética (sobretudo cromática).

A partir do início da carreira solo de Zezé, antes de formar uma nova dupla com Welson/Luciano, a profusão de cores e ruídos é análoga ao processo de "contaminação" da música caipira pela indústria cultural. **[Detalhamento do argumento apontado no parágrafo anterior: o desequilíbrio é inevitável entre as duas partes, pois a segunda acompanha, na forma, o conteúdo – a modernização da música caipira.]**

Breno Silveira, jovem cineasta de formação sofisticada, mostra um respeito escrupuloso por essa música e seus fãs, embora seja clara sua preferência pela vertente mais antiga e "pura" da tradição rural ("Tristeza do Jeca", "Cálix Bento" etc.). **[Argumentos complementares como conclusão: 1. Respeito aos fãs e preferência pela tradição.]**

Os melhores achados cinematográficos estão na primeira parte: a cena em que o pai revela a luz elétrica à família, o modo terrível como a mãe (Dira Paes) mostra a Mirosmar onde está seu irmão. Mas a voltagem emocional volta a subir no final, com a aparição dos verdadeiros Zezé e Luciano. **[2. achados cinematográficos e final emocionante.]**

No ótimo elenco cabe destacar José Dumont (o empresário patife dos meninos) e os novatos Dablio Moreira (Mirosmar) e Marcos Henrique (Emival). **[3. Ótimo elenco.]**

2 Filhos de Francisco
***

Direção: Breno Silveira
Produção: Brasil, 2005
Com: Márcio Kieling, Dira Paes
Quando: a partir de hoje nos cines Bristol, Interlagos, Lapa e circuito

Couto, José Geraldo. *Folha de S.Paulo*, 19 ago. 2005. Ilustrada.

> ## O conhecimento especializado: critério principal para a construção do juízo de valor

A resenha crítica sobre o filme *2 filhos de Francisco* se inicia declarando uma **opinião** positiva em relação à obra – segundo o texto, ela deve agradar até mesmo àqueles que não são fãs da dupla sertaneja. A tese que retrata essa opinião já está no título: a fusão entre o caipira e o urbano é a principal responsável pela qualidade da obra, como se verá adiante.

Em seguida, a resenha apresenta um **resumo** do filme. Nesse momento aparece uma **ressalva** à opinião positiva – a de que a história não é nova.

O texto expõe, na sequência, três argumentos, dos quais o mais importante será desenvolvido e detalhado no parágrafo seguinte. São eles: o foco em Francisco, pai dos protagonistas; o tratamento dado às personagens; e o papel que a modernização exerce na narrativa.

O **argumento principal** é, então, desenvolvido: a modernização, responsável pelo avanço da urbanização, aparece na transformação da vida da família e do gênero musical caipira. Essa associação, feita sutilmente, é, ao mesmo tempo, responsável pelo maior **defeito** do filme, o desequilíbrio entre as duas metades. Sendo, porém, um desequilíbrio que reflete o processo de urbanização relacionado às personagens, a resenha desculpa o filme e diminui os efeitos da crítica negativa, ao detalhar o argumento.

Para terminar, a resenha acrescenta outras qualidades do filme e reforça sua avaliação positiva.

Observe como o resenhista lida com **conhecimentos especializados** para formular sua opinião, uma vez que avalia a construção da narrativa e a realização cinematográfica da obra (foco narrativo, tratamento dado às personagens, atuação dos atores, construção do enredo, fluidez da história, carga emocional, fotografia, etc.).

- Retome a resenha "Memórias quase póstumas" e faça, no caderno, um comentário analítico sobre cada parágrafo, do mesmo modo que foi feito nos quadros da página anterior nas laterais da resenha "Narrativa retrata a fusão entre o caipira e o urbano". Destaque o que é mais relevante em relação à construção da opinião do resenhista.

O filme *2 filhos de Francisco* revela a transformação e a urbanização da música caipira, ao contar a trajetória da dupla sertaneja Zezé di Camargo e Luciano.

Observatório da língua

O valor argumentativo dos adjetivos

Em um texto argumentativo como a resenha crítica, o uso dos **adjetivos** constrói o ponto de vista do produtor do texto sobre o objeto cultural analisado. Por meio dos adjetivos, o resenhista aprova, desaprova, suaviza, intensifica, ironiza... Observe a seguir alguns trechos das resenhas lidas neste capítulo.

> [...] o olhar **atento** e **caloroso**, isento de maniqueísmo, a todos os personagens; a maneira **sutil** como se conta, nas entrelinhas, o avanço da urbanização brasileira.

Os adjetivos *atento*, *caloroso* e *sutil* expressam aprovação e compõem uma argumentação elogiosa da obra.

> Sua pretensão sociológica naufraga nas águas **rasas** do esquerdismo. O que sobra é a denúncia, **vazia** e **caricatural**, de uma "elite podre".

Nesse outro trecho, os adjetivos foram utilizados de forma negativa; *rasas*, *vazia* e *caricatural* reforçam o sentido pejorativo já presente nos substantivos *pretensão* e *esquerdismo*.

> Há um **certo** desequilíbrio, talvez **inevitável**, entre as duas metades do filme.

Aqui, o uso dos adjetivos visa equilibrar as cargas positivas e negativas do juízo de valor. *Certo* e *inevitável* amenizam a carga negativa do substantivo *desequilíbrio*. Os adjetivos ajudam a construir a ressalva aos elogios anteriores, sem contradizer a tese do texto.

- Encontre, nas resenhas críticas deste capítulo, outros três exemplos significativos do emprego de adjetivos. Copie-os no caderno e explique seu valor argumentativo: indique se eles têm valor negativo ou positivo ou, ainda, se apresentam ressalva à opinião anterior.

❯ Produzir uma resenha crítica

❯ Proposta

Você vai produzir uma **resenha crítica**, supondo que ela será publicada na revista semanal do seu bairro, da sua cidade ou da comunidade. Para isso, escolha um dos filmes abaixo. Assista ao filme com atenção, já preparando o conteúdo do texto que você vai escrever. Utilize os conhecimentos adquiridos sobre resenha crítica neste capítulo. Procure aproveitar todos os recursos de que dispõe para realizar uma avaliação justa e convincente.

Avatar (2009), direção de James Cameron.

Memórias póstumas de Brás Cubas (2001), direção de André Klotzel.

O palhaço (2011), direção de Selton Mello.

Cidade de Deus (2002), direção de Fernando Meirelles.

❯ Planejamento

1. Observe no quadro abaixo as características do texto que você vai produzir.

Gênero textual	Público	Finalidade	Meio	Linguagem	Evitar	Incluir
resenha crítica	jovens e adultos da comunidade	produzir um texto **argumentativo** que avalie um bem cultural	revista do bairro, da cidade ou da comunidade	uso argumentativo de **adjetivos**	opiniões não fundamentadas; contradição entre a tese e os argumentos	**resumo** da obra; concessões à opinião contrária

2. Assista ao filme escolhido, prestando atenção nos seguintes aspectos:
   a) Qual é o objetivo principal do filme? Ele foi atingido?
   b) O que foi bem realizado?
   c) O que não foi bem realizado?
   d) Que características podem ser destacadas (música, fotografia, figurino, atuação, direção, enredo, diálogos, edição, efeitos especiais, etc.)?

3. Copie no caderno os tópicos a seguir, completando-os com as informações necessárias sobre a obra.
   - título
   - dados principais (diretor, ano, país de origem, elenco)
   - resumo do enredo
   - qualidades
   - defeitos
   - objetivo principal

> ## Elaboração

4. Agora você já pode escrever sua resenha crítica. Fique atento aos aspectos destacados a seguir.
5. Formule a **tese** de seu texto. Qual é sua opinião geral sobre o filme a que assistiu?
6. Faça um **resumo** sucinto da obra, mas que informe ao leitor o enredo (não conte o final!) e os dados principais que serão usados em sua argumentação. Você pode também pesquisar e acrescentar informações relevantes sobre o percurso profissional do diretor, por exemplo.
7. Defina os principais **argumentos** que vão amparar sua opinião. Se ela for positiva, destaque as qualidades e a proposta (objetivo) do filme. Se for negativa, os defeitos e a proposta podem ajudar a justificá-la.
8. Inclua **ressalvas** ou **concessões** à opinião contrária. Se você elogiou o filme, cite seus pontos mais fracos. Se criticou, encontre qualidades.
9. Acrescente a **conclusão** de seu texto. Se quiser, formule uma frase de efeito como final ou retome a tese enunciada no início do texto.

ATENÇÃO
» Lembre-se de dar um **título** sugestivo e adequado ao seu texto. Se quiser, crie também um subtítulo. Ambos podem revelar parcialmente a tese do texto e instigar o leitor a saber mais.
» Escolha conscientemente os **adjetivos**: eles ajudam a revelar seu ponto de vista sobre obra.

> ## Avaliação

10. Junte-se a um colega e troque seu texto com o dele.
11. Em uma folha avulsa, copie o quadro abaixo. Complete-o com base na leitura da resenha de seu colega. Em seguida, faça um comentário geral sobre o texto dele, apontando qualidades e sugerindo mudanças.

	Sim	Não
A linguagem está de acordo com a norma-padrão da língua portuguesa?		
A tese está clara (há uma opinião sobre o filme)?		
O resumo é breve e dá uma boa ideia do filme?		
Os argumentos são adequados e consistentes?		
As ressalvas ou concessões à opinião contrária contradizem a tese?		
Os adjetivos foram bem usados (são precisos e significativos)?		
Comentário geral sobre o texto		

> ## Reescrita

12. Troque novamente o texto com seu colega.
    a) Leia com atenção o quadro que ele preparou.
    b) Releia seu texto, buscando compreender as intervenções dele.
    DICA: Você já pode ir anotando em seu texto, a lápis, possíveis modificações. Se necessário, peça ajuda ao professor.
13. Reescreva sua resenha crítica. Faça todas as alterações necessárias para adequar seu texto à norma-padrão.

Foco da reescrita
Ao reescrever sua resenha crítica, dê atenção aos **adjetivos**. Eles podem ajudá-lo a suavizar ou a intensificar o conteúdo de suas afirmações, de acordo com seu propósito. Além disso, podem contribuir para a precisão da linguagem, ao caracterizar detalhes objetivos ou subjetivos.

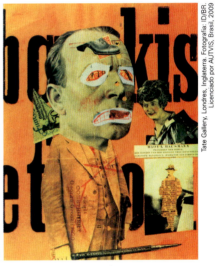

HAUSMANN, Raoul. *O crítico de arte*, 1919-1920. Fotomontagem, 25,4 cm × 31,7 cm. Tate Gallery, Londres, Inglaterra.

Nas resenhas críticas, um crítico de arte opina sobre o trabalho de um artista. Nessa imagem invertem-se os papéis: o artista é que expressa sua opinião sobre os críticos de arte em geral (e não é uma opinião muito favorável). Segundo alguns estudiosos dessa composição, a nota de dinheiro que aparece atrás da nuca do crítico de arte lança suspeita sobre sua pretensa imparcialidade em relação aos jogos de interesse do mercado.

CAPÍTULO 16

Debate regrado

O que você vai estudar

- Como identificar e produzir um debate regrado.
- Estudando o oponente: reformular e refutar.
- A modalização no discurso.

O **debate regrado** é um texto produzido oralmente por um grupo de pessoas que exprimem opiniões divergentes sobre temas polêmicos. Ele tem uma função importante no exercício da democracia. Neste capítulo, você vai conhecer melhor esse gênero.

> Leitura

- O texto a seguir é uma transcrição de um breve debate transmitido por uma emissora de televisão pública, a TV Cultura, durante o *Jornal da Cultura*, em 4 de março de 2008. Leia-o com atenção e responda às questões propostas nas páginas 142-143.

Células-tronco

Heródoto Barbeiro: Bem, aqui no estúdio nós temos dois convidados para falar sobre a questão do uso das células-tronco de embriões. Está aqui conosco o padre Vando Valentini, que é coordenador do Núcleo de Fé e Cultura da PUC de São Paulo, e o professor da USP e diretor do Laboratório de Genética e Cardiologia do Instituto do Coração, professor José Eduardo Krieger.

Professor, qual é a opinião do senhor em relação a essas pesquisas com células-tronco embrionárias? Elas devem prosseguir ou não?

Krieger: Eu acho que elas devem prosseguir, e o principal aspecto que eu acho importante ressaltar é que, a despeito de alocarmos dois terços do que é gasto em saúde no mundo com as doenças crônico-degenerativas, aquelas que mais matam, que começam a se manifestar à medida que a população envelhece, ainda assim há uma série de casos que a medicina não atende. Exemplos disso são várias doenças neurológicas, doenças cardiovasculares – com as quais trabalho –, doenças endocrinológicas, como a diabetes, etc. Nesse contexto, a pesquisa de regeneração, de reparação de órgãos adultos aparece como um aspecto promissor. As células-tronco têm um papel a ser desempenhado.

H: Padre Vando Valentini, qual é a opinião do senhor?

Valentini: O problema é muito simples. A primeira coisa que eu queria dizer é que não falo no nível da fé. Mas eu quero observar as questões éticas que nascem da ciência. Então a questão é muito simples, apesar de parecer tão complicada. Parece que a Igreja agora não está defendendo mais a cura das doenças mais graves. Isso é um absurdo, evidentemente. Imagina se a Igreja não quer que se façam essas pesquisas? Tem de se fazer, e muitas. Só que não se pode, para salvar um ser humano, penitenciar outro, tirar a vida do outro. Esse é o problema. E o problema é que os embriões são vida. Potencialmente, é claro, mas tem tudo no embrião: um DNA completo, já está escrito lá se é homem, se é mulher, que tipo de cabelo tem, quanto vai ter de altura... Está tudo pronto lá, só falta se desenvolver. Usar um embrião para pesquisa é usar um ser humano – potencial – para pesquisa. Mesmo que se queira salvar a vida do outro, isso é muito grave.

H: Claro. Professor Krieger, então eu posso entender que usar um embrião é a mesma coisa que fazer um aborto?

K: Não, eu acho que não, de maneira alguma. Todas essas questões...

H: Interrompe a vida, pelo que eu entendi.

K: Todas essas questões são complexas, mas eu gostaria de chamar a atenção para um aspecto que eu não entendo muito bem. Há pouco houve uma discussão no Supremo [Tribunal Federal] para decidir quando é que a vida começa. Eu tenho um pouco de dificuldade com esse conceito, porque, a partir do momento que você começa com um espermatozoide e um óvulo, está tudo vivo. O que nós precisamos é, à medida que as necessidades vão surgindo, ter contratos sociais. O que significa isso? No final da década de 1950, começo da década de 1960, quando começaram os transplantes cardíacos, eu precisava de um doador. Não posso tirar o órgão de uma pessoa que morreu. O coração está parado. O coração tem de estar batendo. Criou-se então um problema. Como é que eu vou poder tirar esse coração para dar para uma pessoa? Nós tivemos de desenvolver o conceito de morte cerebral. Isso foi um acordo social. Porque, se eu tiver um indivíduo que está em coma, ele está com o coração batendo, ele está respirando às vezes com auxílio ou não de aparelhos, mas enquanto sociedade nós decidimos que,

140

quando você não tiver atividade elétrica no sistema nervoso, nós poderíamos considerar aquilo como morte cerebral, e a partir daquele momento retirar o órgão para que fosse feito o transplante. Da mesma maneira, nós vamos ter de desenvolver um novo contrato social. [...]

H: Para equilibrar, professor. Padre Vando Valentini, quando começa a vida?

V: Primeiro, quem decide quando começa a vida não somos nós, é um fato objetivo. A gente poderia dizer "Deus", mas, mesmo que a gente não acredite em Deus, é a Natureza que diz isso. Temos de reconhecer objetivamente. [...] Mas tem uma outra questão que, no meu entender, é fundamental. É o que se faz com esses embriões que já existem e que estão congelados. Isso é um problema dramático, né? E, evidentemente, enquanto nós estamos falando estão sendo produzidos embriões, que depois serão descartados [...]. Quer dizer, seres humanos potenciais que vão ser jogados fora. Isso é dramático. Esse problema também tem de ser olhado. [...]

H: Então esses embriões são conseguidos nas clínicas de fertilização *in vitro*.

K: Exatamente.

H: Se o tribunal então entender que não pode ter pesquisa, não podem ter mais clínicas de fertilização *in vitro* onde os embriões são obtidos para fazer pesquisa. É isso?

K: É, essa poderia ser uma interpretação, mas acho que vamos ter de evoluir para um conceito um pouco diferente. A partir do momento em que a gente vive em sociedade, nós temos todos de fazer algumas concessões e decidir para onde vamos. Então eu acho que a questão sempre é pesar riscos e benefícios. Essa não é uma coisa simples, é complexa, e vejo que o papel do cientista nisso é descrever a natureza com detalhes para que a população possa tomar as decisões. [...] Como pesquisador e médico, vemos dilemas muito grandes de pessoas que eventualmente poderiam se beneficiar disso.
[...]

H: Padre Vando Valentini, bom, então, diante do problema do descarte dos embriões, o que aconteceria com as clínicas de reprodução assistida? Elas teriam de fechar também.

V: A Igreja sempre foi contra isso [...] não só pelo fato da fecundação fora do útero da mulher, que vai fora do sistema natural normal, mas sobretudo por causa dessas coisas. Quer dizer, se fecundam uma média de oito a dez embriões, desses oito a dez embriões, três, os "melhores", são implantados, os outros são congelados. Dos três implantados, se escolhe o melhor, que se implanta melhor e os outros são, se diz, descartados, quer dizer, são mortos praticamente. São seres humanos potenciais que são eliminados. Eu acredito que nem as mulheres que fazem esse tipo de técnica estão conscientes com clareza daquilo que estão fazendo.

H: Entendo.

V: Eu não estou dizendo que seja fácil resolver esse problema...

H: Sei.

V: Meu pai tem [mal de] Parkinson...

H: Claro.

V: ... então, eu entendo perfeitamente. O desejo que tenho é de que se achasse uma cura, evidentemente. Então, eu não sou contra a pesquisa, só que...

H: O.k.

V: ... a pesquisa pode ser feita de outra maneira. Esse também é um outro assunto muito interessante...

H: Está o.k., padre Valentini, professor Krieger. Muito obrigado pela gentileza dos dois, por esse debate franco, aberto, democrático. E tenho a certeza que isso vai ajudar o telespectador a formar a sua própria opinião a respeito de um assunto tão controverso. Muito obrigado.

K/V: Obrigado.

Micrografia eletrônica de célula-tronco embrionária.

Vocabulário de apoio

a despeito de: apesar de

alocar: destinar verba

doença crônico-degenerativa: doença em que células ou órgãos perdem progressivamente suas funções normais ou originais

doença endocrinológica: doença relacionada ao funcionamento das glândulas do corpo humano

mal de Parkinson: doença neurológica que afeta os músculos do corpo humano

penitenciar: punir

potencial: que tem possibilidade de existir

Debate com Vando Valentini e José Eduardo Krieger no programa *Jornal da Cultura*, da TV Cultura, veiculado em 4 mar. 2008. Transcrição feita para esta edição.

Situação de produção

Instrumento da cidadania

Como ocorre na situação televisiva reproduzida nestas páginas, o debate regrado é um instrumento importante no **exercício da cidadania**. É utilizado para expor opiniões divergentes sobre assuntos que envolvem decisões coletivas. Assim, é usado na política pública ou estudantil, em eleições governamentais ou de grêmios escolares e representantes de classe.

O debate tem ainda um potencial esclarecedor muito grande, porque realiza "ao vivo" o diálogo que dá origem ao pensamento filosófico e científico, formado pela **oposição contínua de ideias**, construídas argumentativamente.

O jornalista Heródoto Barbeiro (à esquerda) medeia debate entre o cientista José Eduardo Krieger (ao centro) e o religioso Vando Valentini. Fotografia de 4 de março de 2008.

❯ Ler um debate regrado

1. Observe a transcrição da fala do jornalista Heródoto Barbeiro que introduz o debate "Células-tronco":

> O Supremo Tribunal Federal começa a decidir amanhã se os embriões que estão congelados em laboratórios há mais de três anos podem ou não ser usados em pesquisas científicas. A pesquisa com células-tronco embrionárias é vista por cientistas como um caminho promissor para encontrar a cura de várias doenças. Mas setores religiosos alegam que o uso de embriões fere o direito à vida, que é garantido pela Constituição brasileira, e querem a proibição.
>
> *Jornal da Cultura*, TV Cultura, 4 mar. 2008. Transcrição feita para esta edição.

   a) Qual é o contexto que dá origem ao debate?
   b) Quais setores da sociedade estão em desacordo? Por quê?
   c) Considerando as respostas anteriores, qual é o motivo da escolha de José Eduardo Krieger e Vando Valentini como convidados para o debate?

2. Quem é o jornalista e qual é sua função nesse debate?

ANOTE

> O debate regrado é o **texto coletivo e oral** resultante das falas de seus participantes: indivíduos ou grupos com pontos de vista diferentes e o mediador que os reúne. É função do **mediador** realizar a abertura e o fechamento do debate, oferecer o mesmo tempo de palavra aos dois participantes, zelar pelo respeito entre os adversários e pela obediência às regras preestabelecidas.

3. Observe que a primeira pergunta feita pelo mediador é repetida aos dois participantes.
   a) Qual é a importância dessa pergunta para o debate?
   b) Qual é a opinião do professor José Eduardo Krieger? Explique.
   c) Qual é a opinião do padre Vando Valentini? Explique.

4. Heródoto Barbeiro, após a primeira fala do padre Vando Valentini, pergunta ao professor Krieger se usar embriões "é a mesma coisa que fazer um aborto". E ainda acrescenta: "Interrompe a vida, pelo que eu entendi".
   a) Compare a expressão "fazer um aborto" com a expressão "tirar a vida", usada anteriormente pelo padre. Quais são as semelhanças e as diferenças entre elas?
   b) Por que o mediador usou a expressão "fazer um aborto"?

5. Como resposta à questão do mediador (sobre o aborto), o professor Krieger expõe seu principal argumento nesse debate.
   a) Qual é a tese de Krieger sobre o contrato social? Explique o exemplo que ele dá para esclarecer essa tese.
   b) Por que tal tese se aplicaria ao uso de células-tronco retiradas de embriões em pesquisas científicas?
   c) Comente a relação entre o exemplo e a tese. Você concorda que se trata de casos semelhantes?

ANOTE

> Em um debate regrado, como em qualquer texto argumentativo, também se desenvolvem **argumentos** fundamentados em informações, dados e exemplos que contribuem para dar consistência à opinião defendida pelo indivíduo ou grupo participante.

6. Releia:

> Primeiro, quem decide quando começa a vida não somos nós, é um fato objetivo. A gente poderia dizer "Deus", mas, mesmo que a gente não acredite em Deus, é a Natureza que diz isso.

Considerando que a frase foi dita pelo padre, procure explicar por que ele diz "mesmo que a gente não acredite em Deus".

7. Releia:

> Todas essas questões são complexas, mas eu gostaria de chamar a atenção para um aspecto que eu não entendo muito bem. Há pouco houve uma discussão no Supremo [Tribunal Federal] para decidir quando é que a vida começa. Eu tenho um pouco de dificuldade com esse conceito, porque, a partir do momento que você começa com um espermatozoide e um óvulo, está tudo vivo.

Considerando que a frase foi dita pelo cientista, procure explicar por que ele usa a expressão "eu não entendo muito bem".

ANOTE

O participante de um debate costuma **estudar os outros participantes** e estar consciente de como o grupo a que eles pertencem são socialmente vistos. Os argumentos de um debate são construídos nesse diálogo entre **vozes sociais discordantes**. O participante refuta ideias preconcebidas sobre sua posição social e critica a posição adversária.

8. Releia as intervenções do mediador Heródoto Barbeiro. Que regras do funcionamento desse debate podem ser deduzidas a partir das falas do jornalista?

ANOTE

O debate regrado define-se pela presença de **regras claras e democráticas** que procuram garantir que cada participante seja ouvido e desenvolva seus argumentos em igualdade de condições. Para isso, são regulamentados o tempo de fala e a interação dos participantes. Em debates políticos televisionados, por exemplo, há tempo limitado para perguntas e respostas; réplicas e tréplicas são previstas; há sorteios dos temas e da ordem dos participantes.

9. Ao final do debate "Células-tronco", o mediador parece ter encontrado dificuldade para tomar a palavra.
   a) Quantas vezes o jornalista tenta tomar a vez de falar (o turno)? Por que ele quer tomar o turno?
   b) Por que o padre resiste a entregar o turno?

ANOTE

O discurso oral se organiza em **turnos**, que são os momentos em que alguém fala e os outros escutam. Mas **o turno é negociado** entre os falantes. Quem está ouvindo deve ter a **polidez** de esperar a conclusão de um raciocínio ou uma brecha para tomar o turno e poder então falar. No caso do debate, o mediador organiza os turnos de fala, cedendo a vez de falar aos participantes e interrompendo-os, quando necessário.

Repertório

Liberação da pesquisa com células-tronco embrionárias

No dia 29 de maio de 2008, o Supremo Tribunal Federal (STF) liberou a pesquisa com células-tronco embrionárias.

Seis ministros (contra cinco) votaram pela não alteração na Lei de Biossegurança, afirmando que ela é constitucional. O STF decidiu que as pesquisas não violam o direito à vida e à dignidade da pessoa humana, argumentos usados pelo procurador da República com o objetivo de impedir as pesquisas científicas dessa linha.

Pessoas com doenças degenerativas, vítimas de acidentes, atletas com deficiência e seus parentes, além de representantes de cinquenta entidades favoráveis à liberação de pesquisas com células-tronco embrionárias fazem manifestação, diante do prédio do STF, em Brasília, em abril de 2008.

❯ Entre o texto e o discurso – Estudando o ponto de vista do oponente

O debate de ideias estabelece uma comunicação estreita entre argumentos apresentados por pontos de vista opostos. Para negar a argumentação adversária, retomá-la e adaptá-la ao pensamento que se vai desenvolver, é preciso compreendê-la. Em um debate regrado, a argumentação necessita **reformular** o que já foi dito para **refutar** a opinião adversária.

Observe como fez Nietzsche no trecho abaixo.

Friedrich Nietzsche (1844-1900), filósofo alemão considerado um dos mais importantes e influentes pensadores modernos. Fotografia de 1882.

O tema do texto é apresentado como resposta a uma questão. Unida à apresentação do tema, uma **reformulação** do pensamento oposto – a compaixão como ato altruísta de esquecimento de si – é oferecida.

Argumento: a tragédia alheia pode tocar-nos de muitos modos, e todos confirmam a **motivação pessoal** da compaixão. O texto cita sentimentos: impotência, covardia, honra e percepção de perigo.

As motivações pessoais da compaixão permitem a **crítica social**: a compaixão não implica abrir mão da felicidade de não estar em situação miserável nem é uma preocupação essencial; apenas rompe, de vez em quando, o tédio.

133. "NÃO PENSAR MAIS EM SI"

Seria necessário refletir sobre isso seriamente: por que saltamos à água para socorrer alguém que está se afogando, embora não tenhamos por ele qualquer simpatia particular? Por compaixão: só pensamos no próximo – responde o irrefletido. Por que sentimos a dor e o mal-estar daquele que cospe sangue, embora na realidade não lhe queiramos bem? Por compaixão: nesse momento não pensamos mais em nós – responde o mesmo irrefletido. A verdade é que na compaixão – quero dizer, no que costumamos chamar erradamente de compaixão – não pensamos certamente em nós de modo consciente, mas *inconscientemente* pensamos e pensamos *muito*, da mesma maneira que, quando escorregamos, executamos inconscientemente os movimentos contrários que restabelecem o equilíbrio, pondo nisso todo o nosso bom senso. O acidente do outro nos toca e faria sentir nossa impotência, talvez nossa covardia, se não o socorrêssemos. Ou então traz consigo mesmo uma diminuição de nossa honra perante os outros ou diante de nós mesmos. Ou ainda vemos nos acidentes e no sofrimento dos outros um aviso de perigo que também nos espia; mesmo que fosse como simples indício da incerteza e da fragilidade humanas que pode produzir em nós um efeito penoso. Rechaçamos esse tipo de miséria e de ofensa e respondemos com um ato de compaixão que pode encerrar uma sutil defesa ou até uma vingança. Podemos imaginar que no fundo é em nós que pensamos, considerando a decisão que tomamos em todos os casos em que podemos evitar o espetáculo daqueles que sofrem, gemem e estão na miséria: decidimos não deixar de evitar, sempre que podemos vir a desempenhar o papel de homens fortes e salvadores, certos da aprovação, sempre que queremos experimentar o inverso de nossa felicidade ou mesmo quando esperamos nos divertir com nosso aborrecimento. Fazemos confusão ao chamar compaixão ao sofrimento que nos causa um tal espetáculo e que pode ser de natureza muito variada, pois em todos os casos é um sofrimento de que está *isento* aquele que sofre diante de nós: diz-nos respeito a nós tal como o dele diz respeito a ele. Ora, só nos libertamos desse *sofrimento pessoal* quando nos entregamos a atos de compaixão. [...]

NIETZSCHE, Friedrich. *Aurora*. Trad. Antonio Carlos Braga. São Paulo: Escala, 2007. p. 104-105.

O conceito psicanalítico de inconsciente é **premissa** da refutação: na compaixão, pensamos *inconscientemente* em nós mesmos. O texto fornece um exemplo de pensamento inconsciente que guia a ação (escorregão).

Desdobramento do argumento: o texto parte para a **ação** da compaixão, afetada por sentimentos.

Aqui, fecha-se a **refutação**: a compaixão não é um sentimento de esquecimento de si. Mas, sim, obedece a impulsos, ainda que inconscientes, de evitar o próprio sofrimento (e não o do outro).

Vocabulário de apoio

irrefletido: que não pensa sobre algum assunto
rechaçar: opor-se

> Reformular e refutar

O texto de Friedrich Nietzsche, que compõe o excerto 133 de *Aurora*, livro em que o filósofo procura apresentar uma nova moralidade, faz uma crítica à ideia de compaixão aceita pelo coletivo. Para isso, retoma o principal argumento do senso comum, reformula-o e realiza uma refutação.

Observe como o dicionário define *compaixão*:

> **compaixão** s.f. [...] sentimento piedoso de simpatia para com a tragédia pessoal de outrem, acompanhado do desejo de minorá-la; participação espiritual na infelicidade alheia que suscita um impulso altruísta de ternura para com o sofredor.
>
> HOUAISS, Antônio; VILLAR, Mauro de Salles. *Dicionário Houaiss da língua portuguesa*. Rio de Janeiro: Objetiva, 2001. p. 773.

1. Agora, responda às questões propostas.
   a) Em que as definições do dicionário e do texto de Nietzsche concordam sobre a compaixão?
   b) Em que as definições discordam?
2. Escreva sua definição de compaixão.
   a) O texto deve expor e argumentar sua **opinião** sobre o tema.
   b) Escolha alguma afirmação do texto "Não pensar mais em si" para **reformulá-la e refutá-la**, como parte de sua argumentação.
   c) Se preferir, reformule e refute algum pensamento do senso comum sobre a compaixão, apoiando-se na definição do dicionário.
   d) Dê um exemplo que confirme suas afirmações.

Livro aberto

***Em que creem os que não creem*, de Umberto Eco e Carlo Maria Martini.** Record, 2009, 12. ed.

De um lado, Carlo Maria Martini, cardeal da igreja de Roma; do outro, Umberto Eco, considerado um dos maiores pensadores laicos (não religiosos) da atualidade. Durante cerca de um ano, os dois debateram por correspondência sobre diversos temas: a existência de Deus, os fundamentos da ética, o aborto e outros assuntos polêmicos. O resultado está nesse livro, uma verdadeira aula sobre como discutir ideias com alto nível de argumentação e de respeito pelo interlocutor.

Capa do livro *Em que creem os que não creem*.

Observatório da língua

A modalização

A **modalização** é a presença de **marcas de subjetividade** que indicam as intenções, os sentimentos ou as atitudes do autor de um discurso em relação ao que é dito. Essas marcas oferecem sutilezas ao discurso e revelam a responsabilidade do autor em relação a suas afirmações.

As modalizações podem expressar o **saber** (certeza ou probabilidade das afirmações), a **conduta** (proibição ou permissividade) e a **subjetividade** (as emoções relacionadas às afirmações).

Em debates, os participantes costumam usar modalizações de *saber* ligadas à formação da opinião, como "eu acho", "em minha opinião", "em meu modo de ver", etc., que permitem suavizar as afirmações e oferecê-las ao debate público. Observe:

> **Eu acho** que elas devem prosseguir, e o principal aspecto que **eu acho importante ressaltar** [...]

Nesse trecho, o professor Krieger usa duas vezes a expressão "eu acho", que marca seu envolvimento pessoal e circunscreve o saber ao âmbito de uma opinião.

No entanto, em seguida, a expressão "importante ressaltar" enfatiza antecipadamente o que será dito e recoloca a autoridade do saber do cientista.

Agora releia a passagem que segue.

> Mas tem uma outra questão que, **no meu entender, é fundamental**.

Na fala do padre, encontram-se as marcas da opinião pessoal e o reforço do argumento seguinte, com a expressão "é fundamental".

> ... então, **eu entendo perfeitamente**, o desejo que tenho é de que se achasse uma cura, **evidentemente**.

Aqui o padre modaliza seu discurso para suavizar seu ponto de vista contrário ao tema do debate. Iniciando com a expressão "eu entendo perfeitamente", ele concede sentido à posição adversária. Também modaliza a afirmação ao final, com o termo *evidentemente*. Com isso, ele rebate críticas: o fato de não ser contrário às pesquisas em geral reforça sua restrição à pesquisa com células embrionárias.

> **O que nós precisamos é**, à medida que as necessidades vão surgindo, **ter** contratos sociais.

Nessa fala de Krieger, aparece a modalização, indicando uma conduta aos ouvintes. A fala procura apontar aos ouvintes os caminhos da ação.

- Encontre outras duas modalizações no texto "Células-tronco" (p. 140-141) e explique-as.

▷ Produzir um debate regrado

› Proposta

Você vai participar de um **debate regrado** com sua turma. A classe deve escolher uma das questões polêmicas abaixo e dividir-se em dois lados: o lado que defende o "sim" e o lado que defende o "não".

Deve ser escolhido um mediador para o debate, a ser realizado em dois blocos. No primeiro, os grupos apresentam seus argumentos para sustentar a resposta "sim" ou "não" em relação à pergunta tema. No segundo bloco, os grupos fazem perguntas ao adversário e comentam suas respostas.

Você e os colegas poderão utilizar os conhecimentos adquiridos sobre o gênero debate regrado neste capítulo. Procure aproveitar todos os recursos de que você dispõe para participar de forma convincente e cidadã. Seguem as questões polêmicas propostas.

A. A educação domiciliar (possibilidade de os pais educarem seus filhos em casa) deveria ser regulamentada no Brasil?

B. A inclusão de crianças e adolescentes com necessidades educativas especiais em escolas regulares é benéfica para seu processo de aprendizado?

C. O uso de telefones celulares nas salas de aula e na escola em geral atrapalha o desempenho dos alunos?

D. As cotas étnicas e/ou sociais para ingresso nas universidades públicas terão impactos positivos na educação no Brasil?

› Planejamento

1. Observe no quadro abaixo as características do texto que você vai produzir.

Gênero textual	Público	Finalidade	Meio	Linguagem	Evitar	Incluir
debate regrado	estudantes do Ensino Médio	produzir um texto oral e coletivo que argumente a favor ou contra uma opinião sobre um tema polêmico	"ao vivo" (o debate pode ser gravado em áudio ou vídeo)	reformulações e modalizações	desrespeitos às regras, despreparo, argumentos frágeis	informações, dados, exemplos, refutações

2. Discuta com os colegas de grupo sobre possíveis argumentos para defender sua posição no debate. Anote-os no caderno.

3. Faça uma pesquisa para recolher dados, exemplos e informações que confirmem e fundamentem um ou mais argumentos de sua lista (o grupo pode dividir-se para a pesquisa). Anote, de forma organizada, todas as informações em folhas avulsas, para que sejam utilizadas no momento do debate.

4. Formule com seu grupo uma resposta para a questão do debate.
   a) Explique sua posição com a maior clareza possível.
   b) Dê pelo menos dois argumentos consistentes para justificá-la.
   c) Imagine o que dirá o grupo adversário e pense em uma refutação.

5. Formule perguntas ao grupo adversário. Para isso, considere:
   a) Quais são as principais fragilidades da opinião adversária?
   b) Quais são os temas em que seu grupo é forte e que podem ser aproveitados no momento de comentar a resposta adversária?

6. Imagine quais pontos fracos da opinião defendida por seu grupo poderão ser explorados pelo adversário.
   a) Pesquise dados, informações e exemplos sobre esses pontos.
   b) Formule respostas.

> ### Elaboração

7. Agora você já pode iniciar sua participação no debate.
   a) O mediador introduz o tema do debate e apresenta os participantes.
   b) Depois, declara regras sobre tempo de fala e interação dos grupos.
   c) No primeiro bloco, cada grupo expõe argumentativamente sua opinião sobre a questão escolhida pela classe.
   d) No segundo bloco, um grupo pergunta ao outro e comenta a resposta, e vice-versa.
   e) Se houver tempo, repete-se o procedimento anterior uma ou mais vezes, até todos os participantes considerarem satisfatório.
   f) O mediador encerra o debate.
8. Durante o debate, faça anotações a respeito das falas de seu grupo e do grupo adversário. O que pode ser contestado? Anote as ideias e os pensamentos que colaborem para a argumentação de seu grupo.

ATENÇÃO
» Dialogue com a **polidez** necessária ao debate democrático de ideias.
» **Modalize** suas afirmações, para tornar clara a forma como você se responsabiliza pelo que diz.

> ### Avaliação

9. Com base na reprodução em áudio ou vídeo e/ou nas anotações feitas durante o debate, complete o quadro abaixo no caderno.

	Sim	Não
O debate transcorreu dentro das regras estabelecidas? Você colaborou para isso?		
O debate contribuiu para esclarecer o assunto em questão?		
Os argumentos planejados por você e seu grupo foram bem aproveitados?		
Os dados, as informações e os exemplos reunidos no planejamento foram usados adequadamente?		
A participação de seu grupo foi convincente? Todos os participantes colaboraram?		
O grupo adversário apresentou bons argumentos? Refutou de maneira coerente as falas do grupo de que você fez parte?		

10. Escreva um comentário geral sobre o debate, considerando: o desempenho de seu grupo e o do grupo adversário; as principais dificuldades enfrentadas por seu grupo e as que você enfrentou individualmente.
11. O debate levou a uma conclusão ou solução? Qual?

> ### Reelaboração

12. Se possível, realizem um novo debate sobre o tema, de forma que os pontos problemáticos levantados na avaliação sejam melhorados.

Foco da reelaboração

Atente às **modalizações** do discurso. Refine suas afirmações, tornando-as mais aceitáveis e respeitosas com o adversário. Com isso, o argumento também pode se tornar mais preciso e convincente.

Repertório

Debates na imprensa escrita

Alguns jornais brasileiros mantêm uma seção de debates em que os debatedores não dialogam diretamente. A seção propõe um tema, em forma de pergunta, e encomenda dois artigos de opinião, um com resposta positiva e outro com resposta negativa. Cabe ao leitor comparar os argumentos de cada um para construir sua posição a respeito do tema proposto.

CAPÍTULO 17
Fala em audiência pública

O que você vai estudar

- Como identificar e produzir uma fala em audiência pública.
- A representação dos interesses de um grupo social.
- A topicalização na oralidade.

A **fala em audiência pública** é uma das formas mais diretas de participação dos cidadãos nos debates sobre questões de relevância social com a administração pública. Neste capítulo, você vai observar o funcionamento desse gênero textual e depois será sua vez de produzir uma fala em audiência pública.

> Leitura

- O texto a seguir é uma retextualização de parte da fala do manauense Yann Evanovick, à época presidente da União Brasileira dos Estudantes Secundaristas (Ubes), durante uma audiência pública sobre violência nas escolas, realizada em 2011 pela Comissão de Direitos Humanos e Legislação Participativa (CDH) do Senado e transmitida ao vivo pela TV Senado. Leia-o com atenção e responda às questões propostas. Recorde alguns sinais gráficos que indicam ocorrências típicas da oralidade: as reticências (…), que indicam pausa ou hesitação; a barra oblíqua (/), que indica truncamento (palavra ou frase interrompida pelo meio, reformulação); e a sequência de dois-pontos (::), que indica alongamento de vogal ou consoante.

Yann Evanovick fala na audiência pública sobre violência nas escolas, realizada no Senado em 2011.

Cumprimento a iniciativa do/do Congresso Nacional, do Senado Federal e da Comissão de Direitos Humanos… de:: fazer um debate mesmo… que::… a iniciativa do senador Paulo Paim de chamar essa audiência tenha oc/corrido antes… do::… do atentado de Realengo, mas uma audiência que con/acontece no momento certo, já que se pauta hoje… com muita força, pela sociedade, mas, em especial… pelos meios de comunicação, a violência… na escola. […] Mas eu acho… que::… é::… esse caso de Realengo… ele faz com que a sociedade… possa… entender… a situação que hoje se encontra… a escola pública… brasileira, mas a escola como um todo porque… a violência, e eu acho que… apesar de ter diferenças e falou aqui o representante da Unesco, entre violência e o *bullying*, mas eu acho que… a população brasileira, a forma… mais fácil del/dela entender, é que quando você ofende… é quando/seja fisicamente ou verbalmente, isso também é… uma violência. Isso acontece diariamente na escola. O que aconteceu em Realengo… foi… algo extraordinário […]. Mas o que nós temos que fazer… o debate que nós precisamos fazer… é da violência que acontece diariamente na escola. Dessa violência ordinária que tá todo dia na escola… que acontece… do estudante para o professor e do professor para o estudante. E isso acontece… porque muitas das vezes, seja de ordem familiar… e aí eu quero ressaltar aqui o papel decisivo da família também na formação do jovem, do caráter… do jovem enquanto cidadão, mas também da escola… mas acontece, muitas das vezes, porque a materialização… dos problemas que a escola tem… sejam é::… da ordem pedagógica, mas sejam de ordem estr/estrutural, às vezes se dá numa figura do professor… a materialização de todo aquele problema para o estudante às vezes se/está ali naquele professor e vice-versa, às vezes a ma/a materialização dos problemas da escola para o professor está no estudante. Vamo pensar que uma escola… desestruturada, sem quadra poliesportiva, com professor mal remunerado, uma sala de aula com quarenta estudantes, de fato, o que que tá se p/se passando ali naquela sala de aula? O que que o estudante tá aprend/tá aprendendo ali? De fato, quais são as condições de trabalho que o profissional da educação tem… para poder passar uma boa aula… pra aquele estudante? Então… eu acho… que nós precisamos partir daí. Nós não concordamos com essa lógica de transformar a escola em presídio. Não concordamos. [aplausos] Acho que a nossa escola não pode virar um presídio, não vai ser isso que vai respon/resolver… e responder… aos problemas sociais. A escola pública brasileira… tem que passar por um processo de afirmação de valores também, de valores importantes, valores coletivos, valores não de tolerância, mas de respeito aos/à se/aos à::… à menina… ou o

148

menino que é negro, ao menino ou à menina [...] homossexual [aplausos], à menina ou ao menino que optou... por usar uma roupa diferente, de cor, nós temos que... afirmar alguns valores, valores coletivos... na escola. Valores mais humanos... na escola. É assim que nós vamos combater de forma prática a violência, mas também... fazendo com que o Estado brasileiro, de forma prática, Secretária, encare, e Senador, a educação como prioridade. E não venham me dizer... que a educação no nosso país, élé/ela é... a principal prioridade, porque não é. Basta nós vermos quanto se investe do Pro/do Produto Interno Bruto, do PIB em educação, se investe menos de 5% do PIB em educação. O Brasil paga milhares e milhares de re/de reais na dívida pública, mas investe menos de 5% do seu PIB... em educação; portanto, não é prioridade. É óbvio, no último período, o::... movimento educacional brasileiro, o movimento estudantil, o movimento sindical, aqueles que têm compromisso com a pauta da educação, com a pauta de país, porque a pauta da educação, ela é uma pauta do Brasil... é::... conquistaram muito, [...] mais de 700 mil jovens através do Prouni, se dobrou as vagas da universidade pública, se construiu... é::... mais escolas técnicas e/em oito anos do que em cem anos desde a fundação... do ensino técnico brasileiro... nós tivemos muitos avanços... mas, hoje, da nossa população, somente 14% tem acesso à universidade... e 80% das vagas que são ofertadas hoje para nós, estudantes... são... de universidades privadas. Mais de 50%... dos estudantes do Ensino Médio – isso não são dados meus, são dados do próprio Ministério... da Educação – se evadem, ou seja, a média dos estudantes de 17 a 18 anos anualmente, Senador, 50% dos estudantes que aden/ mais de 50% dos estudantes que adentram o Ensino Médio... não concluem o Ensino Médio. Aí esses estudantes vão para onde? Vão pra rua. Então, o Estado brasileiro... tem que acordar. Acordar porque... nós não aceitamos mais esse "papo mole", e desculpe... a expressão, de que nós somos o futuro. Nós somos o futuro, mas queremos investimento no presente. [aplausos] Nós queremos ser prioridade do governo... e do país no presente, porque nós não vamo poder ter... um futuro, podendo desempenhar um papel mais decisivo na sociedade, seja no mercado de trabalho, seja na política, seja em qu/qualquer âmbito da nação, se nós recebermos... investimentos no presente, pra que nós não venhamos repetir... o gesto da professora, que foi um/ um bonito gesto... de pedir desculpa a nós, para que nós não venhamos pedi/pedir desculpa no futuro... aos nossos filhos, o Estado brasileiro precisa... investir agora, nós tamo cansado de esperar. [...]

Fala de Yann Evanovick na audiência pública – sobre violência nas escolas – da Comissão de Direitos Humanos e Legislação Participativa (CDH) do Senado, transmitida pela TV Senado em 18 abr. 2011. Transcrição feita para esta edição.

Vocabulário de apoio

bullying: agressão física ou verbal intencional e repetitiva, com atitudes discriminatórias e uso de força para intimidar ou perseguir alguém

evadir: abandonar, sumir

pauta: tema colocado em debate, agenda ou roteiro dos assuntos mais importantes

Produto Interno Bruto: soma de todos os valores gerados por bens e serviços no país

Prouni: programa federal de concessão de bolsas de estudo em instituições privadas de Ensino Superior para pessoas de baixa renda

---

Situação de produção

Debate sobre temas de interesse coletivo

A audiência pública é um dispositivo social, previsto em lei, que possibilita o amplo debate de temas relacionados a interesses coletivos por um grupo composto de autoridades públicas, representantes de entidades civis, especialistas e pela população em geral.

Sua realização é obrigatória, quando solicitada pelo Ministério Público, por uma entidade civil ou por um grupo de mais de cinquenta cidadãos. O pedido é encaminhado a uma das comissões técnicas da Câmara ou do Senado. A audiência é divulgada por meio de edital de convocação.

No dia da audiência, presidida por um membro da comissão técnica responsável, compõe-se uma mesa de debatedores previamente convidados que representam diferentes partes interessadas no tema. As falas de cada debatedor ocorrem durante um tempo determinado e, posteriormente, abre-se espaço para que o público se manifeste, mediante inscrições prévias e também com tempo determinado.

O debate feito na audiência é registrado em ata ou relatório, posteriormente encaminhado ao órgão responsável pelas decisões ou iniciativas relacionadas ao tema debatido.

Yann Evanovick entre os debatedores da mesa da audiência pública sobre violência nas escolas, presidida pelo então senador Paulo Paim. Fotografia de 2011.

❯ Ler uma fala em audiência pública

1. Observe o modo como Yann Evanovick inicia sua fala na audiência pública promovida pela Comissão de Direitos Humanos do Senado.
   a) A quem ele se dirige?
   b) Em nome de quem ele fala (que grupo social representa)?

2. Yann Evanovick usa como mote para introduzir sua fala um acontecimento recente à época da audiência pública.
   a) Que acontecimento é esse? O que você sabe sobre ele?
   b) Qual é a relação entre esse acontecimento e o tema da audiência pública na qual se insere a fala de Yann?

> **ANOTE**
>
> A fala em audiência pública costuma dedicar atenção às **saudações** aos debatedores da mesa, aos organizadores da audiência e ao público. É comum que essa fala utilize um **mote**, uma ideia central que será retomada e reiterada. Esse mote pode ser um fato recente relacionado ao tema da audiência pública.

3. Segundo Yann Evanovick, a violência que deve ser discutida na audiência pública não é aquela que gerou a tragédia da escola de Realengo.
   a) Que tipo de violência escolar ele defende que seja debatida?
   b) Que antonímia o orador utiliza para qualificar e diferenciar os dois tipos de violência? Que sentido ele atribui a essa antonímia?

4. Yann Evanovick assume um posicionamento claro quanto às medidas a serem tomadas pelos órgãos governamentais para enfrentar a questão da violência nas escolas.
   a) Para ele, o que deve ser feito?
   b) Para ele, o que não deve ser feito?

5. Releia este trecho.

   > Nós não concordamos com essa lógica de transformar a escola em presídio. Não concordamos. [aplausos] [...]

   a) Considerando o contexto de produção em que Yann Evanovick profere sua fala, levante uma hipótese para explicar o que teria motivado essa afirmação do orador.
   b) Por que, provavelmente, Yann é aplaudido nesse momento de sua fala?

> **ANOTE**
>
> A fala em audiência pública deve ser **representativa**, ou seja, deve refletir os anseios do grupo social representado pelo orador. O orador posiciona-se de forma a fazer avançar a compreensão sobre o tema, contribuindo com encaminhamentos possíveis para os problemas abordados.

6. Yann Evanovick afirma que a educação não é uma prioridade governamental no Brasil.
   a) Que dados ele apresenta para sustentar sua afirmação?
   b) Que dados ele utiliza para modalizar essa mesma afirmação, ou seja, para relativizá-la?

7. Releia este trecho, em que Yann Evanovick faz referência à fala de outra debatedora da mesa.

   > [...] pra que nós não venhamos repetir... o gesto da professora, que foi um/um bonito gesto... de pedir desculpa a nós, para que nós não venhamos pedi/pedir desculpa no futuro... aos nossos filhos, o Estado brasileiro precisa... investir agora, nós tamo cansado de esperar. [...]

Sétima arte

Tiros em Columbine (EUA, 2002)
Direção de Michael Moore

Partindo de uma ocorrência semelhante à da escola de Realengo – um atentado realizado por dois estudantes do colégio Columbine, na pequena cidade de Littleton, no estado do Colorado –, o cineasta estadunidense Michael Moore põe em debate a verdadeira paixão dos habitantes dos EUA pelas armas de fogo. Premiado com o Oscar em 2003, o documentário evidencia, entre outras coisas, a força que a indústria de armas exerce na política estadunidense e a facilidade com que qualquer cidadão do país pode adquirir uma arma de fogo.

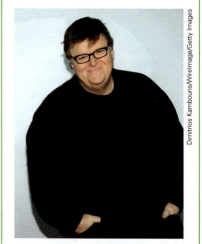

Michael Moore, cineasta crítico da sociedade dos EUA, no Festival de Cinema de Tribeca, em Nova York. Fotografia de 2012.

a) Com base no trecho, deduza o provável conteúdo da fala da debatedora.
b) Ao mesmo tempo em que Yann Evanovick elogia a fala da debatedora, faz uma crítica a essa fala. Explique em que medida essa atitude revela uma estratégia argumentativa.

ANOTE

Na fala em audiência pública, há a defesa de um **ponto de vista** a cada aspecto desenvolvido. A argumentação dirige-se ao convencimento das demais partes interessadas no tema debatido. Para isso, o orador expõe o problema segundo a visão do grupo representado por ele e encaminha soluções que estejam de acordo com esse ponto de vista.

8. A fala em audiência pública é um gênero textual oral da esfera pública formal.
   a) Que características próprias da oralidade você consegue perceber no texto? Copie no caderno dois exemplos que comprovem sua resposta.
   b) Transcreva dois exemplos que comprovem que a fala de Yann Evanovick é predominantemente formal.
   c) A declaração das teses e o desenvolvimento dos argumentos não ocorrem de modo linear na fala de Yann: há intercalações, desvios, interrupções. Comprove com um exemplo.

ANOTE

Em uma audiência pública, o orador tem um **tempo predeterminado** para falar e precisa garantir a abordagem dos principais interesses do grupo representado por ele. Por isso, é comum que ele baseie sua fala em um **esquema ou texto escrito** previamente. Ao proferi-lo, ele não deve simplesmente ler o texto, mas atualizá-lo para o público com comentários, exemplos, interpelações aos participantes da mesa, ênfases, repetições com valor argumentativo, etc.

9. Há um momento da fala de Yann Evanovick em que ele utiliza uma expressão típica de um registro mais informal e pede desculpas por isso.
   a) Que momento é esse? Transcreva-o no caderno.
   b) Que efeito de sentido o orador produz ao utilizar essa expressão?

10. Além do trecho citado na atividade 5, há outros dois em que Yann Evanovick é aplaudido.
    a) Que momentos são esses?
    b) O que os aplausos revelam quanto à interação de Yann Evanovick com a plateia? Explique.
    c) Você considera que o orador conseguiu expor de forma satisfatória o ponto de vista dos estudantes sobre a violência nas escolas? Justifique.

ANOTE

A fala em audiência pública configura um momento de **interação** que envolve o orador, os demais debatedores e a plateia. Trata-se de uma situação privilegiada para a mobilização de forças sociais em prol de uma causa coletiva.

Observatório da língua

A topicalização na oralidade

A preocupação do orador em se fazer compreender e ter uma interação bem-sucedida o leva a escolhas que obedecem a critérios diferentes dos considerados na escrita. É bastante comum, por exemplo, o procedimento de **topicalização** no português falado no Brasil: primeiro o falante anuncia o tema sobre o qual vai falar e, em seguida, faz o comentário ou a declaração sobre esse tema. Observe.

> [...] **esse caso de Realengo... ele** faz com que a sociedade... possa... entender... a situação que hoje se encontra... a escola pública... brasileira [...].

A topicalização pode ajudar a explicar as pausas – muito comuns na oralidade do português brasileiro, entre sujeito e predicado – o que ocasiona, muitas vezes, problemas na escrita (como o uso de vírgula entre esses elementos).

1. Copie o trecho a seguir no caderno e explique o procedimento de topicalização realizado nele.

> E não venham me dizer... que a educação no nosso país, éle/ela é... a principal prioridade, porque não é.

2. Encontre outro exemplo de topicalização na fala de Yann Evanovick e transcreva-o no caderno.

151

▶ Produzir uma fala em audiência pública

› Proposta

Você vai realizar uma **fala em audiência pública** a ser organizada por sua turma. Façam uma votação para escolher um tema relevante que envolva interesses coletivos de alunos, professores e funcionários da escola. No dia da audiência, o aluno cuja fala (de até cinco minutos) tenha sido considerada a mais adequada para representar a turma será seu orador. Seguem algumas sugestões de tema.

Conservação do espaço da escola – como manter em bom estado os espaços e os equipamentos da escola (salas de aula, banheiros, janelas, mesas, lousas, sala de informática, biblioteca, armários, etc.).

Relacionamento entre alunos, professores e funcionários – como garantir que essas relações sejam harmoniosas, pautadas pelo respeito e pela valorização mútua.

Valorização da cultura local – como promover ações de valorização da cultura da comunidade local e ampliar as oportunidades de interação da escola com seu entorno.

Reforma organizada por voluntários do Projeto Mãos que Ajudam na Escola Estadual Flavia Vizibelli Pirro, no Jabaquara, em São Paulo (SP). Fotografia de 2010.

› Planejamento

1. Observe no quadro abaixo as características do texto que você vai produzir.

Gênero textual	Público	Finalidade	Meio	Linguagem	Evitar	Incluir
fala em audiência pública	comunidade escolar	produzir texto oral que sintetize anseios dos estudantes a respeito de tema de interesse coletivo	audiência pública (a fala pode ser gravada em áudio ou vídeo)	formal; polidez, objetividade e ênfase	apenas ler um texto ou esquema escrito	saudações, mote, argumentos

2. Após a escolha do tema da audiência pública, a turma deve se organizar para realizá-la.
   a) Deve-se definir a data (com pelo menos um mês de antecedência) e reservar um espaço.
   b) A turma deve convidar formalmente um representante de cada grupo interessado no tema, para compor a mesa de debatedores.
   c) A direção da escola também deve ser formalmente convidada a comparecer.
   d) Uma pessoa deve ser escolhida para presidir a audiência. Ela iniciará os trabalhos e realizará seu encerramento, apresentará o tema e os debatedores da mesa e passará a palavra aos debatedores e ao público.
   e) A comunidade escolar deve ser informada sobre a audiência e convidada a participar.
   f) No dia da audiência, também deve ser previsto um tempo para a manifestação do público, mediante inscrição prévia com representantes da turma.
   g) A audiência deve ser gravada em áudio ou vídeo para a elaboração de um relatório final.

3. Definido o tema e feitos os preparativos da audiência, inicie o planejamento de sua fala.
   a) Escreva, em poucas palavras, que posição você pretende defender em relação ao tema. Lembre-se: você é representante de um grupo e deve estar sintonizado com os anseios dele. Se julgar necessário, converse com colegas de outras turmas para colher opiniões.
   b) Que argumentos você apresentará para sustentar seu ponto de vista?
   c) Que argumentos podem vir a ser utilizados por quem tem um ponto de vista divergente do seu? Como você poderia refutar esses argumentos?

4. Planeje a **introdução** de sua fala.
   a) Pense em como saudar os organizadores do evento, os debatedores e a plateia.
   b) Escreva, em poucas palavras, como você vai se apresentar (qual é seu nome, sua turma, há quanto tempo estuda na escola, etc.).
   c) Elabore um breve comentário sobre a importância do tema a ser debatido.
   d) Pense em como você vai declarar sua posição diante do tema (você usará um mote?).

5. Faça um esquema de sua **argumentação**.
   a) Qual é a principal questão relativa ao tema que precisa ser resolvida?
   b) Que encaminhamento você vai propor para resolver a questão?
   c) Liste dois ou três argumentos para defender sua posição.
   d) Escolha o mais forte deles para desenvolver detalhadamente, com análise do problema e exemplos de situações reais.
   e) Faça o mesmo com os outros argumentos.

6. **Escreva um texto** a partir das anotações realizadas.
   a) Leia o texto em voz alta, com calma, e avalie se ele está adequado a uma fala de até cinco minutos.
   b) Se estiver longo, corte os argumentos supérfluos ou reduza exemplos. Se estiver curto, volte ao esquema e crie mais um ou dois argumentos.
   c) Digite o texto em fonte tamanho 14 e espaço duplo.

7. Se desejar, transforme seu texto escrito em um **esquema** que contemple todo o conteúdo que você vai atualizar durante a fala, na mesma sequência em que pretende dizê-la.

8. **Ensaie** sua fala. Se possível, grave-a ou apresente-a a alguém.

> ## Elaboração

9. Agora você está pronto para apresentar a primeira versão de sua fala para a turma. Mantenha a calma e fale com naturalidade, consultando o texto e/ou o esquema elaborado, sem simplesmente lê-lo.

> ## Avaliação

10. O quadro a seguir indica os critérios para a avaliação das falas. A cada apresentação, atribua no caderno uma nota de 1 a 3 para cada item:

    1 – Item precisa ser melhorado.
    2 – Item realizado de forma satisfatória.
    3 – Item realizado de forma excelente.

ATENÇÃO
» Seja **firme** sem ser agressivo; seja **enfático** sem ser exagerado.
» Use as **anotações** feitas – tanto o esquema quanto o texto corrido podem ajudar.

Sétima arte

Entre os muros da escola (França, 2007)
Direção de Laurent Cantet

Este documentário mostra o relacionamento tumultuado entre um professor e sua turma em uma escola francesa. Ao assistir ao filme, pode-se comparar a situação retratada nele à situação atual das escolas no Brasil. A educação é considerada um setor vital para que o país consiga diminuir suas desigualdades sociais.

Entre os muros da escola: conflitos entre professor e alunos em uma escola francesa.

Ficha de avaliação da fala em audiência pública	Nota
O orador dirigiu saudações aos presentes, apresentou-se e comentou a importância do tema da audiência?	
O orador expôs claramente seu ponto de vista sobre o tema e foi fiel aos principais anseios do grupo que ele representa?	
O ponto de vista foi sustentado com bons argumentos?	
O orador fez um contraponto respeitoso a possíveis argumentos de pessoas que tenham um ponto de vista divergente?	
O orador fez bom uso do texto ou esquema escrito, atualizando-o com comentários, exemplos e interpelações ao público e à mesa?	
O orador utilizou linguagem formal e polida, manteve tom de voz adequado e defendeu suas opiniões com energia?	

11. Após as apresentações, verifique qual dos colegas teve a maior nota segundo sua avaliação.

12. O professor vai anotar na lousa os nomes dos alunos com as maiores notas. Caso haja empate, a turma fará uma votação para escolher o orador.

> ## Reelaboração

13. No dia da audiência pública, o orador escolhido pela turma apresentará sua fala. Todos devem estar empenhados para que o evento se realize da melhor forma possível.

Foco da reelaboração

No dia da audiência pública, o orador falará para um grande número de pessoas e isso pode gerar nervosismo. Para se sentir seguro, é importante que ele esteja bem preparado e tenha ensaiado sua fala várias vezes. Os colegas devem ajudá-lo a fazer **bom uso de seu texto ou esquema escrito**, estimulando-o a atualizá-lo com vivacidade durante a fala.

Vestibular

O vestibular da PUC-Campinas-SP costuma apresentar um **editorial** para leitura e interpretação do candidato. Os temas ligados a arte e cultura refletem discussões iniciadas no capítulo sobre a **resenha crítica**. Formar opinião com base em textos e fontes diversas é participar de um debate de ideias tal como o estudado no capítulo sobre o **debate regrado**. Para atender às propostas de redação a seguir, use os conhecimentos que adquiriu nesta unidade.

(PUC-Campinas-SP)
PROPOSTA I

Leia o editorial abaixo procurando apreender o tema nele desenvolvido. Em seguida, elabore uma dissertação, na qual você exporá, de modo claro e coerente, suas ideias acerca desse tema.

> Descendentes de um grande escritor brasileiro já desaparecido tentaram evitar que uma publicação veiculasse fotografia do pai com um determinado tipo de gravata. Consideravam que o autor só poderia aparecer com o modelo borboleta, seu predileto. O episódio é apenas um exemplo dos excessos cometidos por famílias na suposta tentativa de proteger a imagem de seus famosos parentes mortos. Há muitos casos análogos, que envolvem, além da imagem e do nome, o direito de relatar fatos biográficos, criticar e reproduzir obras em meios como livros, revistas e catálogos. Ambições pecuniárias, leis problemáticas e decisões judiciais infelizes conspiram para conferir aos herdeiros um poder desmedido sobre bens que possuem evidente dimensão pública.
>
> O episódio mais recente envolveu a Bienal de São Paulo e a associação O Mundo de Lygia Clark, dirigida pelo filho da pintora. Diante de imposições, os responsáveis preferiram retirar a artista da mostra. "Queriam até controlar quem poderia escrever sobre ela", afirmou o curador Agnaldo Farias.
>
> A associação argumenta que tem custos e precisa cobri-los. Ainda que fosse assim (e que se precise avançar em políticas públicas de aquisição de acervos na área das artes visuais), o argumento não bastaria para impedir a presença de obras da artista na Bienal, a reedição de um livro e o uso de seu nome numa exposição com depoimentos em vídeo acerca de seu trabalho.
>
> Em breve o Ministério da Cultura levará a consulta pública a revisão da Lei de Direito Autoral. É provável que aspectos relativos às novas tecnologias dominem o debate – mas isso não deveria impedir que se criassem regras para reequilibrar as relações entre direitos de herdeiros e o caráter público do patrimônio cultural.
>
> *Folha de S.Paulo*, segunda-feira, 7 jun. 2010. Opinião, p. A2.

PROPOSTA II

Leia com atenção o texto que segue.

> A escola é uma instituição voltada para a formação do indivíduo, entendida esta como o reconhecimento e a prática de valores **positivos**.
>
> Ocorre, no entanto, que a escola também se volta para a literatura, e o aluno entra em contato com grandes escritores, que nem sempre tratam de valores positivos; os melhores prosadores e poetas podem abordar aspectos negativos do homem e da sociedade: a força da ambição, o autoritarismo, a injustiça, a violência, as carências de toda espécie, o ódio, o ciúme, o despeito...

Com base no que diz o texto acima, redija uma **dissertação** na qual você discutirá a seguinte frase:
A literatura não apregoa bons costumes, mas estimula nosso senso crítico.

PROPOSTA III

Leia o editorial abaixo procurando apreender o tema nele desenvolvido. Em seguida, elabore uma dissertação na qual você exporá, de modo claro e coerente, suas ideias acerca desse tema.

> A boliviana Idalena Furtado vive há cinco anos no Brasil e, como tantos outros imigrantes sul-americanos, veio trabalhar numa confecção de roupas no bairro paulistano do Bom Retiro.
>
> Seu relato, publicado nesta **Folha**, descreve condições análogas às de uma situação de trabalho escravo. Trabalhava 15 horas por dia. Comia sobre a máquina de costura e dormia em um cômodo, "todo mundo amontoado".
>
> Aliciados em seus países de origem, bolivianos, peruanos e paraguaios se juntam a trabalhadores brasileiros para viver em oficinas clandestinas, sem direito a férias e a um dia de descanso semanal, enredados numa espiral de dívidas e degradação. O ambiente de clausura em que trabalham não poderia oferecer maior contraste com o das lojas de grife para as quais fornecem seus produtos.

Vistorias do Ministério do Trabalho responsabilizaram algumas marcas conceituadas por compactuar com o abuso. Nas oficinas que confeccionam roupas para suas lojas, verificou-se um regime de hiperexploração do trabalho: funcionários das empresas clandestinas tinham, por exemplo, de pedir autorização para deixar o local onde costuravam e viviam.

Relatos das condições nas chamadas "*sweatshops*" (oficinas-suadouro), em especial nos países em desenvolvimento, renderam publicidade negativa a marcas de artigos esportivos, brinquedos e roupas que, para uma sociedade ofuscada pelo brilho do consumo, parecem assim ainda associadas a prazer, desejo e sedução.

O consumidor raras vezes tem acesso à realidade que pode ocultar-se sob a aparência reluzente. A inclinação para o "consumo consciente" – trate-se de móveis de madeira certificada, empresas com responsabilidade social ou selos atestando compromisso contra o trabalho infantil – é algo relativamente recente no Brasil.

Depende, para fortalecer-se, do empuxo de fiscalização do Estado, que revela o avesso de algumas grifes. Ciente de fatos assim, o consumidor também se torna responsável, como pagante, pela degradação de seres humanos.

Folha de S.Paulo, sábado, 20 ago. 2011. Opinião, p. A2. Adaptado.

PROPOSTA IV
Leia o editorial abaixo procurando apreender o tema nele desenvolvido. Em seguida, elabore uma dissertação, na qual você exporá, de modo claro e coerente, suas ideias acerca desse tema.

O problema da obesidade infantil é grave e não tem solução fácil.

O Brasil segue a mesma rota epidêmica dos EUA. Lá, demógrafos chegam a prever que, devido às doenças associadas ao excesso de peso, as gerações futuras viverão menos anos do que as de seus pais.

Salvo se uma droga milagrosa for descoberta, a melhor forma de enfrentar o problema é uma combinação de menor ingestão de calorias com maior dispêndio energético (atividade física). Como ambas contrariam nossos apetites naturais, um incentivo do poder público pode ser útil.

Não se trata de promover o paternalismo do Estado. O mundo moderno oferece ferramentas tributárias e mercadológicas para que autoridades possam atuar de forma eficaz e não autoritária.

Os mais óbvios instrumentos são os impostos. Em vez de concentrar a atenção sobre medidas de alcance na melhor das hipóteses limitado, como restrições à publicidade para o público infantil (decisões de compra costumam caber aos pais), seria melhor elaborar uma mescla de incentivos e gravames* que favoreça a alimentação equilibrada e deixar a propaganda na esfera da autorregulamentação.

Vilões nutricionais, como refrigerantes e salgadinhos industrializados, em vez de banidos, como sugerem os mais afoitos, deveriam ter a carga de impostos majorada. Alimentos saudáveis, como frutas e legumes, poderiam ser agraciados com subvenções.

É possível até mesmo, por essa via, tornar um pouco mais benignos produtos hoje insalubres. Bastaria fixar as alíquotas de acordo com a quantidade de nutrientes deletérios, como sódio e gorduras saturadas, presente no alimento.

A abordagem fiscal não obrigaria ninguém a fazer o que não queira. Ao confiar na autonomia do cidadão e na autorregulamentação da indústria, tem mais chance de dar certo. E ainda dá aos fabricantes a oportunidade de veicular peças publicitárias que enfatizem a preocupação com a qualidade nutricional de seus produtos, o que contribuiria para fomentar a cultura da alimentação saudável.

Obs.: *gravames: impostos pesados.
Folha de S.Paulo, sexta-feira, 10 ago. 2012. Opinião, p. A2.

PROPOSTA V
Leia com atenção os textos seguintes.

I. Talvez uma característica essencial de nosso tempo seja o valor absoluto que se dá ao fenômeno da conectividade. Explico-me: parece que hoje a vida de cada um depende de estarmos conectados a algo ou a alguém, via celular, internet, *videogame*, *i-pod*, tv interativa, ou o que seja. É como se nossa identidade mesma se firmasse a partir de alguma conexão, por meio de algum suporte eletrônico, com o meio externo. Que fim levou a tal da vida interior? Ainda faz sentido falar nela?

II. Quando vejo a vizinha, já velhinha e solitária, acionar seu *laptop* e vagarosamente digitar como quem reaprende a ler e a escrever, penso que estamos vivendo uma época em que a solidão humana vai sendo progressivamente afastada. Num toque de dedo acessamos o outro, os outros, o mundo, participando assim de uma comunidade verdadeiramente globalizada. A moderna socialização deixou para trás, parece que definitivamente, o triste confinamento dos indivíduos.

Esses textos defendem posições opostas. Escreva uma **dissertação** em prosa, na qual você argumentará a favor da posição com a qual mais se identifica.

Parte III – Produção de texto: a pluralidade em destaque

UNIDADES

9 Narrar
10 Relatar
11 Expor
12 Argumentar

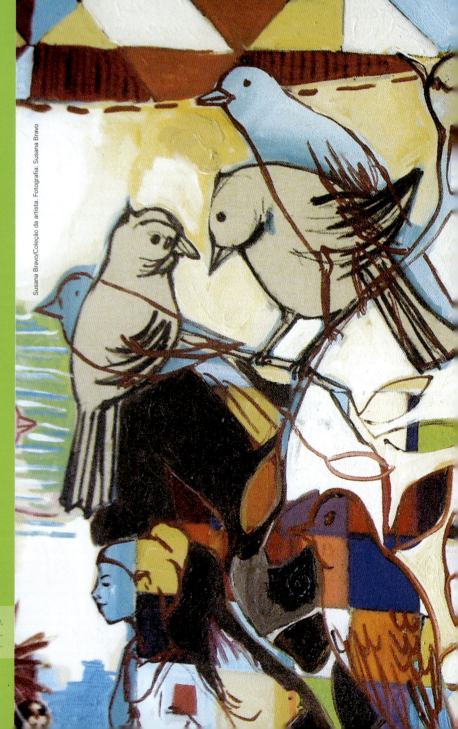

Bravo, Susana. *Às cinco da tarde* (detalhe), 2010. Técnica mista sobre tela, 120 cm × 130 cm. Coleção da artista.

Nas próximas unidades, colocamos em evidência a pluralidade de protagonistas da sociedade contemporânea e a multiplicidade de referências culturais que orientam seu comportamento. A pluralidade está presente no conto psicológico, na investigação das infinitas formas de ser humano. Ela também se revela no seminário, gênero construído e transmitido coletivamente, e no discurso de orador de formatura, em que este fala em nome de um grupo e se dirige a um público heterogêneo. Ela é determinante, ainda, no anúncio publicitário, que divulga um produto para o mercado e tenta promover seu consumo mobilizando discursos que circulam na sociedade. A entrevista, por sua vez, divulga modos de ser e saberes de personalidades, com a mediação do entrevistador. Mediação é a palavra-chave do artigo de divulgação científica, que estabelece uma ponte entre a ciência e a população em geral. O leque se completa com o artigo de opinião e a dissertação, responsáveis por propor soluções sociais que privilegiem o respeito à pluralidade.

UNIDADE

Narrar

Nesta unidade

18 Conto psicológico

LACAZ, Guto. *Auditório para questões delicadas*, 1989. Composição flutuante. Lago do Parque do Ibirapuera, São Paulo.

Desde os anos 1900, as inovações tecnológicas vêm possibilitando o desenvolvimento dos meios de comunicação em massa e a produção de mercadorias em grande escala. A sociedade tecnológica não excluiu as guerras, os massacres étnicos e as desigualdades. O indivíduo imerso nessas circunstâncias muitas vezes vivencia uma relação desconfortável com um meio que tende a calar sua singularidade, ocultando-o na padronização.

A psicanálise se desenvolveu e se popularizou justamente nessa virada dos anos 1900, momento em que se intensificaram as experiências de solidão e violência, em cidades cada vez mais populosas. As pesquisas de Sigmund Freud e dos estudiosos da mente humana que vieram depois dele voltaram o sujeito para dentro de si. Consciente de suas limitações e buscando incessantemente conhecer as reais motivações de seus atos, o sujeito artístico recorreu a diferentes formas de expressão, na tentativa de exprimir sua interioridade.

Nesta unidade, você estudará o conto psicológico, um gênero literário que expressa as sutilezas da subjetividade buscando modos de aproximar forma e conteúdo.

CAPÍTULO 18
Conto psicológico

O que você vai estudar

- Como identificar e produzir um conto psicológico.
- O estranhamento como recurso literário.
- A escolha de palavras e o campo semântico.

O **conto psicológico**, realização contemporânea da forma literária nascida no século XIX, gera uma espécie de desconcerto: ao final, ficamos em dúvida quanto a que história, de fato, foi contada. Em outras palavras, é característico do conto psicológico o narrador construir uma história na superfície e outra nos subterrâneos do texto.

> Leitura

- O conto a seguir, de Clarice Lispector, foi publicado na coletânea *Felicidade clandestina*, de 1971. Leia com atenção o texto e responda às questões.

Uma esperança

Aqui em casa pousou uma esperança. Não a clássica, que tantas vezes verifica-se ser ilusória, embora mesmo assim nos sustente sempre. Mas a outra, bem concreta e verde: o inseto.

Houve um grito abafado de um de meus filhos:

— Uma esperança! e na parede, bem em cima de sua cadeira! Emoção dele também que unia em uma só as duas esperanças, já tem idade para isso. Antes surpresa minha: esperança é coisa secreta e costuma pousar diretamente em mim, sem ninguém saber, e não acima de minha cabeça numa parede. Pequeno rebuliço: mas era indubitável, lá estava ela, e mais magra e verde não poderia ser.

— Ela quase não tem corpo, queixei-me.

— Ela só tem alma, explicou meu filho e, como filhos são uma surpresa para nós, descobri com surpresa que ele falava das duas esperanças.

Ela caminhava devagar sobre os fiapos das longas pernas, por entre os quadros da parede. Três vezes tentou renitente uma saída entre dois quadros, três vezes teve que retroceder caminho. Custava a aprender.

— Ela é burrinha, comentou o menino.

— Sei disso, respondi um pouco trágica.

— Está agora procurando outro caminho, olhe, coitada, como ela hesita.

— Sei, é assim mesmo.

— Parece que esperança não tem olhos, mamãe, é guiada pelas antenas.

— Sei, continuei mais infeliz ainda.

Ali ficamos, não sei quanto tempo olhando. Vigiando-a como se vigiava na Grécia ou em Roma o começo de fogo do lar para que não se apagasse.

— Ela se esqueceu de que pode voar, mamãe, e pensa que só pode andar devagar assim.

Andava mesmo devagar — estaria por acaso ferida? Ah não, senão de um modo ou de outro escorreria sangue, tem sido sempre assim comigo.

Foi então que farejando o mundo que é comível, saiu de trás de um quadro uma aranha. Não uma aranha, mas me parecia "a" aranha. Andando pela sua teia invisível, parecia transladar-se maciamente no ar. Ela queria a esperança. Mas nós também queríamos e, oh! Deus, queríamos menos que comê-la. Meu filho foi buscar a vassoura. Eu disse fracamente, confusa, sem saber se chegara infelizmente a hora certa de perder a esperança:

— É que não se mata aranha, me disseram que traz sorte...

— Mas ela vai esmigalhar a esperança! respondeu o menino com ferocidade.

— Preciso falar com a empregada para limpar atrás dos quadros — falei sentindo a frase deslocada e ouvindo o certo cansaço que havia na minha voz. Depois devaneei um pouco de como eu seria sucinta e misteriosa com a empregada: eu lhe diria apenas: você faz o favor de facilitar o caminho da esperança.

O menino, morta a aranha, fez um trocadilho, com o inseto e a nossa esperança. Meu outro filho, que estava vendo televisão, ouviu e riu de prazer. Não havia dúvida: a esperança pousara em casa, alma e corpo.

Vocabulário de apoio

devanear: divagar com o pensamento, imaginar
ferocidade: estado de feroz, violência
indubitável: que não gera dúvida, incontestável
renitente: que teima, obstinado
transladar: mudar de um lugar para outro

160

Mas como é bonito o inseto: mais pousa que vive, é um esqueletinho verde, e tem uma forma tão delicada que isso explica por que eu, que gosto de pegar nas coisas, nunca tentei pegá-la.

Uma vez, aliás, agora é que me lembro, uma esperança bem menor que esta, pousara no meu braço. Não senti nada, de tão leve que era, foi só visualmente que tomei consciência de sua presença. Encabulei com a delicadeza. Eu não mexia o braço e pensei: "e essa agora? que devo fazer?" Em verdade nada fiz. Fiquei extremamente quieta como se uma flor tivesse nascido em mim. Depois não me lembro mais o que aconteceu. E, acho que não aconteceu nada.

LISPECTOR, Clarice. Uma esperança. In: *Felicidade clandestina*. Rio de Janeiro: Rocco, 1998. p. 92-94.

Situação de produção

Descobertas psicológicas

O século XX operou uma grande transformação na autoimagem do ser humano ocidental. As descobertas realizadas por estudiosos como Freud, Jung e Lacan, que ofereceram um olhar acurado e meticuloso para a interioridade, atingiram a narrativa.

No final do século XIX, Sigmund Freud estudou o funcionamento da mente humana e sugeriu que o comportamento é governado tanto por processos conscientes como inconscientes. Em outras palavras, haveria conteúdos subjetivos que, apesar de agirem ativamente na vida psíquica, são desconhecidos pelo próprio indivíduo. O método explicativo e investigativo proposto por Freud, assim como outros procedimentos terapêuticos, foram aproveitados nas narrativas por se afinar ao caráter revelador da literatura. Narrativas cada vez mais curtas procuram conduzir o leitor para além do que é estritamente dito.

Com o objetivo de revelar ou denunciar algo oculto sobre a realidade vivenciada pelo indivíduo moderno, os contos ganharam cada vez mais elementos psicológicos em seu desenvolvimento recente. No conto contemporâneo, a forma é enfatizada: os aspectos construtivos da narrativa devem ser percebidos pelo leitor, porque é por meio deles que se constrói o sentido.

Assim, a ação externa fica em segundo plano, perde importância em prol dos dramas interiores. A linguagem busca imitar o modo como se constitui a subjetividade. Aparecem os monólogos e as técnicas de fluxo de consciência, que procuram recriar, no texto, a espontaneidade, a fragmentação e a experiência interna do tempo presentes no pensamento.

O leitor passa a participar ativamente da construção do sentido, que se completa apenas no ato de leitura. Ao enxergar a construção narrativa, identificar-se com um sujeito que aparece exposto em suas entranhas, chocar-se com uma linguagem que visa a denunciar ou revelar, o leitor se torna capaz de constituir um sentido novo para o texto e, também, para a realidade que o cerca.

WYETH, Andrew. *Mundo de Cristina*, 1948. Têmpera sobre painel engessado, 81,9 cm × 121,3 cm. Museu de Arte Moderna de Nova York, EUA.

A criação de um "clima" psicológico não é exclusiva da literatura. No caso desta imagem, a solidão da personagem retratada é sugerida por meio do espaço vazio que a separa das construções ao fundo; sua fragilidade e abandono se mostram na postura corporal. Fica patente para o observador que não há comunicação entre Cristina e o mundo.

❯ Ler um conto psicológico

1. O conto de Clarice Lispector é construído em torno do duplo sentido da palavra *esperança*, ora substantivo concreto, ora abstrato.
   a) Qual é o significado concreto do substantivo?
   b) Qual é o significado abstrato do substantivo?

2. Releia.

   > Aqui em casa pousou uma esperança.

   A primeira frase do conto "Uma esperança" inaugura uma narrativa múltipla. Quais histórias estão sendo contadas? Justifique.

   ANOTE

   > O conto psicológico narra ao menos **duas histórias** simultâneas, ainda que aparente contar apenas uma. Paralelamente à história que aparece de forma mais visível para o leitor, o narrador sugere um **enigma**. Às vezes, esse enigma é revelado explicitamente ao final, mas há contos em que isso jamais acontece. Assim, sob a superfície da história contada em primeiro plano, há um sentido oculto que o leitor deve desvendar na leitura.

3. A qual(is) esperança(s) se refere cada frase retirada do conto?
   a) — Uma esperança! e na parede, bem em cima de sua cadeira! [...]
   b) [...] Antes surpresa minha: esperança é coisa secreta e costuma pousar diretamente em mim, sem ninguém saber, e não acima de minha cabeça numa parede.
   c) [...] Pequeno rebuliço: mas era indubitável, lá estava ela, e mais magra e verde não poderia ser.
   d) — Ela quase não tem corpo, queixei-me.
   e) — Ela só tem alma, explicou meu filho [...].
   f) — Ela se esqueceu de que pode voar, mamãe, e pensa que só pode andar devagar assim.

   ANOTE

   > A duplicidade da forma do conto permite **narrar a vida interior** por meio dos fatos exteriores. A narrativa da experiência interior da personagem pode marcar sua diferença em relação aos fatos externos, ou afinar-se com eles. Desse modo, o conto torna-se **psicológico**.

4. Releia.

   > Ali ficamos, não sei quanto tempo olhando. Vigiando-a como se vigiava na Grécia ou em Roma o começo de fogo do lar para que não se apagasse.

   Procure explicar o sentido que o texto sugere com essa frase.

5. Relate a trajetória do inseto na parede da sala.

6. Conte a história das reações que a presença da esperança na parede da sala causa nos membros da família.

7. Conte a história da relação da narradora-personagem com o sentimento da esperança.

   ANOTE

   > O conto psicológico apresenta, em geral, uma ação exterior menor que o drama interior que nele se desenrola. Ou seja, diante da formação de um **conflito psicológico**, os fatos exteriores perdem importância na narrativa. A experiência não se dá como uma sequência de fatos encadeados, mas inclui os estados de alma e as motivações secretas das ações humanas.

Repertório

Freud e o inconsciente

O conceito de inconsciente formulado por Sigmund Freud (1856-1939) constituiu uma nova autoimagem para o indivíduo, que passou a buscar, desde então, uma compreensão da vida interior.

Freud afirmou a duplicidade da psique (mente) humana. Para ele, a psique não tem conhecimento completo de seus conteúdos e divide-se em consciência (ego), impulso de prazer (id) e autocensura (superego), nossa lei social internalizada. Os conteúdos do id e do superego são **inconscientes**, ou seja, agem no comportamento, sem que o indivíduo se dê conta disso. Tudo se passa como se id e superego disputassem o acesso de seus conteúdos ao ego, onde poderiam chegar disfarçados e irreconhecíveis. Assim, o ego pode dirigir suas ações a partir de justificativas falsas ou deformadas, que substituem verdadeiras motivações inconfessáveis.

8. Qual é a função narrativa da aranha no conto? Justifique.
9. Releia: "[...] Ela queria a esperança. Mas nós também queríamos e, oh! Deus, queríamos menos que comê-la. [...]"
   a) Que efeito de sentido a exclamação intercalada na frase provoca?
   b) O que a narradora quer dizer com "queríamos menos que comê-la"?
10. Releia: "[...] Meu filho foi buscar a vassoura. Eu disse fracamente, confusa, sem saber se chegara infelizmente a hora certa de perder a esperança: [...]"
    a) O que o filho pretendia fazer?
    b) Por que a mãe está confusa?
    c) Explique o duplo sentido que a expressão "perder a esperança" adquire nesse momento da narrativa.

ANOTE

Assim como nos contos de enigma policial, de drama amoroso ou de humor, no conto psicológico também há vilões, personagens **antagonistas** ou dificuldades a serem enfrentadas pela subjetividade. Esse tipo de texto narra as **lutas subjetivas** enfrentadas pelo indivíduo.

11. O texto progride como uma narrativa de fatos, entremeada por reflexões, até o último parágrafo. O que acontece com o **tempo** do conto no último parágrafo?

ANOTE

O conto psicológico participa de um movimento da literatura contemporânea no sentido de levar os elementos psicológicos aos aspectos construtivos da narrativa. Assim, as narrativas desenvolveram uma forma especial de lidar com o tempo, a qual não obedece à sequência cronológica do tempo histórico, mas busca **imitar a experiência subjetiva do tempo**. Com isso, os estudiosos passaram a dividir o tempo narrativo em **tempo cronológico** e **tempo psicológico**.

12. Releia o final do conto.
    a) Explique o sentido da expressão "como se uma flor tivesse nascido em mim".
    b) Releia: "E, acho que não aconteceu nada". Que efeito de sentido essa frase final produz?

DALÍ, Salvador. *Homem com a cabeça cheia de nuvens*, c. 1936. Óleo sobre papelão, 18,1 cm × 14 cm. Fundação Gala-Salvador Dalí, Figueres, Espanha.

No século XX, tanto os escritores quanto os pintores buscaram formas de representar a vida interior do ser humano.

ANOTE

A **participação do leitor** no conto psicológico é decisiva. Ao compreender e acompanhar os movimentos psíquicos de uma personagem, o leitor participa de sua subjetividade. Ele deve dar-se conta dos aspectos construtivos do conto para elaborar sua interpretação.

Repertório

O fluxo de consciência

Em 1922, o irlandês James Joyce (1882-1941) publicou a obra *Ulisses*, marco da literatura moderna. Suas mais de 800 páginas (na edição brasileira, com tradução de Antônio Houaiss) descrevem um dia na vida da personagem Ulisses, um homem comum que realiza, nesse único dia, a saga do herói grego homônimo. A técnica forjada por Joyce para representar a subjetividade foi chamada de **fluxo de consciência** e passou a ser amplamente utilizada na literatura. Essa técnica utiliza basicamente monólogos interiores, ou seja, fluxos de palavras que procuram imitar a lógica do pensamento em sua liberdade, fragmentação e autonomia em relação ao tempo externo.

James Joyce em fotografia de 1934.

❯ Entre o texto e o discurso – O estranhamento

O conto psicológico busca produzir no leitor um efeito de "estranhamento": naquilo que narra e, sobretudo, no **modo** como narra, o narrador cria marcas subjetivas que surpreendem, desconcertam. O leitor é levado a **estranhar** a narrativa e a refletir sobre ela. Leia as narrativas a seguir e observe os destaques.

O anônimo

Se alguém me matasse. Se eu fosse abatido a tiros por uma amante, pelo marido de uma de minhas amantes, por um neurótico pela fama, por um serial killer americano que tivesse vindo ao Brasil, pelo engano de um traficante, por um assaltante num cruzamento, por uma das milhares de balas perdidas que cruzam a cidade, por uma dessas motos enraivecidas que alucinam o trânsito, por um colega de profissão inconformado com a minha fama. Se morresse em uma inundação, atingido por um raio ou por uma árvore derrubada por um vendaval. Por um remédio com data vencida, por uma comida estragada. Uma tragédia noticiada por toda a mídia, alimentada e realimentada, provocando manchetes vorazes, devoradas com prazer pelo público e construindo a minha legenda. Melhor que fosse algo misterioso. O noticiário duraria mais tempo, o caso seria revisto por curiosos dispostos a desvendar enigmas. Provocar a necessidade de uma autópsia, de exumação. Ser o enigma do século seria a minha glória. Se eu tivesse essa certeza, não me incomodaria de estar morto.

BRANDÃO, Ignácio de Loyola. *Cadernos de literatura brasileira*, São Paulo, Instituto Moreira Salles, n. 11, p. 100, jun. 2001.

Vocabulário de apoio

autópsia: exame feito em um cadáver para determinar o momento e a causa da morte
exumação: desenterramento

Acorrentados

Quem coleciona selos para o filho do amigo; quem acorda de madrugada e estremece no desgosto de si mesmo ao lembrar que há muitos anos feriu a quem amava; quem chora no cinema ao ver o reencontro de pai e filho; quem segura sem temor uma lagartixa e lhe faz com os dedos uma carícia; quem se detém no caminho para ver melhor a flor silvestre; quem se ri das próprias rugas; quem decide aplicar-se ao estudo de uma língua morta depois de um fracasso sentimental; quem procura na cidade os traços da cidade que passou; quem se deixa tocar pelo símbolo da porta fechada; quem costura roupa para os lázaros; quem envia bonecas às filhas dos lázaros; quem diz a uma visita pouco familiar: Meu pai só gostava desta cadeira; quem manda livros aos presidiários; quem se comove ao ver passar de cabeça branca aquele ou aquela, mestre ou mestra, que foi a fera do colégio; quem escolhe na venda verdura fresca para o canário; quem se lembra todos os dias do amigo morto; quem jamais negligencia os ritos da amizade; quem guarda, se lhe deram de presente, o isqueiro que não mais funciona; quem, não tendo o hábito de beber, liga o telefone internacional no segundo uísque a fim de conversar com amigo ou amiga; quem coleciona pedras, garrafas e galhos ressequidos; quem passa mais de dez minutos a fazer mágicas para as crianças; quem guarda as cartas do noivado com uma fita; quem sabe construir uma boa fogueira; quem entra em delicado transe diante dos velhos troncos, dos musgos e dos liquens; quem procura decifrar no desenho da madeira o hieróglifo da existência; quem não se acanha de achar o pôr do sol uma perfeição; quem se desata em sorriso à visão de uma cascata; quem leva a sério os transatlânticos que passam; quem visita sozinho os lugares onde já foi feliz ou infeliz; quem de repente liberta os pássaros do viveiro; quem sente pena da pessoa amada e não sabe explicar o motivo; quem julga adivinhar o pensamento do cavalo; todos eles são presidiários da ternura e andarão por toda a parte acorrentados, atados aos pequenos amores da armadilha terrestre.

CAMPOS, Paulo Mendes. In: *O anjo bêbado*. Rio de Janeiro: Sabiá, 1969. p. 105.

Vocabulário de apoio

hieróglifo: unidade gráfica do sistema de escrita do Egito Antigo, símbolo enigmático
lázaro: leproso, miserável
negligenciar: descuidar
ressequido: seco, muito magro

> O estranhamento no modo de narrar

Observe como as narrativas de Ignácio de Loyola Brandão e Paulo Mendes Campos produzem um efeito de estranhamento de forma similar. Com base na repetição insistente de construções sintáticas deliberadamente incompletas, a narrativa fica em suspenso até a última frase, quando afinal o leitor pode compreender o sentido de toda a sequência anterior.

Tanto em "O anônimo" quanto em "Acorrentados", uma longa enumeração de orações subordinadas sem oração principal vai criando uma expectativa no leitor: a que levará tudo isso?

Em ambos há uma colagem de cenas que vão compondo um mosaico sobre o tema abordado. Com esse procedimento, os narradores deixam claro estar falando muito mais de ideias que de fatos.

No texto de Ignácio de Loyola Brandão, a diversidade de possíveis modos de morrer ressalta a própria ideia da morte e dos significados associados a ela, como a permanência da memória.

No conto de Paulo Mendes Campos, por sua vez, a variedade de atitudes de motivação afetiva põe em relevo os gestos que rompem com o automatismo do cotidiano e que apontam para um sentido existencial, para além do âmbito meramente individual.

Assim, ambas as narrativas cumprem seu objetivo mesmo antes da frase final, que amarra os caminhos em suspenso. Em "O anônimo", a enumeração de maneiras de morrer e do "mercado da morte" faz refletir sobre os horrores da vida urbana contemporânea. Em "Acorrentados", a enumeração de fatos que revelam amor a alguém, à natureza ou à própria vida faz pensar sobre qual é o lugar da ternura e dos sentimentos no dia a dia.

Há muitas formas de produzir o **estranhamento**. É possível deduzir, com base na leitura das narrativas da página anterior, alguns procedimentos eficazes:
- inovação na atitude da personagem e na forma do texto;
- representação de um cotidiano opaco e/ou opressor;
- quebra de padrões sociais de comportamento e de reflexão.

O estranhamento nas artes plásticas: esta imagem quebra os padrões de perspectiva do desenho.

SILVEIRA, Regina (em colaboração com Mirella Bentivoglio). *Transitório/durevole*, 1998. Pintura industrial sobre madeira, 6 m × 6 m. Luciana Brito Galeria, São Paulo.

1. Pense em um ambiente que você frequenta e nos elementos físicos e humanos que o compõem. Como você poderia descrevê-los produzindo um efeito de estranhamento?
2. Escreva um parágrafo sobre esse ambiente e mostre-o a um colega. Pergunte-lhe se seu texto consegue criar um efeito de estranhamento. Troquem sugestões para intensificar esse efeito.

Observatório da língua

A escolha de palavras e o campo semântico

Em um conto, o escritor deve escolher com precisão e sensibilidade as palavras mais apropriadas para o sentido que quer produzir. A noção de campo semântico pode ajudar. O **campo semântico** é um agrupamento de palavras que se aproximam por pertencerem ao mesmo universo. Observe.

> Se morresse em uma inundação, atingido por um raio ou por uma árvore derrubada por um vendaval.

Repare que, nessa construção, há dois tipos de repetição. A estrutura sintática é marcada por uma enumeração de adjuntos adverbiais vinculados à palavra *atingido*: "por um raio"; "por uma árvore derrubada por um vendaval".

Essa estrutura sintática, em uma construção condicional iniciada pela conjunção *se*, sugere duas situações hipotéticas relacionadas a um mesmo fato: a morte do narrador em uma inundação.

Para reforçar esse significado, cada um dos elementos dos sintagmas iniciados pela preposição *por* contém palavras do campo semântico "tempestade": *raio* e *vendaval*.

> Quem coleciona selos para o filho do amigo; quem acorda de madrugada e estremece no desgosto de si mesmo ao lembrar que há muitos anos feriu a quem amava; quem chora no cinema ao ver o reencontro de pai e filho; quem segura sem temor uma lagartixa e lhe faz com os dedos uma carícia [...].

Nesse trecho, o paralelismo sintático, marcado pela repetição do pronome *quem* no início de cada oração, é reforçado por um paralelismo semântico: os três enunciados delimitados por ponto e vírgula contêm palavras do campo semântico das relações afetivas: *filho, amigo, desgosto, amava, chora, reencontro, pai, carícia*.

Ao utilizar paralelismos sintático-semânticos, esses textos afastam-se da narrativa convencional e reforçam a subjetividade característica dos contos psicológicos.

1. Escolha um campo semântico ligado a um estado psicológico (por exemplo: alegria, ciúme, amizade).
2. Faça experimentos para obter uma estrutura sintática que possa expressar esse estado psicológico.
3. Desenvolva um texto com o campo semântico escolhido, utilizando paralelismos sintático-semânticos.

❯ Produzir um conto psicológico

❯ Proposta

Escolha um dos temas a seguir para escrever um **conto psicológico**, supondo que seu texto será publicado em uma **antologia de contos de jovens escritores**. O modo de contar a história deve contribuir para o conflito psicológico. Procure criar uma trama envolvente e expressiva.

Tema 1 – Drama
Fato vivido entre duas (ou mais) pessoas revela algo sobre o Eu em sua relação com o Outro.
- O que aconteceu? Como esse acontecimento afetou os envolvidos?
- Que aspecto do relacionamento humano o texto pode revelar? Como?

Exemplo: "Eu estava ali deitado", de Luiz Vilela → A desilusão amorosa leva o narrador-personagem a um estado de grande prostração: não tirou os sapatos para se deitar, não almoçou. A mãe e, depois, o pai aparecem, preocupados. A situação revela aspectos sobre a relação familiar. A ausência de sinais de pontuação reforça o traço psicológico da narrativa, que se assemelha à subjetividade da personagem.

Tema 2 – Contemplação
Acontecimento externo (ou interno) leva à compreensão de algum aspecto subjetivo.
- O que foi vivido, visto ou presenciado?
- Que compreensão foi alcançada? Ou que reflexão?
- Como o texto expressará essa descoberta?

Exemplo: "Uma esperança", de Clarice Lispector → Uma esperança (o inseto) entra na sala de estar e a narradora-personagem, junto a seu filho pequeno, reflete sobre o papel da esperança (sentimento) na existência. As confluências entre inseto e sentimento, entre vida exterior e interior, ampliam os sentidos da palavra *esperança*.

❯ Planejamento

1. Observe no quadro abaixo as características do texto a ser produzido.

Gênero textual	Público	Finalidade	Meio	Linguagem	Evitar	Incluir
conto psicológico	jovens e adultos	produzir um texto **narrativo** cuja forma imite a interioridade, e a ação, reduzida, desencadeie um drama psicológico	livro: antologia de contos contemporâneos	1ª ou 3ª pessoa, com descrição de estados de alma e suspense psicológico	excesso de mistério ou dubiedade: o texto deve ser compreensível	intersecção de campos semânticos com duplo sentido

2. Reflita por algum tempo sobre as perguntas relacionadas ao tema que você escolheu.
3. Registre seus pensamentos no caderno.
4. Delineie a personagem principal (ou o narrador-personagem).
    - O que ele(a) está sentindo?
    - Como é física e psiquicamente?
    - Qual é seu conflito com o mundo?
    - Como ele(a) se transforma (ou não) ao longo da narrativa?
5. Defina o(s) campo(s) semântico(s) que você utilizará na narrativa.
    a) Faça uma lista de palavras que expressem o conflito psicológico do(a) protagonista.
    b) Imagine outro campo semântico ou universo de sentido que possa expressar o conflito psicológico de maneira concreta. Faça uma nova lista de palavras.
    c) Procure criar intersecções ou pontos de cruzamento: que ideias ou palavras podem pertencer aos dois campos semânticos ao mesmo tempo?
6. Como a forma do texto vai contribuir para a produção de sentido? Haverá outro(s) recurso(s) de linguagem para reforçar aspecto(s) do conflito psicológico, além da escolha de palavras?
7. Qual será a ação (ou experiência interior) vivida ou narrada no conto?
8. Defina, em linhas gerais, a progressão do texto: começo, meio e fim.

> Elaboração

9. Agora você já pode escrever o conto psicológico, utilizando todo o material que produziu durante a etapa de planejamento.

> Avaliação

10. Forme uma dupla e troque seu texto com o do colega.
11. Copie e complete, em uma folha avulsa, o quadro abaixo, com base na leitura do conto do colega. Em seguida, faça um comentário geral sobre o texto, apontando qualidades e sugerindo mudanças.

	Sim	Não
O texto é compreensível?		
A linguagem geral do texto foi bem construída?		
Há algum recurso especial de linguagem que colabore para a construção da vida interior da personagem?		
Há um conflito psicológico claro no texto lido?		
Os fatos exteriores que geraram o conflito podem ser deduzidos pelo leitor?		
As palavras foram cuidadosamente escolhidas? Há uso produtivo de campos semânticos diversos?		
O texto aponta para um sentido final?		
Comentário geral sobre o texto		

> **ATENÇÃO**
> » Há sempre uma sequência de fatos exteriores acompanhando o desenrolar da narrativa psicológica. Não deixe de considerá-la em seu texto.
> » Não se esqueça de dar um título expressivo ao seu conto.

> Reescrita

12. Troque novamente de texto com o colega.
    a) Leia com atenção o quadro de avaliação preenchido por ele.
    b) Releia seu texto, buscando compreender as intervenções realizadas pelo colega.
    DICA: Se estiver com um lápis na mão, vá anotando em seu texto as possíveis modificações. Caso tenha alguma dúvida, peça ajuda ao professor.
13. Reescreva o conto psicológico.
    a) Faça todas as alterações que julgar necessárias para adequar seu texto à variedade linguística condizente com o perfil de suas personagens. Diferenças de ortografia, pontuação e construções sintáticas em relação à norma-padrão são aceitas, mas devem ser intencionais, estar a serviço da produção de efeitos de sentido.
    b) Faça alterações na história e na linguagem para aprofundar o conflito psicológico ou torná-lo mais claro.

Foco da reescrita

Ao reescrever o conto, reveja minuciosamente a escolha de palavras e a pontuação. Dê atenção aos **campos semânticos** utilizados e procure extrair deles o máximo de sentido concentrado. Pontos de cruzamento entre campos semânticos diversos podem ser usados com eficácia? Há novas palavras "curinga" que podem ser utilizadas? Ou, ao contrário, há excesso de cruzamentos que podem ser enxugados?

Sétima arte

Paranoid Park (EUA, 2007)
Direção de Gus Van Sant

Este filme tem como protagonista Alex, um adolescente que frequenta uma pista de *skate* (Paranoid Park) com seu melhor amigo. A câmera acompanha todos os acontecimentos seguindo o ponto de vista de Alex, de modo tal que o espectador tem uma visão fragmentária dos eventos. Chama a atenção o distanciamento entre Alex e o mundo dos adultos. Em uma das cenas, a voz de um adulto que conversa com o adolescente é reproduzida com abafamento. Parece que o adulto está muito distante de Alex, mas, na verdade, ambos estão no mesmo ambiente. O modo como o diretor manipula a linguagem cinematográfica o aproxima de um escritor de contos psicológicos.

Paranoid Park: mundos exterior e interior misturados, como em um conto psicológico.

Vestibular

Das três opções oferecidas na prova de redação do vestibular da Universidade Estadual de Londrina (UEL-PR) em 2011, uma (a opção 2) relaciona-se especialmente aos temas desta unidade. Mobilize seus conhecimentos sobre o conto psicológico para produzir um texto a partir dessa proposta.

(UEL-PR)
Observe, rigorosamente, as instruções a seguir.

Instruções

1. Não se esqueça de focalizar o tema proposto.
2. A sua redação deve, necessariamente, referir-se ao texto de apoio ou dialogar com ele. Atenção, evite mera colagem ou reprodução.
3. Organize sua redação de modo que preencha entre 20 (mínimo) e 25 (máximo) linhas plenas, considerando-se letra de tamanho regular.
4. Observe o espaçamento que indica início de parágrafo.
5. Use a prosa como forma de expressão.
6. Em caso de opção pelos temas 1 ou 2, crie um título para a sua redação e coloque-o na linha adequada.
7. Comece a desenvolver o texto na linha 1.
8. Use caneta esferográfica transparente com tinta preta para transcrever a redação para a folha da versão definitiva. Evite rasuras.
9. Verifique, na folha da versão definitiva da redação, se o número impresso corresponde ao de sua inscrição. Comunique ao fiscal qualquer irregularidade.
10. O tempo para a transcrição do texto redigido, na folha da versão definitiva, está contido na duração das provas, que é de 4 (quatro) horas.

TEMA 2

GENTE VENENOSA: OS SABOTADORES

Não há como afirmar que existe alguém totalmente bom ou totalmente mau como nas maniqueístas histórias infantis. Mas em determinadas situações há pessoas de personalidade difícil, que potencializam as fragilidades de quem está a sua volta, semeando frustrações e desestruturando sonhos alheios. Atitudes que, em resumo, envenenam. O terapeuta familiar argentino Bernardo Stamateas identificou essas pessoas, cunhou o termo "gente tóxica" e falou sobre elas no livro *Gente tóxica – como lidar com pessoas difíceis e não ser dominado por elas*.

Assim como uma maçã estragada em uma fruteira é capaz de contaminar as outras frutas boas, as pessoas tóxicas, segundo Stamateas, tendem a envenenar a vida, plantar dúvidas e colocar uma pulga atrás da orelha de qualquer um. A vilania da situação reside no fato de que gente tóxica está sempre à espera da queda ou da frustração de alguém próximo para, então, assumir o papel de protagonista. "Eles (os tóxicos) se sentem intocáveis e com capacidade de ver a palha no olho do outro e não no seu", comenta o autor.

Adaptado de: Bravos, M. Gente Venenosa: os sabotadores, *Gazeta do Povo*, 19 set. 2010. Suplemento Viver Bem, p. 6.

Jornal de Londrina, p. 22, 19 out. 2010.

Com base no texto e na tira, redija uma narrativa, envolvendo personagens cujo comportamento desconsidera os sentimentos das pessoas, bem como "intoxica" as relações interpessoais.

UNIDADE

Relatar

10

O gênero textual entrevista tem origem no diálogo entre duas pessoas. O entrevistador pergunta, direciona a conversa, propõe assuntos a serem comentados e dá voz ao entrevistado. O produto final da entrevista, quando escrita e divulgada em jornal, revista ou na internet, é um relato da interação entre entrevistador e entrevistado ocorrida em momento anterior. Esse relato pode dar voz diretamente ao entrevistado ou mesclar discursos direto e indireto.

Também no discurso de orador de formatura se faz um relato. Conta-se a trajetória de um grupo até a conclusão do curso. Trata-se de um gênero textual cuja realização é oral, mas que, em geral, é planejado por escrito. O orador relata em seu texto experiências significativas que mostram a união entre os colegas e recorda episódios que resumem as qualidades dos formandos.

Nesta unidade, aprenderemos a produzir os dois gêneros, nos quais a voz do outro (ou de outros) se faz presente.

Nesta unidade

19 Entrevista

20 Discurso de orador de formatura

O ex-atleta Gustavo Borges entrevista o nadador Thiago Pereira durante o treino para as Olimpíadas em Pequim (China). Fotografia de 2008.

CAPÍTULO 19 Entrevista

O que você vai estudar

- Como identificar e produzir uma entrevista.
- A retextualização: passagem do texto oral para o escrito.
- Variação linguística.

A **entrevista** é um gênero em que o produtor do texto apresenta o relato de um diálogo que manteve com uma ou mais pessoas. Neste capítulo, você vai conhecer melhor esse gênero, e depois será sua vez de produzir uma entrevista.

> Leitura

- Os trechos abaixo são reproduzidos de uma entrevista concedida pela atriz Fernanda Montenegro ao jornalista Armando Antenore, da revista *Bravo!*, para divulgar uma peça, em maio de 2009. Leia com atenção o texto e responda às questões propostas.

Revista *BRAVO!* | Maio/2009

A vida é um demorado adeus

Às vésperas de comemorar 80 anos, Fernanda Montenegro leva para os palcos o legado da escritora Simone de Beauvoir e reflete sobre a morte recente do marido, o ator Fernando Torres

Armando Antenore

Passava um pouco das 21 horas quando, naquele sábado de Aleluia, Fernanda Montenegro disse as últimas frases do monólogo *Viver sem Tempos Mortos*. Por 60 minutos, a atriz carioca interpretara Simone de Beauvoir (1908-1986) para as 350 pessoas que lotavam o teatro do Sesc em São João de Meriti, humilde e populoso município da Baixada Fluminense. [...]

De início, Fernanda planejava tocar o projeto com o ator Sergio Britto, que assumiria o papel de Sartre. No entanto, o colega preferiu desistir da empreitada [...]. A atriz, que completa 80 anos em outubro, acatou a decisão e prosseguiu sozinha. No percurso, perdeu o marido, o também ator Fernando Torres.

[...] No domingo de Páscoa, a artista recebeu a equipe de **BRAVO!** para uma conversa de quatro horas.

BRAVO!: Quando você entrou em contato com Simone de Beauvoir e os existencialistas?

Fernanda Montenegro: Logo depois da Segunda Guerra, no fim dos anos 40 e início dos 50. Era um período em que Simone e Jean-Paul Sartre despontavam como celebridades, como *popstars*. Todo mundo do meio artístico e intelectual queria entender o que pensavam. [...]

Qual o primeiro livro dela que você leu?

Foi *O segundo sexo*, que saiu em 1949 e se transformou num clássico da literatura

Fernanda Montenegro e Fernando Torres fotografados em 1991.

feminista, sobretudo por apregoar que as mulheres não nascem mulheres, mas se tornam mulheres. Ou melhor: que as características associadas tradicionalmente à condição feminina derivam menos de imposições da natureza e mais de mitos disseminados pela cultura. O livro, portanto, colocava em xeque a maneira como os homens olhavam as mulheres e como as próprias mulheres se enxergavam. Tais ideias, avassaladoras, incendiaram os jovens de minha geração e nortearam as nossas discussões cotidianas. Falávamos daquilo em todo canto, nos identificávamos com aquelas análises. Simone, no fundo, organizou pensamentos e sensações que já circulavam entre nós. Contribuiu, assim, para mudar concretamente as nossas trajetórias.

De que modo alterou a sua?

Sou descendente de italianos e portugueses, um pessoal muito simples, muito batalhador, e me criei nos subúrbios cariocas.

Desde cedo, conheci mulheres que trabalhavam. E reparei que, entre os operários, na briga pela sobrevivência, os melindres do feminino e as prepotências do masculino se diluíam. Era necessário tocar o barco, garantir o sustento da família sem dar bola para certos pudores burgueses. Nesse sentido, a pregação feminista de que as mulheres deviam ir à luta profissionalmente não me impressionou tanto. Um outro conceito me seduziu bem mais: o da liberdade. A noção de que tínhamos direito às nossas próprias vidas, de que poderíamos escolher o nosso rumo e de que a nossa sexualidade nos pertence. Eis o ponto em que o livro de Simone me fisgou profundamente. [...] Garota, já suspeitava que não herdaria o legado de minha mãe e de minhas avós, que não caminharia à sombra masculina. O livro de Simone me trouxe os argumentos para levar a suspeita adiante. [...]

Um slogan de maio de 1968: "Viver sem tempos mortos, gozar a vida sem entraves". Você pinçou um trecho dele para batizar sua peça, não?

É que realmente vivi sem tempos mortos, algo de que me orgulho. Mergulhei com avidez na existência que ganhei de Deus, da natureza ou do acaso. Realizei uma profissão que considero importantíssima – subir no palco para converter meu corpo em instrumento de discussões. Nunca roubei, nunca matei. Se impedi alguém de alcançar a felicidade, não me dei conta e peço desculpas. Peço perdão até. Não me julgo perfeita. Longe de mim! Carrego minhas zonas escuras, mas também umas zonas legais. Então... Elas por elas.

Que zonas escuras?

Sou rancorosa. Lógico que rejeito o sentimento e me policio: "Vamos largar de besteira!". No entanto... Ressinto-me igualmente de não ter mais disponibilidade para os amigos e a família. Às vezes, exagero na reclusão. Distancio-me de meus afetos. [...]

Fernando concordava com as ideias defendidas por Simone em *O segundo sexo*?

Sim, totalmente. Era um homem de tutano, de fibra, um homem libertário que recusava o machismo. Enfrentou meu sucesso e minha personalidade forte à maneira de um gigante. Em nenhum momento me castrou. Pelo contrário: me incentivou muito e, na função de produtor, buscou criar as melhores condições para meu progresso como atriz. Certas vezes, me vendo no palco, chorava de emoção. Se minhas conquistas o incomodavam, não deixou transparecer — atitude que considero de uma grandeza absoluta. Infelizmente, sofreu por 20 anos em razão de uma isquemia cerebral que, primeiro, lhe trouxe depressões violentíssimas e, depois, lhe prejudicou os movimentos. Um quadro tão terrível quanto inesperado. Uma armadilha do acaso. [...]

Simone e Sartre protagonizaram uma relação aberta e se cercaram de vários parceiros sexuais. Você e Fernando viveram um casamento semelhante?

Não. Firmamos um pacto de fidelidade, que deveria se manter até onde desse. E deu! No meu caso, deu. Todas as minhas fantasias extraconjugais resolvi em cena, sem amargar qualquer frustração. Se porventura não deu para o Fernando, respeito. Fomos transgressores à nossa moda, percebe? Qual a maior subversão que um casal pode praticar nos dias de hoje? Permanecer junto! Nós permanecemos – com altos e baixos, mas permanecemos.
[...]

ANTENORE, Armando. *Bravo!*, São Paulo, Abril, maio 2009.

Fernanda Montenegro em cena de *Central do Brasil* (Brasil, 1998), filme de Walter Salles. A interpretação rendeu a ela a indicação ao Oscar, a primeira a uma atriz brasileira.

Situação de produção

Entrevista: o procedimento e o texto

A entrevista é um procedimento de base importante para o trabalho jornalístico. Ela está por trás de grande parte das notícias e reportagens publicadas, como um dos meios mais empregados para aquisição de informações. Exige do repórter habilidade para se relacionar, preparação (é preciso dispor de informações prévias e roteiro de temas disponíveis) e capacidade de obter informações e declarações de pessoas que não pensavam em cedê-las.

O gênero de texto escrito "entrevista" é apenas um dos resultados jornalísticos desse procedimento, que pode gerar também perfis, reportagens, enquetes, gráficos estatísticos, etc. A entrevista, quando publicada na forma de "perguntas e respostas" (ou **pingue-pongue**), exige uma delicada atividade de **retextualização**. As declarações originais, muitas vezes gravadas em áudio ou vídeo, devem ser transformadas para que apareçam no texto escrito adequadas ao veículo que as publica e ao público que as lê. Mas isso deve ser feito sem que a voz do entrevistado seja descaracterizada.

▷ Ler uma entrevista

1. Que informações sobre a peça de Fernanda Montenegro o texto oferece ao leitor?
2. O entrevistador utiliza características do pensamento da personagem interpretada na peça por Fernanda Montenegro para abordar temas relativos à experiência pessoal da atriz. Mostre, por meio de exemplos, como isso é feito.

ANOTE

Muitas entrevistas nascem de um **gancho**, ou seja, um fato ou pretexto que torna o depoimento do entrevistado relevante para o público que lê a entrevista ou a assiste. A **abertura**, que apresenta o entrevistado e a situação de produção da entrevista, costuma explicitar o gancho que a originou.

3. Observe como o jornalista vai direto ao ponto logo na primeira pergunta do texto escrito.
   a) Copie no caderno a questão.
   b) Explique por que essa pergunta foi escolhida para começar o texto.
4. Releia parte da resposta da atriz à segunda pergunta do texto.

> Foi *O segundo sexo*, que saiu em 1949 e se transformou num clássico da literatura feminista, sobretudo por apregoar que as mulheres não nascem mulheres, mas se tornam mulheres. Ou melhor: que as características associadas tradicionalmente à condição feminina derivam menos de imposições da natureza e mais de mitos disseminados pela cultura.

   a) Segundo o trecho acima, o que diz o livro *O segundo sexo*, de Simone de Beauvoir?
   b) Ainda de acordo com o trecho, explique a importância desse livro na época.
   c) Explique a importância desse livro na vida de Fernanda Montenegro.

ANOTE

A entrevista tem um **tema** ou **objetivo** indicado pelo gancho que a originou. Assim, o jornalista formula perguntas variadas, mas dirigidas pela finalidade que tem em mente: compor determinado perfil, adquirir informações privilegiadas sobre algum assunto, recolher a opinião de um especialista e/ou os argumentos sobre um ponto de vista.

5. Releia:

> Desde cedo, conheci mulheres que trabalhavam. E reparei que, entre os operários, na briga pela sobrevivência, os melindres do feminino e as prepotências do masculino se diluíam. Era necessário tocar o barco, garantir o sustento da família [...]

   a) Segundo Fernanda Montenegro, no meio em que cresceu era normal mulher trabalhar? Por quê?
   b) De acordo com o contexto, procure dizer o que seriam "os melindres do feminino" e as "prepotências do masculino".
   c) Agora consulte um dicionário e defina *melindre* e *prepotência*.

ANOTE

A entrevista publicada no formato de "perguntas e respostas", ou pingue-pongue, cria um efeito de **veracidade**. Ao reproduzir as falas do entrevistado em discurso direto, ela dá ao leitor a sensação de acompanhar o diálogo como ele realmente aconteceu, mesmo sabendo tratar-se de uma retextualização.

Repertório

Simone de Beauvoir

Simone de Beauvoir (1908-1986), escritora e filósofa francesa, escreveu romances, novelas, ensaios e quatro volumes de autobiografia. Foi professora de Filosofia e adepta do Existencialismo (conjunto de doutrinas que consideram que a experiência vivida precede a essência do indivíduo). Sua relação com o também filósofo e escritor Jean-Paul Sartre ganhou repercussão pela ousadia: por muitos anos mantiveram um relacionamento "aberto", em que relações ocasionais com outras pessoas eram admitidas. Seus livros refletem sobre a liberdade e a responsabilidade do ser humano por suas escolhas e atos. Sua defesa da liberação feminina marcou época e influenciou o movimento feminista desde os anos 1950. Escreveu ainda sobre a velhice, criticando o tratamento social dispensado aos idosos. Algumas frases atribuídas a ela:

"Querer-se livre é também querer livres os outros."

"O escritor original, enquanto não está morto, é sempre escandaloso."

"Viver é envelhecer, nada mais."

Simone de Beauvoir em sua casa. Fotografia de 1977.

6. Leia abaixo outro trecho presente no texto integral da entrevista publicada e, em seguida, um trecho transcrito do áudio disponível no *site* da revista.

> Trecho publicado na revista:
> **"Você crê em Deus? Simone não acreditava.**
> Ora acredito, ora desacredito. Ninguém me demonstrou a presença de Deus. Tampouco demonstrou o contrário. Eu talvez cultive uma fé imensa em meio à dúvida. [...]"
>
> Transcrição do diálogo original:
> "**Fernanda** – É o seguinte: se você não constrói o seu próprio destino, Deus não vai criar por você, se você acredita que Deus existe.
> **Bravo!** – Você acredita que Deus existe?
> **Fernanda** – Eu tenho grandes dúvidas, mas também eu tenho às vezes grandes certezas. Porque nunca ninguém me provou que não existe, como também nunca ninguém me provou que existe. Então na dúvida eu estou com Santo Agostinho, talvez até tenha uma fé imensa na dúvida.
> **Bravo!** – Certo, a sua fé... n... a sua fé não descarta a dúvida, é isso?
> **Fernanda** – Não descarta a dúvida. Aliás, ela só é fé porque ela tem dúvida."

a) O que mudou do texto original transcrito para o texto escrito publicado na revista?
b) Em sua opinião, por que foram feitas essas transformações?
c) Observe as características de diálogo espontâneo que o segundo trecho apresenta. Escreva o que você percebeu.

ANOTE
O **roteiro** escrito ajuda o entrevistador a manter o foco nos objetivos da entrevista, em meio às idas e vindas de um diálogo. Não se trata de perguntas escritas a serem recitadas ao entrevistado, mas de temas, informações e ideias, esboços de questões que orientam o entrevistador na **condução** da conversa.

7. Observe a quinta pergunta da entrevista: "Que zonas escuras?". De onde se originou essa pergunta?

ANOTE
A entrevista depende muito da habilidade do entrevistador em conduzir a conversa. Respostas do entrevistado podem motivar novas perguntas. Deixá-lo desviar o assunto pode, às vezes, proporcionar declarações inesperadas. O modo como o entrevistador deixa fluir a fala ou retoma o foco da entrevista determina seu **conteúdo**.

Ação e cidadania

Os direitos do entrevistado

Nos Estados Unidos existe um órgão de defesa das vítimas de entrevistas deturpadas. No Brasil, alguns jornalistas também defendem o respeito aos direitos de um entrevistado ao ceder uma entrevista. Segundo o jornalista Caio Túlio Costa, o entrevistado tem os seguintes direitos:

- recusar-se a conceder a entrevista;
- não responder ao que julgue impróprio ou desconfortável;
- saber com antecedência o objetivo e a direção da entrevista;
- rever as declarações antes de serem publicadas;
- ser tratado com dignidade e respeito.

Fonte de pesquisa: COSTA, Caio Túlio. *Ombudsman*: o relógio de Pascal. São Paulo: Geração Editorial, 2002. p. 182-183.

Sétima arte

***Frost/Nixon* (Estados Unidos/Reino Unido, 2008)**
Direção de Ron Howard
Uma histórica série de entrevistas realizadas em 1977 é o tema do filme *Frost/Nixon*. O entrevistador era o jornalista britânico David Frost e o entrevistado, o ex-presidente dos Estados Unidos Richard Nixon, que, após longo silêncio, se dispôs a falar sobre o escândalo de Watergate, motivo de sua renúncia à presidência, em 1974. O clima era de duelo. Nixon (representado por Frank Langella) buscava recuperar prestígio. Para Frost (representado por Michael Sheen) estava em jogo tudo o que investiu no projeto: sua reputação e muito dinheiro. Um precisava do outro, mas não podia deixá-lo dar as cartas. O filme mostra como a capacidade de observação psicológica é um dos maiores trunfos de um grande entrevistador.

Frank Langella e Michael Sheen reconstroem as históricas entrevistas concedidas pelo presidente Richard Nixon ao apresentador David Frost.

> Entre o texto e o discurso – A retextualização

O texto de uma entrevista, quando publicada, é, muitas vezes, resultado de uma transformação. O diálogo original falado é **retextualizado** para ser apresentado em forma de texto escrito. Nos textos abaixo, depoimentos de uma mesma pessoa passam por processos de retextualização diferentes. Observe.

Texto 1: Mano Brown no programa de televisão *Roda Viva*, TV Cultura, 25 abr. 2007

> **Paulo Markun:** E na arte? Quer dizer, você começou fazendo música sim, na periferia, mas só era ouvido lá. Você hoje você tem, e o seu grupo tem, um espaço na chamada grande mídia. Isso mudou?
>
> **Mano Brown:** Eu não era ouvido nem lá.
>
> **Paulo Markun:** Nem lá?
>
> **Mano Brown:** Não era ouvido nem lá, entendeu? Periferia é onde tem mais critério, mais bom gosto para a música. Entendeu? É onde se analisa mais se ouve mais, se ouve mais e se dá mais atenção, eu acho. Então, quando não é, não é, entendeu? Não tem meio-termo, é, é, não é, não é. Periferia é assim. Então, quando a gente começou simplesmente não existia. Então, não tendo, as pessoas não entendiam o barato daquela roupa, as correntes grossas. Porque também no nosso bairro é... justamente a gente começou numa época onde o bairro nosso estava numa transição também.
>
> Numa transição, vamos dizer assim, até violenta mesmo. Entendeu?
>
> Hoje em dia você usa o boné, usa uma roupa, você anda numa banca de dez, quinze caras, tranquilo. Antigamente você tinha que, não vou dizer disfarçar, mas houve uma época que... Na nossa quebrada você era um alvo, né?
>
> Justo sério, extermínio, e foi justamente quando nasceu o Racionais, nessa fase aí. Então, lá era mais difícil. Até do que nos outros lugares mesmo, lá na nossa quebrada era mais difícil.
>
> Entrevista de Mano Brown ao programa *Roda Viva* da TV Cultura. *Globo online*. Rio de Janeiro, 25 set. 2007. Disponível em: <http://oglobo.globo.com/cultura/mat/2007/09/25/297875244.asp>. Acesso em: 15 jan. 2015.

Texto 2: "Mano Brown assume defesa do desarmamento"

Mano Brown, vocalista do grupo de *rap* nacional Racionais MC's. Fotografia de 2012.

> **Agora:** Qual é o seu posicionamento em relação ao referendo do dia 23?
> **Mano Brown** — Sou a favor do desarmamento, mas essa argumentação é difícil, devia ser de outra forma. Está difícil a colocação das palavras. Sim ao armamento ou sim ao desarmamento. "Vote sim." Mas o bagulho está louco, mano, você viu lá no show, o pessoal quer arma. [...]
> **Agora:** No ano passado, segundo o Ministério da Justiça, 2.947 pessoas foram mortas com armas de fogo só em São Paulo, e a maioria tinha entre 15 e 24 anos, gente que vinha assistir o seu show. Como você vê isso?
> **Brown** — Eu enxergo que está muita pressão em cima dessa geração que está descendo para a rua agora, para a arena, que acabou de sair da adolescência. Está muita pressão sobre eles porque a família, dos que têm, não consegue retribuir o investimento que a família fez neles. Os que não têm não veem motivação de ser um garoto exemplo, porque os exemplos que estão sendo seguidos são os que andam armados, os que usam a força para conseguir o que querem, seja pobre ou rico.
> **Agora:** Dinheiro fácil, ascensão social fácil?
> **Brown** — Não é fácil porque nunca é fácil quando você arrisca a sua própria vida. Nunca é fácil. O que eu penso é que muitos amigos meus, pessoas de quem eu gostava, poderiam estar vivos hoje, se não fosse a arma. Porque a pressão que a molecada está vivendo vai ser extravasada violentamente, porque eles não são ouvidos. [...] As coisas estão muito lentas e a periferia é urgente, precisa das coisas para ontem e as coisas não estão acontecendo, está muito nebuloso. Os moleques estão inseguros, eles têm pressa, eles querem viver logo, têm ânsia de viver a vida, viver a vida que é vendida, que é oferecida.
>
> CARAMANTE, André. *Agora São Paulo*, 19 ago. 2009.

― marcadores conversacionais de busca de apoio	― marcadores de modalização
― conectivos próprios da fala	― gírias e vocabulário informal
― marcadores de retificação	

> A retextualização e o ponto de vista

Observe como o texto 1 procura manter, em sua versão escrita, uma proximidade maior com a fala original. Embora ainda apresente diferenças, o texto 1 pode ser chamado de **transcrição**, porque busca reproduzir com fidelidade todo o diálogo original, incluindo as repetições, as pausas, os desvios e as retomadas próprios da fala.

Note a presença dos marcadores conversacionais de busca de apoio, como "entendeu?" e "né?". Também estão presentes os modalizadores e retificadores originais, próprios da fala, como "eu acho", "quer dizer" e "vamos dizer assim".

Já o texto 2 realiza uma interferência maior na fala original, apresentando ao leitor um discurso contínuo e adequado aos padrões linguísticos do jornalismo escrito. Os marcadores conversacionais são suprimidos, assim como algumas repetições e as abreviações. Ainda assim, observe como são mantidas expressões que singularizam o falante, como gírias e outras repetições que ajudam a manter o efeito de oralidade.

A **retextualização** transforma o texto oral original e, ainda que preserve algumas singularidades do falante e da situação original de fala, inevitavelmente apresenta o **ponto de vista do entrevistador** ou **autor do texto escrito**. Para que o texto falado possa ser lido, muitas vezes é alterada a ordem das informações, são criadas articulações que não existiam no diálogo original ou são feitos cortes, de acordo com o objetivo e o espaço disponível na publicação.

1. Releia a transcrição da entrevista de Mano Brown no programa *Roda Viva* (texto 1) e faça uma retextualização para que o diálogo fique mais adequado ao texto jornalístico escrito, tirando as marcas de fala, repetições, etc.

2. As entrevistas no formato de "perguntas e respostas" (ou pingue-pongue) não são a única forma de relatar um diálogo. Transforme as duas primeiras perguntas e respostas da entrevista de Fernanda Montenegro, vista no início deste capítulo, em um discurso indireto.

Observatório da língua

A variação linguística

Uma mesma língua apresenta variações de acordo com as características de seus falantes. Assim, grupos sociais, regiões de um mesmo país, faixas etárias ou períodos históricos diferentes podem determinar formas diversas de realização de uma mesma língua. Nenhuma variedade da língua usada por determinada comunidade de falantes pode ser considerada errada, já que realiza seus objetivos comunicacionais. No entanto, o uso social exige do falante formas adequadas de realização da língua em cada situação de comunicação. Na escola, ensinam-se as variedades socialmente valorizadas, as **variedades urbanas de prestígio**, usadas nas situações de comunicação públicas e formalizadas.

Na entrevista, o entrevistador procura conservar as singularidades linguísticas que caracterizam o entrevistado e, com isso, respeita e reproduz características de sua variedade linguística. Observe:

> **Garota**, já suspeitava que não herdaria o legado de minha mãe e de minhas avós [...]

O termo *garota*, utilizado por Fernanda Montenegro na entrevista, é um termo que varia segundo a região, o grupo social, a faixa etária e a história da língua no Brasil: *menina*, *moça*, *guria*, *mina*, *rapariga* são outros termos possíveis.

> Mas o **bagulho está louco**, mano, você viu lá no show [...]

Mano Brown utiliza em sua fala gírias e construções linguísticas características da região e do grupo social ao qual pertence, a periferia da cidade de São Paulo, e que foram preservadas na retextualização da entrevista.

1. Dê exemplos de:
   a) variação regional.
   b) variação histórica.
   c) variação social.

2. Em sua opinião, há respeito pelas variações linguísticas no Brasil? Explique.

▶ Produzir uma entrevista

› Proposta

Escolha um estudante de Ensino Médio para ser seu **entrevistado**. O objetivo será compor uma entrevista-perfil: você deve recolher dados e histórias sobre a vida e a personalidade do entrevistado, supondo que a entrevista será publicada em uma revista da escola.

Faça um roteiro e realize a entrevista.

A partir do texto original, gravado e/ou registrado por meio de anotações, escreva o texto de sua entrevista no formato de "perguntas e respostas".

Podem ser utilizados os conhecimentos sobre entrevista abordados neste capítulo. Procure aproveitar todos os recursos de que você dispõe para redigir um texto interessante e fiel às declarações do entrevistado.

Dicas:
- Escolha um estudante que tenha alguma qualidade especial. Pode ser um aluno que se destaque em algum esporte, que faça parte de alguma banda, que tenha vencido algum concurso do colégio, que tenha atuado em alguma peça de teatro, etc.
- Mesmo que o entrevistado seja seu amigo, tente descobrir histórias e fatos que você não conhece sobre ele.
- Busque uma entrevista "exclusiva": procure escolher uma pessoa que não esteja sendo entrevistada por outro aluno.
- Para construir o perfil do entrevistado, pode ser interessante realizar a entrevista na casa dele, para que o ambiente também traga informações sobre sua vida pessoal. Essas características, identificadas pelo entrevistador, podem ser abordadas na entrevista. (Exemplo: se o entrevistado mora em uma casa com muitos gatos, sua relação com animais de estimação pode ser abordada na entrevista.)

O ator Lázaro Ramos entrevista o cantor Lenine no programa *Espelho*, do Canal Brasil, em 2012.

› Planejamento

1. Observe no quadro abaixo as características do texto a ser produzido.

Gênero textual	Público	Finalidade	Meio	Linguagem	Evitar	Incluir
entrevista	estudantes e professores de Ensino Médio	relatar, em formato de "perguntas e respostas", a vida e a personalidade do entrevistado	revista escolar	1ª pessoa do discurso, singularidades linguísticas	excesso de informalidade, assuntos tediosos, desrespeito ou invasão de privacidade	abertura, edição do material recolhido

2. Busque informações sobre seu entrevistado. Registre o que você já sabe sobre ele.
3. Qual será o tema principal de sua entrevista?
4. Faça uma lista com todos os assuntos que você pretende abordar na entrevista. Se quiser, faça o esboço de algumas perguntas.
5. Realize a entrevista.
   a) Se houver possibilidade, **grave** o diálogo em áudio ou vídeo.
   b) Em vez de recitar as perguntas, **converse** com o entrevistado. (Mantenha a formalidade exigida pelo procedimento.)
   c) Recolha **mais material** do que pretende usar. Entrevistas curtas podem ser insuficientes no momento da seleção final do material.
   d) Não deixe de **agradecer** ao entrevistado por conceder a entrevista.
6. Selecione, entre o material recolhido, as passagens que serão aproveitadas no texto.
7. Defina a sequência de perguntas e respostas que será seguida em seu texto escrito.

> ## Elaboração

8. Agora você já pode escrever a entrevista.
9. Escreva uma abertura, apresentando o entrevistado ao público e descrevendo rapidamente a situação de comunicação em que a entrevista ocorreu.
10. Se quiser, inclua fotos do entrevistado.

> ## Avaliação

11. Forme uma dupla com um colega de classe e troque seu texto com ele.
12. Copie e complete, em uma folha separada, o quadro abaixo, a partir da leitura da entrevista realizada por seu colega. Em seguida, faça um comentário geral sobre o texto, apontando qualidades e sugerindo mudanças.

	Sim	Não
O texto da entrevista está de acordo com as variedades urbanas de prestígio e/ou apresenta adequadamente as singularidades linguísticas do entrevistado?		
Há um tema ou objetivo claro na entrevista?		
O desenvolvimento da entrevista mostra articulação entre os assuntos tratados?		
Há respeito ao entrevistado e aos terceiros citados na entrevista?		
A entrevista é interessante?		
Comentários gerais sobre o texto		

> ## Reescrita

13. Troque novamente o texto com seu colega.
    a) Leia com atenção o quadro que ele completou.
    b) Agora, releia seu texto, buscando compreender as intervenções de seu colega.
    DICA: Se estiver com um lápis na mão, vá anotando em seu texto as possíveis modificações. Caso tenha alguma dúvida, peça ajuda ao professor.
14. Reescreva a entrevista.
    a) Faça todas as alterações que julgar necessárias para adequar seu texto às variedades urbanas de prestígio ou à linguagem do entrevistado. Diferenças de ortografia, pontuação e construções sintáticas em relação às variedades urbanas são aceitas, mas devem ser intencionais.
    b) Faça alterações para tornar seu texto mais interessante, suprima trechos lentos ou tediosos e acrescente alguma informação ou declaração não aproveitada.

Foco da reescrita

Ao reescrever a entrevista, dê especial atenção à variação linguística e à adequação de seu texto ao meio de comunicação utilizado. Reproduza singularidades da fala do entrevistado com respeito e propriedade.

ATENÇÃO

» Dê atenção aos cortes, às articulações e rearticulações entre as ideias, dados e temas do texto. A retextualização não deve gerar um texto infiel à entrevista realizada.
» Cuidado com as citações sobre terceiros. Não reproduza no texto escrito indiscrições ou hostilidades a pessoas pertencentes à comunidade escolar.
» Não se esqueça de respeitar e reproduzir em seu texto as singularidades linguísticas do entrevistado.

Livro aberto

Conversas com Woody Allen, de Eric Lax

Desde 1971, o jornalista Eric Lax vem realizando conversas com o cineasta estadunidense Woody Allen que compõem uma entrevista interminável. São diálogos ocorridos em *sets* de filmagens, salas de projeção e edição, camarins, durante os mais de 30 anos em que o jornalista acompanhou o cineasta. O livro (*Conversas com Woody Allen*, Cosac Naify, 2008), lançado 37 anos após a primeira entrevista e organizado em ordem cronológica, revela o amadurecimento do cineasta, suas influências, seu processo criativo e seu método para escolha de elenco, além de trazer uma análise de sua carreira.

O cineasta Woody Allen em fotografia de 1996.

CAPÍTULO 20
Discurso de orador de formatura

O que você vai estudar
- Como identificar e produzir um discurso de orador de formatura.
- A conquista da empatia dos ouvintes.
- Recursos de ênfase.

O **discurso de orador de formatura** é um gênero presente em cerimônias de encerramento do Ensino Fundamental e do Médio e de colação de grau universitário. É proferido por um dos formandos diante dos convidados. Neste capítulo, você conhecerá melhor esse tipo de produção para, depois, elaborar seu próprio discurso.

⟩ Leitura

- O texto a seguir é a versão escrita do discurso do orador da formatura de 2004 dos alunos de graduação da Escola de Comunicações e Artes da Universidade de São Paulo (ECA-USP). A ECA sedia cursos de Artes Cênicas, Artes Visuais, Biblioteconomia, Editoração, Jornalismo, Publicidade e Propaganda, Relações Públicas, Educação Artística, Música e Turismo. Leia o texto atentamente e responda às questões.

Discurso de formatura ECA-USP

A gente não escolhe se vai nascer ou não. Mas um dia precisa escolher o que fazer da própria existência. A gente não escolhe o nome. Mas um dia precisa escolher a identidade. A gente não escolhe fazer o pré-primário. Mas um dia precisa escolher a faculdade que vai nos levar a algum lugar, mesmo que aos 18 anos não se tenha a mínima ideia do que isso signifique. Foi assim que chegamos à ECA. O lugar onde deixamos de ser meramente leitores de livros para nos tornarmos leitores do mundo, leitores da vida e de tudo o que nos cerca. Mais que isso, o lugar onde aprendemos a reler, a enxergar as coisas sempre por um ângulo inusitado.

Passamos a ver mais, a ouvir mais e, principalmente, a questionar mais. Tanto que um dia nos surpreendemos acordando idealistas e nos deitando totalmente céticos. Um dia nos rotulamos marxistas. E no dia seguinte capitalistas. Também já fomos românticos, realistas, estruturalistas, liberais, militantes e pacifistas. O importante é que nenhum de nós permaneceu o mesmo durante esses quatro anos.

E o que pensávamos ser o maior defeito da ECA, de repente descobrimos ser a maior das suas virtudes: não nos oferecer uma profissão pronta, mas estímulos diversos para que construíssemos, conscientemente, o nosso caminho, seja ele qual fosse.

[...]

É verdade, todos já questionamos se não seria melhor cursarmos uma escola que nos dissesse exatamente o que fazer, que nos oferecesse uma grade curricular pronta e que talvez tivesse até um bedel. Seria mais fácil acreditar que existe um destino traçado e que a nós caberia apenas vestir uma carapaça, dessas mesmo de fabricação em série, mas que não nos obrigasse a refletir sobre nós mesmos, sobre nosso papel na sociedade, e que não nos forçasse a questionar a todo instante nossos próprios atos.

Seria mais fácil, mas não seria tão engrandecedor como nos sentirmos a todo instante desafiados a crescer como comunicadores, como artistas, e muito mais: como pensadores, como humanistas, como pessoas. [...] Esse é o espírito da ECA. Esse é o espírito que polemiza, que contesta, que desafia, mas que também apaixona e encanta.

Aprendemos a ter orgulho dessa Escola de Comunicações e Artes, que, não por acaso, tem uma história tão rica e já formou tanta gente que hoje admiramos. Uma Escola que já foi palco de tantas histórias, que já foi foco de resistência à ditadura militar [...].

Mas, o que seria da ECA sem os ecanos? [...] Aqueles companheiros de sempre: da greve do segundo mês de aulas, piquetes em frente à Reitoria, faixas pintadas em defesa à universidade pública. Da invasão do prédio central na revolta dos 308 mil. Do mesmo prédio central que vimos pegar fogo um ano depois. E vimos no chão também as paredes do CA antigo, que nós mesmos havíamos pintado na Semana dos Bichos. Amigos desses momentos e de tantos outros, juntos em tantas Festecas, Anastácias, Jucas, Bifes. Enfim, o que seria da ECA sem esses amigos que hoje nos dão aquele orgulho grande por serem pessoas tão críticas, inteligentes, mas, ao mesmo tempo, tão sensíveis, cheias de talentos e potenciais?

Também temos de falar aos mestres. Àqueles mestres que estão na ECA, acima de tudo, por acreditarem em nós. Àqueles que souberam nos desafiar na dose certa, que nos bombardearam de caminhos, e não de soluções. Que nos abriram portas para o intelecto, mas também para a sensibilidade. Àqueles que são professores por opção, por vocação, por paixão. E que se realizam aqui também com nosso crescimento porque ainda sonham com a imortalidade dos pensantes em uma sociedade cada vez mais robótica e padronizada.

E nesse momento lembramos não apenas do que vivenciamos dentro da ECA, que nos trouxe até aqui, mas também de todos que estiveram ao nosso lado sempre: família, outros amigos. Tanto os presentes quanto os ausentes, pois sabemos que a intenção de presença é ainda mais importante que a proximidade física.

Como também não deixarmos agora uma mensagem aos pais? Sempre vocês, aquele porto seguro para todas as horas. Nos viram nascer, crescer, sonhar na infância em ser bombeiro, astronauta ou piloto de Fórmula-1. Aí viram nos tornarmos adolescentes e termos dúvidas se seríamos médicos, advogados ou engenheiros. No final das contas, viram optarmos por sermos ecanos e ponto [...]. E nos lembraram do dia da prova da Fuvest com uns dois meses de antecedência "só para garantir que não esqueceríamos". Acompanharam as revisões de véspera, as provas intermináveis e os gabaritos do cursinho. No dia marcado, compraram os jornais e viram os nossos nomes na lista de aprovados. E aí comemoraram, contaram para todos [...].

E hoje, nesse exato momento, nos veem com um diploma na mão. Todos pensamos agora no que vem pela frente. Chega até a assustar quando nos damos conta de que o tempo passa tão rápido. Sempre ele, o tempo. Deixa boas recordações, deixa saudades, mas às vezes também é traiçoeiro e tenta nos aprisionar no passado. Às vezes é tentador, até cômodo vivermos no que se foi. Mas a vida não evolui se for construída apenas em saudosismo. Por isso, lembrar de tudo aqui não foi com o intuito de lamentarmos porque já passou, mas para valorizarmos esse período pela importância que ele tem no que somos hoje.

Agora desejo uma única coisa a todos nós: conservarmos sempre esse espírito crítico, inquieto, questionador, esse espírito ecano, que nos tocou e que certamente continuará nos tocando. Ele desperta dúvidas, incertezas, mas é o que faz com que a gente pense em todas as possibilidades do hoje e viva com intensidade cada momento presente porque não permite que sejamos passivos com relação a nós mesmos.

Continuamos tendo que fazer escolhas, é verdade. Aquelas mesmas que aparecem desde o início de nossas vidas. Mas HOJE vamos escolher assumir uma postura diferente do padrão imposto pela sociedade. Vamos escolher disseminar o espírito ecano por onde passarmos. Vamos escolher humanizar um mundo cada vez mais frio e impessoal. Vamos optar pela ética. Vamos optar pelo bom senso. Vamos optar por seguirmos unidos e nos ajudarmos sempre. Vamos optar por celebrar o nosso diploma, por celebrar a nossa existência, por celebrar a vida ecana, que, agora, não tem mais volta: já faz parte da história de cada um de nós.

MILANEZ, Gabriel Gustavo Tosoni. Discurso de formatura ECA-USP, 2004. Texto coletado para esta edição/Arquivo da editora.

Vocabulário de apoio

bedel: funcionário encarregado de disciplinar alunos em escola
bicho: calouro, aluno novo
CA: Centro Acadêmico, entidade estudantil universitária
carapaça: cobertura rígida usada como proteção
cético: descrente, desconfiado
Fuvest: sigla para Fundação Universitária para o Vestibular, instituição que organiza o vestibular da USP
inusitado: diferente, inesperado
piquete: grupo de pessoas que impede a entrada de funcionários ou alunos de uma instituição durante uma greve
pré-primário: nível de ensino equivalente à Educação Infantil (até 1996, o primeiro ciclo do Ensino Fundamental era chamado de Primário)

Situação de produção

Solenidade e emoção

O discurso do orador integra o ritual das cerimônias de formatura, momento solene em que formandos recebem seus diplomas diante de amigos e familiares. O evento é repleto de símbolos (o juramento, as vestes e os adereços especiais) que celebram a etapa vencida e comunicam o novo papel social dos formandos. O discurso do orador é um dos momentos mais aguardados da cerimônia, sendo proferido de modo expressivo e, em geral, bem-humorado.

Ler um discurso de orador de formatura

1. Releia esse trecho do parágrafo inicial.

   > **A gente** não escolhe se vai nascer ou não. Mas um dia precisa escolher o que fazer da própria existência. **A gente** não escolhe o nome. Mas um dia precisa escolher a identidade. **A gente** não escolhe fazer o pré-primário. Mas um dia precisa escolher a faculdade que vai nos levar a algum lugar [...]. Foi assim que **chegamos** à ECA. [...].

   a) Nesse trecho, a quem se refere a expressão *a gente*?
   b) Qual é o sujeito do verbo destacado no trecho? A quem ele se refere?

2. O discurso lido tem como mote as escolhas da vida.
   a) Segundo o orador, que aspectos da vida os alunos não escolheram?
   b) Que escolhas levaram os alunos à ECA?
   c) Como devem ser feitas as futuras escolhas dos formandos? Em que parágrafo do discurso isso se expressa?

3. O orador apresenta um ponto de vista sobre a experiência da turma na universidade. Indique os argumentos que sustentam estas afirmações.
   a) "[...] deixamos de ser meramente leitores de livros para nos tornarmos leitores do mundo, leitores da vida e de tudo o que nos cerca."
   b) "E o que pensávamos ser o maior defeito da ECA, de repente descobrimos ser a maior das suas virtudes: não nos oferecer uma profissão pronta."
   c) "Aprendemos a ter orgulho dessa Escola de Comunicações e Artes [...]."

4. Que tempo verbal predomina nos trechos analisados na atividade 3? Levante uma hipótese para explicar esse predomínio.

   ANOTE
   O orador **representa os formandos**. Sua fala retoma momentos marcantes do curso, apresentando **encadeamento lógico** de ideias acerca de um tema. Proferido em ocasião de celebração, o discurso destaca **vivências positivas**.

5. Releia o sétimo parágrafo.
   a) Com base no contexto, identifique o significado das expressões *ecanos*, *Semana dos Bichos* e *Festecas*.
   b) A quem, principalmente, se dirige esse trecho do discurso? Explique.

6. Discursos de formatura costumam se encerrar com uma "chave de ouro", citação ou mensagem de forte impacto. Qual é a chave de ouro do texto lido? Que efeito o orador busca produzir na audiência com esse encerramento?

   ANOTE
   O discurso de orador de formatura procura envolver os ouvintes por meio da **emoção**, do **ineditismo** ou do **humor**.

7. Neste trecho de outro discurso de formatura, o orador cria um jogo para satirizar elementos comumente encontrados nesse gênero textual. Leia-o.

   > [...] É incrível como muitos discursos de formatura se assemelham [...].
   > [...] Então, eu montei o *graduation* bingo, para vocês terem uma outra forma de entretenimento além dos joguinhos no celular para os momentos de tédio em discursos intermináveis de formatura. O jogo se chama *graduation* bingo, e não bingo de formatura, porque tudo o que não é sério tem uma palavrinha em inglês no meio, né? Então, vamos lá. No *graduation* bingo, você encontra os seguintes itens para ticar:

Repertório

As vestes dos formandos

Os trajes utilizados pelos formandos remetem às vestimentas dos antigos clérigos romanos, tendo sido adotados pelas universidades a partir do século XIII. Em geral, os formandos vestem beca preta, que simboliza a sabedoria. O capelo, colocado na cabeça no momento da outorga de grau, simboliza o grau obtido e é uma analogia à coroação. À cintura, veste-se faixa na cor da área de conhecimento. Em algumas instituições, os formandos também utilizam a murça, uma túnica pendente dos ombros até o cotovelo.

Formanda vestida a caráter após outorga de grau.

Ação e cidadania

O movimento estudantil é uma ação política exercida por meio de entidades como grêmios, centros ou diretórios acadêmicos. Essas organizações são compostas de estudantes e procuram representar seus interesses em prol de melhorias na educação, por meio de atividades sociais, culturais e esportivas. A participação em uma entidade estudantil contribui para a formação de jovens críticos protagonistas de sua vida e de sua sociedade.

- citações: ouviu uma citação profunda de algum poeta, ou autoridade em algum assunto, tica. [...]
- reflexões sobre o papel da profissão na sociedade: um clássico, tica.
- necessidade de mudanças na sociedade: [...] tica.
- momentos históricos: citaram a revolução francesa, a repressão militar no Brasil, [...] tica. [...]
- o estranho sentimento de que a faculdade acabou e começa-se uma nova etapa da vida: nooooooooooooooooooossa, esse vai ser o primeiro que você vai ticar concorrendo com o próximo item que é:
- a alegria e orgulho de ter passado no vestibular.
- retrospectiva dos bons momentos na faculdade: esse você vai ticar logo na sequência, com certeza.
- mudanças que a faculdade promoveu em seus alunos: outro clássico, também tica.
- lições de vida: ouviu alguém dizendo o que você não pode deixar de lado na sua vida, tica.
- palavras com ar de erudição, [...] tica.
- trechos altamente bregas: [...] "uma luz que apaga a escuridão da dor" ou "desde a aurora de nossas vidas". Ouviu algo assim, nooooooooossa, tica.
- agradecimento aos pais: esse você vai ticar mais pro final.
[...]

OYAMADA, Alexandre Hiroki Miliorini. Discurso de formatura ECA-USP, 2006. Texto coletado para esta edição/Arquivo da editora.

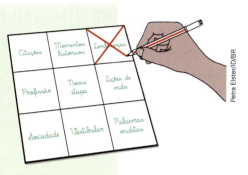

Que itens do *graduation* bingo estão presentes no discurso das páginas 178-179? Copie no caderno as partes inicial e final dos trechos em que eles aparecem.

8. Compare o trecho do discurso transcrito na atividade 7 ao discurso das páginas 178-179.
   a) Que diferenças se observam em relação à linguagem empregada? Justifique com exemplos.
   b) Releia uma frase de cada texto.

   > **Aí** viram nos tornarmos adolescentes [...]
   >
   > [...] porque tudo o que não é sério tem uma palavrinha em inglês no meio, **né**?

   O que as expressões em destaque têm em comum?

ANOTE

> O discurso de orador se situa entre a **oralidade e a escrita**. Escrito previamente, preserva elementos que remetem à espontaneidade da fala, como os **marcadores conversacionais** (*né? entende?*, etc.). Esses elementos podem colaborar na conquista da empatia dos ouvintes.

Observatório da língua

Recursos de ênfase

Em textos falados, pode-se enfatizar uma ideia com gestos, expressões faciais, pausas, alongamento de vogais, alterações no volume e no tom de voz. Na escrita podem-se usar aspas, itálico, negrito, sublinhado e maiúscula sequencial. Esses recursos gráficos atuam como sinais de pontuação, auxiliando o leitor na construção de sentido do texto. Em um texto escrito para ser proferido oralmente, as marcas gráficas indicam como destacar determinadas palavras ou trechos. Releia um fragmento do discurso das páginas 178-179 e outro do trecho da atividade 7.

> I. Mas HOJE vamos escolher assumir uma postura diferente do padrão imposto pela sociedade.
>
> II. trechos altamente bregas: [...] "uma luz que apaga a escuridão da dor" ou "desde a aurora de nossas vidas". Ouviu algo assim, nooooooooossa, tica.

No trecho I, as maiúsculas sequenciais sinalizam um aumento no tom de voz. No trecho II, a repetição da letra *o* aponta para o alongamento da vogal, e as aspas que destacam as expressões consideradas bregas sugerem uma mudança de entonação.

1. Escreva um parágrafo sobre um fato marcante ocorrido em sua turma. Use diferentes recursos gráficos para indicar ênfase.
2. Peça a um colega que leia seu texto. Observe se ele reproduz as marcas de ênfase da maneira como você imaginou.

⟩ Produzir um discurso de orador de formatura

⟩ Proposta

Você produzirá um discurso de orador para a formatura do Ensino Médio de sua escola. Primeiro, apresentará seu texto para quatro colegas. Juntos, vocês escolherão o melhor discurso para concorrer com os outros grupos. Por fim, a turma escolherá o discurso oficial.

Na elaboração, leve em conta os conhecimentos trabalhados neste capítulo e as recomendações da especialista em comunicação Rene Shimada Siegel.

- **Adequação**: [...] um rapaz contou ao público que, quando tinha cinco anos, pensava em ser motorista de ônibus. Mas acabou percebendo que merecia ter objetivos maiores na vida. Sem querer, acabou fazendo um comentário elitista e inapropriado. [...] não esqueça que um grande discurso deve ser como um presente seu para o público [...].
- **Público**: Durante a formatura, outro orador encerrou o discurso com uma frase popular do filme Jogos Vorazes: "Parabéns, turma de 2012. Que as diferenças estejam a seu favor" [...]. Os estudantes e seus pais se animaram e brindaram. "Às vezes uma frase familiar, uma imagem, música ou uma referência cultural – algo familiar ao seu público – pode fazer você marcar pontos e conquistar a audiência [...]".
- **Prática**: [...] Se a mensagem é importante para [seus] parceiros ou colegas, diga isso em voz alta quantas vezes sejam necessárias para fazer o discurso com convicção e confiança.
- **Paixão**: Os melhores discursos são autênticos e transparentes e vêm direto do coração [...].

Quatro dicas para fazer um grande discurso. Revista *PEGN – Pequenas empresas, grandes negócios*, 14 jun. 2012.

⟩ Planejamento

1. Observe as características do texto a ser produzido.

Gênero textual	Público	Finalidade	Meio	Linguagem	Evitar	Incluir
discurso de orador de formatura	colegas, professores, funcionários da escola, familiares e amigos	**relatar** os momentos mais marcantes do curso, destacando as vivências positivas	apresentação oral	nível de formalidade adequado ao evento	excesso de informalidade, piadas de mau gosto, ofensas e críticas	trechos impactantes que emocionem os ouvintes

2. Defina um mote para seu discurso. Qual é a ideia central que você deseja destacar?
3. Relembre alguns momentos marcantes ou curiosos da trajetória de sua turma na escola.
4. Pense no que define a identidade de sua turma. Há algo em comum entre os alunos que possa ser destacado? Que argumentos sustentam esse ponto de vista?
5. Defina como agradecer aos pais, professores e funcionários. No caso dos dois últimos, é possível citar cada um nominalmente, destacando uma característica marcante.
6. Crie uma mensagem positiva para a turma (uma lembrança, um desejo ou encorajamento).
7. Escolha uma chave de ouro para seu discurso. Ela deve surpreender os ouvintes pela emoção, pelo ineditismo ou pelo humor. Considere a possibilidade de incluir uma citação, uma frase familiar ou uma referência cultural.
8. Com base nas características do evento, defina o nível de formalidade e o tom do discurso.
   a) Você vai saudar os participantes no início da fala?
   b) Os ouvintes serão tratados por *vocês* ou por *senhores*?
   c) Como você se referirá à turma: como *nós* ou *a gente*?
   d) É possível incluir gírias e expressões mais informais no texto?
   e) A situação comporta piadas e brincadeiras (desde que não ofendam ninguém)?
9. Escreva seu texto. Organize-o em uma sequência lógica, com início, meio e fim.

10. Digite o discurso em fonte tamanho 14 e espaço duplo. Utilize recursos gráficos de ênfase para orientar sua leitura em voz alta.

11. Ensaie a apresentação. Leia o discurso em voz alta algumas vezes, cronometrando o tempo. Se ele estiver ultrapassando cinco minutos, corte trechos supérfluos.

> Elaboração

12. Agora você está pronto para apresentar seu discurso aos colegas de seu grupo. Antes de iniciar as apresentações, todos já devem ter copiado o quadro do item *Avaliação* em folhas avulsas (veja abaixo).

a) Ao se apresentar, fale com voz alta e firme. Se ficar nervoso, não se apresse. Faça uma breve pausa, respire e retome de onde parou.

b) Faça pausas e gestos e mude a entonação para tornar o pronunciamento mais expressivo.

c) Durante a leitura, não deixe o papel em que o texto está escrito cobrir seu rosto e procure manter contato visual com os ouvintes.

d) Enquanto um aluno se apresenta, os outros membros do grupo devem preencher as fichas de avaliação.

> Avaliação

13. Assinale "sim" ou "não" para cada item do quadro abaixo durante as apresentações dos colegas.

	Sim	Não
O discurso relata momentos marcantes vividos pela turma?		
Destaca a identidade da turma, com base em argumentos?		
Apresenta uma mensagem positiva aos formandos?		
Agradece a professores, pais e funcionários?		
Encerra-se com chave de ouro?		
Organiza-se em sequência lógica, com unidade temática?		
Apresenta nível de formalidade adequado ao evento?		
O orador falou com voz alta, clara e firme?		
O tom de voz e as expressões ajudaram a construir os sentidos da fala?		
O orador fez contato visual com os ouvintes?		

14. Entregue as avaliações a seus colegas e observe as anotações deles sobre seu discurso.

> Reelaboração

15. Reescreva seu texto com base nos apontamentos dos colegas.

16. Uma vez reformulado, apresente-o novamente ao grupo para que possam escolher o mais apropriado ao evento.

17. O discurso escolhido pelo grupo será apresentado por seu orador para toda a turma. Ao final, deve-se fazer uma votação para escolher o discurso a ser proferido na formatura.

Foco da reelaboração

Durante o pronunciamento de um discurso, os ouvintes não podem interromper o orador para tirar dúvidas sobre o que foi dito, nem pedir para repetir um trecho. Dessa forma, é fundamental que sua fala seja **facilmente compreendida**. Use um **vocabulário de conhecimento geral** e **períodos curtos**.

ATENÇÃO

» O discurso deve durar aproximadamente cinco minutos para não cansar os ouvintes, especialmente se houver outros discursos previstos no evento.

» Se o orador se sentir seguro, poderá incluir algum comentário improvisado. Entretanto, deve garantir que todos os tópicos do texto escrito sejam abordados e que o tempo seja cumprido.

Repertório

Discursos de paraninfo e de patrono

Uma cerimônia de formatura pode incluir outros discursos além do proferido pelo orador da turma. O **paraninfo** (do grego *paránymphos*, "aquele que vai ao lado dos noivos", remetendo à ideia de padrinho) é um professor escolhido pelos alunos ou uma personalidade acadêmica na área em que estão se formando. Em seu discurso, costuma apresentar conselhos e encorajar a turma. O **patrono**, por sua vez, é uma figura da categoria profissional dos formandos, alguém que os inspire. Seu discurso é opcional e costuma destacar aspectos do mundo profissional.

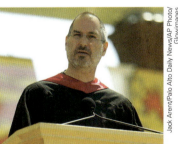

Steve Jobs (1955-2011), fundador da Apple, discursando aos formandos da Universidade de Stanford, Estados Unidos, em 2005.

Vestibular e Enem

Ao estudar a **entrevista**, você viu que o entrevistado é apresentado pelo ponto de vista da publicação, a qual edita as falas e seleciona as fotos que constituirão sua imagem. No processo de edição, podem eventualmente ser adotadas formulações textuais que não correspondem exatamente àquilo que o entrevistador pretendia dizer.

O Exame Nacional do Ensino Médio (Enem) costuma pedir em suas provas de redação que o candidato produza um texto do **tipo dissertativo-argumentativo**. Em 2004, a proposta do Enem apresentava a contradição entre a liberdade de imprensa e os abusos dos meios de comunicação e pedia ao candidato que opinasse sobre o assunto. Você pode utilizar os saberes que adquiriu sobre a **entrevista** para discutir a relação entre os jornalistas e suas fontes.

(Enem)
REDAÇÃO
Leia com atenção os seguintes textos:

GALHARDO, Caco. 2001.

Os programas sensacionalistas do rádio e os programas policiais de final da tarde em televisão saciam curiosidades perversas e até mórbidas tirando sua matéria-prima do drama de cidadãos humildes que aparecem nas delegacias como suspeitos de pequenos crimes. Ali, são entrevistados por intimidação. As câmeras invadem barracos e cortiços, e gravam sem pedir licença a estupefação de famílias de baixíssima renda que não sabem direito o que se passa: um parente é suspeito de estupro, ou o vizinho acaba de ser preso por tráfico, ou o primo morreu no massacre de fim de semana no bar da esquina. A polícia chega atirando; a mídia chega filmando.
BUCCI, Eugênio. *Sobre ética e imprensa*. São Paulo: Companhia das Letras, 2000.

No Brasil, entre outras organizações, existe o **Observatório da Imprensa** — entidade civil, não governamental e não partidária — que pretende acompanhar o desempenho da mídia brasileira. Em sua página eletrônica, lê-se:

Os meios de comunicação de massa são majoritariamente produzidos por empresas privadas cujas decisões atendem legitimamente aos desígnios de seus acionistas ou representantes. Mas o produto jornalístico é, inquestionavelmente, um serviço público, com garantias e privilégios específicos previstos na Constituição Federal, o que pressupõe contrapartidas em deveres e responsabilidades sociais.
<http://www.observatorio.ultimosegundo.ig.com.br>. Adaptado. Acesso em: 30 maio 2004.

Quem fiscaliza [a imprensa]? Trata-se de tema complexo porque remete para a questão da responsabilidade não só das empresas de comunicação como também dos jornalistas. Alguns países, como a Suécia e a Grã-Bretanha, vêm há anos tentando resolver o problema da responsabilidade do jornalismo por meio de mecanismos que incentivam a autorregulação da mídia.
<http://www.eticanatv.org.br>. Acesso em: 30 maio 2004.

Incisos do Artigo 5º da Constituição Federal de 1988:
IX – é livre a expressão da atividade intelectual, artística, científica e de comunicação, independentemente de censura ou licença;
X – são invioláveis a intimidade, a vida privada, a honra e a imagem das pessoas, assegurado o direito a indenização pelo dano material ou moral decorrente de sua violação.

Com base nas ideias presentes nos textos acima, redija uma dissertação em prosa sobre o seguinte tema:
Como garantir a liberdade de informação e evitar abusos nos meios de comunicação?

Ao desenvolver o tema proposto, procure utilizar os conhecimentos adquiridos e as reflexões feitas ao longo de sua formação. Selecione, organize e relacione argumentos, fatos e opiniões para defender seu ponto de vista e suas propostas.

Expor

UNIDADE 11

Expor um conhecimento é compartilhá-lo. A habilidade de expor é utilizada na divulgação de conhecimentos produzidos em laboratórios científicos ou grupos de estudo acadêmicos. A exposição de saberes torna-os acessíveis a um número cada vez maior de pessoas, ampliando e transformando sua visão de mundo.

Nesta unidade, você entrará em contato com dois gêneros textuais destinados à divulgação de conhecimentos científicos e outros saberes humanos. O seminário promove a troca de informações e experiências, com uma apresentação oral de um grupo que expõe saberes a uma plateia. Nesse gênero, a cooperação entre os integrantes é fundamental para o êxito da exposição. Já o artigo de divulgação científica adapta a linguagem científica para a leitura por pessoas não iniciadas no assunto. Os achados científicos mais recentes, curiosos ou importantes são resumidos e expostos de forma acessível, em textos claros e objetivos.

Nesta unidade

21 Seminário

22 Artigo de divulgação científica

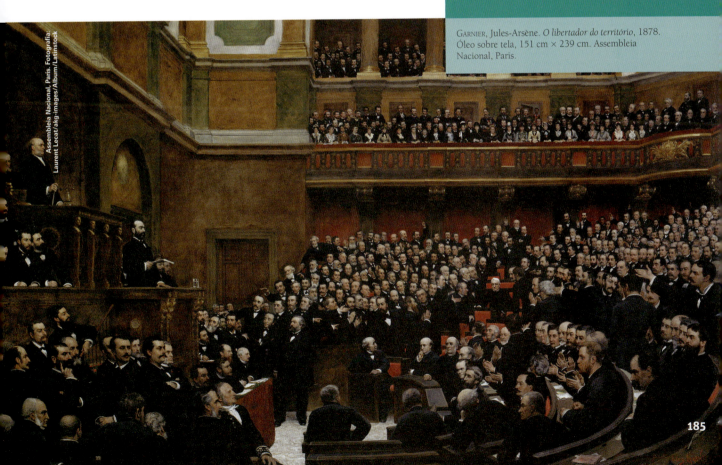

GARNIER, Jules-Arsène. *O libertador do território*, 1878. Óleo sobre tela, 151 cm × 239 cm. Assembleia Nacional, Paris.

CAPÍTULO 21

Seminário

O que você vai estudar

- Como identificar, produzir e apresentar um seminário.
- As tarefas individuais e o ponto de vista do grupo.
- Níveis de linguagem: formalidade × informalidade.

O **seminário** é um gênero textual bastante utilizado em colégios e universidades. Um grupo de pessoas estuda, pesquisa e discute determinados conteúdos para apresentá-los, também em grupo, a um público constituído geralmente por colegas. Mas há também outras formas de seminário, que compartilham algumas características com o seminário escolar. Uma delas está registrada no texto a seguir.

> Leitura

Indígenas de 11 etnias de Mato Grosso exibem diploma de nível superior. Eles concluíram cursos de licenciatura, obtendo a habilitação para atuar como professores. Fotografia de julho de 2012.

Hilda Maria Gonçalves/Disponível em: <http://blogdafunai.blogspot.com.br/2012/07/unemat-forma-33-professores-indigenas.html>. Acesso em: 25 fev. 2015.

- O texto abaixo é uma seleção de trechos provenientes de um seminário governamental realizado em Brasília (DF), em outubro de 2003. Leia com atenção o texto e responda às questões propostas.

> ### Políticas de Ensino Médio para os povos indígenas
>
> **1. Levantamento de experiências de Ensino Médio vividas pelos diversos povos indígenas**
> [...]
> *Em subgrupos, formados a partir dos Estados de origem dos representantes indígenas, os participantes prepararam o conteúdo de suas apresentações para a sessão plenária. O conteúdo de tais apresentações encontra-se a seguir transcrito [...].*
>
> **Pedro Alves de Assis, do povo Kaingang** – Santa Catarina
> Em Santa Catarina, temos uma escola de Ensino Médio chamada Escola Indígena de Educação Básica Cacique Vaincrê, com quase 200 alunos, dos quais a grande maioria é de índios Kaingang, com pequeno número de não índios que também ali estudam. É uma escola comum com disciplinas de fora da escola da aldeia, que incluem também o ensino da língua Kaingang, disciplinas de arte indígena e de cultura indígena. [...]
> A grande maioria dos professores não índios que atuam no Ensino Médio tem formação de magistério bilíngue e alguns estão na universidade cursando Letras, Matemática e Língua Portuguesa. Hoje temos uma escola regulamentada e as demais estão caminhando para isto. Iremos implantar a formação para a educação escolar Guarani abrangendo as regiões Sul e Sudeste. Vão participar desta formação, além de Santa Catarina, o Rio de Janeiro, o Rio Grande do Sul e o Espírito Santo, além de outros Estados que ainda não se manifestaram.
>
> **Rivelino Pereira de Souza, do povo Macuxi-RR, abrangendo os povos Macuxi, Taurepang, Wapichana, Yekuana, Sapará e outros povos** – Roraima, Rondônia, Acre e Amazonas
> [...] Só tivemos resultados negativos com o Ensino Médio nas vilas e cidades, porque realmente não contempla a especificidade de cada povo. Tivemos que inserir nossos alunos em um mundo totalmente diferente da comunidade. Isso trouxe então um caminho que a gente nunca trilhou e, com isso, o aluno acabava se perdendo, consumindo bebidas alcoólicas,

usando drogas, prostituindo-se e servindo de mão de obra barata. Ao invés de estudar, acaba sendo a empregada do branco, a cuidar da filha do branco, cuidar da casa e, muitas vezes, abandona a escola. Então, essa foi uma das experiências negativas que nós tivemos. [...]

Hoje, aos poucos, a gente assimila o que é uma educação diferenciada, amadurece essa ideia, mas naquela época a gente não tinha assimilado ainda. [...]

A mais recente experiência foi a implantação de uma escola de Ensino Médio regular, já com a ideia de educação específica e diferenciada. Esse ensino foi colocado de acordo com a reivindicação de dez comunidades. Foi feito um projeto que era chamado de Ensino Médio Itinerante, ou seja, os professores iriam dar aulas dentro das comunidades fazendo um rodízio. O professor de português, por exemplo, passava um período em uma comunidade e depois se deslocava para outra. Outro vinha e fazia esse tipo de rodízio conforme a matéria e a carga horária. Isto está sendo uma experiência até agora. Existem pontos positivos, mas também negativos, porque não temos recursos específicos para isto e acaba faltando verba para transporte, para hospedagem de professores. [...]

Jonas Polino Sansão, do povo Gavião – Maranhão

Bom dia a todos. Reclamei para a moderadora, porque observei que o grupo foi formado por regiões e cada pessoa falou. Não sei os problemas do Tocantins e do Pará e eles não conhecem a educação indígena no Maranhão. Então eu queria falar da minha situação.

No Maranhão, a gente tem Krikati, Gavião, Canela e os Krahôs e Apinajés do Tocantins. E a família dos Timbira. [...]

Para nós, indígenas, somos muitos povos, mas nossa luta é única. Quando os portugueses chegaram, nós éramos unidos – Krahô, Apinajé, hoje no Tocantins e nós, Gavião, Canela, Krikati, no Maranhão. A gente quer mostrar para a sociedade não indígena que a gente está unido, a gente não está separado. Estamos juntos, tomando nossas providências, no nosso mundo, descobrindo como esse nosso mundo funciona para nós. [...]

Nós queremos preservar a nossa cultura e conhecer a cultura diferente. Para a gente se defender, para a gente se comunicar precisamos aprender o português. Precisamos aprender a cultura e a língua de vocês, não índios, e aprender a nossa. E levar a educação para frente, ter Ensino Médio em cada comunidade, para que as crianças não precisem sair.

Quem vai dar aula, quem vai administrar as escolas? No início da educação não eram os índios que davam aula nas salas de aula; foram os não índios que começaram dar aula nas comunidades. Hoje houve avanço – têm professores índios dando aula; a gente aprendeu. O Ensino Médio tem que começar assim: capacitando os professores. [...]

Queria agradecer esse tempo para eu falar das experiências dos Timbiras, e queria que as pessoas saíssem mais para conhecer melhor os índios. Só conhecem os que vêm para Brasília. O pessoal da Educação deve conhecer melhor o índio. Eu conheço os Krikati, os Canela, mas os Guajajaras eu não conheço, e eles estão também no Maranhão.

Nós vivemos dois mundos, e precisamos aprender sobre os dois mundos. Como abranger esses dois mundos no Ensino Médio?

Muito obrigado pela atenção.

<small>Anais do seminário Políticas de Ensino Médio para os povos indígenas. Brasília: Secretaria de Educação Média e Tecnológica, Diretoria de Ensino Médio, 2003.</small>

Situação de produção

Seminário escolar e fóruns de discussão

Além do seminário que ocorre dentro das instituições educacionais, com finalidades pedagógicas, também são chamadas seminários as reuniões em fóruns de discussão sobre assuntos relevantes para a vida pública, como é o caso do texto registrado acima, ou para uma categoria profissional. Esses encontros profissionais ou temáticos consistem em falas alternadas entre os participantes da mesa, que respondem a perguntas do público ao final. As associações de médicos ou dentistas, por exemplo, promovem seminários para que alguns profissionais apresentem aos colegas as experiências com novos tipos de tratamentos e os resultados obtidos. Assim, os participantes ficam informados dos mais recentes avanços em sua área. O seminário escolar, o fórum de discussão e o seminário profissional apresentam algumas características em comum: a apresentação é coletiva e realizada diante de um auditório; vários indivíduos falam alternadamente; há uma preparação prévia, que consiste na realização de estudos e pesquisas e na elaboração de um apoio escrito para a apresentação oral.

> Ler um seminário

1. Observe a introdução, que revela a situação de produção do texto. Como foi organizada e produzida a apresentação do seminário?
2. Explique a importância desse seminário.

ANOTE

> O seminário é uma **exposição oral**, previamente organizada, realizada por participantes de um **grupo**. São discutidos nos seminários temas de relevância social ou científica dentro de uma comunidade, uma classe de escola ou universidade, uma categoria profissional, um bairro, etc.

3. Observe a experiência de educação exposta por Pedro Alves de Assis.
   a) Aponte semelhanças e diferenças entre a educação relatada por ele e o Ensino Médio de sua escola.
   b) Que indícios presentes na fala de Assis indicam que essa experiência tem sido avaliada como positiva?
4. Na segunda fala, Rivelino Pereira de Souza expõe problemas enfrentados pelos povos indígenas em relação ao Ensino Médio.
   a) A que povo ele pertence?
   b) Que outros povos ele está representando?
   c) Quais foram as principais dificuldades com as escolas nas vilas e cidades relatadas por ele?

ANOTE

> O seminário em grupo exige a **distribuição da fala** entre seus integrantes. Não apenas a preparação deve ser compartilhada, mas a fala do grupo também precisa ser distribuída. Um critério simples e muito utilizado de distribuição é a divisão do assunto do seminário em subtemas, um para cada integrante. O tempo de fala é outro aspecto a ser considerado.

5. O depoimento de Rivelino Pereira de Souza expõe a experiência do Ensino Médio Itinerante.
   a) Explique-a sucintamente.
   b) Quais dificuldades têm sido enfrentadas?
6. Há no texto "Políticas de Ensino Médio para os povos indígenas" um ponto de vista unificado, presente nas diversas falas que o compõem?
   a) Explique sua resposta.
   b) Cite um ou mais trechos para justificá-la.

ANOTE

> O conteúdo do seminário é dividido em **temas** e **subtemas** e depende de experiência anterior, de conhecimento prévio e/ou de pesquisa realizada especialmente para a apresentação.

7. Releia.

> Bom dia a todos. Reclamei para a moderadora, porque observei que o grupo foi formado por regiões e cada pessoa falou. Não sei os problemas do Tocantins e do Pará e eles não conhecem a educação indígena no Maranhão. Então eu queria falar da minha situação.

Observe como Jonas Polino Sansão parece não ter participado da preparação por ter chegado depois de iniciadas as falas no seminário. Você concorda com essa interpretação? Justifique sua resposta com trechos do texto.

Repertório

Fórum Econômico Mundial

O Fórum Econômico Mundial é uma organização internacional que promove debates e seminários sobre economia e política internacional. Reúne anualmente em Davos, na Suíça, líderes políticos, intelectuais, representantes de organizações não governamentais (ONGs) e grandes empresários. Esse fórum é considerado o grande palco da elite econômica do planeta e privilegia a defesa da globalização do capital.

Autoridades participam de debate durante o 43º encontro anual do Fórum Econômico Mundial realizado em Davos, Suíça: ênfase em questões econômicas e defesa da globalização. Fotografia de janeiro de 2013.

188

ANOTE

O seminário depende de **preparação** prévia em dois momentos. Há as **tarefas individuais**, como pesquisa de conteúdo, preparação de suporte para a apresentação e produção do roteiro escrito para guiar a fala. Mas tais tarefas dependem da orientação do seminário decidida pelo grupo. Este discute o conteúdo para posicionar-se criticamente ante o tema e decidir a sequência em que se dará a apresentação. É a partir da formação de um **ponto de vista do grupo** que as tarefas individuais podem ser distribuídas.

8. Sansão compensa o aspecto imprevisto de sua fala dando ênfase à formalidade. Cite dois exemplos de linguagem formal em sua fala.

ANOTE

A **formalidade** é um aspecto importante no seminário em grupo. Ela colabora para produzir o distanciamento entre expositores e plateia e garantir que o grupo não perca sua função comunicativa de exposição em razão da eventual intimidade e da amizade entre os membros. Formas de tratamento formais ou formalizadas na **abertura** e no **encerramento** das falas também colaboram para instituir a situação de produção do seminário.

Observatório da língua

Nível de linguagem: formalidade × informalidade

Tanto a fala quanto a escrita podem ter níveis variados de formalidade ou informalidade, a depender da situação de produção e do propósito do texto. Mensagens escritas enviadas por celulares, por exemplo, têm em geral uma linguagem bem mais informal do que a usada por um palestrante em um fórum de discussão.

Em uma exposição oral, como ocorre em um seminário, é necessário certo **distanciamento** do falante em relação a seus interlocutores. Um nível de linguagem mais formal pode colaborar para isso.

> **A gente** quer mostrar para a sociedade não indígena que **a gente** está unido, **a gente** não está separado. **Estamos** juntos [...] descobrindo como esse **nosso** mundo funciona para **nós**.

Observe nessa fala de Jonas Polino Sansão o uso da expressão "a gente" alternando-se com o pronome pessoal de primeira pessoa do plural *nós*. Essa alternância entre ambas as formas mostra duas possibilidades válidas nas variedades urbanas de prestígio faladas e não implica a quebra do distanciamento necessário entre expositor e plateia. O uso inapropriado de gírias seria exemplo de informalidade inadequada para a situação, porque poderia tirar locutor e interlocutor de suas funções comunicativas.

> **Bom dia a todos.** [...] Queria **agradecer esse tempo** para eu falar das experiências dos Timbiras [...] **Muito obrigado** pela atenção.

Ainda na fala de Sansão, encontramos exemplos de **distanciamento** e **formalidade** em relação aos interlocutores, recursos esses que são próprios da situação de exposição oral: o falante abre sua fala cumprimentando o público, agradece a atenção e o tempo dedicado a escutá-lo e marca explicitamente o término de sua fala reiterando o agradecimento.

- A partir de sua experiência como expositor e/ou público de apresentações orais:
  a) Descreva o comportamento de um expositor inadequado ou que não tenha conseguido realizar satisfatoriamente sua fala.
  b) Descreva o comportamento de um expositor eficiente, que tenha conseguido transmitir seu saber e envolver o público.

Repertório

Fórum Social Mundial

Realizado anualmente, o Fórum Social Mundial (FSM) é um espaço de debate de ideias e troca de experiências que reúne entidades e movimentos sociais contrários ao neoliberalismo e à globalização do capital. Os primeiros encontros do FSM foram realizados no Brasil, na cidade de Porto Alegre (RS), em 2001, 2002 e 2003. As reuniões do FSM já ocorreram também na Índia (Ásia) e no Quênia (África). Os participantes se reúnem em grupos de debate e seminários.

Plateia reunida para a conferência do linguista estadunidense Noam Chomsky no Fórum Social Mundial de 2003, em Porto Alegre (RS).

▶ Produzir e apresentar um seminário

› Proposta

Em grupo, escolha um dos temas abaixo para apresentar à sua classe um seminário sobre a paz mundial (discussão de temas relevantes para a melhoria da qualidade de vida em todo o planeta). O grupo deve dividir as tarefas de pesquisa, reunir-se para compartilhar resultados, planejar a apresentação e preparar os suportes a serem utilizados. Todos os estudantes devem participar da apresentação oral. Os conhecimentos sobre seminário abordados neste capítulo devem servir de orientação. Procure aproveitar todos os recursos de que você dispõe para realizar uma participação clara e consistente na preparação e apresentação do seminário.

MEIO AMBIENTE
- recursos energéticos (gás, petróleo, usinas de produção de energia)
- recursos hídricos
- Conferência Rio+20
- mobilidade urbana e cidades inteligentes
- lixo tecnológico e atômico
- desmatamento

Cartaz do documentário *Uma verdade inconveniente*, de Al Gore (EUA, 2006): alerta sobre os efeitos do aquecimento global.

GLOBALIZAÇÃO E DESIGUALDADES SOCIAIS
- desenvolvimento tecnológico desigual
- dependência econômica
- mercado interno e pobreza
- globalização do capital
- educação pública
- analfabetismo
- indústria bélica

Cena do filme *Horas de verão*, de Olivier Assayas (França, 2008): a família se divide por causa da globalização.

› Planejamento

1. Observe no quadro abaixo as características do texto a ser produzido.

Gênero textual	Público	Finalidade	Meio	Linguagem	Evitar	Incluir
seminário	estudantes e professores de Ensino Médio	expor oralmente conhecimentos em grupo	apresentação oral à classe	fala objetiva, relativamente formal	excesso de opiniões e informalidade, falta de preparação	dados pesquisados, suportes como cartazes e *slides*

2. Defina e delimite, com seu grupo, o tema escolhido.
    a) Selecione um tema entre os sugeridos e dê um subtítulo que o especifique ainda mais.
    b) Faça uma lista de aspectos do tema que podem ser abordados pelo grupo.
3. Escolha uma tarefa de pesquisa. (O grupo deve dividir a lista de aspectos do tema entre os seus integrantes, para que cada um realize uma pesquisa individual.)
4. Realize a pesquisa individual.
    a) Busque no mínimo três fontes diferentes para pesquisar o aspecto que lhe coube.
    b) Anote todas as informações que puder. Cite as fontes consultadas.
    c) Tome cuidado com textos da internet. Verifique se o *site* é confiável; pesquise o currículo de seus colaboradores no endereço <http://lattes.cnpq.br>. Se o currículo do colaborador não consta nesse *site*, isso pode ser um indício de que ele não está plenamente integrado à comunidade científica.
5. Reúna-se com seu grupo.
    a) Partilhem as informações e impressões resultantes das pesquisas individuais.
    b) Definam a visão do grupo sobre o tema.
    c) Produzam um roteiro completo do texto oral que o grupo vai apresentar.
    d) Definam os materiais de apoio que serão utilizados.
    e) Determinem a fala de cada um.
6. Prepare-se individualmente.
    a) Faça um roteiro escrito de sua fala e ensaie, se quiser, sua participação.
    b) Realize sua parte na preparação do material do grupo.

> Elaboração

7. Agora você já pode iniciar sua participação no seminário.
   a) O grupo terá de 10 a 30 minutos para se apresentar. Esse tempo será previamente combinado com o professor.
   b) Os últimos minutos deverão ser reservados para as perguntas do público e as respostas dos expositores.

8. As fichas de avaliação (ver item 9) já deverão estar prontas e à mão nesse momento.

> **ATENÇÃO**
> » Fale com voz alta, clara e firme. Todas as pessoas presentes devem conseguir ouvir você.
> » Dê atenção à formalidade da situação de produção do seminário.

> Avaliação

9. Copie o quadro abaixo, em folhas separadas, quantas vezes forem os grupos a se apresentar, além do seu.

Tema do seminário: Expositores:	Sim	Não
A postura e a linguagem dos expositores foram adequadas?		
O grupo distribuiu adequadamente as falas e utilizou racionalmente o tempo?		
O conteúdo exposto foi consistente e proveniente de pesquisa anterior bem realizada?		
O grupo apresentou um ponto de vista coerente e unificado?		
Os suportes utilizados colaboraram na exposição?		
Comentário geral sobre o seminário		
Comentários sobre o desempenho de cada um dos expositores		

10. Preencha o quadro durante a apresentação de cada grupo.

11. Entregue sua folha aos integrantes do grupo correspondente.

12. Reúna-se com seu grupo para realizar uma autoavaliação.
   a) Avalie com o grupo o desempenho geral de seu seminário.
   b) Avalie com o grupo o desempenho individual de cada participante.
   c) Leve em consideração, além das anotações dos colegas, a participação de cada integrante na preparação do seminário.
   d) Registre a autoavaliação no caderno.

> Reelaboração

13. Se houver reapresentação do seminário ou na próxima vez que você for fazer uma exposição, procure melhorar o que não saiu bem e reforçar as qualidades apontadas pelos colegas na avaliação.

> **Foco da reelaboração**
>
> Ao apresentar novamente um seminário, dê especial atenção à formalidade e à adequação de seu texto ao ambiente social onde ele terá lugar. A forma como você se apresenta fisicamente, sua empatia com o público e a segurança proveniente de uma boa preparação decidirão a relação que você estabelecerá com seu interlocutor. Outro fator importante para uma boa apresentação é a integração que o grupo demonstra, proveniente de uma divisão democrática de tarefas e responsabilidades.

Ação e cidadania

Rio+20

A Conferência das Nações Unidas sobre Desenvolvimento Sustentável (Rio+20), realizada na cidade do Rio de Janeiro em 2012, reuniu mais de 30 mil participantes. O documento final da conferência, intitulado "O futuro que queremos", foi assinado por 188 países. Por meio dele, essas nações renovaram seu compromisso com o desenvolvimento sustentável, ou seja, com o desenvolvimento que integra prosperidade, qualidade de vida e proteção ao meio ambiente.

Conforme avaliação da ONU, além do documento final, o maior legado da Rio+20 consiste nos compromissos assumidos por governos, organizações da sociedade civil, empresas, universidades: "Compromissos no valor de bilhões de dólares foram feitos para aumentar o acesso a energia limpa; melhorar a eficiência energética; e ampliar o uso de energias renováveis".

Fonte de pesquisa: <http://nacoesunidas.org/alem-da-rio20-avancando-rumo-a-um-futuro-sustentavel>. Acesso em: 18 jan. 2015.

Indústrias de carvão nos arredores da cidade de Duisburgo (Alemanha). Segundo a ONU, de 1990 a 2009, a emissão de dióxido de carbono de combustíveis cresceu 38%. Fotografia de outubro de 2012.

CAPÍTULO 22
Artigo de divulgação científica

O que você vai estudar

- Como identificar e produzir um artigo de divulgação científica.
- A medida entre motivar o leitor e oferecer acesso à ciência.
- Apostos e orações adjetivas: explicação e especificação da informação.

O **artigo de divulgação científica** é um gênero textual que procura oferecer conhecimentos científicos em linguagem compreensível ao grande público. É um desafio tornar acessíveis saberes minuciosos, abstratos e técnicos a pessoas que não dominam essa linguagem e metodologia. Neste capítulo, você vai conhecer melhor esse gênero e depois será sua vez de divulgar novidades científicas.

> Leitura

- O texto abaixo é um artigo publicado em uma revista especializada em divulgação científica. Leia com atenção o texto e responda às questões propostas nas páginas 194-195.

BIOACÚSTICA
Ecos da selva
Como a atividade humana interfere nas sinfonias naturais
por Michael Tennesen

Bernie Krause, especialista em bioacústica, teve um grande *insight* quando estava na Reserva Nacional de Masai Mara, no Quênia, gravando sons naturais de aves, mamíferos, insetos, répteis e anfíbios para a California Academy of Sciences. Ex-tecladista de George Harrison, The Doors e outras bandas de rock dos anos 60, ele fez uma análise espectrográfica dos sons ambientes naturais e percebeu que "parecia uma trilha musical", ele explica. "Cada animal emitia seu próprio som, seu próprio território acústico, assim como os instrumentos de uma orquestra."

A beleza da harmonia desses músicos naturais quando tocam juntos, comenta Krause, diz muito sobre a saúde do meio ambiente. Ele comenta que muitos animais evoluíram para cantar nos nichos disponíveis, e poder ser ouvidos por parceiros e outros de sua espécie, mas os ruídos da

Mariquita-azul (*Parula americana*) cantando.

atividade humana – desde aviões no céu aos veículos passando em uma estrada próxima – ameaçam o processo reprodutivo dos animais.

Desde o final dos anos 60, Krause já reuniu mais de 3 500 horas de sons naturais da África, América Central, Amazônia e dos Estados Unidos. Ele descobriu que pelo menos 40% dessas sinfonias naturais foram alteradas radicalmente e ele acredita que muitos participantes dessas orquestras devem estar extintos. "As florestas e áreas pantanosas foram desmatadas ou drenadas, a terra pavimentada e o ruído humano incluído, tornando os sons naturais do ambiente irreconhecíveis", observa Krause, que chefia a Wild Sanctuary em Glen Ellen, Califórnia, um repositório de sons naturais. Recentemente ele visitou o Parque Nacional de Katmai e o Refúgio Nacional da Vida Selvagem do Ártico à procura de sons não poluídos, mas ainda precisa se afastar das estradas para ouvi-los.

Thomas S. Schulenberg, especialista em pássaros neotropicais da Cornell University e um dos autores de *The birds of Peru* (Pássaros do Peru), concorda que o som é uma ferramenta útil para avaliar o ambiente natural. Schulenberg viajou para Vilcabamba, uma área de floresta selvagem escondida pela névoa no extremo leste do Peru, que a Conservation International queria avaliar para possível proteção. Apesar de os ornitólogos carregarem binóculos, ele se apresentou para apreciar o coro matinal com um microfone direcional e um gravador. Como comentou Schulenberg: "É muito mais fácil ouvir pássaros que vê-los".

Schulenberg acredita que os animais podem se adaptar a uma certa poluição sonora, mas há limites, especialmente se o ruído for permanente no ambiente. Escrevendo para o *Journal of Animal Ecology*, o biólogo Henrik Brumm, da Universidade Livre de Berlim, observou que rou-

O pesquisador Bernie Krause em atividade: ruídos intensos interferem na sobrevivência das espécies.

xinóis machos, em Berlim, precisavam cantar cinco vezes mais alto em áreas de tráfego pesado. "Isso afeta a musculatura usada para trinar?" Schulenberg então pergunta: "Será que poderão cantar cada vez mais alto, ou chegarão a um limite e serão absorvidos pelo ruído humano?".

O programa de sons naturais do Serviço de Parques Nacionais dos Estados Unidos enfrenta problemas semelhantes. Karen K. Trevino, diretora do programa, se refere a estudos que mostram que, quando exposto aos sons de aviões e helicópteros, o carneiro selvagem se alimenta menos, o cabrito montês foge e o caribu se reproduz menos. [...]

Krause ainda lembra que o som também pode ajudar a determinar como a destruição do *habitat* altera as populações de certas espécies. Ele realizou um estudo durante 15 anos em Lincoln Meadow, nas montanhas de Sierra Nevada, uma região que foi desmatada seletivamente e que os madeireiros garantiam que não produziria mudanças. As fotos mostravam poucas mudanças, comenta Krause, mas o áudio revelava uma diminuição drástica na diversidade e densidade de espécies. Krause conclui: "A transformação de uma gigantesca sinfonia natural para um silêncio quase total foi extremamente alarmante".

TENNESEN, Michael. *Scientific American Brazil*, São Paulo, Duetto, p. 14-15, nov. 2008.

Vocabulário de apoio

bioacústica: estudo das relações entre o som e os seres vivos
caribu: espécie de rena
drenado: que perdeu parte ou a totalidade da água que tinha
espectrográfico: relativo à representação visual da distribuição dos sons de um ambiente conforme seus variados parâmetros (altura, duração, frequência, intensidade, timbre, etc.)
insight: ideia clara que surge num relance
neotropical: relativo à região zoogeográfica que compreende a América do Sul, as Antilhas e a América Central
nicho: local específico (no caso, região acústica em que cada som se destaca dos outros em determinado ambiente)
ornitólogo: estudioso de aves
repositório: fonte, acervo, estoque
trinar: cantar (aves)

Situação de produção

Acesso ao conhecimento

O artigo de divulgação científica é escrito em geral por um jornalista, mas também pode ser produzido pelo próprio pesquisador ou por um estudante da área de ciências e tecnologia.

Utiliza as fontes originais do discurso científico – fundamentando-se em pesquisas realizadas sobre o assunto (inclusive citando trechos delas) ou em entrevistas com os cientistas – para produzir um texto interessante e compreensível para o leitor comum. Os artigos de divulgação são publicados em revistas, jornais e *sites*, que funcionam como uma **ponte** entre o **mundo acadêmico ou científico** e o **público**, revelando ao leitor novas descobertas e pesquisas.

O conhecimento científico produzido pelos artigos de divulgação é essencial para a formação de um cidadão informado e ativo. O texto "Ecos da selva" é um bom exemplo de artigo de divulgação com o objetivo de transformar informação científica em conhecimento acessível sobre o mundo.

❯ Ler um artigo de divulgação científica

1. Observe novamente o título, a linha fina e o chapéu do texto lido.

a) Que área científica tem relação com a pesquisa divulgada? O que você conhece sobre essa área?
b) Que referências a essa área científica há no título "Ecos da selva"?
c) Que função a linha fina "Como a atividade humana interfere nas sinfonias naturais" exerce no texto?
d) Explique o sentido da expressão "sinfonias naturais".

2. Qual é o foco do texto "Ecos da selva"? De que ou de quem ele fala?

3. O texto informa que o pesquisador Bernie Krause é ex-tecladista e que já tocou com músicos e grupos de *rock* conhecidos do grande público, como George Harrison (ex-Beatle), The Doors e outros. Qual é a intenção de fornecer essas informações ao leitor?

ANOTE

> O artigo de divulgação científica tem como objetivo a divulgação, ou seja, visa a **fazer saber** ao maior número de pessoas possível alguma informação científica originalmente acessível a poucos especialistas. Para isso, o artigo de divulgação científica procura atrair o leitor, ressaltando algum aspecto curioso, engraçado, intrigante ou emocionante contido na pesquisa científica.

4. Releia o segundo parágrafo do texto. As duas afirmações que constam dele funcionam como teses. Elas serão desenvolvidas na continuação do texto. Quais as principais ideias presentes nessas afirmações?

5. Além de Krause, outros pesquisadores da área de bioacústica são citados no texto.
a) Quem são eles? (Escreva seus nomes e funções.)
b) Em sua opinião, o texto apresenta uma amostragem suficiente de fontes consultadas e pesquisas na área tratada?

ANOTE

> O texto que expõe conhecimento científico necessita apresentar **fontes confiáveis**. O desenvolvimento do conteúdo se dá a partir da articulação das informações coletadas em entrevistas com especialistas, em livros, em publicações periódicas e/ou em *sites* especializados em ciência. O divulgador científico deve utilizar sempre diversas fontes de informação.

6. Copie no caderno e complete o esquema abaixo com as ideias principais de cada parágrafo do texto "Ecos da selva".
Primeiro parágrafo — Os sons dos animais produzem uma sinfonia natural, segundo...
Segundo parágrafo — Essa sinfonia pode...
Terceiro parágrafo — Em suas pesquisas, Krause descobriu...
Quarto parágrafo — Thomas Schulenberg concorda...
Quinto parágrafo — Para Schulenberg, há limites para...
Sexto parágrafo — Karen K. Trevino menciona...
Sétimo parágrafo — Um estudo de Kraus...

Repertório

Paul Caro e a divulgação científica

Paul Caro (1934-) é um químico francês que se dedicou à divulgação da ciência. Tornou-se diretor do Centre National de la Recherche Scientifique (CNRS), na França, e conselheiro do projeto Ciência Viva, em Portugal. Para ele, a linguagem científica não deve ser "simplificada" ao ser divulgada pela imprensa, mas inserida em outra linguagem, a jornalística. Segundo Caro, para falar de ciência em um jornal, é preciso contar uma história que atraia o leitor e ainda divulgar corretamente os conteúdos científicos. A linguagem original da ciência, contudo, é de grande valor e deve ser preservada, porque é a partir dela, de sua precisão, que as pesquisas são reconhecidas nos círculos científicos.

Fone de ouvido

The notorious Byrd Brothers (1968)

Capa do CD *The Notorious Byrd Brothers*.

Neste álbum de 1968, a banda estadunidense The Byrds utiliza, de forma pioneira, teclados eletrônicos. Os responsáveis por esses instrumentos no álbum foram a dupla Paul Beaver e Bernie Krause, o especialista em bioacústica cujo trabalho é abordado no texto "Ecos da selva".

194

7. Releia:

> A beleza da harmonia desses músicos naturais quando tocam juntos [...]

a) Quem são, no contexto do artigo "Ecos da selva", esses "músicos"?
b) É cientificamente correto associar a eles o verbo *tocam*?
c) Qual o efeito da utilização dessas imagens?

ANOTE

Para tornar a linguagem científica **acessível** ao público leigo, o autor de artigos de divulgação científica muitas vezes faz uso de **metáforas** e cria imagens que ajudam na explicação do tema abordado. Exemplo: "sinfonias animais".

8. De acordo com o texto, qual é a importância da área de atuação científica denominada bioacústica?
9. A partir da leitura do texto "Ecos da selva", você conseguiu entender como são e para que servem os estudos dos sons de animais na natureza? Justifique.

ANOTE

O artigo de divulgação científica cumpre um importante **papel social**: a acessibilidade que oferece a conteúdos originalmente restritos contribui para a constituição de um cidadão informado e em condições de atuar no mundo de forma eficaz e relevante.

Observatório da língua

Apostos e orações adjetivas: explicação e especificação da informação

Em artigos de divulgação científica é frequente o uso de termos e orações com a função de explicar ou especificar outro termo.

O **aposto**, por exemplo, acrescenta uma explicação a um substantivo, pronome ou oração. Essa explicação aparece sempre separada por sinal de pontuação (vírgula, travessão ou dois-pontos). Observe:

> Bernie Krause, **especialista em bioacústica**, teve um grande *insight* [...]

A expressão destacada acrescenta uma informação sobre o sujeito da oração, Bernie Krause. Como o **aposto** aparece aqui intercalado na oração principal, está entre vírgulas.

As **orações adjetivas** também têm a função de explicar ou especificar um termo da oração principal. Aparecem acompanhadas por pronomes relativos: *que, quem, o qual, cujo*. As **orações adjetivas restritivas** limitam a significação do termo que qualificam e não são separadas por pontuação. Veja:

> neotropical: relativo à região zoogeográfica **que compreende a América do Sul, as Antilhas e a América Central**

A palavra *neotropical* designa uma região zoogeográfica específica, aquela "que compreende a América do Sul, as Antilhas e a América Central". A oração destacada em negrito **restringe** o alcance de significação do nome ao qual se refere.

As **orações adjetivas explicativas** acrescentam informações que se aplicam ao termo que modificam e, como acontece com o aposto, também são separadas por sinal de pontuação. Observe:

> [...] observa Krause, **que chefia a Wild Sanctuary em Glen Ellen, Califórnia**, um repositório de sons naturais.

A oração adjetiva destacada acima **explica** algo sobre o sujeito da oração anterior, Krause, acrescentando uma informação: o especialista chefia uma organização chamada Wild Sanctuary. Observe como a expressão que termina a frase, "um repositório de sons naturais", é mais um **aposto**, que explica a atividade dessa organização.

- Encontre no texto de leitura e no boxe *Vocabulário de apoio* três novos exemplos de apostos e orações adjetivas.

a) Copie os trechos no caderno, grifando os apostos e as orações adjetivas.
b) Circule os termos aos quais os apostos e as orações adjetivas se referem.

▶ Produzir um artigo de divulgação científica

▸ Proposta

Escolha um tema entre os propostos abaixo, **realize uma pesquisa** sobre ele e **divulgue** suas descobertas escrevendo um artigo de divulgação científica, supondo que seu texto será publicado em uma **revista de curiosidades** dirigida ao **público jovem**. Os conhecimentos sobre divulgação científica abordados neste capítulo poderão ajudar. Aproveite os recursos de que você dispõe para produzir um texto claro, atraente e fiel ao conteúdo científico original.

O caos e a ordem no universo – O universo e os astros oferecem enigmáticos modelos de comportamento e surpreendem por sua beleza e mistério. Penetrar em sua ordem misteriosa é sempre uma aventura fascinante. O que as pesquisas revelam que as pessoas ainda não sabem?

Saúde: formando novos hábitos – A discussão de temas ligados à saúde pode provocar uma mudança de comportamento. Informar sobre doenças e refletir sobre hábitos nocivos à saúde é uma forma de agir socialmente. O que é preciso que todos saibam?

▸ Planejamento

1. Observe no quadro abaixo as características do texto a ser produzido.

Texto	Público	Finalidade	Meio	Linguagem	Evitar	Incluir
artigo de divulgação científica	jovens	expor conhecimentos científicos, tornando-os acessíveis	revista de curiosidades dirigida a adolescentes	clareza e objetividade, criação de uma história ou de metáforas que ajudem a explicar o conteúdo	distorção das informações, excesso de simplificação ou de complexidade	orações adjetivas e apostos, citações e fontes variadas

2. Escolha entre os tópicos acima qual será o tema específico de seu artigo.
3. Realize uma pesquisa detalhada e consistente sobre o tema em bibliotecas e/ou na internet.
    a) Busque no mínimo três fontes diferentes de pesquisa.
    b) Procure informações recentes. A divulgação científica pede novidade.
    c) Pense em uma história interessante ou em algum apelo especial para o tema escolhido.
    d) Registre no caderno todas as informações que possam ser relevantes sobre o tema.
    e) Não se esqueça de citar rigorosamente as fontes consultadas.
4. A partir das informações coletadas, selecione as que considera mais difíceis.
    a) Certifique-se de que você as compreendeu bem. (Se não, pesquise mais o assunto.)
    b) Redija explicações no caderno para cada um dos itens difíceis selecionados.
    c) Verifique se as informações ficaram compreensíveis, sem desvirtuar o sentido original.
5. Copie e preencha o quadro abaixo, adaptando-o a seus objetivos.

Assunto (trabalho de um pesquisador, objeto de estudo)	
Origem do assunto	
Desenvolvimento	
Descrição do cenário	
Estágio atual	
Fatos curiosos	
Dificuldades enfrentadas	
Fatores favoráveis	

6. Com base no quadro, produza um roteiro de seu texto apontando os aspectos mais relevantes ou curiosos que serão destacados sobre o assunto.

> ## Elaboração

7. Agora você já pode escrever seu artigo de divulgação científica.
8. Defina o título e a linha fina. Procure garantir que eles despertem interesse no leitor e expliquem muito resumidamente o conteúdo do texto.

> ## Avaliação

9. Junte-se a um colega e troque seu texto com ele.
10. Copie e complete, em uma folha separada, o quadro abaixo, a partir da leitura do artigo de divulgação científica do colega. Em seguida, faça um comentário geral sobre o texto, apontando qualidades e sugerindo mudanças.

	Sim	Não
O texto está de acordo com as variedades urbanas de prestígio?		
O título e a linha fina são atrativos?		
O texto está bem encadeado? Cativa o leitor?		
O desenvolvimento do texto esclarece o tema com responsabilidade?		
Foram consultadas fontes variadas e confiáveis?		
Apostos e orações adjetivas colaboram na explicação e especificação das informações?		
Comentário geral sobre o texto		

> ## Reescrita

11. Troque novamente o texto com o colega.
    a) Leia com atenção o quadro com a avaliação que ele fez.
    b) Agora, releia seu texto, buscando compreender as observações realizadas pelo colega.
    DICA: Se estiver com um lápis na mão, vá anotando em seu texto as possíveis modificações. Caso tenha alguma dúvida, peça ajuda ao professor.
12. Reescreva seu artigo de divulgação científica.
    a) Faça todas as alterações que julgar necessárias para adequar seu texto às variedades urbanas de prestígio.
    b) Faça alterações para tornar seu texto mais interessante ou para detalhar e acrescentar informações necessárias ou relevantes ao tema escolhido.

Foco da reescrita

Ao reescrever seu artigo de divulgação científica, observe o tratamento dado à **linguagem científica** original em citações e referências ao conteúdo consultado. É preciso explicar conceitos difíceis ou inacessíveis, mas não se devem atribuir outros nomes a eles como forma de simplificá-los. Também é preciso cuidado com a relação que os cientistas estabelecem entre os conceitos, visto que é por meio de conceitos e relações que o discurso científico é validado. Procure **explicar**, **detalhar** e **especificar** as informações apresentadas.

ATENÇÃO

» Certifique-se de que você citou adequadamente as fontes consultadas.
» Dê atenção à **explicação** e à **especificação** das informações veiculadas. O conteúdo deve ser acessível ao público leitor, sem alterações que o descaracterizem. Apostos e orações adjetivas podem ajudar.

Repertório

A ciência na mídia

Segundo Paul Caro, em "Os bons artigos de divulgação científica são peças literárias", entrevista concedida à jornalista portuguesa Teresa Firmino, a mídia se interessa:

- em primeiro lugar, por todas as ciências ligadas ao corpo;
- em segundo lugar, pelo meio ambiente;
- em terceiro lugar, pelas novas tecnologias;
- em último lugar, por áreas acadêmicas como Física e Química.

Entre o sexto ou o sétimo lugar, encontra-se a astronomia, que oferece belas imagens fotográficas e uma possibilidade de aproximação literária com a criação, a destruição e a transformação dos astros. Confira a entrevista completa em <http://pascal.iseg.utl.pt/~ncrato/Recortes/PaulCaro_Publico_20030403.htm> (acesso em: 20 jan. 2015).

Uma das imagens mais famosas do telescópio espacial Hubble, "Os pilares da criação", tirada em 1995 por Jeff Hester e Paul Scowen, mostra uma estrela em formação.

Vestibular

Nesta unidade, você estudou dois gêneros expositivos centrados na divulgação de informações e conhecimentos adquiridos por meio de pesquisa.

A interpretação adequada de dados, informações e enunciadores envolvidos é essencial na transformação de informações com o objetivo de torná-las acessíveis a um número maior de pessoas.

Assim, os conhecimentos adquiridos nos capítulos sobre **seminário** e **artigo de divulgação científica** poderão ajudá-lo a interpretar pesquisas e a refletir sobre suas informações.

No ano de 2009, o vestibular da Universidade Estadual de Londrina (UEL-PR) propôs uma reflexão a partir da exposição dos resultados de uma pesquisa. A interpretação adequada dos dados era importante para desenvolver a redação proposta, que tinha como tema os índices de leitura no Brasil.

(UEL-PR)
INSTRUÇÕES
1. Não se esqueça de focalizar o tema proposto.
2. A sua redação deve, necessariamente, referir-se ao texto de apoio ou dialogar com ele. Atenção, evite mera colagem ou reprodução.
3. Organize sua redação de modo que preencha entre 20 (mínimo) e 25 (máximo) linhas plenas, considerando-se letra de tamanho regular.
4. Observe o espaçamento que indica início de parágrafo.
5. Use a prosa como forma de expressão.
6. Crie um título para a sua redação e coloque-o na linha adequada.
[...]

Leitura em baixa

O índice de leitura no Brasil continua baixo. Uma pesquisa realizada pelo Instituto Pró-Livro (IPL) revelou que, após sair da escola, o brasileiro lê em média 1,3 livro por ano. Quando se inclui a leitura de didáticos e paradidáticos – aqueles títulos lidos por obrigação, como parte do programa de alguma disciplina –, o número sobe para 4,7. Ainda assim, trata-se de uma média baixíssima, se comparada à de países desenvolvidos. Cada francês, por exemplo, lê, em média, anualmente, sete livros; na Finlândia, são mais de 25.

O levantamento apontou também que 45% dos entrevistados não havia lido nenhuma obra sequer nos três meses anteriores à enquete. O estudo, feito entre novembro e dezembro de 2007, também mostrou ainda que, para os brasileiros, a leitura é apenas a quinta opção de entretenimento quando eles têm algum tempo livre. Em primeiro lugar, está a televisão (*veja quadro abaixo*). Alguma surpresa?

Adaptado: *Welcome Congonhas*. jul. 2008, p. 9.

As pesquisas demonstram que o Brasil é um país que não lê ou lê muito pouco. Com base no texto e nos dados expostos no gráfico, redija um texto <u>dissertativo-argumentativo</u> indicando as prováveis causas deste descaso com a leitura no Brasil e proponha algumas estratégias para melhorar nosso índice de leitura.

Argumentar

UNIDADE 12

A argumentação está presente em diferentes contextos no dia a dia. O anúncio publicitário é um dos gêneros que utilizam a *imagem* e a *criatividade* como formas de argumentação. Seu objetivo é despertar no leitor o desejo de consumir os produtos e serviços anunciados ou agir em nome de uma causa.

No artigo de opinião, a argumentação ganha características mais abertas e assumidas. Embora também tente seduzir o leitor, expressa uma opinião assinada, que procura convencer com *estratégias de raciocínio* e argumentos bem fundados.

O texto dissertativo pedido no vestibular requer o cumprimento de uma série de regras. Exige do autor uma estratégia de argumentação que contenha alguma dose de sedução, raciocínio lógico afiado, linguagem adequada... Mas é preciso, antes de tudo, estar antenado com os principais fatos do presente, sobretudo quanto a novas formas de pensar e viver o mundo.

Nesta unidade

23 Anúncio publicitário

24 Artigo de opinião

25 Dissertação para o Enem e para o vestibular

Montagem com cartazes do projeto "Leitura Alimenta", lançado em 2013 por uma livraria em parceria com uma empresa de distribuição de cestas básicas. O projeto busca incentivar a doação de livros para que sejam distribuídos junto com cestas básicas. O objetivo é criar o hábito da leitura em pessoas com pouco acesso a livros.

CAPÍTULO

23 Anúncio publicitário

O que você vai estudar

- Como identificar e produzir um anúncio publicitário.
- Intertextualidade e interdiscursividade.

Por meio de **anúncios publicitários**, produtos, ideias e comportamentos são divulgados em veículos de comunicação. Neste capítulo, você vai conhecer melhor esse gênero, e depois será sua vez de produzir um anúncio.

> Leitura

- O anúncio a seguir foi publicado na mídia impressa. Leia-o com atenção

TEXTO DO ANÚNCIO
Assinatura: Nome da marca, que aparece no canto inferior direito
***Slogan* da marca:** *O banco da sua vida*
Chamada: Nós apoiamos o universitário, porque ele pode fazer a diferença no mundo.
Texto principal: Como Aline, que trabalha em uma ONG ensinando as pessoas a não desperdiçar alimentos. Esses cursos geram renda para a ONG e, assim, ajudam a alimentar 22 mil pessoas por dia.
Fala da personagem (na lousa, dentro do balão): "consumo consciente"
***Slogan* da campanha:** *Que mundo você quer? Reinvente. Faça com a gente.*

Atributos do produto: 10 dias sem juros por mês; limite de crédito pré-aprovado; 4 modelos de cartão de crédito internacional + minicard.
As letrinhas miúdas: Os produtos estão sujeitos a análise de crédito e inexistência de restrição cadastral. As condições ora oferecidas podem ser alteradas ou extintas em qualquer momento, sem aviso prévio. A partir do 11º dia de utilização, serão cobrados juros por todo o período utilizado. No caso do produto cartão de crédito, as cláusulas e condições podem ser previamente consultadas no contrato disponível no *site*.
Autor: LEW'LARA\TBWA (na lateral direita, em letras miudíssimas)

Situação de produção

A sedução da publicidade e a realização dos desejos

Os anúncios publicitários são veiculados em **meios de comunicação** (jornais, revistas, *sites*, rádio, televisão), distribuídos (folhetos) ou afixados em locais públicos (cartazes, painéis). Eles atendem à necessidade de empresas e instituições de divulgar seus produtos e serviços ao público. Podem também promover campanhas de interesse público (saúde, educação, cultura) ou políticas (eleitorais).

As empresas contratam publicitários para criar o conceito e os textos dos anúncios e pensar em sua apresentação gráfica, *slogan* e maneiras de serem veiculados. O primeiro público a ser conquistado pelo anúncio é o próprio anunciante, nos momentos destinados à aprovação das ideias dos publicitários. Após a peça publicitária ser aprovada e finalizada, o anunciante pagará por sua inserção nos meios de comunicação. O trabalho ainda continua. É comum o anunciante e os publicitários avaliarem o impacto do anúncio no público, expresso nas vendas e no modo como o consumidor se recorda do anúncio, do produto e da marca.

❯ Ler um anúncio publicitário

1. Quem é o público-alvo do anúncio da página anterior?

   ANOTE
   > As características de um anúncio publicitário são definidas a partir de seu **público-alvo**. Para atingir determinado público, o anúncio utilizará sua linguagem verbal, veiculará seus valores, imitará suas roupas e acessórios, tentará aludir a seus gostos e referências culturais.

2. Que dados o anúncio oferece sobre a época em que foi veiculado?

   ANOTE
   > Para aproximar-se de seu público, o anúncio publicitário emprega **referências a outros discursos sociais** com os quais o leitor se identifique. Os acontecimentos históricos e políticos, os programas televisivos de maior audiência, as personalidades mais famosas, a moda e os valores sociais do presente são referências constantes nos anúncios publicitários.

3. Leia agora outro anúncio publicitário.

   TEXTO DO ANÚNCIO
   Assinatura: Nome da marca, que aparece ao fundo
   Slogan **da marca:** *1001 utilidades* (na embalagem)
   Chamada: SE VOCÊ TAMBÉM QUER A CASA BRANCA, USE GOOD BRIL.
   Autor: W/Brasil (na lateral direita, em letras miudíssimas)

   a) Qual o público-alvo desse anúncio?
   b) Que fato político serviu de inspiração ao anúncio? Escreva o que você sabe sobre ele.

4. Observe o uso da expressão "CASA BRANCA".
   a) Quais são os dois sentidos diferentes da expressão?
   b) Explique como a opção por formatar todo o texto em maiúsculas (caixa-alta) contribui para preservar o duplo sentido da frase.

   ANOTE
   > **Ambiguidade** é a possibilidade da linguagem de expressar, com as mesmas palavras, ideias diferentes. Embora a ambiguidade possa significar prejuízo à comunicação, é amplamente utilizada em anúncios publicitários, pois permite a formulação de trocadilhos e associações inusitadas.

5. De acordo com o anúncio da questão 3, por que se deve consumir o produto anunciado?
6. No anúncio da página ao lado, quais são os motivos citados para que o leitor adquira o serviço oferecido?

> **ANOTE**
>
> O anúncio publicitário procura passar uma ideia ao consumidor, o **conceito**. O conceito é apresentado na **chamada,** que funciona como uma espécie de título do anúncio. A **imagem** também deve veicular o conceito do anúncio, traduzindo-o em linguagem visual.

7. O anúncio da página 200 apresenta uma ação social.
   a) Quem é o responsável pela ação social citada?
   b) Qual foi o papel do banco na ação realizada?

8. Observe as características da **personagem** do anúncio. Por que ela foi escolhida para protagonizá-lo?

9. Examine o balão que aparece no anúncio da página 200.
   a) As imagens correspondem às palavras expressas na lousa? Explique.
   b) Que elemento na imagem indica tratar-se de um sonho?
   c) Descreva a imagem que representa o conteúdo do sonho. Por que ela foi composta dessa forma? Que mensagem sua ordenação produz?

10. Releia o trecho.

> Que mundo você quer?
> Reinvente. Faça com a gente.

   a) Segundo o anúncio, quem deve agir sobre o mundo? Qual é o papel do banco?
   b) Observe sua construção linguística: Que características marcantes podem ser notadas?
   c) Que apelo ao leitor essa frase contém? Ela "fisgou" você?

> **ANOTE**
>
> O anúncio publicitário produz frases curtas e sonoras – às vezes utilizando recursos literários, como a rima – que pretendem se fixar com facilidade na mente do leitor. Essas frases, chamadas *slogans*, são usadas para que o consumidor se lembre do produto na hora de comprar, associando-o a ideias positivas. Muitas vezes, eles acompanham a **assinatura**, ou seja, a **marca** que identifica o anunciante.

11. Que benefícios o banco promete a quem adquirir a conta bancária? Eles atraíram você? Por quê?

12. Releia, no anúncio da página 200, o texto escrito com **letras miúdas** e responda.
   a) O que esse texto altera em relação aos serviços anunciados pelo banco, isto é, quais são as condições e restrições desses serviços?
   b) Após a leitura do texto com letras miúdas, você mudou de opinião sobre as vantagens desses serviços?

> **ANOTE**
>
> O **texto principal** do anúncio frequentemente apresenta informações com **valor argumentativo**. Ele procura oferecer esclarecimentos ao consumidor sobre o produto, valorizando suas qualidades, reforçando o conceito do anúncio. Mas há textos que são essencialmente **criativos**, que desenvolvem o conceito do anúncio de forma mais livre, utilizando discursos literários, jornalísticos, humorísticos, etc. Às vezes aparecem também textos em **letras miúdas**, que oferecem as informações obrigatórias por lei sobre o produto ou suas condições de venda. Em geral, elas corrigem exageros e ilusões que a **chamada**, a **imagem** e o **texto** possam ter provocado no leitor do anúncio.

Repertório

A sedução

Segundo o *Dicionário Houaiss da língua portuguesa*, sedução é o "conjunto de qualidades e características que despertam em outrem simpatia, desejo, amor, interesse etc.". Sedução é "magnetismo, fascínio", é "capacidade de persuasão", é atrair alguém "através do estímulo à sua esperança ou desejo". Assim, a sedução, presente nas relações humanas sensuais e amorosas, está também presente, em maior ou menor grau, na argumentação, na qual é utilizada para conquistar ou convencer o interlocutor.

13. Leia o texto de um anúncio de sandálias veiculado na passagem de 2007 para 2008.

TEXTO DO ANÚNCIO
Assinatura: Nome da marca, que aparece escrito na sandália
Texto escrito nas fitas enroladas em torno do pé:

Que pedir a um ano novo
Fama, grana, remissão?
Pra quê, há coisas mais bacanas
Quero sossego e Havaianas

Como eu seria simples
Espicharia o casco ao sol
Divagaria bobagens tamanhas
Pé no chão, só as Havaianas

Não teria mais porto
Atracaria em areias distantes
Potiguares, gaúchas, baianas
Como viajariam minhas Havaianas

Aproveitaria cada minuto
Boiaria, mergulharia
Até me agarraria a barbatanas
Pra depois adormecer de Havaianas

Até me dissolver na espuma
Curtir o cabelo na água e sal
Pente algum desfaria as tramas
Se eu vivesse só de Havaianas

Mandaria o chefe às favas
Viveria de brisa fresca
Sobreviveria à base de bananas
Meu reino por um pé de Havaianas

a) Qual é a qualidade da sandália escolhida como **conceito** do anúncio?
b) Como o texto escrito nas fitas combina com esse conceito?

ANOTE

A **linguagem** da publicidade aproxima-se frequentemente da **poesia** e da literatura em geral. São utilizadas rimas, versos, metáforas, onomatopeias, figuras de linguagem, provérbios e ditos populares. A publicidade costuma utilizar também o **humor**, em trocadilhos, anedotas, piadas e tiradas sarcásticas. Busca, nos diversos discursos sociais, a expressão da subjetividade do desejo.

Observatório da língua

Intertextualidade e interdiscursividade

O discurso da publicidade aproveita-se amplamente de outros discursos, como a poesia, a política e o jornalismo, para produzir seus anúncios, o que dá a ele a característica da **interdiscursividade**. Muitas vezes os textos publicitários referem-se explicitamente a outros textos, evidenciando sua **intertextualidade**. Observe.

> Viveria de brisa fresca
> Sobreviveria à base de bananas

Aqui, além da estrutura em versos e estrofes, que demonstram a característica de interdiscursividade da publicidade, há uma referência intertextual a uma poesia de Manuel Bandeira, "Brisa", que diz: "Vamos viver de brisa, Anarina".

A intertextualidade é uma qualidade de todo texto ou discurso porque nada do que se diz ou escreve nasce "do zero", mas dialoga com textos anteriores, vivenciados pelos locutores em conversas ou pelo aproveitamento de outros registros (escritos ou audiovisuais). A intertextualidade pode, além disso, ser utilizada de forma consciente e intencional, inscrevendo no texto marcas visíveis desse diálogo.

1. Encontre, nas propagandas deste capítulo, outros exemplos de intertextualidade ou interdiscursividade. Explique-os.

2. Produza um trecho de texto publicitário que faça referência explícita a um texto anterior conhecido por você e seus colegas.

▶ Produzir um anúncio publicitário

▶ Proposta

Escolha um dos produtos abaixo para criar um **anúncio publicitário** de mídia impressa, supondo que será colado em um **mural** de alta visibilidade na escola. Você deve compor texto e imagem de forma a produzir um **discurso argumentativo** que use a **sedução** como estratégia. Procure aproveitar todos os recursos que você conheceu neste capítulo.

A) produto tecnológico
- um **celular** que apresenta recursos inovadores, além dos oferecidos pelo concorrente mais vendido
- um *laptop* desenvolvido especialmente para estudantes de Ensino Médio e universitários

B) produto sustentável
- uma nova marca de **roupas** que aposta na sustentabilidade
- uma **marca reconhecida mundialmente** que inicia uma campanha para mudança de hábitos, com o objetivo de preservar o meio ambiente (e vender seus produtos)

▶ Planejamento

1. Observe no quadro abaixo as características do texto a ser produzido.

Gênero textual	Público	Finalidade	Meio	Linguagem	Evitar	Incluir
anúncio publicitário	comunidade escolar	produzir um texto **argumentativo** que realize um apelo ao **desejo** do leitor	mural de alta visibilidade na escola	variedade adequada ao público-alvo, recursos poéticos e de humor	erros de informação ou linguagem, má-fé nas promessas do produto	imagem, referências a outros discursos sociais

2. Defina o produto que será anunciado.
   a) Quais são suas principais qualidades e fragilidades (estas a serem disfarçadas ou escondidas)?
   b) Crie a logomarca (nome e forma, tipo de letra, cores, etc.) para designar o produto.
   c) Formule o *slogan*: uma frase curta e marcante que atribua ao produto alguma qualidade ou recomende-o ao consumidor. Use rimas, se quiser.

3. Defina seu público-alvo.
   a) Faixa etária
   b) Grupo social
   c) Condição financeira
   d) Aparência (moda, cabelo, acessórios, etc.)
   e) Referências culturais
   f) Fatos históricos que marcaram o grupo
   g) *Hobbies* e hábitos
   h) Valores

4. Escolha uma característica do produto ou uma ideia, que se encaixe no perfil de seu público-alvo e que seja um forte argumento para o consumo, para servir de **conceito** ao seu anúncio. O conceito deve ser claro e convincente.

5. Escreva a **chamada**, expressando de maneira instigante e atraente o conceito do anúncio.

6. Crie a **imagem** que acompanhará seu produto, de modo que ela ofereça visualmente o conceito expresso na chamada.

7. Escreva o **texto principal** de acordo com uma das diretrizes abaixo, ou unindo-as em um texto que atenda a ambas:
   a) **texto informativo**: revela as características do produto associadas ao conceito do anúncio e acrescenta outras informações que possam reforçar qualidades do produto;
   b) **texto criativo**: desenvolve em texto o conceito da chamada, com estrutura narrativa, poética, ou utilizando a intertextualidade como base.

8. Se necessário, acrescente informações obrigatórias sobre o produto ou suas condições de venda em **letras miúdas**. (Sempre que a chamada ou o texto do anúncio sugerir algo que o produto não oferece, quando houver regulamento específico, no caso de promoções, assinaturas ou planos de adesão, e quando for necessário relativizar as informações veiculadas ou sugeridas.)

9. Antes de produzir finalmente o anúncio, **teste** com amigos e familiares a aceitabilidade de suas ideias. Realize as alterações necessárias para torná-las mais atraentes e eficazes.

> ## Elaboração

10. Agora você já pode compor o **anúncio publicitário**. Verifique se todos os itens estão adequados, certificando-se de que há: **chamada**, **texto principal**, **nome** e **marca** do produto, *slogan* e **assinatura**. Faça acertos na composição de texto e imagem até chegar à forma ideal.

11. Inclua a autoria em letras diminutas na lateral direita.

> ## Avaliação

12. Forme uma dupla e troque os anúncios publicitários.

13. Copie e complete, em uma folha separada, o quadro abaixo, a partir da leitura do anúncio publicitário de seu colega. Em seguida, faça um comentário geral sobre o texto, apontando qualidades e sugerindo mudanças.

	Sim	Não
Está claro quem é o público-alvo do anúncio?		
A chamada é atraente?		
A imagem traduz o conceito da chamada?		
O texto traz informações importantes e/ou colabora decisivamente para convencer o leitor?		
O *slogan* é de fácil fixação mental e expressa bem o produto ou a marca?		
Há assinatura, autoria, imagem e marca do produto no anúncio?		
O anúncio convence o leitor a consumir o produto?		
Comentário geral sobre o texto		

> ## Reescrita

14. Troque novamente os textos com seu colega.
   a) Leia com atenção o quadro que seu colega preencheu.
   b) Agora, releia seu texto, buscando compreender as intervenções realizadas por seu colega.
   DICA: Se estiver com um lápis na mão, vá anotando em seu texto as possíveis modificações.

15. Reescreva o anúncio publicitário.
   a) Faça todas as alterações que julgar necessárias para adequar seu texto à variedade linguística escolhida. Diferenças de ortografia, pontuação e construções sintáticas em relação à norma devem ser intencionais.
   b) Faça alterações no texto e na imagem para associar, de forma mais intensa e consistente, seu produto aos valores compartilhados pelo público-alvo, a fim de torná-lo mais claro, mais divertido e eficaz.

Foco da reescrita

Ao reescrever o anúncio, faça adaptações para atingir com maior precisão seu público-alvo. Dê atenção especial à linguagem. Use expressões que possam ser compreendidas por todos, mas que fisguem especialmente o público almejado. A linguagem deve atender ao desejo do público: Como as pessoas que o anúncio quer atingir gostam de ser tratadas? O que elas querem ver, ouvir e ler? Que valores atendem às suas exigências éticas?

ATENÇÃO

» A linguagem do texto deve adequar-se à comunicação com o público-alvo. Use variedades da língua, se quiser reforçar a especificidade e diferenciação desse público.

» Não repita formas gastas nem utilize ideias muito difundidas. A publicidade sempre tenta inovar em suas produções.

Repertório

Propaganda × publicidade

As palavras *propaganda* e *publicidade*, usadas muitas vezes como sinônimos, têm uma diferenciação no jargão publicitário.

A **propaganda** é utilizada para as campanhas que não vendem produtos, mas a adesão a alguma ideia ou comportamento. Elas intentam uma aproximação ideológica com o público-alvo, para estimulá-lo a, por exemplo, alterar algo em seu modo de vida. É o caso de campanhas contra o preconceito ou em favor do uso racional da água.

A **publicidade** é um termo reservado para as campanhas cujo objetivo é vender produtos. Assim como a propaganda, também intenta alterar o comportamento do consumidor, estimulando-o a determinada ação. A publicidade tenta persuadir o leitor a **comprar** o produto anunciado.

"Quem destrói florestas, não mata apenas árvores" é um exemplo de propaganda; não vende produtos, mas divulga uma ideia. Cartaz da Fundação SOS Mata Atlântica.

CAPÍTULO 24

Artigo de opinião

O que você vai estudar

- Como identificar e produzir um artigo de opinião.
- Estratégias argumentativas: as citações e o argumento de autoridade.
- Orações subordinadas adverbiais na argumentação.

Nos meios jornalísticos, o **artigo de opinião** representa um espaço aberto à participação de especialistas que desejam tornar público seu ponto de vista sobre uma questão polêmica. Em jornais, revistas e blogues, eles defendem ideias sobre temas variados. O artigo expressa uma opinião com o objetivo de contribuir para o debate público. Depois de conhecer melhor esse gênero, será sua vez de produzir um artigo de opinião.

▶ Leitura

- O texto abaixo foi retirado de uma revista mensal. Ele foi publicado em uma seção chamada "Novas ideias: outras maneiras de ver o mundo", que apresenta, lado a lado, artigos de opinião diversos. Leia com atenção o texto e responda às questões.

Favela não é problema, é solução

Vista aérea do Morro Dona Marta, Rio de Janeiro (RJ), em 2007. Lerner propõe que as escadarias das favelas situadas em terrenos íngremes tenham importantes funções na infraestrutura local.

Favela integrada com a cidade. Essa é a solução. Claro, isso não soluciona tudo, até porque há novos desafios, como o tráfico de drogas. Mas alguns dos grandes problemas que temos nas favelas – lixo, infraestrutura, empregos e segurança – nós podemos resolver.

O primeiro é o lixo. Quantas pessoas têm morrido soterradas nos morros e em inúmeras favelas no mundo inteiro? Por que as pessoas são obrigadas a jogar tanto lixo perto das próprias casas? Porque o acesso dos caminhões que fazem a coleta não é fácil, já que as favelas estão geralmente em morros ou em fundos de vale. Em 1989, na Prefeitura de Curitiba, criamos um programa que comprava o lixo da favela. O que aconteceu? Em vez de jogar fora, os moradores coletavam o lixo, que era trocado por vale-transporte. Não se tratava de um ato paternalista, já que, se não fizéssemos isso, teríamos de pagar pela coleta de qualquer maneira. Em poucos meses, todas as favelas estavam limpas, e as famílias tinham uma renda a mais. Problema resolvido.

A segunda questão é a infraestrutura: levar água, esgoto e energia. Pelo menos em se tratando de energia e água, a tendência é mexer no terreno. Sempre fui contrário a essa solução porque pode haver deslizamento. Defendo a ideia de levar água e energia através do corrimão das escadarias. Dessa maneira, é possível realizar o abastecimento de água da maneira mais prática para cada casa: pela janela, pelo teto, por onde for mais fácil. Idem em relação à energia elétrica: leva-se a estrutura básica pelo corrimão. E o esgoto nós podemos coletar da mesma maneira, pelo canto das escadarias.

Terceiro problema: como gerar empregos? Zonas francas. Ou seja, quem montasse uma pequena fábrica ou serviço e contratasse moradores locais não pagaria impostos. Assim faríamos com que o tráfico deixasse de ser a única alternativa de boa parte das pessoas. Com isso, aumentam as chances de, pouco a pouco, levar escolas e creches de qualidade até lá. Motivados pelas melhorias em volta, os moradores acabam investindo em reformas nas próprias casas. E aí entra a necessidade de outras soluções: financiar material de construção e dar suporte legal para que as pessoas regularizem a área em que vivem.

A melhora das condições diminui a sensação de "gueto", que torna a coexistência muito difícil porque o seu vizinho acaba virando inimigo. E a atual tendência é justamente criar "guetos" – tanto de gente muito rica quanto de gente muito pobre – cada vez mais afastados da malha urbana. E há vazios urbanos que podem ser perfeitamente ocupados por uma vizinhança diversificada. Uma das coisas de que eu mais gosto na minha cidade, Curitiba, é que 80% da população vive em vizinhanças diversificadas, gente de toda faixa de renda. Não no mesmo prédio, mas próximas. Isso é uma coisa sadia, que acontece nas boas cidades do mundo. Prefiro a favela mais integrada à cidade que o conjunto habitacional muito afastado. O custo de melhorar a qualidade de vida passa a ser menor do que levar a 40 km, 50 km de distância a infraestrutura para que um conjunto habitacional enorme se estabeleça em uma determinada região metropolitana.

Por outro lado, é preciso conter o avanço das favelas. Para isso devemos oferecer alternativas mais rápidas. Terra acessível, financiamento para construção, autoconstrução. A favela é inevitável no momento em que não há alternativa. O governo tem de oferecer transporte público, saúde e educação de qualidade. Atendidas essas demandas, a tendência é melhorar.

A criatividade começa quando se corta um zero do orçamento. A sustentabilidade, quando se cortam dois zeros. E a qualidade de vida começa quando você é rápido em achar soluções.

Jaime Lerner, urbanista e ex-prefeito de Curitiba.

Lerner, Jaime. Revista *Galileu*, São Paulo, Globo, p. 92-93, jun. 2009.

Situação de produção

Forma de participação social

O artigo de opinião permite tanto ao autor quanto ao leitor participar de uma comunidade maior do que aquela composta por suas amizades e relações pessoais. Com a escrita, o discurso ganha a possibilidade de alcançar outras pessoas, distantes, proporcionando a troca de opiniões, informações e ideias.

Comunicar não é apenas informar, não é um **fazer saber** puro e desinteressado; implica relações entre as pessoas, com o objetivo de **fazê-las crer e agir** de determinado modo. A linguagem é instrumento de ação entre pessoas, e a argumentação mostra essa face ativa ao procurar convencer seu público. O artigo de opinião argumenta para transmitir uma visão de mundo particular.

Para conseguir isso, usa **estratégias de argumentação** eficientes e atraentes e **argumentos** fortes, nos quais o leitor possa confiar. O autor do artigo, geralmente um especialista no assunto sobre o qual escreve, busca construir uma imagem com credibilidade diante do leitor. Simultaneamente, desenvolve uma argumentação que comprove seu ponto de vista.

Em jornais e revistas, o artigo dá a pessoas de diferentes áreas a oportunidade de participar do debate social, defendendo seu ponto de vista, contestando outros e contribuindo com ideias. Nem sempre esse ponto de vista coincide com o do veículo em que o texto é publicado.

Com a internet, o artigo de opinião ampliou sua circulação para além da esfera jornalística, ganhando as páginas de blogues e *sites*. Como circula nas comunidades virtuais ou em publicações especializadas, tende a se moldar aos assuntos e às áreas de interesse de seu público-alvo. Por exemplo, se o artigo for direcionado ao público jovem, eventualmente usará gírias e referências do universo *pop*. Se, por sua vez, for direcionado ao mundo acadêmico, é de regra que empregue linguagem formal e raciocínios complexos pertencentes ao domínio científico.

O artigo de opinião "Favela não é problema, é solução" é um texto que interessa ao cidadão porque diz respeito a políticas públicas; ao arquiteto, por defender uma ideia sobre a cidade e o urbanismo; ao morador das comunidades envolvidas; e ao estudante que pesquisa esse gênero textual.

⟩ Ler um artigo de opinião

1. A **autoria** é um dado relevante para a análise e a compreensão do gênero artigo de opinião.
   a) Quem é o autor do texto "Favela não é problema, é solução"?
   b) Que dados a respeito do autor são apresentados no artigo?
   c) Como esses dados se relacionam ao tema tratado no texto?

> **ANOTE**
>
> O artigo de opinião é assinado e traz uma opinião pessoal para um debate público. Por isso, costuma oferecer uma **ficha biográfica do autor**: seu nome é acompanhado de dados que o identificam e o tornam reconhecível ao público leitor (idade, profissão, experiência, fotografia, etc.).

2. Descreva a **linguagem** do artigo quanto aos itens:
   a) vocabulário
   b) dificuldade de compreensão
   c) nível de formalidade
   d) tipo de relação com o leitor

3. Explique o significado das palavras a seguir, levando em conta o contexto em que aparecem no artigo de opinião:
   a) infraestrutura
   b) zona franca
   c) gueto

Apesar de apresentar tensões sociais semelhantes às de muitas outras grandes cidades brasileiras, Curitiba (PR) é considerada uma referência de urbanismo. Fotografia de 2012.

> **ANOTE**
>
> A credibilidade do artigo de opinião depende da forma como o autor se apresenta, não apenas em função de seus dados, mas por meio de sua **linguagem**. A linguagem do artigo **define seu público** (informal, formal, amplo, restrito, com mesmos gostos ou história cultural, etc.).

4. Releia o primeiro parágrafo do texto.
   a) Que **tese** o autor do artigo defende?
   b) O que justifica a defesa dessa tese?
   c) Que ressalva o autor faz em relação à própria tese?

> **ANOTE**
>
> O artigo de opinião é um texto argumentativo que **defende uma tese**. Muitas vezes, o autor faz uma análise de sua proposição, apontando os limites e as qualidades de seu ponto de vista.

5. Observe, do segundo ao quarto parágrafo, como o autor organiza seus argumentos. Para preencher o quadro ao lado no caderno, dê título aos parágrafos e resuma-os em poucas palavras.

Parágrafo	Título	Resumo
2º		
3º		
4º		

6. O quinto parágrafo do texto desenvolve uma justificativa para as propostas apresentadas.
   a) O que justificaria, segundo o autor, as medidas propostas?
   b) Você concorda com o argumento do autor? Justifique sua resposta.

7. Releia.

> Mas alguns dos grandes problemas que temos nas favelas – lixo, infraestrutura, empregos e segurança – nós podemos resolver.

   a) Para quais desses problemas o texto aponta soluções? Em que momento?
   b) De que modo o texto aborda o tema da segurança?

> **ANOTE**
>
> O artigo de opinião deve ser **crível, coerente, consistente**. Os **argumentos** devem se apoiar em dados convincentes, experiências generalizáveis e discursos valorizados.

8. Releia.

> Uma das coisas de que eu mais gosto na minha cidade, Curitiba, é que 80% da população vive em vizinhanças diversificadas, gente de toda faixa de renda.

a) Por que o autor se refere a Curitiba como "minha cidade"?
b) Em sua opinião, nesse momento do texto, de que lugar social Jaime Lerner se expressa: do lugar de morador, de político ou de arquiteto urbanista? Justifique sua resposta.

9. Leia o texto a seguir, publicado em um blogue de publicidade, em seção intitulada Artigo de Opinião Jovem.

O não artigo: sem opinião definida
6 março de 2008, por Bruna Rocha

Que dádiva e que cruz é a chamada opinião. Este será o meu não artigo, isso mesmo, assim como a Revista TPM tem na seção Badulaque a Não Entrevista, eu resolvi escrever um não artigo, pois ele vai contra a proposta das colunas da Casa ao não defender uma opinião.

As pessoas do nosso meio chegam a adotar um tipo de opinião para fazerem parte de um grupo. E mesmo que não o façam, os pré-conceitos estão tão enraizados em cada grupo que costumamos generalizar a opinião predominante, como se fizesse parte de um perfil [...].

Em um mundo em que opinar através das roupas, cortes de cabelo, atitude real e virtual, etc., virou quase que uma obrigação, cada vez menos encontramos profundidade e verdade nas opiniões.

[...]

Além disso, mudar de opinião é saudável, faz as pessoas renovarem suas 'cascas' a ponto de alçarem marcas do anonimato para a fama de uma hora para outra. É como Raul dizia (e que não poderia faltar), 'Eu prefiro ser essa metamorfose ambulante, do que ter aquela velha opinião formada sobre tudo'.

ROCHA, Bruna. Blog Casa do galo. São Paulo, 6 mar. 2008. Disponível em: <http://casadogalo.com/o-no-artigo-sem-opinio-definida/>. Acesso em: 4 abr. 2013.

Caricatura de Raul Seixas (1945-1989) assinada por Baptistão. O cantor e compositor de *rock* brasileiro, com obra marcada pela irreverência, é o autor dos versos citados no fim do texto de Bruna Rocha.

a) No primeiro parágrafo, o texto propõe-se a "não defender uma opinião". Ele atinge esse objetivo? Justifique com elementos do texto.
b) No blogue em que foi publicado, o texto era ilustrado com a imagem de um muro. Que relação há entre "muro" e o tema "opinião"?
c) Destaque passagens do texto relacionadas às seguintes afirmações sobre o tema "opinião".
- Em vez de expressar opinião própria, muitos preferem repetir aquelas padronizadas pelo grupo social.
- Mesmo sem palavras, é possível ter pistas sobre a opinião de certas pessoas.
- Reavaliar as próprias opiniões não é necessariamente um defeito.

d) O texto é encerrado com uma citação do compositor de *rock* Raul Seixas. Qual é o efeito produzido por esse recurso?

10. Releia os dois últimos parágrafos do texto "Favela não é problema, é solução".
a) Como o autor conclui seu raciocínio (sexto parágrafo)?
b) Como o autor conclui o texto (sétimo parágrafo)?

ANOTE

A **conclusão** de um artigo de opinião tem dupla função: ela encerra o raciocínio argumentativo desenvolvido ao longo do texto e encerra também o próprio texto. É comum artigos de opinião terminarem com reflexões mais abrangentes, citações e frases de efeito.

Entre o texto e o discurso – Estratégias argumentativas

O artigo de opinião utiliza uma série de **estratégias argumentativas** para convencer o leitor. Leia o artigo abaixo, escrito por José Miguel Wisnik, professor de Literatura e compositor paulista. Os boxes laterais ressaltam algumas estratégias presentes no texto.

As aspas indicam o caráter **metalinguístico** do texto, que trata de seu tema partindo da palavra que o identifica: *adolescente*.	"Adolescente" é um substantivo no particípio presente: um ser que está acontecendo. De corpo e espírito, o adolescente é um estado. Estado de quê? O segredo do adolescente está guardado, há séculos, no DNA da palavra "adolescente", para só revelar-se agora, no nosso tempo. O radical vem do verbo latino *oleo, -es, -ere, olui*, que quer dizer exalar um perfume, um cheiro, recender – bem ou mal. É a mesma raiz da palavra "olor", significando aroma sutil, fragrância. Com a preposição *ad* como prefixo formou-se o verbo latino *adoleo*, que quer dizer queimar, fazer queimar, consumir pelo fogo em honra de um deus. Entende-se: as ervas queimadas no altar do sacrifício exalam cheiros, perfumam, recendem – estão aí para isso. Podemos adiantar uma fórmula: o adolescente será aquele que arde, que queima, que se consome no seu próprio fogo, sacrificado aos deuses de sua idade, de sua época.	Começa a **análise** da palavra, que será dissecada elemento por elemento: *ad + + oleo + esc + ent*.
Pergunta retórica, que remete à linguagem professoral, prepara a apresentação da tese.		A utilização de uma **expressão coloquial** ameniza o tom "acadêmico" e aproxima o texto do público jovem.
No meio da análise, o texto antecipa um "resultado" provisório. Soa como um **recado** ao leitor impaciente: a dissecação da palavra não é supérflua, não se resume a si mesma.		
	O terceiro elemento da fórmula, o *esc*, só acentua a ideia de processo temporal, de algo que vai acontecendo, como na palavra *evanescer* – o que se esvai aos poucos. Assim, *adolesco*, extensão de *adoleo*, é o verbo latino de duplo sentido que significa transformar-se em vapor, em fumaça, e também passar de um estado a outro – crescer, desenvolver-se, tornar-se maior.	Formulação com palavras que reforçam o sentido de ação que se desenvolve no momento presente, como os **gerúndios**, para enfatizar esse aspecto da palavra *adolescente* e seu significado.
Quando o leitor toma para si a referência à "sua época", atualiza a **metáfora** que remete à cultura da Roma Antiga, origem da palavra.		
	O elemento *ent* só vem acentuar mais uma vez o acontecimento temporal: adolescente é aquele mutante que está sendo posto para estar se consumindo ardentemente, enquanto cresce. O particípio passado do mesmo verbo é (pasmem!) adulto. Assim, diante do adolescente, o adulto se arrisca sempre a ser o fósforo queimado, aquele que não fede nem cheira.	O **neologismo**, embora soe erudito, também pode ter o efeito inverso: lembra que a língua está viva e que o leitor pode participar de sua constante recriação.
A ênfase exclamativa quebra o tom objetivo da análise e convida o leitor a prestar atenção especial à informação que será apresentada.		
Referências do universo científico (DNA, fórmula, volatilidade) realçam a intenção de análise (de uma palavra) em busca de uma descoberta (a atualidade dos significados que ela contém).	Duas consequências. Na sociedade de consumo o adolescente, que se consome em consumir-se, tornou-se, por definição, o alvo principal, o modelo de consumidor ideal e sua realização mais plena. A sociedade de consumo quer converter todo mundo, adultos e crianças, ao estado adolescente, queimando-os no altar de seus deuses voláteis. Ser adulto tornou-se um ato heroico. Ser criança, quase impossível.	**Chave de ouro**, que reafirma e reforça o olhar cuidadoso sobre as palavras que caracteriza todo o texto. A frase aproveita a polissemia das palavras *faro* e *essência* (e a presença sonora desta palavra em *adolescência*).
	Ao mesmo tempo, ser adultolescente é um estado poético e utópico, desejável, de quem concluiu os processos da maturidade sem deixar de arder. Caetano Veloso fez desse desejo o estribilho da sua canção "O homem velho": "a carne / a arte arde / a tarde cai / no abismo das esquinas / a brisa leve traz o olor fugaz / do sexo das meninas". Só mesmo o faro de um poeta para captar nas palavras a fragrância imperceptível – o olor fugaz –, a essência da adolescência.	
A **citação** de uma música popular reafirma a estratégia de aproximar referências da cultura erudita do repertório mais próximo ao leitor.		**Vocabulário de apoio** **estribilho**: refrão **esvair**: evaporar; desaparecer **recender**: cheirar a algo **volátil**: que evapora

WISNIK, José Miguel. O olor fugaz do sexo das meninas. *Sem receita*. São Paulo: Publifolha, 2004. p. 381-384.

O argumento de autoridade no artigo de opinião

O artigo de Wisnik analisa a palavra *adolescente* e extrai dessa análise relações com a sociedade de consumo. A **estratégia argumentativa** utilizada é a leitura dos significados presentes na origem da palavra *adolescente* e em outras palavras com as quais ela estabelece relações.

O currículo de Wisnik como professor universitário de Letras o investe de **autoridade** para falar de etimologia, radicais latinos e palavras polissêmicas, especialmente em contexto não especializado, como é o caso do veículo em que o texto foi originalmente publicado (a *Revista MTV*, da extinta emissora de TV de mesmo nome, voltada a jovens interessados em música). Só especialistas da área, que não compõem o perfil do leitor médio da revista, poderiam contestar tais informações.

Assim, conhecimentos especializados, não compartilhados pela maioria dos leitores, funcionam como **argumentos de autoridade**: conferem credibilidade ou aceitação das opiniões que sustentam. Têm a função de **autorizar** determinadas afirmações ou **desqualificar** ideias opostas.

No texto "Favela não é problema, é solução", Jaime Lerner diz:

> Em 1989, na Prefeitura de Curitiba, criamos um programa que comprava o lixo da favela.

MODIGLIANI, Amadeo. *Rapaz com cabelo ruivo*, 1906. Óleo sobre tela, 101 cm × 63 cm. Coleção particular.

Lerner escreve como quem testou na prática sua ideia, o que confere credibilidade ao argumento. A experiência política e a especialidade profissional de urbanista (arquiteto que projeta a cidade), declarada na ficha biográfica do texto, dão peso à opinião e ao opinador.

Embora, em geral, o argumento de autoridade esteja mais presente em **citações** ("Segundo Freud", "de acordo com a definição de Aristóteles", etc.), em artigos de opinião é comum que a autoridade seja o próprio autor. Isso se deve ao fato de que, no espaço destinado a esse gênero, os veículos de imprensa costumam convidar especialistas sobre os temas em questão.

- Reescreva os argumentos de autoridade, transformando-os em **citações** do respectivo autor.
a) *Adolescente* tem a mesma raiz da palavra *olor*.
b) 80% da população de Curitiba vive em vizinhanças diversificadas.
c) *Adolesco* é um verbo latino de duplo sentido, que significa "transformar-se em vapor" e também "passar de um estado a outro".
d) É possível coletar o esgoto pelo canto das escadarias das favelas.

Observatório da língua

As orações subordinadas adverbiais

O advérbio expressa a circunstância do processo verbal. Como foi? Com que instrumento? Com que intenção? Quando? Onde? Por quê?

Em dissertações e artigos de opinião, a função de advérbio é frequentemente preenchida por **orações subordinadas adverbiais**, importantes elementos de coesão textual. Observe.

> [...] financiar material de construção e dar suporte legal **para que** as pessoas regularizem a área em que vivem.

A locução conjuntiva subordinada adverbial *para que* indica que a oração subordinada exporá a **finalidade** relacionada ao conteúdo da oração principal.

1. Encontre outras conjunções adverbiais nos textos deste capítulo. Identifique que circunstâncias elas informam ao leitor.

2. Escreva frases usando as seguintes conjunções/locuções conjuntivas adverbiais:
a) comparativa (*tal qual*, *assim como*)
b) causal (*porque*, *devido a*)
c) condicional (*caso*, *se*)
d) concessiva (*ainda que*, *mesmo que*)
e) proporcional (*quanto mais... mais...*)
f) conformativa (*segundo*, *de acordo com*, *conforme*)
g) final (*para que*, *de modo a*)
h) consecutiva (*tão... que*, *tanto que*)
i) temporal (*depois que*, *logo que*)

❯ Produzir um artigo de opinião

❯ Proposta

Escolha um dos textos abaixo como ponto de partida para produzir um **artigo de opinião**, supondo que ele será publicado em seu blogue na internet. O que esse tema leva você a pensar? Participe do debate social que ele propõe, desenvolvendo seu ponto de vista. Informe-se, crie argumentos consistentes. Use algumas estratégias argumentativas abordadas neste capítulo.

Texto A. Editorial da *Folha de S.Paulo* de 5 de junho de 2010 (trechos):

Adoção polêmica

Pouco mais da metade dos brasileiros (51%) se diz contrária à adoção de crianças por casais homossexuais, direito que já foi reconhecido por juízes em sete capitais do país e também pelo Superior Tribunal de Justiça.

Não deixa de ser compreensível a parcela de rejeição, expressa na recém-divulgada pesquisa Datafolha, que recai sobre essa nova forma de organização familiar, ainda rara no Brasil.

[...]

Mas aí também se revela o que há de positivo nos números auferidos no levantamento: não apenas a sociedade brasileira dá sinais de ser razoavelmente tolerante, como tende a sê-lo cada vez mais.

[...]

Folha de S.Paulo, 5 jun. 2010.

Texto B. Em junho de 2009, estudantes da Universidade de São Paulo ocuparam alguns prédios do *campus* e a polícia foi chamada para desalojá-los. Veja na fotografia abaixo a reação dos estudantes:

Policial segura flor jogada por manifestantes. USP, 2009.

Texto C. Frase atribuída ao revolucionário argentino Ernesto "Che" Guevara:

"O conhecimento nos faz responsáveis."

❯ Planejamento

1. Observe no quadro abaixo as características do texto a ser produzido.

Gênero textual	Público	Finalidade	Meio	Linguagem	Evitar	Incluir
artigo de opinião	comunidade virtual	produzir um texto **argumentativo** que defenda uma opinião pessoal	blogue na internet	nível de linguagem adequado ao público; conjunções e locuções conjuntivas adverbiais	contradição nas ideias, confusão na forma	argumentos consistentes, citações, ficha biográfica

2. Defina o **tema** de seu artigo, com base no texto que você escolheu (A, B ou C).
3. Qual será sua posição? (Escreva a **tese** de seu artigo de opinião.)
4. Defina seus principais **argumentos**, que podem envolver: propostas de solução, críticas a atitudes dos envolvidos, reflexões sobre as causas e/ou consequências da situação, associações com outros problemas ou uma combinação desses elementos.
5. Organize seus argumentos em uma **sequência** lógica.
6. Fortaleça o **conteúdo** com fatos, dados, exemplos, testemunhos.
7. Defina em linhas gerais como será sua **conclusão**. Você pode escrevê-la em duas etapas:
   a) conclusão do raciocínio argumentativo;
   b) conclusão do texto (com frases de efeito e reflexões mais gerais).
8. Se, ao longo do planejamento, você já definiu possíveis **citações** ou **argumentos de autoridade**, anote os momentos do texto em que eles serão utilizados. Se não os definiu, pesquise uma ou duas citações para conferir credibilidade ao texto e aproximar o leitor.
9. Escreva uma **ficha biográfica** que apresente você como autor do artigo de opinião.

> Elaboração

10. Agora você já pode escrever o **artigo de opinião**.

11. Ao escrever, use **estratégias discursivas** que promovam credibilidade, contribuam para a construção de uma imagem positiva e estabeleçam uma relação consciente com o leitor: citações, perguntas retóricas, pontuação expressiva, humor, ironia, argumentos de autoridade, referências culturais, clareza, objetividade, uso da norma-padrão, refutação antecipada a argumentos que sustentem ponto de vista contrário, etc.

> Avaliação

12. Forme uma dupla e troque seu artigo de opinião com o do colega.

13. Copie e complete o quadro abaixo em uma folha avulsa, com base na leitura do artigo de opinião de seu colega. Em seguida, faça um comentário geral sobre o texto, apontando qualidades e sugerindo mudanças.

	Sim	Não
O artigo de opinião tem uma tese clara?		
Os argumentos são consistentes?		
As citações foram bem utilizadas?		
Há outras estratégias argumentativas usadas adequadamente?		
As conjunções adverbiais foram usadas com propriedade?		
O artigo de opinião é convincente?		
A ficha biográfica contribui para a aceitação do texto?		
Comentário geral sobre o texto		

> Reescrita

14. Troque novamente de texto com seu colega.
   a) Leia com atenção o quadro que seu colega preencheu.
   b) Agora, releia seu texto, buscando compreender as intervenções realizadas pelo colega.
   DICA: Se estiver com um lápis na mão, vá anotando em seu texto as possíveis modificações. Caso tenha alguma dúvida, peça ajuda ao professor.

15. Reescreva o artigo de opinião.
   a) Faça todas as alterações que julgar necessárias para adequar seu texto à norma-padrão e à linguagem adequada ao público a quem você se dirige.
   b) Faça, ainda, outras alterações no texto para aumentar sua credibilidade e torná-lo mais acessível e interessante ao público que você pretende atingir.

Foco da reescrita

Ao reescrever o artigo, observe o uso das **conjunções adverbiais**. Elas podem colaborar na coesão textual, ligando termos com maior propriedade. Cuide bem das sequências e ligações de conteúdos em seu texto: elas são fundamentais para o bom desenvolvimento da argumentação.

ATENÇÃO

» À linguagem do texto. Alguma informalidade pode favorecê-lo. Se utilizada em excesso, porém, pode minar a credibilidade da opinião defendida.

» Ao conteúdo do texto. O autor deve estar seguro das informações e dos dados apresentados. Sua opinião deve ser consistente, para que alcance relevância no debate social.

Repertório

O ensaio

A palavra *ensaio* remete aos ensaios teatrais e de orquestra. De fato, como texto, o ensaio é um esboço, uma tentativa, uma experimentação de ideias e discursos. O gênero textual nasceu com Montaigne (1533-1592), filósofo francês do século XVI que publicou uma coletânea de pequenos textos e nomeou-a *Ensaios*.

O ensaio é uma espécie de artigo de opinião em que a argumentação cede espaço para o **livre pensar**. O autor do ensaio se deixa levar ao sabor de seus pensamentos e associação de ideias. Com isso, garante uma relação livre com o tema e criatividade na formação do ponto de vista.

O português José Saramago (1922-2010) deu o nome de "ensaio" a dois romances, *Ensaio sobre a cegueira* (1995) e *Ensaio sobre a lucidez* (2004), aproximando a literatura da filosofia. Fotografia de 2003.

CAPÍTULO

25
Dissertação para o Enem e para o vestibular

O que você vai estudar

- Como exercitar e produzir uma dissertação para o vestibular.
- Estratégias conclusivas: "fechar com chave de ouro".
- Estereótipos e preconceitos.

Para escrever uma dissertação bem-sucedida no Enem e no vestibular, é importante dominar as técnicas argumentativas, mas isso não é tudo. O texto também revela ao examinador o estágio da formação escolar e extraescolar do estudante. Que conhecimentos ele articula em sua argumentação? Que autonomia de pensamento o texto revela? Depois de conhecer melhor a **dissertação para o Enem e para o vestibular**, será sua vez de exercitar a produção desse tipo de texto.

> Leitura

- Os textos a seguir, publicados no *site* da Fuvest (sigla de Fundação Universitária para o Vestibular, responsável pelo exame vestibular da Universidade de São Paulo), estavam entre as 44 melhores redações de 2009. Leia-os com atenção e responda às questões propostas nas páginas 216-217. Os textos foram transcritos de acordo com o original, apenas com correções ortográficas pontuais.

Romper fronteiras, romper valores

Fronteiras são limites e o homem busca ultrapassá-las. Um grande canto à quebra de fronteiras está presente em *Os Lusíadas*. Camões, ao narrar a viagem de Vasco da Gama às Índias conta uma história não só de ultrapassagem de barreiras físicas e geográficas mas também da quebra dos limites psicológicos do povo português. Vencer fronteiras existentes ao redor do homem, leva-o a quebrar fronteiras dentro de si mesmo.

A transformação ideológica vivida pela humanidade após a Expansão Marítima Comercial, mostrada nos versos do autor português, mudou o rumo da História. Ao passar pela linha do horizonte sem cair em um abismo, como acreditava-se na época, o homem descobriu ser capaz de realizar grandes feitos sem a necessidade da ordenança divina, apenas por sua vontade. As fronteiras do Oceano foram rompidas e ajudaram na quebra do Teocentrismo.

O pensamento antropocêntrico consolidou-se. A ciência e a tecnologia evoluíram. Limites foram rompidos pela humanidade ao longo da História. A chegada do homem à Lua instigou ainda mais o sentimento de superioridade humana. O homem porém tem esquecido da fronteira que o próprio homem carrega e o limite a que pode chegar.

Fabiano, em *Vidas Secas*, também passa por um processo de transformação interna. Por não conseguir vencer os limites da linguagem e do conhecimento, tem que romper com a fronteira entre o ser humano e o animal, transformando-se em um bicho para se adaptar às condições da seca.

No mundo moderno existem diversos Fabianos. Latino-americanos que cruzam fronteiras de países e necessitam submeter-se a condições inumanas para sobreviver. Favelas crescentes e aumento da desigualdade com pessoas lutando para ultrapassar os limites da sobrevivência.

A capacidade de superação humana e quebra de barreiras é indiscutível. Cabe ao ser humano do século XXI romper as fronteiras do individualismo para que não mais pessoas rompam as barreiras do humano para sobreviver como animais.

Autoria desconhecida. Fuvest 2009. Disponível em: <http://www.fuvest.br/vest2009/bestred/520866.jpg>. Acesso em: 23 jan. 2015.

Fronteiras da vergonha

A partir do momento no qual alguém julgou pertencer a si um pedaço de terra, sem ouvir repreensão, criou-se a primeira fronteira, que demarcava a primeira propriedade privada. "Nada além de um roubo", segundo Proudhon. A sociedade até então igualitária e

214

coletivista passou a segregar indivíduos semelhantes, exaltando alguns e condenando a maioria. Desde a milenar Muralha da China às atuais cercas eletrificadas: as fronteiras enraizaram-se em nossa cultura, causando-nos impressão de normalidade.

Cisjordânia, Coreia, Tijuana, Ceuta e Melila: os atuais "muros da vergonha" separam ricos de pobres, tal qual objetos de cores diferentes são embalados em caixas distintas. Representam a materialização de uma linha divisória há muito existente, separando o norte do sul. Em menor escala, estão os carros blindados e os altos muros dos condomínios fechados, que protegem o moderno feudo de "ataques bárbaros", encarcerando os que buscam liberdade.

As demarcações entre países atuam de forma análoga, diferenciando etnias, línguas, hábitos culturais, limitando um espaço geográfico determinado a apenas um povo. Tal conceito, tão comum, soaria irracional a um indígena. Lennon, na canção "Imagine", prega a existência de um mundo sem fronteiras, sem divisões, o que o tornaria justo e pacífico. Abolir-se-ia o conceito de nação, causa frequente do desencadeamento de conflitos, como as duas grandes Guerras Mundiais.

O avanço do modo de produção capitalista (que intensificou a concentração de renda e a diferenciação de classes), aliado ao conceito de superioridade racial e cultural, é o principal pilar que sustenta as modernas fronteiras. Estas denunciam, sobretudo, a desumanização da "tão evoluída" humanidade. Ao erguer muros, cavar fossas, construir cercas, sentimo-nos seguros, tornando-nos "filhos da bolha", prestes a explodir.

Como único ser capaz de modificar o ambiente a seu redor de acordo com sua comodidade, o homem criou as fronteiras: demarcações, linhas divisórias entre duas áreas, regiões, estados, países... As atuais fronteiras, porém, visam à segregação de grupos humanos, roubando-lhes o direito de desfrutar de algo que, na realidade, não possui proprietários. São, portanto, motivos de vergonha e de denúncia de nossa descaracterização como seres humanos.

Autoria desconhecida. Fuvest 2009. Disponível em: <http://www.fuvest.br/vest2009/bestred/532332.stm>. Acesso em: 23 jan. 2015.

No muro que separa territórios de Israel da Palestina, na Cisjordânia, observam-se grafites feitos por um artista britânico de identidade desconhecida, que assina como Banksy. Fotografia de 2008.

Situação de produção

Limitação de tempo

Desde que o estudante ingressa no Ensino Médio – e às vezes antes disso – um assunto começa a se tornar recorrente, não apenas na escola: a possibilidade de ele vir a cursar uma universidade. O Enem e os vestibulares, com seu poder de selecionar quem conquistará as vagas mais procuradas no Ensino Superior, assustam muitos alunos. O fato de o sucesso de cada candidato, após tantos meses ou anos de preparação, depender do desempenho apresentado em algumas horas de exame é visto como um intenso fator de pressão.

Essa situação é determinante na elaboração da dissertação para o Enem e para o vestibular. Como o tempo entre conhecer a proposta e o tema da dissertação e finalizar o texto é restrito, leva vantagem o estudante que estiver habituado a todas as principais tarefas envolvidas nesse processo – como um músico bem ensaiado ou um atleta bem treinado.

É preciso desenvolver a capacidade de organização e de planejamento para um bom uso desse tempo, o que envolve mais do que o domínio da técnica de construção de texto.

O Enem e os exames vestibulares em geral avaliam nos estudantes não apenas sua **habilidade para escrever textos e formular raciocínios**, mas também o alcance de sua **compreensão do mundo**. Evidentemente não é esperado que saibam tudo sobre todos os assuntos, mas é indispensável que sejam pessoas **informadas**. É preciso **estar antenado** ao que acontece, ao que sai no jornal, ao que as pessoas conversam. A dissertação é uma forma de avaliar o conhecimento do candidato sobre temas relevantes da atualidade e sua capacidade de articular saberes.

Quem produz, aplica e avalia essas dissertações são pessoas envolvidas diretamente no universo da educação. Por isso, esses exames muitas vezes têm também uma **finalidade pedagógica**: mais que avaliar o passado de estudos do aluno, buscam estimulá-lo a projetar seus conhecimentos e sua inteligência para o futuro. Assim, valorizam os candidatos dispostos a **aprender com o tema proposto**, produzindo pensamentos novos, que revelem autonomia e desejo por um mundo melhor.

Ler uma dissertação para o Enem e para o vestibular

1. Leia a proposta de redação que originou as duas redações lidas.

REDAÇÃO

fronteira
substantivo feminino
1 parte extrema de uma área, região etc., a parte limítrofe de um espaço em relação a outro.
Ex.: Havia patrulhas em toda a f.
2 o marco, a raia, a linha divisória entre duas áreas, regiões, estados, países etc.
Ex.: O rio servia de f. entre as duas fazendas.
3 *Derivação: por extensão de sentido.* o fim, o termo, o limite, especialmente do espaço.
Ex.: Para a ciência, o céu não tem f.
4 *Derivação: sentido figurado.* o limite, o fim de algo de cunho abstrato.
Ex.: Havia chegado à f. da decência.
Fonte: *Dicionário Houaiss da Língua Portuguesa*. Adaptado.

Fonte: <http://pt.wikipedia.org/wiki/Imagem:Baarle-Nassau_fronti%C3%A8re_caf%C3%A9.jpg>. 30 jun. 2008.

As fronteiras geográficas são passíveis de contínua mobilidade, dependendo dos movimentos sociais e políticos de um ou mais grupos de pessoas.

Além do significado geográfico, físico, o termo "fronteira" é utilizado também em sentido figurado, especialmente, quando se refere a diferentes campos de conhecimento. Assim existem fronteiras psicológicas, fronteiras do pensamento, da ciência, da linguagem etc.

Com base nas ideias sugeridas acima, escolha uma ou até duas delas, como tema, e redija uma dissertação em prosa, utilizando informações e argumentos que deem consistência a seu ponto de vista.

Procure seguir estas instruções:
- Lembre-se de que a situação de produção de seu texto requer o uso da modalidade escrita culta da língua portuguesa.
- Dê um título para sua redação, que deverá ter entre 20 e 30 linhas.

Fuvest 2009. Disponível em: <http://www.fuvest.br/vest2009/provas/2fase/por/por06.stm>. Acesso em: 23 jan. 2015.

a) Como o texto "Romper fronteiras, romper valores" se relaciona à proposta de redação?
b) Indique o tema desenvolvido por essa primeira redação.
c) Qual é a relação do texto "Fronteiras da vergonha" com a proposta de redação?
d) Indique o tema desenvolvido nessa segunda redação.

2. Que fatos da atualidade podem ser associados ao tema "fronteiras"? Cite pelo menos um.

> **ANOTE**
> A escrita de uma dissertação pressupõe uma **preparação**: a compreensão da proposta – sempre bastante geral e ampla – e a delimitação do tema. A compreensão da proposta facilita a tarefa. Ela estimula o desejo de o candidato participar do debate com sua opinião. Além de **compreender**, é preciso **refletir** sobre a proposta: Ela se relaciona a algum fato atual? Que problema ético ela apresenta?

3. Qual é a tese declarada no primeiro parágrafo do texto "Romper fronteiras, romper valores"?
4. Em que momento do texto "Fronteiras da vergonha" fica clara para o leitor a posição do autor em relação a seu tema? Justifique.

> **ANOTE**
> A **introdução** costuma ser desenvolvida nos primeiros parágrafos do texto. Em geral, ela contém a **tese**, o ponto de vista inicial do candidato sobre o tema, expresso em **uma frase**. Pode ainda **contextualizar**, **explicar** ou **relativizar** esse ponto de vista inicial.

5. O texto "Romper fronteiras, romper valores" desenvolve seus argumentos em duas partes bem diferentes e definidas. Quais são elas?
6. Segundo o texto, que fronteiras são ultrapassadas pelo ser humano em *Os Lusíadas*, de Camões?

7. De acordo com o texto, que fronteiras são ultrapassadas pela personagem Fabiano em *Vidas secas*, de Graciliano Ramos?

> **ANOTE**
>
> O **desenvolvimento** é uma sequência de **argumentos** construídos com base em informações, dados, exemplos, testemunhos, conhecimentos, etc.

8. Segundo o texto "Fronteiras da vergonha", qual é o objetivo dos "muros da vergonha"?
9. As expressões "em menor escala" e "de forma análoga" são usadas nesse texto para associar os "muros da vergonha" a outras fronteiras.
    a) Em cada caso, quais são essas outras fronteiras?
    b) Qual é a importância dessas associações para o texto?
10. Retome o trecho do texto que cita a canção "Imagine", de John Lennon.
    a) Segundo o texto, de que fala a canção?
    b) Qual é a função dessa citação no texto?
11. O penúltimo parágrafo intensifica a argumentação do texto, apontando uma causa para a existência das criticadas fronteiras.
    a) Qual é a causa apontada?
    b) Qual é sua principal consequência, que antecipa a conclusão da dissertação?
    c) Explique a ligação do penúltimo parágrafo com o parágrafo anterior a ele.

John Lennon, cantor e compositor que se tornou mundialmente famoso na banda de *rock* The Beatles, e sua mulher, Yoko Ono, em Amsterdã (Holanda) em 1969, realizando um protesto pacífico contra a guerra do Vietnã. Os cartazes associam o pacifismo ao cabelo comprido e à liberdade sexual, marcas da geração *hippie* dos anos 1960/1970.

> **ANOTE**
>
> **Estratégias argumentativas** não devem ser confundidas com argumentos. As estratégias são os recursos de que o autor dispõe para construir a credibilidade e a aceitabilidade do texto e a identificação do leitor com o ponto de vista defendido.

12. O texto "Romper fronteiras, romper valores" associa história e literatura. Releia:

    > A transformação ideológica vivida pela humanidade após a Expansão Marítima Comercial, mostrada nos versos do autor português, mudou o rumo da História.

    a) Explique a relação entre ideologia, literatura e história que essa frase estabelece.
    b) O texto como um todo é coerente com essa relação?

> **ANOTE**
>
> Algumas **estratégias argumentativas** eficazes na dissertação são:
> - citar informações relacionadas a **notícias** e **temas atuais**;
> - demonstrar **conhecimentos** sobre literatura, história, linguística, medicina, tecnologia, geografia, filosofia, psicologia, jornalismo, antropologia, sociologia, pedagogia, política, etc.;
> - demonstrar capacidade de **articulação de conceitos** de diferentes áreas;
> - explorar **técnicas argumentativas** como o silogismo, as citações (argumento de autoridade), a apresentação de contra-argumentos, a refutação de ponto de vista adversário, etc.

13. Em sua opinião, a conclusão do texto "Romper fronteiras, romper valores" é convincente? Justifique, fazendo referência ao que é dito no texto.
14. Releia o último parágrafo de "Fronteiras da vergonha".
    a) Quais estratégias são utilizadas na conclusão do texto?
    b) Em sua opinião, essas e as demais estratégias usadas no texto foram eficientes? Justifique.

> **ANOTE**
>
> A **conclusão** ocorre em dois momentos, que podem ou não coincidir: no fechamento do raciocínio argumentativo, confirmando ou desenvolvendo a tese; e no encerramento do texto (com frase de efeito, citação, provérbio, generalização, solução, etc.).

217

❯ Entre o texto e o discurso – Estratégias de conclusão

Muitas vezes, os candidatos utilizam em suas dissertações **estratégias de conclusão** que dão força à argumentação construída ao longo do texto. Observe mais duas redações da Fuvest 2009, também reproduzidas segundo o original, apenas com algumas correções ortográficas.

Divisor de "águas"

Vilas, cidades, estados, países, todos divididos por fronteiras, separados territorialmente e até psicossocialmente por esta linha imaginária, que às vezes nem tão imaginária assim, se comporta como uma barreira entre os povos.

[...] Os países que fazem uso dessa explícita separação, geralmente a utilizam ou como espécie de linha da pobreza – para conter imigrantes oriundos de países mais pobres que buscam no "vizinho" as sonhadas melhores condições de vida – ou como cortina de ferro – para impedir ataques e se defender de conflitos armados com outros países. [...]

Essas barreiras são detectáveis, visíveis, no mundo todo [...], como é o caso da muralha da China, [...] ou então a fronteira entre México e Estados Unidos, considerada a mais militarizada do mundo; há também a de Ceuta – separação do norte da África e União Europeia [...] e diversas outras espalhadas para (des)unir as populações dentro delas.

Assim, as fronteiras, tão comuns ao senso de espaço de todo ser, e usada hoje para dividir (em vários sentidos) as regiões, aplaudidas pelo espírito nacionalista, estão se expandindo para nos fechar e tornando a Cidade Prevista "sem barreiras, sem limite entre as nações, em que cada casa tem as portas abertas e sem armadilhas" de Drummond, cada vez mais utópica.

Autoria desconhecida. Fuvest 2009. Disponível em: <http://www.fuvest.br/vest2009/bestred/528180.stm>.
Acesso em: 23 jan. 2015.

> **Conclusão:** as fronteiras atuais tornam distante a utopia de um mundo sem fronteiras. A conclusão cita a "Cidade prevista", uma cidade fictícia que dá nome a um poema de Carlos Drummond de Andrade publicado no livro *A rosa do povo* (1945). A menção a essa cidade em oposição ao mundo concreto intensifica o efeito negativo da realidade apresentada pelo texto.

Fronteiras benéficas × Fronteiras opressoras

[...] Do nomadismo para a fixação na terra e do coletivismo dos meios de produção para a propriedade privada, o homem parece ter atingido o ápice dos processos segregatórios impostos a si próprio. As fronteiras estão presentes em todos os aspectos da vida humana. [...] podem-se citar desde as mais banais como separação de torcidas rivais em um jogo de futebol até as mais complexas, como as fronteiras geográficas separando ideologias, sistemas econômicos e os Estados nacionais pelo mundo.

Considerando-se um plano global da ideologia humana do século vinte, o muro de Berlim e o "muro da vergonha" na América do Norte concretizam o modelo de fronteiras.

[...] Cria-se, desse modo, uma evidente fronteira psicológica de superioridade de uns sobre os demais, uma barreira evidentemente opressora.

[...] É necessário destacar também a atual guerra entre palestinos e israelenses. Mais uma vez, as fronteiras ganham destaque e mais de meio século após a criação do estado de Israel, a questão segue sem solução pacífica.

Idealizar um mundo sem fronteiras simbólicas é uma utopia, já que diferentes culturas, tradições ou crenças criarão, de uma forma ou de outra, seus enclaves. No entanto, o homem tem o dever, como ser pensante que é, de não atribuir a essas fronteiras mais valor do que elas merecem. Divisões virtuais como forma de organizar melhor o mundo não podem motivar guerras, ódio ou sanções de qualquer espécie. [...] Resta saber se o mundo irá se desenhar para uma intensificação desse processo de divisões ou para uma supressão desse modelo, dando lugar apenas às fronteiras culturais, indispensáveis.

Autoria desconhecida. Fuvest 2009. Disponível em: <http://www.fuvest.br/vest2009/bestred/513818.stm>.
Acesso em: 23 jan. 2015.

> **Conclusão:** a necessidade de fronteiras culturais não justifica guerras ou sanções entre nações. A conclusão, nesta dissertação, constrói uma abertura para o futuro, apresentando um caminho mais palpável do que a utopia (recusada como solução), mas igualmente incerto. A relativização da questão retoma o título, articulando, na conclusão, os termos que lá aparecem em oposição.

> Conclusão: "fechar com chave de ouro"

Quando o trecho final de um texto, um filme ou um discurso convence o leitor ou o espectador, deixando uma impressão agradável e favorável em relação ao que foi apresentado, diz-se que "**fechou com chave de ouro**".

Na dissertação para o Enem e para o vestibular, em primeiro lugar é preciso **fechar a argumentação**. O texto da conclusão pode **resumir o raciocínio** ou **retomar a tese** expressa na introdução ou no título. Se a argumentação for bem-sucedida e estiver encadeada, levará naturalmente à conclusão. Há ainda o **fechamento do texto**, que em geral coincide com o fechamento da argumentação, mas pode vir depois, com uma **frase de efeito** ou um **pensamento instigante**. Alguma **citação** conhecida, um **provérbio**, uma **proposta de solução** ao problema analisado ou uma **generalização** da questão podem intensificar o efeito produzido pela argumentação.

Esse efeito suplementar na conclusão pode ser responsável por "fechar com chave de ouro" uma dissertação para o vestibular.

1. Em sua opinião, qual das quatro redações lidas no capítulo "fechou com chave de ouro"? Justifique sua resposta.
2. Exercite a construção de uma conclusão.
   a) Escreva, primeiramente, um silogismo sobre o tema "fronteira", da Fuvest 2009, que expresse sua opinião. Crie uma **premissa maior**, uma **premissa menor** e uma **conclusão**.
   b) Elabore uma conclusão usando o silogismo como um resumo da argumentação. Acrescente alguma(s) das **estratégias de conclusão** sugeridas nesta seção.
   c) Agora escreva, se quiser, o texto todo. Revise a conclusão original e amplie ainda mais seus efeitos.

Lembre-se

A construção do raciocínio no **silogismo** é demonstrada no exemplo clássico do filósofo grego Aristóteles:
- **premissa maior** (afirmação universal): "Todo homem é mortal."
- **premissa menor** (afirmação particular): "Sócrates é homem."
- **conclusão** (afirmação necessária): "Logo, Sócrates é mortal."

Observatório da língua

Estereótipos e preconceitos

A dissertação para o Enem e para o vestibular exige que o estudante expresse pensamentos autônomos e originais, evitando ideias prontas, frases feitas, preconceitos, conceitos sem fundamento e estereótipos. Procure sempre justificar suas afirmações com argumentos sustentados por conhecimentos e reflexões construídas por você. Observe a seguir alguns trechos de redações cuja proposta se baseia na pergunta "Favela e cidade: as distâncias sociais desapareceram?".

> [...] é a distância social entre a favela e a cidade, que é causada por ambas as partes, e sem chegar a um consenso.
> Autoria desconhecida. As favelas. Disponível em: <http://educacao.uol.com.br/bancoderedacoes/redacao/as-favelas.jhtm>. Acesso em: 23 jan. 2015.

No trecho acima, a **ideia pronta** de que "a relação entre duas partes é responsabilidade de ambas" é aplicada à relação da favela com a cidade. Não há, no entanto, justificativa ou explicação que esclareça o sentido pretendido com a frase. O resultado é um esboço **estereotipado** e **vago** dessa relação.

> A expansão da troca de culturas e o aumento do poder de compra e da voz política dos moradores da favela demonstram que o espaço urbano quebrou barreiras, não só físicas, mas também sociais.
> Autoria desconhecida. Herança quilombola. Disponível em: <http://educacao.uol.com.br/bancoderedacoes/redacao/ult4657u224.jhtm>. Acesso em: 23 jan. 2015.

Veja, nesse segundo texto, que a relação entre favela e cidade, considerada dentro de um movimento de quebra de barreiras, é **fundamentada** pelo conhecimento dessa realidade: "expansão da troca de culturas" e "aumento do poder de compra e da voz política" são informações que conferem consistência ao argumento.

> Nós rotulamos os favelados de bandidos, desordeiros, vagabundos e os vemos como a parte desajustada da sociedade, a escória e não gostamos de tê-los como vizinhos, mas sabemos que não podemos generalizar e que **alguns** moram na favela e não se ajustam ao ambiente e que buscam uma melhor perspectiva de vida.
> Autoria desconhecida. Uma ilha cercada de cidade. Disponível em: <http://educacao.uol.com.br/bancoderedacoes/redacao/ult4657u239.jhtm>. Acesso em: 23 jan. 2015.

Observe como o texto acima fracassa em desmontar **estereótipos sociais**. A enumeração de rótulos preconceituosos usados para se referir aos moradores das favelas, que circulam no senso comum, não é seguida de uma crítica consistente. O emprego da palavra *alguns*, longe de desmentir tais rótulos, pode funcionar como a exceção que confirma a regra. O texto, tentando combatê-los, acaba reproduzindo esses **preconceitos**.

- Reveja o texto que você produziu na atividade 2 da seção *Entre o texto e o discurso*. Identifique e elimine afirmações vagas, estereótipos e preconceitos.

▶ Produzir uma dissertação para o Enem e para o vestibular

› Proposta

Os textos a seguir são o ponto de partida para a produção de uma **dissertação para o Enem e para o vestibular**. Leia-os com atenção.

Fenaj diz que decisão do Supremo "rebaixa" exercício do jornalismo no Brasil

Marco Antonio Soalheiro
Agência Brasil

O presidente da Federação Nacional dos Jornalistas (Fenaj), Sérgio Murillo, considerou um "prejuízo imenso e histórico" para a categoria a decisão do Supremo Tribunal Federal (STF) que nesta quarta-feira (17) declarou inconstitucional a obrigatoriedade do diploma em curso superior específico para o exercício da profissão de jornalista no Brasil. O Ministério do Trabalho não pode mais exigir o diploma para conceder registro de jornalista a qualquer cidadão.

"Aparentemente, não precisa de nenhum critério. Inclusive pessoas sem formação escolar, analfabetas, podem obter o registro de jornalista. Não sei se o STF tomou pé do nível de rebaixamento em que coloca o jornalismo no Brasil neste momento", criticou Murillo. [...]

SOALHEIRO, Marco Antonio. *UOL*. São Paulo, 17 jun. 2009. Disponível em: <http://noticias.uol.com.br/cotidiano/2009/06/17/ult5772u4374.jhtm>. Acesso em: 23 jan. 2015.

Senado aprova obrigatoriedade do diploma de jornalismo

Rosa Costa

O Senado aprovou nesta terça-feira, 7, por 60 votos a favor e 4 contrários, o segundo turno da proposta de emenda constitucional que torna obrigatória a obtenção do diploma de curso superior de jornalismo para o exercício da profissão. [...] Em 2009, o Supremo Tribunal Federal decidiu que a exigência do diploma, imposta no regime militar, atenta contra a liberdade de expressão.

[...] O senador Aloysio Nunes (PSDB-SP) foi o único a se manifestar contra a proposta [...].

Ele lembrou que [...] a profissão de jornalista será a única a constar na Constituição. "Existem médicos, advogados e outros profissionais que são bons jornalistas, sem a necessidade de ter um diploma específico", defendeu. [...]

COSTA, Rosa. *O Estado de S. Paulo*, 7 ago. 2012. Disponível em: <http://www.estadao.com.br/noticias/nacional,senado-aprova-obrigatoriedade-do-diploma-de-jornalismo,912873,0.htm>. Acesso em: 23 jan. 2015.

INSTRUÇÃO

- Com base nos textos e na discussão neles apresentada, escreva um texto dissertativo sobre o tema: "A formação universitária deve ser requisito obrigatório para o exercício profissional?". Considere as diversas profissões existentes: artista, advogado, professor, cozinheiro, mecânico, pedreiro, etc.
- O texto deve ter de 20 a 35 linhas manuscritas.

› Planejamento

1. Observe no quadro abaixo as características do texto a ser produzido.

Gênero textual	Público	Finalidade	Meio	Linguagem	Evitar	Incluir
dissertação para o Enem e para o vestibular	examinadores (banca de professores da escola)	produzir um texto **argumentativo** que se posicione eticamente diante de um problema	exame simulado na escola	terceira pessoa, clareza, coesão, precisão no vocabulário	estereótipos, preconceitos, afirmações vagas	estratégias argumentativas e de conclusão, reflexões pessoais, título

2. **Após ler cuidadosamente a proposta**, faça o planejamento da dissertação.
3. Delimite o **tema** do texto, partindo das possibilidades que a proposta oferece.
4. Qual será sua posição ética? (Escreva a **tese** da dissertação.)
5. Defina seus principais **argumentos** e organize-os em uma **sequência lógica**.
6. Fundamente o **conteúdo** com fatos, dados, exemplos, citações, informações e reflexões.
7. Defina a **conclusão**. Ela deve fechar o raciocínio argumentativo e o texto.

> Elaboração

8. Você já pode escrever sua dissertação. O texto deve ser escrito em folha pautada, com caneta preta ou azul.

9. Use **estratégias argumentativas** (títulos originais, citações, perguntas retóricas, pontuação expressiva, argumentos de autoridade, dados atuais, conhecimento de outras áreas, clareza, objetividade, resposta antecipada a argumentos adversários, "chave de ouro", etc.) que confiram credibilidade e demonstrem um posicionamento ético diante dos temas sociais.

10. Não assine seu texto. Identifique-o com uma senha e anote-a no caderno.

> **ATENÇÃO**
> » Letra legível mostra respeito pelo leitor do texto.
> » Não se esqueça do título.

> Avaliação

11. Faça duas fotocópias de seu texto. Se isso não for viável, copie-o à mão uma vez.

12. Dois colegas vão avaliar seu texto e você fará a avaliação dos textos deles, sem que os autores sejam identificados.

13. Copie e complete, em duas folhas avulsas, o quadro abaixo, atribuindo a cada texto uma pontuação de 0 a 50. Faça também um comentário geral, apontando qualidades e fragilidades.

Critério	Valor
1. **Tema**: delimitação adequada do tema a partir da proposta, reflexão sobre informações da proposta	(0-10)
2. **Conteúdo**: uso apropriado de dados, informações, exemplos, citações e conhecimentos de outras áreas	(0-10)
3. **Estrutura da dissertação**: estrutura argumentativa com título, introdução, desenvolvimento e conclusão realizados adequadamente	(0-10)
4. **Coesão textual**: fluência, clareza e uso de recursos coesivos adequados à argumentação	(0-10)
5. **Expressão**: emprego da norma-padrão	(0-10)
Comentário geral sobre o texto	(TOTAL)

> Reescrita

14. Os textos avaliados, junto com os quadros de avaliação, devem ser colocados na mesa do professor. Cada estudante recuperará suas cópias.
    a) Leia os quadros preenchidos por seus colegas-examinadores.
    b) Releia seu texto, buscando compreender as avaliações.
    c) Some os dois resultados, chegando a uma pontuação de 0 a 100.
    d) Considere sua pontuação como uma porcentagem de acerto e qualidade em seu texto. Use o mesmo quadro para avaliar seus próximos textos. Pontue-os de 0 a 100 (0-20 para cada item) e observe sua evolução.

15. Reescreva sua dissertação, melhorando-a.
    a) Corrija o que for necessário para adequar seu texto à norma-padrão. Qualquer ruptura em relação a essa norma deve ser explicitamente intencional.
    b) Faça alterações no texto para aumentar sua clareza, consistência e credibilidade.
    c) Faça alterações para corrigir e refinar seu ponto de vista.

16. Quando estiver satisfeito com o resultado, você estará pronto para um **novo desafio**: escrever outro texto, adotando um ponto de vista contrário ou divergente em relação ao original.

Cena do filme *Intrigas de Estado*, direção de Kevin Macdonald (EUA/França/Reino Unido, 2009), no qual um repórter, ao investigar a morte da assistente de um congressista, acaba descobrindo uma grande conspiração política. O filme mostra o jornalismo a serviço da causa pública.

> **Foco da reescrita**
>
> Ao reescrever a dissertação, analise as afirmações e os argumentos. Eles refletem bem sua opinião sobre o tema ou repetem velhas ideias sem reflexão? Você é capaz de identificar a origem das informações e dos conhecimentos, garantindo que estão de acordo com sua visão de mundo, ou eles expressam um lugar-comum, uma ideia trivial? Para não cair em **estereótipos** ou reproduzir **preconceitos**, informe-se, **reflita** sobre a realidade e **posicione-se eticamente**.

Vestibular

Em geral, os exames vestibulares pedem em suas provas de redação um texto do tipo **dissertativo-argumentativo**. O vestibular da Escola Superior de Propaganda e Marketing (ESPM-SP) pediu em sua prova de redação de 2009 uma dissertação com argumentos que sustentassem o ponto de vista sobre um dos dois temas a seguir: "o conhecimento como fator essencial para a economia mundial contemporânea" ou "produção e consumo para o bem e para o mal".

Já a prova de redação do vestibular da Universidade Estadual de Campinas (Unicamp-SP) de 2011 solicitou que o candidato, com base na leitura de uma crônica de Carlos Drummond de Andrade, elaborasse um artigo jornalístico opinativo sobre os problemas gerados pelas fortes chuvas que ocorrem em certas regiões do país.

Por fim, a Universidade Federal do Rio Grande do Norte (UFRN), no vestibular de 2012, pediu a produção de um artigo de opinião sobre os desafios enfrentados pela educação no século XXI.

Para atender a essas propostas, você pode contar com os conceitos e reflexões que compuseram esta unidade.

1. **(ESPM-SP)**

   Tema 1:

   > As atividades que ocupam o lugar central das organizações não são mais aquelas que visam produzir ou distribuir objetos, mas aquelas que produzem e distribuem informação e conhecimento.
   > DRUCKER, Peter. *Post-Capitalist Society*.

   A economia baseada em conhecimento não se refere somente às indústrias de software, computação ou biotecnologia, ou, ainda, a tecnologias de informação e à internet. Existem novas fontes de vantagens competitivas para as empresas, como a capacidade de inovar e criar novos produtos e explorar novos mercados.

   PROPOSTA: Elabore um texto dissertativo que apresente o conhecimento como fator essencial para a economia mundial contemporânea.

   Tema 2:

   > Quando se diz que alguém é bom trabalhador, que é comprometido com a empresa, estamos atribuindo-lhe identidades positivas. Quando se diz que alguém é consumista ou gastador, estamos no polo oposto, atribuindo-lhe uma identidade negativa (...). A opção pelo olhar apocalíptico sobre o consumo transforma um fenômeno absolutamente central em nossa cultura – algo que até nomeia nosso tempo como sociedade de consumo – em mero repositório de culpas (...). A mídia, o marketing, a publicidade, o design interpretam a produção, socializam para o consumo e nos oferecem um sistema classificatório que permite ligar um produto a cada outro e todos juntos às nossas experiências de vida.
   > ROCHA, Everardo. *As faces da moeda*: produção e consumo na cultura contemporânea.

   PROPOSTA: A partir do texto acima e da seguinte reflexão: "A produção e o consumo, para o bem ou para o mal, são parte integrante da sociedade moderno-contemporânea, pois sua relação é indelével: o que afeta um, afeta o outro", elabore uma dissertação, com argumentos lógicos e coerentes, apresentando suas considerações sobre o tema.

   - Escolha um dos temas acima e desenvolva uma dissertação com o mínimo de 20 linhas e o máximo de 30 linhas, considerando-se letra de tamanho regular.
   - [....]
   - Dê um título sugestivo e criativo à sua redação.
   - Defenda ou refute as ideias apresentadas, elaborando uma dissertação coesa, coerente, organizada e estruturada. Fundamente suas ideias com argumentos, sem sair do tema. Fidelidade ao tema é um dos itens de avaliação.
   - Importante: Não vamos questionar o seu ponto de vista, mas sua capacidade de análise, argumentação e competência linguística.

2. **(Unicamp-SP)**

   Coloque-se na posição de um **articulista** que, ao fazer uma pesquisa sobre **as recentes catástrofes ocorridas em função das chuvas que afetaram o Brasil** a partir do final de 2009, encontra a crônica de Drummond, publicada em 1966, e decide dialogar com ela em um **artigo jornalístico opinativo** para uma série especial sobre cidades, publicada em revista de grande circulação. Nesse artigo você, necessariamente, deverá:

   a) relacionar **três (3)** problemas enfrentados recentemente pelas cidades brasileiras em função das chuvas com aqueles trabalhados na crônica;

   b) mostrar em que medida concorda com a visão do cronista sobre a questão.

   > **Os dias escuros**
   > Carlos Drummond de Andrade
   >
   > Amanheceu um dia sem luz – mais um – e há um grande silêncio na rua. Chego à janela e não vejo as figuras habituais dos primeiros trabalhadores. A cidade, ensopada de chuva, parece que desistiu de viver. Só a chuva mantém constante seu movimento entre monótono e nervoso. É hora de escrever, e não sinto a menor vontade de fazê-lo. Não que falte assunto. O assunto aí

está, molhando, ensopando os morros, as casas, as pistas, as pessoas, a alma de todos nós. Barracos que se desmancham como armações de baralho e, por baixo de seus restos, mortos, mortos, mortos. Sobreviventes mariscando na lama, à pesquisa de mortos e de pobres objetos amassados. Depósito de gente no chão das escolas, e toda essa gente precisando de colchão, roupa de corpo, comida, medicamento. O calhau solto que fez parar a adutora. Ruas que deixam de ser ruas, porque não dão mais passagem. Carros submersos, aviões e ônibus interestaduais paralisados, corrida a mercearias e supermercados como em dia de revolução. O desabamento que acaba de acontecer e os desabamentos programados para daqui a poucos instantes.

Este, o Rio que tenho diante dos olhos, e, se não saio à rua, nem por isso a imagem é menos ostensiva, pois a televisão traz para dentro de casa a variada pungência de seus horrores.

Sim, é admirável o esforço de todo mundo para enfrentar a calamidade e socorrer as vítimas, esforço que chega a ser perturbador pelo excesso de devotamento desprovido de técnica. Mas se não fosse essa mobilização espontânea do povo, determinada pelo sentimento humano, à revelia do governo incitando-o à ação, que seria desta cidade, tão rica de galas e bens supérfluos, e tão miserável em sua infraestrutura de submoradia, de subalimentação e de condições primitivas de trabalho? Mobilização que de certo modo supre o eterno despreparo, a clássica desarrumação das agências oficiais, fazendo surgir de improviso, entre a dor, o espanto e a surpresa, uma corrente de afeto solidário, participante, que procura abarcar todos os flagelados.

Chuva e remorso juntam-se nestas horas de pesadelo, a chuva matando e destruindo por um lado, e, por outro, denunciando velhos erros sociais e omissões urbanísticas; e remorso, por que escondê-lo? Pois deve existir um sentimento geral de culpa diante de cidade tão desprotegida de armadura assistencial, tão vazia de meios de defesa da existência humana, que temos o dever de implantar e entretanto não implantamos, enquanto a chuva cai e o bueiro entope e o rio enche e o barraco desaba e a morte se instala, abatendo-se de preferência sobre a mão de obra que dorme nos morros sob a ameaça contínua da natureza; a mão de obra de hoje, esses trabalhadores entregues a si mesmos, e suas crianças que nem tiveram tempo de crescer para cumprimento de um destino anônimo.

No dia escuro, de más notícias esvoaçando, com a esperança de milhões de seres posta num raio de sol que teima resta outro sentido senão o triste registro da fragilidade imensa da rica, poderosa e martirizada cidade do Rio de Janeiro.

Correio da Manhã, 14 jan. 1966.

3. **(UFRN)**
O Ministério da Educação e Cultura (MEC) decidiu publicar um caderno especial, intitulado **A EDUCAÇÃO DE QUE PRECISAMOS**, composto de uma seleção de artigos de opinião escritos por vestibulandos 2012. Para a redação do artigo, **o participante deverá fundamentar-se, no mínimo, em dois desafios do século XXI**, presentes no esquema reproduzido abaixo.

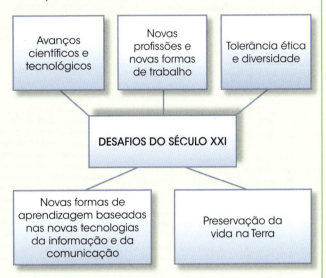

PROPOSTA DE REDAÇÃO
Imaginando-se na condição de vestibulando interessado em participar dessa publicação, redija um artigo de opinião em que você apresente e defenda, com argumentos, a educação que a escola deve oferecer para atender às transformações e aos desafios do século XXI.

Seu artigo deverá, **obrigatoriamente**, atender às seguintes normas:

- [...]
- apresentar explicitamente um ponto de vista, fundamentado em argumentos;
- ser redigido na variedade padrão da língua portuguesa;
- não ser escrito em versos;
- conter, no mínimo, 20 linhas;
- não ser assinado (nem mesmo com pseudônimo).

ATENÇÃO
Será atribuída **nota zero** à redação em qualquer um dos seguintes casos:
- fuga ao tema ou à proposta;
- letra ilegível;
- identificação do candidato (nome, assinatura ou pseudônimo);
- artigo escrito em versos.

Referências bibliográficas

ADORNO, Theodor W.; HORKHEIMER, Max. *Dialética do esclarecimento:* fragmentos filosóficos. Trad. Guido Antonio de Almeida. Rio de Janeiro: Jorge Zahar, 1985.

ANDRADE, Mario de. *Táxi e crônicas no diário nacional*. São Paulo: Duas Cidades/Secretaria da Cultura, Ciência e Tecnologia, 1976. p. 434.

ARRIGUCCI Jr., Davi. *Iniciação aos estudos literários 2:* o conto (anotações pessoais). São Paulo: FFLCH-USP, 1995.

BENJAMIN, Walter. O narrador e sobre o conceito de História. In: *Obras escolhidas*. Trad. Sérgio Paulo Rouanet. São Paulo: Brasiliense, 1996. v. 1.

BRÄKLING, Kátia Lomba. Estudando a paragrafação de verbetes enciclopédicos. Disponível em: <http://www.gentequeeduca.org.br/planos-de-aula/estudando-paragrafacao-de-verbetes-enciclopedicos>. Acesso em: 24 jan. 2015.

BRETON, Philippe. *A argumentação na comunicação*. Bauru: Edusc, 1999.

CANDIDO, Antonio. *Formação da literatura brasileira*. Belo Horizonte; Rio de Janeiro: Itatiaia, 1993. 2 v.

_____. O direito à literatura. In: *Vários escritos*. Rio de Janeiro: Ouro sobre Azul; São Paulo: Duas Cidades, 2004.

CANDIDO, Antonio et al. *A crônica:* o gênero, sua fixação e suas transformações no Brasil. Campinas: Ed. da Unicamp; Rio de Janeiro: Fundação Casa de Rui Barbosa, 1992.

Carvalho, Gisele. Crítica de livros: um breve estudo da linguagem da avaliação. Revista *Linguagem em (Dis)curso*, Tubarão, Santa Catarina, v. 6, n. 2, maio/ago. 2006. Disponível em: <http://linguagem.unisul.br/paginas/ensino/pos/linguagem/linguagem-em-discurso/0602/060202.pdf>. Acesso em: 24 jan. 2015.

CONTE, Maria-Elisabeth. Encapsulamento anafórico. In: CAVALCANTE, Mônica Magalhães; RODRIGUES, Bernardete Biasi; CIULLA, Alena (Org.). *Referenciação*. São Paulo: Contexto, 2003.

COSTA VAL, Maria da G. Repensando a textualidade. In: AZEREDO, José Carlos de. *Língua portuguesa em debate*. Petrópolis: Vozes, 2000.

CURTIUS, Ernst Robert. *Literatura europeia e Idade Média Latina*. Trad. Teodoro Cabral e Paulo Rónai. São Paulo: Hucitec/Edusp, 1996.

GARCIA, Ana Luiza Marcondes. Assessoria para a disciplina de Português: Ensino Fundamental II. São Paulo, Colégio Oswald de Andrade. Colaboração: Adriano Guilherme e Silvia Albert, 1998 a 2003.

GRILLO, Sheila Vieira de Camargo. A oralidade no discurso impresso: estilo e regras de representação para o discurso relatado. Revista *Linha d'água*, São Paulo, Humanitas, v. 17, 2005.

GUIMARÃES, Antonio Sérgio Alfredo. *Classes, raças e democracia*. São Paulo: Ed. 34, 2002.

KAUFMAN, Ana María; RODRÍGUEZ, María Helena. *Escola, leitura e produção de textos*. Porto Alegre: Artes Médicas, 1995.

KINDERMANN, Conceição Aparecida. *A reportagem jornalística no Jornal do Brasil:* desvendando as variantes do gênero, 2003. 141 p. Dissertação (Mestrado em Ciências da Linguagem) – Universidade do Sul de Santa Catarina, Tubarão.

KOCH, Ingedore G. Villaça. *A coesão textual*. São Paulo: Contexto, 2002.

_____. *Argumentação e linguagem*. São Paulo: Cortez, 1987.

_____; ELIAS, Vanda Maria. *Ler e compreender os sentidos do texto*. São Paulo: Contexto, 2006.

_____; PENNA, Maria Angélica de Oliveira. Construção/reconstrução de objetos de discurso: manutenção tópica e progressão textual. *Cadernos de estudos linguísticos: revista do Instituto de Estudos da Linguagem da Unicamp*, Campinas, n. 48 (1), p. 23-31, 2006.

_____; TRAVAGLIA, Luiz Carlos. *A coerência textual*. São Paulo: Contexto, 2004.

LENE, Hérica. O personagem em destaque. Disponível em: <http://www.observatoriodaimprensa.com.br/news/view/o_personagem_em_destaque>. Acesso em: 23 jan. 2015.

LUKÁCS, Georg. *A teoria do romance*. Trad. José Marcos Macedo. São Paulo: Duas Cidades/Ed. 34, 2000.

MANDELLI, Mariana Carolina. O perfil jornalístico: um gênero em discussão na obra de Joel Silveira. In: XXX Congresso Brasileiro de Ciências da Comunicação, Santos, 2007. São Paulo: Sociedade Brasileira de Estudos Interdisciplinares da Comunicação (Intercom). Disponível em: <http://intercom.org.br/papers/nacionais/2007/resumos/R2175-1.pdf>. Acesso em: 23 jan. 2015.

MARCUSCHI, Luiz Antônio. *Produção textual, análise de gêneros e compreensão*. São Paulo: Parábola, 2008.

_____. Referenciação e progressão tópica: aspectos cognitivos e textuais. *Cadernos de estudos linguísticos: revista do Instituto de Estudos da Linguagem da Unicamp*, Campinas, n. 48 (1), p. 7-22, 2006.

MARX, Carlos. La mercancía. In: _____. *El capital:* crítica de la economía política I. Trad. para o espanhol de Wenceslao Roces. México: Fondo de Cultura Económica, 1999.

MARX, Karl; ENGELS, Friedrich. *A ideologia alemã*. Trad. Luis Claudio de Castro e Costa. São Paulo: Martins Fontes, 2002.

MATTA, Roberto da. Digressão: a fábula das três raças, ou o problema do racismo à brasileira. In: _____. *Relativizando:* uma introdução à antropologia social. Petrópolis: Vozes, 1981.

MEYER, Marlyse. Voláteis e versáteis. De variedades e folhetins se fez a crônica. In: CANDIDO, Antonio et al. *A crônica:* o gênero, sua fixação e suas tranformações no Brasil. Campinas: Ed. da Unicamp; Rio de Janeiro: Fundação Casa de Rui Barbosa, 1992.

MORAES NETO, Geneton. A vida imita o poema na morte de Joel Silveira. Disponível em: <http://www.geneton.com.br/archives/000249.html>. Acesso em: 23 jan. 2015.

ORTRIWANO, Gisela Swetlana. A invasão dos marcianos: A Guerra dos Mundos que o rádio venceu. Instituto Gutenberg. Boletim n. 24, série eletrônica, jan./fev. 1999. Disponível em: <http://www.igutenberg.org/guerra124.html>. Acesso em: 23 jan. 2015.

PASTA JR., José Antonio. *Literatura Brasileira 2, 3 e 4*. (Anotações pessoais). São Paulo: FFLCH-USP, 1997-98.

_____. O romance de Rosa: temas do Grande sertão e do Brasil. São Paulo, *Novos Estudos Cebrap*, n. 55, nov. 1999.

PERELMAN, Chaïm; OLBRECHTS-TYTECA, Lucie. *Tratado da argumentação:* a nova retórica. São Paulo: Martins Fontes, 2005.

ROUSSEAU, Jean-Jacques. *Discurso sobre a origem e os fundamentos da desigualdade entre os homens*. Trad. Lourdes Santos Machado. São Paulo: Círculo do Livro, 1997. v. 2 (Coleção Os Pensadores).

SARTRE, Jean-Paul. *O ser e o nada*. Trad. Paulo Perdigão. Petrópolis: Vozes, 1997.

_____. *Que é a literatura?* Trad. Carlos Felipe Moisés. São Paulo: Ática, 2004.

SCHNEUWLY, Bernard et al. *Gêneros orais e escritos na escola*. Trad. Roxane Rojo e Glaís Sales Cordeiro. Campinas: Mercado de Letras, 2007.

SCHWARZ, Roberto. *Ao vencedor as batatas:* forma literária e processo social nos inícios do romance brasileiro. São Paulo: Duas Cidades, 1992.

_____. Pressupostos, salvo engano, de "Dialética da malandragem". In: _____. *Que horas são?* São Paulo: Companhia das Letras, 1997.

_____. *Um mestre na periferia do capitalismo:* Machado de Assis. São Paulo: Duas Cidades, 1990.

SERAFINI, Maria Teresa. *Como escrever textos*. São Paulo: Globo, 1992.

SILVA, Leila Nascimento da; LEAL, Telma Ferraz. Caracterizando o gênero carta de reclamação. CEEL (Centro de Estudos em Educação e Linguagem), UFPE. Disponível em: <http://www.alb.com.br/anais16/sem10pdf/sm10ss12_07.pdf>. Acesso em: 24 jan. 2015.

VILAS BOAS, Sergio. *Perfis e como escrevê-los*. São Paulo: Summus, 2003.

WINNICOTT, D. W. *O brincar e a realidade*. Rio de Janeiro: Imago, 1975.

Siglas dos exames e das universidades

Cefet-MG – Centro Federal de Educação Tecnológica de Minas Gerais
Enem – Exame Nacional do Ensino Médio
ESPM-SP – Escola Superior de Propaganda e Marketing
Fuvest-SP – Fundação Universitária para o Vestibular
PUC-Campinas-SP – Pontifícia Universidade Católica de Campinas
PUC-SP – Pontifícia Universidade Católica de São Paulo
UEL-PR – Universidade Estadual de Londrina
UEM-PR – Universidade Estadual de Maringá
Uesc-BA – Universidade Estadual de Santa Cruz
UFRGS-RS – Universidade Federal do Rio Grande do Sul
UFRN – Universidade Federal do Rio Grande do Norte
UFSC – Universidade Federal de Santa Catarina
Unama-PA – Universidade da Amazônia
Unicamp-SP – Universidade Estadual de Campinas

Créditos complementares de textos

p. 128 "Voto facultativo", *Folha de S.Paulo*, 26.4.2009. Fornecido pela Folhapress.

p. 136 "Narrativa retrata a fusão entre o caipira e o urbano", de José Geraldo Couto, *Folha de S.Paulo*, 19.8.2005. Fornecido pela Folhapress.